KB247049

이 책을 펴고 있는 그대를 환영합니다.

밑줄을 긋고
형광펜을 칠하고
메모를 하고
틀리고 맞고를 반복할 그대

쿵. 쿵. 쿵
알아가는 즐거움으로
심장이 벅차게 뛰기를

이 책을 펴고 있는 그대를 응원합니다.

BETTER CONTENT BETTER LIFE

통합사회1 510제

WRITERS

백승진 경북고 교사
이주은 자양고 교사
이호균 창현고 교사

COPYRIGHT

인쇄일 2025년 5월 12일(1판4쇄)
발행일 2024년 11월 15일

펴낸이 신광수
펴낸곳 ㈜미래엔
등록번호 제16-67호

중고등개발본부장 하남규
중고등개발2실장 김용균
개발책임 김문희
개발 이환희, 공햇살, 권오수

디자인실장 손현지
디자인책임 김기욱, 권욱훈
디자인 바이차이

CS본부장 장명진

ISBN 979-11-7311-133-4

* 본 도서는 저작권법에 의하여 보호받는 저작물로 협의 없이 복사, 복제할 수 없습니다.
* 파본은 구입처에서 교환 가능하며, 관련 법령에 따라 환불해 드립니다. 단, 제품 훼손 시 환불이 불가능합니다.

Mirae N 에듀

구성과 특징

핵심 개념 정리

시험에 자주 나오는
핵심 개념 파악하기

학교 시험에 자주 나오는 개념과 자료를 일목요연하게 정리하여
핵심 개념을 빠르게 파악할 수 있도록 구성하였습니다.

꼭 나오는 자료 시험에 자주 나오는 자료만 엄선하여 분석하였습니다.

문제로 확인 핵심 개념 및 필수 자료에 관해 이해했는지 확인할 수 있도록 해당
문제를 링크하였습니다.

1등급 만들기 4단계 문제 코스

1등급 만들기 내신 완성 4단계 문제를 풀면 1등급이 이루어집니다.

STEP 1 기본 기출 문제로 핵심 개념 파악하기

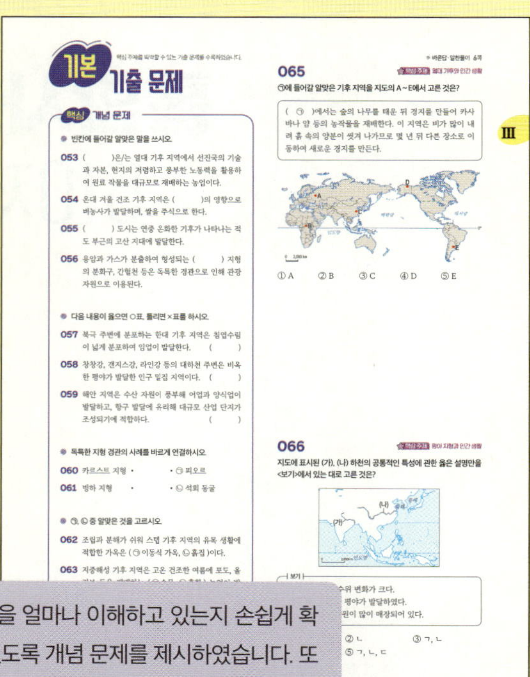

핵심 개념을 얼마나 이해하고 있는지 손쉽게 확
인할 수 있도록 개념 문제를 제시하였습니다. 또
한 핵심 주제를 파악할 수 있는 기출 문제를 수록
하였습니다.

STEP 2 실력 기출 문제로 실전 감각 키우기

기출 문제를 분석하고 고빈출 유형으로 엄선한
문제를 풀며 탄탄하게 실력을 다져 나갈 수 있습
니다. 단답형과 서술형 문제의 대표 유형도 함께
수록하였습니다.

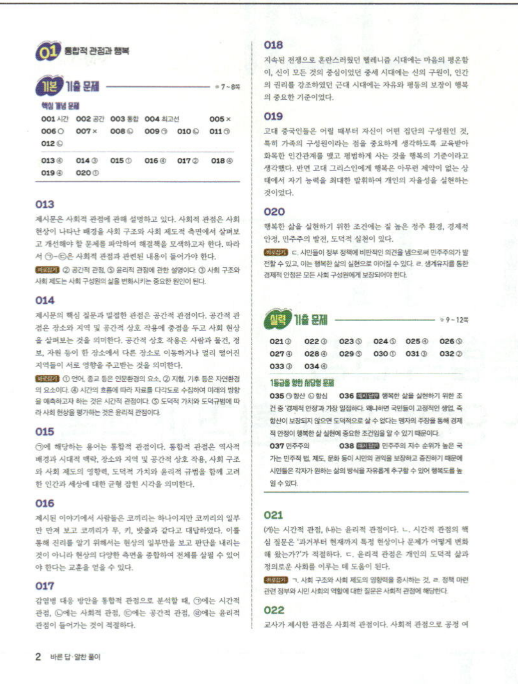

바른답·알찬풀이

알찬풀이로
핵심 내용 다시 보기

문제에 대한 정답과 알찬풀이를 제시하였습니다.
바로잡기 코너의 자세한 오답 풀이를 통해 어려운 문제도 쉽게 이해할 수 있습니다.

1등급 정리 노트 시험에 자주 나오는 핵심 개념을 다시 한 번 정리하였습니다.
1등급 자료 분석 까다롭고 어려운 자료에 대한 분석과 첨삭 설명을 제시하였습니다.
선택지 더 보기 시험에 출제될 수 있는 유사 선택지를 추가로 제시하였습니다.

 **STEP 3** 적중 1등급 문제로 실력 향상시키기

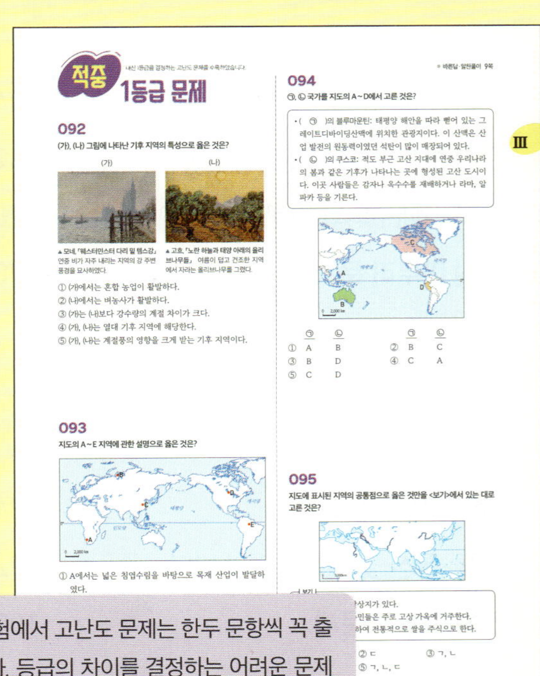

학교 시험에서 고난도 문제는 한두 문항씩 꼭 출제됩니다. 등급의 차이를 결정하는 어려운 문제도 자신 있게 풀 수 있도록 응용력과 사고력을 기를 수 있는 고난도 문제를 구성하였습니다.

STEP 4 단원 마무리 문제로 최종 점검하기

중간고사와 기말고사를 대비할 수 있는 실전 문제로, 대단원별로 시험 직전 학습 내용을 마무리하고 자신의 실력을 점검할 수 있습니다.

Contents

차례

교과서 단원 찾기 Search

8종 통합사회 교과서의 단원 찾기를 제공합니다.

1등급 만들기에서 교과서 단원 찾는 방법

❶ 내가 가지고 있는 교과서의 출판사명과 공부할 범위를 확인합니다.

❷ 1등급 만들기에서 해당 쪽수를 찾아 공부합니다.

예 미래엔 통합사회 교과서의 'Ⅲ. 자연환경과 인간' 단원에서 '자연환경과 인간 생활' 42~49쪽 부분을 공부할 경우, 1등급 만들기의 16~23쪽을 공부하면 됩니다.

단원	강	1등급 만들기	미래엔	동아 출판	리베르 스쿨	비상 교육	아침 나라	지학사	창비	천재 교육
Ⅰ 통합적 관점~	01 통합적 관점과 행복	6~13	10~17	10~22	10~21	8~23	8~15	12~23	8~21	8~17
Ⅱ 인간, 사회, 환경과 행복			24~35	30~44	26~39	28~43	20~31	32~46	26~43	24~39
Ⅲ 자연환경과 인간	02 자연환경과 인간 생활	16~23	42~49	52~59	44~49	50~57	40~47	56~61	48~52	46~51
	03 안전하고 쾌적하게 살아갈 권리	24~31	50~53	60~63	50~54	58~61	48~51	62~65	53~55	52~55
	04 자연과 인간의 관계	32~39	54~59	64~69	55~61	62~69	52~58	66~73	56~61	56~63
	05 환경 문제의 발생과 해결을 위한 노력	40~47	60~65	70~77	62~71	70~77	60~69	74~81	62~69	64~71
Ⅳ 문화와 다양성	06 다양한 문화권의 특징과 삶의 방식	54~61	72~79	86~93	76~82	82~91	74~81	90~97	76~83	78~87
	07 문화 변동의 양상과 전통문화	62~69	80~87	94~101	83~88	92~99	82~89	98~105	84~91	88~95
	08 문화 상대주의와 다문화 사회	70~77	88~99	102~117	89~103	100~113	90~105	106~121	92~109	98~113
Ⅴ 생활공간과 사회	09 산업화와 도시화	84~91	106~115	124~131	110~118	118~127	110~117	130~137	114~121	118~125
	10 교통·통신 및 과학 기술의 발달	92~99	116~129	132~145	119~137	128~143	118~135	138~151	122~139	126~141

01 통합적 관점과 행복

1 인간, 사회, 환경을 바라보는 다양한 관점

1 시간적 관점
핵심 질문: 과거부터 현재까지 특정 현상이나 문제가 어떻게 변화해왔는가 등

의미	역사적 배경과 시대적 맥락에 초점을 두고 사회 현상을 살펴보는 것
특징	시간의 흐름에 따라 자료를 다각도로 수집하여 과거와 현재의 관계를 파악하고 미래의 방향을 예측하고자 함.

핵심 질문: 자연환경과 인문환경에 따라 각 지역의 생활 모습은 어떻게 다르게 나타나는가 등

2 공간적 관점

의미	장소·지역 및 공간적 상호작용에 초점을 두고 사회 현상을 살펴보는 것
특징	위치와 장소, 분포 양상과 형성 과정, 이동과 네트워크 등의 공간적 맥락에서 인간, 사회, 환경 간의 상호 관계를 분석하고 이해하고자 함.

3 사회적 관점
핵심 질문: 법, 제도, 정책 등이 인간의 삶에 끼치는 영향은 무엇인가 등

의미	사회 구조와 사회 제도를 중심으로 사회 현상을 탐구하고 대안을 살펴보는 것
특징	사회 현상이 나타난 배경을 구조적·제도적·정책적 측면에서 살펴보고 개선해야 할 문제를 파악하여 해결책을 모색하고자 함.

4 윤리적 관점
핵심 질문: 현대의 사회 현상이 도덕적 가치와 도덕규범을 기준으로 판단했을 때 바람직한가 등

의미	도덕적 가치와 도덕규범을 바탕으로 사회 현상을 해석하고 문제점을 찾아 바람직한 삶의 모습을 살펴보는 것
특징	다양한 사회 현상을 도덕적 가치와 도덕규범에 따라 평가하고 사회가 나아갈 바람직한 방향을 제시하고자 함.

2 통합적 관점의 필요성과 적용

공간적 관점 시간적 관점 의미	통합적 관점이란 인간과 세상을 역사적 배경과 시대적 맥락, 위치와 장소 및 네트워크 등 공간적 맥락, 사회 구조와 제도의 영향력, 규범적 방향성과 도덕적 가치 등을 고려하여 종합적으로 살펴보는 것 윤리적 관점
필요성	• 현대의 복잡한 사회 현상을 정확히 이해할 수 있음. 사회적 관점 • 사회문제에 관한 근본적인 해결책을 찾을 수 있음.
적용	기후위기, 감염병 대응, 기아 문제, 고령화 현상, 인공지능 저작권 쟁점 등 복잡한 사회 현상 탐구에 적용 가능

시공간적으로 다양한 요인이 서로 영향을 주고받으며 나타나므로 복잡하고 불확실함.

꼭 나오는 자료
🔗 9쪽 023번 문제로 확인

- 시간적 관점: 산업 혁명 이후 온실가스 농도가 증가하면서 지구의 평균 기온이 빠르게 상승하고 있다.
- 공간적 관점: 해안 저지대에 위치한 지역은 해수면 상승으로 침수의 위험성이 커지고 있다.
- 사회적 관점: 국제 사회는 파리 협정을 체결하여 온실가스를 감축하기 위해 노력하고 있다.
- 윤리적 관점: 현세대는 미래 세대를 위해 책임 의식을 가지고 기후 정의를 실현해야 한다.

자료 분석 기후위기 문제는 통합적 관점에 따른 이해가 필요하다.

3 행복의 기준과 의미

1 삶의 목적으로서의 행복
부, 명예 등은 그 자체로 추구하는 목적이 아니라 행복한 삶을 실현하기 위한 수단임. → 아리스토텔레스는 행복이 궁극적인 목적이자 최고선이라고 주장함.
└ 가장 좋은 것을 의미함.

2 시대와 지역에 따른 행복의 기준

시대적 상황	• 헬레니즘 시대: 고통 없이 마음의 평온을 누리는 것 • 서양 중세: 신의 구원을 받아 천국에 가는 것 • 서양 근대: 자유와 평등을 보장받는 것
지역적 여건	• 고대 중국: 조화로운 인간관계를 유지하며 사는 것 • 고대 그리스: 개인의 자율성을 발휘하며 사는 것

3 행복의 진정한 의미
감각적인 만족감이나 즐거움뿐만 아니라 자신의 잠재적 가능성을 실현하는 등 바람직한 가치를 실현하는 것 → 의미 있는 목표를 세우고 이를 달성하고자 노력하며, 자기 삶을 반성하고 성찰해야 함.

꼭 나오는 자료
🔗 11쪽 031번 문제로 확인

- 아리스토텔레스: "행복은 이성을 잘 발휘하여 덕이 있는 삶을 살아갈 때 실현할 수 있다. 이를 위해 좋은 습관을 형성해야 한다."
- 에피쿠로스: "내가 말하는 쾌락은 몸의 고통이나 마음의 혼란으로부터의 자유이다. 이를 통해 우리는 행복할 수 있다." - 소극적 쾌락을 주장함.
- 공자: "의로운 삶이라면 행복은 그 속에 있는 법이다."
- 노자: "있는 그대로 만족하면 언제나 만족하게 된다."

자료 분석 서양과 동양 사상가들은 다양한 행복의 의미를 제시하였다.

4 행복한 삶을 실현하기 위한 조건

1 질 높은 정주 환경
인간이 살아가는 데 필요한 자연환경과 인문환경

필요성	인간답고 행복한 삶을 위해 질 높은 정주 환경이 필요함.
조건	물, 대기 등 깨끗한 자연환경과 치안, 위생, 교육 등 잘 갖춰진 인문환경

2 경제적 안정
맹자는 백성의 생업[항산]을 보장하여 경제적 안정 속에서 도덕심[항심]을 함양할 수 있게 해야 한다고 주장함.

필요성	기본적 생계를 유지하고 다양한 필요를 충족할 수 있음.
조건	일정 수준 이상의 소득이 있는 일자리 보장과 정부의 복지 정책 시행

취업 지원 및 실업 급여 지급 등

3 민주주의 발전

필요성	민주적 법, 제도, 문화 등을 통해 시민의 권익을 보호하고, 각자가 원하는 삶의 방식을 자유롭게 추구할 수 있음.
조건	민주적 법과 제도 확립, 책임 의식을 가진 시민의 정치 참여 문화 형성

시민은 주권자로서 자기 삶을 결정하고 주체적으로 문제를 해결하여 성취감을 느낄 수 있고, 이는 행복한 삶을 실현하는 데 이바지함.

4 도덕적 실천

필요성	타인을 도울 때 느끼는 심리적 만족감이 행복을 증진함.
조건	공동체의 결속 및 신뢰와 같은 사회적 자본 증진

개인이나 집단에 이익을 주는 신뢰, 네트워크, 규범, 제도 등 무형의 자산을 의미함.

기본 기출 문제

핵심 주제를 파악할 수 있는 기출 문제를 수록하였습니다.

핵심 개념 문제

● 빈칸에 들어갈 알맞은 말을 쓰시오.

001 (　　　　)적 관점에서는 역사적 배경과 시대적 맥락에 초점을 두고 사회 현상을 살펴본다.

002 (　　　　)적 관점의 핵심 질문으로는 '자연환경과 인문환경에 따라 각 지역의 생활 모습은 어떻게 다르게 나타나는가'가 있다.

003 (　　　　)적 관점은 인간과 세상을 역사적 배경, 공간적 맥락, 사회 구조와 제도, 도덕적 가치 등을 고려하여 종합적으로 살펴보는 것을 의미한다.

004 고대 그리스 사상가 아리스토텔레스는 행복이 궁극적인 목적이며, 인생 전체를 통해 달성하고자 하는 가장 좋은 것, 즉 (　　　　)(이)라고 하였다.

● 설명이 옳으면 ○표, 틀리면 ×표를 하시오.

005 '과거부터 현재까지 어떻게 변해왔는가'와 같은 핵심 질문은 사회적 관점에 해당한다. (　　　)

006 기후위기에 대처하기 위해 국가적·국제적 차원에서 어떠한 제도적 노력을 기울이고 있는지 살펴보는 것은 사회적 관점을 고려한 것이다. (　　　)

007 고대 중국에서는 개인의 자율성을 발휘하며 사는 것을 행복의 기준으로 삼았다. (　　　)

● 행복한 삶을 위한 조건과 그 필요성을 바르게 연결하시오.

008 경제적 안정 ・　　・⑦ 타인을 도울 때 느끼는 심리적 만족감이 행복을 증진함.

009 도덕적 실천 ・　　・⑥ 기본적 생계를 유지하고 다양한 필요를 충족할 수 있음.

● ⑦, ⑥ 중 알맞은 것을 고르시오.

010 도덕적 가치와 도덕규범을 바탕으로 사회 현상을 해석하고 바람직한 삶의 모습을 살펴보는 것은 (⑦ 시간, ⑥ 윤리)적 관점에 해당한다.

011 지속된 전쟁으로 혼란하였던 (⑦ 헬레니즘, ⑥ 중세) 시대에는 마음의 평온함이 행복의 기준이었다.

012 (⑦ 질 높은 정주 환경, ⑥ 민주주의 발전)을 위해서는 책임 의식을 가진 시민이 정치에 참여하는 문화를 형성해야 한다.

013

★핵심 주제 인간, 사회, 환경을 바라보는 다양한 관점

⑦~⑥에 관한 설명으로 옳은 것은?

> 세상을 (⑦)에서 바라본다는 것은 (⑥)와/과 사회 제도가 개인의 행동과 의식 또는 사회 현상에 미치는 영향력에 초점을 두고 인간과 세상을 이해하는 관점이다. 이 관점의 핵심 질문에는 ________⑥________이/가 해당된다.

① ⑦은 시간적 관점이다.
② ⑦은 위치와 장소, 분포 양상과 형성 과정을 중심으로 탐구한다.
③ ⑥은 사회 구성원의 삶의 변화와 무관하다.
④ ⑥에는 사회 구조가 들어가는 것이 적절하다.
⑤ ⑥은 '어떤 보편적 가치나 원칙을 중심으로 사회문제를 해결할 것인가'를 들 수 있다.

014

★핵심 주제 인간, 사회, 환경을 바라보는 다양한 관점

다음 핵심 질문과 밀접한 관점에 관한 설명으로 옳은 것은?

> • 자연환경과 인문환경에 따라 각 지역의 생활 모습은 어떻게 다르게 나타나는가?
> • 우리가 살아가는 지역의 변화 원인은 무엇이고, 이러한 변화는 우리의 삶에 어떤 영향을 끼치는가?

① 언어, 종교 등 자연환경의 요소가 중시된다.
② 지형, 기후 등 인문환경의 요소가 중시된다.
③ 서로 다른 공간 사이에서 일어나는 상호 작용이 중시된다.
④ 시간의 흐름에 따라 자료를 다각도로 수집하여 미래의 방향을 예측하고자 한다.
⑤ 다양한 사회 현상을 도덕적 가치와 도덕규범에 따라 평가하고 사회가 나아갈 바람직한 방향을 제시한다.

015

★핵심 주제 통합적 관점의 필요성과 적용

⑦에 해당하는 용어로 옳은 것은?

> (⑦)은 개별 학문의 경계를 넘어 시대적 맥락, 위치와 장소, 사회 구조와 사회 제도, 규범적 방향성 등을 통합하여 인간, 사회, 환경을 이해하는 관점을 의미한다.

① 통합적 관점　　② 시간적 관점　　③ 공간적 관점
④ 사회적 관점　　⑤ 윤리적 관점

016

(가)에 들어갈 진술로 가장 적절한 것은?

> 옛 인도의 어느 왕이 진리에 관해 신하들과 토론하였다. 왕이 신하들에게 명령하였다. "시각 장애인들에게 코끼리를 만져 보게 하고 코끼리가 무엇과 비슷한지 말해 보게 하라." 코끼리의 상아를 만진 사람은 코끼리가 무와 같다고 하였고, 귀를 만진 사람은 코끼리를 곡식의 알맹이를 골라낼 때 쓰는 키와 같다고 하였고, 코끼리의 꼬리를 만진 사람은 코끼리가 굵은 밧줄과 같다고 하였다. 이를 들은 왕이 말하였다. "보아라, 코끼리는 하나이거늘 저 사람들은 자기가 알고 있는 것만을 코끼리라고 말하는구나. 진리를 알기 위해서는 ________(가)________"

① 일부의 지식을 보편적 지식으로 일반화해야 하느니라.
② 자신에게 보이는 사실만이 옳다고 고집해야 하느니라.
③ 한 측면에 대해서만 집중적으로 탐구할 필요가 있느니라.
④ 다양한 측면을 종합하여 전체를 살필 수 있어야 하느니라.
⑤ 타인의 주장에 휩쓸리지 않고 자기 주장을 펼쳐야 하느니라.

017

다음은 감염병 대응 방안을 통합적 관점으로 분석한 것이다. ㉠~㉣에 해당하는 용어로 옳은 것은?

(㉠)적 관점	(㉡)적 관점
과거의 감염병 유행 사례를 분석하여 효과적인 대응 방안을 찾아야 한다.	감염병 대응에 취약한 사회 계층을 위한 의료 지원 체계를 강화해야 한다.
감염병 대응 방안	
(㉢)적 관점	(㉣)적 관점
감염병 확산 지역과 확산 경로를 파악하여 의료 자원을 배분해야 한다.	감염병 백신 분배와 개인 정보 수집 과정이 공정하고 투명하게 이루어져야 한다.

① ㉠: 시간, ㉡: 공간
② ㉠: 시간, ㉡: 사회
③ ㉡: 사회, ㉢: 윤리
④ ㉡: 공간, ㉣: 사회
⑤ ㉢: 공간, ㉣: 시간

018

㉠~㉢에 해당하는 내용으로 가장 적절한 것은?

> 같은 지역이라도 시대적 상황이 달라지면 행복의 기준도 달라질 수 있다. 헬레니즘 시대에는 (㉠)이, 중세 시대에는 (㉡)이, 근대 시대에는 (㉢)의 보장이 행복의 중요한 기준이었다.

	㉠	㉡	㉢
①	신의 구원	자유와 평등	마음의 평온함
②	신의 구원	마음의 평온함	자유와 평등
③	자유와 평등	신의 구원	마음의 평온함
④	마음의 평온함	신의 구원	자유와 평등
⑤	마음의 평온함	자유와 평등	신의 구원

019

다음은 지역적 여건에 따른 행복의 기준에 관한 자료이다. ㉠, ㉡에 들어갈 내용으로 가장 적절한 것은?

> • 사람들이 서로 협력하여 벼농사를 짓는 고대 중국에서는 (㉠)을/를 유지해야 행복한 삶을 살 수 있다.
> • 해상 무역을 비롯한 상업이 발달한 고대 그리스에서는 (㉡)을 발휘해야 행복한 삶을 실현할 수 있다.

	㉠	㉡
①	집단적 유대감	사회적 소속감
②	개인의 자율성	집단적 유대감
③	사회적 소속감	집단적 유대감
④	조화로운 인간관계	개인의 자율성
⑤	조화로운 인간관계	사회적 소속감

020

행복한 삶을 실현하기 위한 옳은 조건만을 <보기>에서 고른 것은?

| 보기 |
ㄱ. 질 높은 정주 환경의 조성
ㄴ. 곤경에 처한 사람을 돕는 등의 도덕적 실천
ㄷ. 사회문제를 해결하는 정부에 대한 무비판적인 태도
ㄹ. 개인의 능력에 따라 생계유지가 결정되는 경제적 여건

① ㄱ, ㄴ　② ㄱ, ㄷ　③ ㄴ, ㄷ　④ ㄴ, ㄹ　⑤ ㄷ, ㄹ

실력 기출 문제

학교 시험에서 출제율이 높은 문제를 엄선하여 수록하였습니다.

021

인간, 사회, 환경을 바라보는 (가), (나)의 관점에 관한 옳은 설명만을 <보기>에서 고른 것은?

> (가) 역사적 배경과 시대적 맥락에 초점을 두고 사회 현상을 살펴보는 것을 의미한다.
> (나) 도덕적 가치와 도덕규범을 바탕으로 사회 현상을 해석하고 문제점을 찾아 바람직한 삶의 모습을 살펴보는 것을 의미한다.

보기

ㄱ. (가)는 사회 구조와 사회 제도의 영향력을 중시한다.
ㄴ. (가)의 핵심 질문은 '과거부터 현재까지 특정 현상이나 문제가 어떻게 변화해 왔는가?'가 해당한다.
ㄷ. (나)는 개인의 도덕적 삶과 정의로운 사회를 이루는 데 도움이 된다.
ㄹ. (나)의 핵심 질문은 '정책 마련을 위한 의사 결정 과정에서 정부와 시민 사회의 역할은 무엇인가?'가 해당한다.

① ㄱ, ㄴ 　② ㄱ, ㄷ 　③ ㄴ, ㄷ
④ ㄴ, ㄹ 　⑤ ㄷ, ㄹ

022

교사의 질문에 가장 적절하게 답변한 학생으로 옳은 것은?

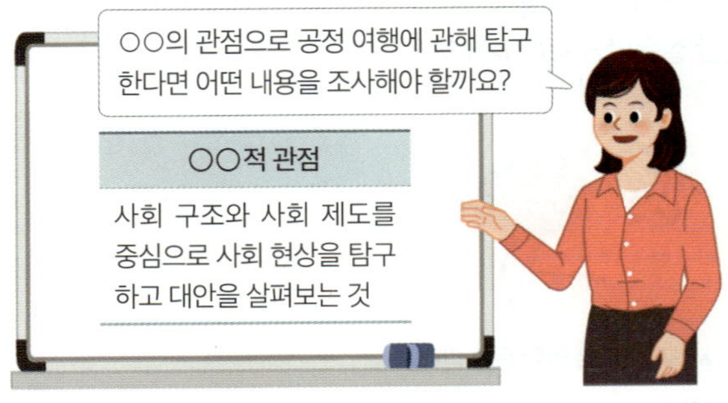

① 갑: 과거와 현재의 여행 방식이 변화된 과정을 조사합니다.
② 을: 지리적 특성에 따라 지역별 공정 여행 코스를 기획해 봅니다.
③ 병: 공정 여행 장려를 위한 지방 자치 단체의 정책을 조사합니다.
④ 정: 현지 주민들의 삶을 존중하는 여행자의 태도를 알아봅니다.
⑤ 무: 여행지의 환경을 보호하는 윤리적 여행 방안을 제시합니다.

023 빈출

다음은 지구 온난화와 관련된 탐구 활동을 정리한 것이다. (가)~(라)와 관련된 관점에 대한 설명으로 옳은 것은?

> (가) 100년간 한반도의 기후변화가 진행된 양상을 파악한다.
> (나) 기후변화를 해결하기 위한 국제 사회의 제도를 조사한다.
> (다) 기후변화에 대응하려면 어떤 가치를 중시하고 실천해야 하는지 살펴본다.
> (라) 지형적 특성을 고려하여 지역별로 기후변화가 진행되는 양상을 파악한다.

① (가): 관련된 정책과 제도를 개선하기 위한 방안을 제안할 수 있다.
② (나): 개인의 도덕적 삶과 정의로운 사회를 이루는 데 도움이 된다.
③ (다): 주변 환경이 인간과 사회에 어떤 영향을 미치는지를 파악하는 데 도움을 준다.
④ (다): 과거의 사실과 사건을 바탕으로 현재의 사회 현상을 이해하고 미래를 예측할 수 있게 한다.
⑤ (라): 공간적 상호 작용에 중점을 두고 인간과 세상을 이해하고자 한다.

024

다음 사례와 관련하여 A~D 관점에서 탐구할 수 있는 활동을 연결한 것으로 가장 적절한 것은?

▲ ○○ 불꽃 축제 개최

① A - 불꽃 축제 개최에 적합한 최적의 입지 분석하기
② B - 불꽃 축제에 따른 오염 물질의 연도별 배출량 조사하기
③ B - 지역 불꽃 축제 활성화를 위한 제도와 정책 찾아보기
④ C - 시간적 흐름에 따른 지역별 불꽃 축제의 역사 정리하기
⑤ D - 친환경 불꽃 축제로 전환하기 위한 바람직한 시민 의식 알아보기

025

(가)에 해당하는 적절한 진술만을 <보기>에서 있는 대로 고른 것은?

> 통합적 관점은 개별 학문의 경계를 넘어 시간적, 공간적, 사회적, 윤리적 관점을 통합하여 인간, 사회, 환경을 이해하는 관점이다. 사회 현상을 탐구하는 데 통합적 관점이 필요한 까닭은 ________________(가)________________

| 보기 |
ㄱ. 사회문제의 단면적인 측면을 전문적으로 다룰 수 있기 때문이다.
ㄴ. 사회 현상을 정확히 이해하고 사회문제에 관한 근본적인 해결책을 찾을 수 있기 때문이다.
ㄷ. 현대의 사회 현상은 시공간적으로 다양한 요인이 서로 영향을 주고받으며 나타나므로 복잡하고 불확실하기 때문이다.

① ㄱ   ② ㄴ   ③ ㄱ, ㄴ
④ ㄴ, ㄷ   ⑤ ㄱ, ㄴ, ㄷ

026

통합적 관점을 적용하여 우리나라의 고령화 현상을 분석하고자 한다. 자료에 관한 해석으로 적절하지 <u>않은</u> 것은?

> **우리나라의 고령화 현상을 위한 탐구 자료**
> [자료 1] 우리나라의 노년층 인구 비율 추이
> [자료 2] 농촌과 도시의 노년층 인구 비율
> [자료 3] 우리나라의 노년 부양비 추이
> [자료 4] 노부모 부양에 관한 책임 의식 변화

① 자료 1: 시간적 관점을 바탕으로 우리나라 노년층 인구 비율의 변화 추이를 살펴본다.
② 자료 2: 공간적 관점을 바탕으로 농촌 지역과 도시 지역의 노년층 인구 비율 차이를 분석한다.
③ 자료 3: 사회적 관점을 바탕으로 노년 부양비가 높아져 사회 복지 예산의 부담이 가중되고 있음을 밝힌다.
④ 자료 4: 윤리적 관점을 바탕으로 노부모 부양에 관한 책임 의식이 나타나는 양상을 살펴본다.
⑤ 자료 1~4: 어느 한 가지 관점만을 활용하여 우리나라 고령화 현상의 양상과 대처 방안을 탐구한다.

027 빈출

다음은 세계 기아 문제를 통합적 관점으로 분석한 것이다. (가), (나)에 해당하는 적절한 내용만을 <보기>에서 고른 것은?

시간적 관점	공간적 관점
(가)	기아 문제는 아프리카 지역과 남부 및 서남아시아 일부 지역에서 대체로 심각한 수준으로 나타난다.
사회적 관점	**윤리적 관점**
기아 문제는 분쟁이나 사회적 불안정과 같은 사회 구조적 문제의 영향을 받는다.	(나)

(가운데: 세계 기아 문제)

| 보기 |
ㄱ. (가): 2022 세계 식량 위기 보고서에 따르면 식량 위기의 주된 원인은 분쟁 또는 정치적·사회적 불안정이다.
ㄴ. (가): 2022 세계 식량 안보 및 영양 현황에 따르면 2021년 세계 기아 인구는 약 7억 6,800만 명으로 전년 대비 약 4,600만 명이 증가하였다.
ㄷ. (나): 2022 세계 기아 지수에 따르면 예멘과 소말리아와 같은 국가가 '위험' 수준의 굶주림을 겪고 있다.
ㄹ. (나): 국제 연합 세계 식량 계획에 따르면 세계 기아 문제 해결하고자 하는 세계시민 의식을 함양해야 한다.

① ㄱ, ㄴ   ② ㄱ, ㄷ   ③ ㄴ, ㄷ   ④ ㄴ, ㄹ   ⑤ ㄷ, ㄹ

028

그림에 나타난 문제를 해결하기 위해 A~D 관점에서 제기할 수 있는 적절한 질문만을 <보기>에서 있는 대로 고른 것은?

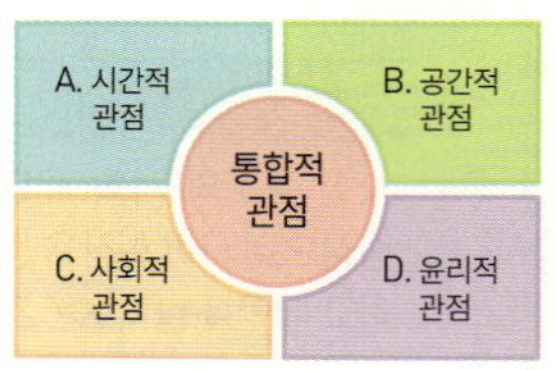

▲ 폐마스크로 인한 동물 피해

| 보기 |
ㄱ. A: 폐마스크로 인한 동물의 피해는 언제부터 증가했나?
ㄴ. B: 폐마스크로 동물의 피해가 집중된 지역은 어디인가?
ㄷ. C: 폐마스크의 무단 투기 방지를 위해 어떤 정책이 필요할까?
ㄹ. D: 폐마스크가 제대로 수거되지 않는 사회 구조적 원인은 무엇일까?

① ㄱ, ㄴ   ② ㄱ, ㄹ   ③ ㄷ, ㄹ
④ ㄱ, ㄴ, ㄷ   ⑤ ㄴ, ㄷ, ㄹ

029 빈출

다음을 주장한 사상가의 적절한 입장만을 <보기>에서 고른 것은?

> 모든 행위와 선택은 각각 어떠한 좋음을 목표로 한다. 각각의 좋음이란 모든 행위와 선택에 있어서 그 목적이다. 모든 목적은 완전한 것이 아니지만, 최고선인 행복은 분명 완전한 것이다. 우리는 행복을 언제나 그 자체 때문에 선택하지 결코 다른 것 때문에 선택하지는 않는다. …… 행복이란 덕에 일치하는 정신의 활동이며, 참된 행복은 이성을 아주 잘 발휘할 때 이루어진다.

> **보기**
> ㄱ. 행복은 최고선으로서 어떤 다른 목적을 위한 수단이다.
> ㄴ. 행복은 정신의 활동보다는 외부적 조건에 의해 실현되는 것이다.
> ㄷ. 행복은 사람들이 인생 전체를 통해 달성하고자 하는 가장 좋은 것이다.
> ㄹ. 행복은 인간만이 지닌 기능을 탁월하게 수행하는 것과 밀접한 관련이 있다.

① ㄱ, ㄴ ② ㄱ, ㄷ ③ ㄴ, ㄷ
④ ㄴ, ㄹ ⑤ ㄷ, ㄹ

030

행복의 기준에 관한 강연자의 입장으로 가장 적절한 것은?

① 행복의 기준은 시대와 지역의 상황에 따라 다른 양상을 보인다.
② 고대 그리스보다 중국의 행복 기준이 우월하다고 평가할 수 있다.
③ 시간과 장소와 관계없이 존재하는 행복의 기준을 실현해야 한다.
④ 같은 지역에서는 시대의 변화와 무관하게 행복의 기준이 동일하다.
⑤ 진정한 행복은 중세 시대와 같이 종교적 차원에서만 실현될 수 있다.

031

고대 중국 사상가 갑, 고대 서양 사상가 을의 입장으로 옳지 않은 것은?

> 갑: 만족함을 모르는 것보다 큰 재앙은 없고, 얻으려고 욕심을 내는 것보다 큰 허물은 없다. 있는 그대로 만족하면 언제나 만족하게 된다.
> 을: 쾌락은 행복한 삶의 시작이자 끝이다. 우리가 말하는 쾌락은 방탕한 자들의 쾌락이나 육체적인 쾌락이 아니다. 몸의 고통이나 마음의 혼란으로부터 자유로울 때 행복할 수 있다.

① 갑: 욕심을 좇으면 화를 당해서 불행해질 수 있다.
② 갑: 억지로 얻으려 하지 말고 만족할 때 행복할 수 있다.
③ 을: 적극적으로 쾌락을 추구할 때 행복할 수 있다.
④ 을: 고통이 없고 심리적으로 평온한 상태가 행복이다.
⑤ 갑과 을: 행복은 소박하고 절제하는 삶에서 나온다.

032

다음을 주장한 고대 서양 사상가가 긍정의 대답을 할 질문으로 가장 적절한 것은?

> 가장 적은 양을 필요로 하는 사람이 조금의 사치에도 가장 큰 기쁨을 느낀다. 결핍 때문에 생기는 고통이 제거된다면, 단순한 음식도 우리에게 사치스러운 음식과 같은 쾌락을 줄 수 있다. 그러므로 쾌락은 몸의 고통이나 마음의 혼란으로부터의 자유이다.

① 종교적 절대자인 신의 뜻에 성실하게 따라야 하는가?
② 육체적인 쾌락보다 정신적인 쾌락을 추구해야 하는가?
③ 이성의 기능을 발휘하여 모든 쾌락을 제거해야 하는가?
④ 모든 욕구를 제거하고 자연의 질서에 순응해야 하는가?
⑤ 욕구를 적극적으로 실현하여 풍족한 삶을 살아야 하는가?

033 빈출

다음을 주장한 사상가의 적절한 입장만을 <보기>에서 고른 것은?

> 사람이 살 터를 정할 때 첫째는 지리(地理)가 좋아야 하고, 둘째는 *생리(生利)가 좋아야 하며, 셋째는 인심(人心)이 좋아야 하고, 넷째는 산수(山水)가 좋아야 한다. 지리가 뛰어나도 생리가 부족하면 오래 살 수 없고, 생리가 좋아도 지리가 나쁘면 그 또한 오래 살 수 없다. 지리와 생리가 모두 좋아도 인심이 나쁘면 반드시 후회할 일이 생기고, 가까운 곳에 즐길 만한 산수가 없으면 마음을 풍요롭게 가꿀 수 없다.
>
> *생리(生利): 지역에서 얻는 경제적 이익

| 보기 |
ㄱ. 지리와 같은 인문환경은 좋은 정주 환경의 조건이다.
ㄴ. 경제적 이익은 주거지 선정 시 고려해야 할 요소이다.
ㄷ. 좋은 정주 환경이 되려면 여러 조건을 충족해야 한다.
ㄹ. 거주민과의 교류는 주거지 선정 시 고려할 필요가 없다.

① ㄱ, ㄴ　　② ㄱ, ㄷ　　③ ㄴ, ㄷ
④ ㄴ, ㄹ　　⑤ ㄷ, ㄹ

034

소득과 행복의 관계에 관한 (가), (나)의 입장으로 가장 적절한 설명은?

> (가) 국가가 부유할수록 국민의 행복 수준은 높아진다. 소득이 늘어나면 더 자유롭고 건강한 생활을 하므로 돈이 행복에 미치는 영향에는 한계가 없다.
>
> (나) 소득과 행복은 관련이 있지만, 소득이 증가한다고 해서 반드시 더 행복한 것은 아니다. 소득이 일정 수준에 도달하고 기본적 욕구가 충족되면 소득 증가가 행복에 큰 영향을 미치지 않는다. 행복에 영향을 끼치는 요소는 건강, 가정생활 등 다양하다.

① (가)는 소득과 행복은 음(-)의 상관관계를 보인다고 본다.
② (가)는 국가의 경제 성장이 국민의 행복에 미치는 영향이 없다고 본다.
③ (나)는 소득과 행복은 무관하므로 경제 성장을 포기해야 한다고 본다.
④ (나)는 소득 이외에 행복에 영향을 주는 다른 요인에 대한 관심도 필요하다고 본다.
⑤ (나)는 (가)와 달리 소득 수준은 행복에 영향을 주는 요인이라고 본다.

✍ 1등급을 향한 서답형 문제

| 035~036 |
다음 글을 읽고 물음에 답하시오.

> 일반 백성은 고정적인 생업인 (㉠)이/가 없으면 흔들림 없는 도덕적인 마음인 (㉡)도 없어진다. 그러므로 지혜로운 왕은 백성의 생업을 제정해 주되 위로는 부모를 섬기기에 충분하게 하고 아래로는 자녀를 먹여 살릴 만하게 하여, 풍년에는 언제나 배부르고 흉년에도 죽음을 면하게 한다.

035

㉠, ㉡에 해당하는 용어를 쓰시오.

036

행복한 삶을 실현하기 위한 네 가지 조건 중 위의 글과 가장 밀접한 조건을 선택하고, 그 까닭을 서술하시오.

| 037~038 |
자료를 보고 물음에 답하시오.

국가 지수	노르 웨이	뉴질 랜드	아이슬 란드	-	이란	미얀마	아프가 니스탄
세계 (㉠) 지수 순위	1위	2위	3위		154위	166위	167위
세계 행복 지수 순위	7위	10위	3위		101위	117위	137위

(㉠)은/는 국민이 주권자로서 정치권력을 행사하는 제도를 말한다. 위 자료를 보면 ㉡(㉠) 지수 순위가 높은 국가는 대체로 행복 지수에서도 높은 순위에 있다.

037

㉠에 해당하는 용어를 쓰시오.

038

밑줄 친 ㉡과 같은 현상이 나타나는 까닭에 관해 서술하시오.

적중 1등급 문제

내신 1등급을 결정하는 고난도 문제를 수록하였습니다.

039

다음은 학생이 작성한 형성 평가지이다. 학생이 표시한 옳은 답만을 ㉠~㉢ 중에서 있는 대로 고른 것은?

<형성 평가>

※ 인간, 사회, 환경을 바라보는 다양한 관점에 대한 설명이 맞으면 '예', 틀리면 '아니요'에 ✔표시하시오.

[설명 1] 사회적 관점은 사회 현상을 시대적 맥락 속에서 이해한다.   예 ✔ 아니요 ☐ … ㉠

[설명 2] 공간적 관점은 사회 구조와 사회 제도의 영향력을 강조한다.   예 ☐ 아니요 ✔ … ㉡

[설명 3] 윤리적 관점은 사회 현상을 도덕적 가치에 따라 평가한다.   예 ☐ 아니요 ✔ … ㉢

① ㉠   ② ㉡   ③ ㉠, ㉡
④ ㉡, ㉢   ⑤ ㉠, ㉡, ㉢

040

'인공지능 저작권 쟁점'을 통합적 관점에서 탐구하고자 한다. 네 가지 관점과 탐구 질문이 적절히 연결된 것만을 <보기>에서 있는 대로 고른 것은?

인공지능(AI)을 통해 양산되는 시, 음악, 극본, 그림 등 다양한 유형의 창작물은 인간이 수행한 결과와 구분할 수 없을 정도로 놀라운 수준을 보여 준다. 이와 동시에 창작물을 둘러싼 인공지능 저작권 쟁점이 새롭게 등장하였는데, 이 문제를 해소할 법적·제도적 장치가 없어 인공지능 산업 활성화와 권리자 보호 등을 두고 논란이 발생하고 있다.

┤ 보기 ├

ㄱ. 시간적 관점 - 인공지능의 저작권 문제가 발생한 시대적 배경은 무엇인가?

ㄴ. 공간적 관점 - 인공지능의 창작물과 인간이 만든 예술 작품은 본질적으로 차이가 있는가?

ㄷ. 사회적 관점 - 현재의 법에서는 저작권의 범위를 어떻게 규정하고 있는가?

ㄹ. 윤리적 관점 - 인공지능을 저작권의 주체로 인정하는 것이 바람직한가?

① ㄱ, ㄴ   ② ㄱ, ㄷ   ③ ㄴ, ㄹ
④ ㄱ, ㄷ, ㄹ   ⑤ ㄴ, ㄷ, ㄹ

041

다음 가상 편지에서 강조하는 내용으로 옳지 <u>않은</u> 것은?

○○에게

요즘 자네가 행복에 이르는 방법에 관해 고민하고 있다고 들었네. 행복은 인간의 영혼 중에서 이성과 관련된 능력을 탁월하게 발휘하는 것을 의미한다네. 따라서 이성을 통해 도덕적 행위가 무엇인지를 파악하고 이를 반복적으로 실천한다면 좋은 품성을 기를 수 있을 걸세. 그러면 인간 행위의 최종 목적인 행복에 다가갈 수 있다네.

① 인간이 추구하는 궁극적인 목적은 행복이다.
② 다른 동물과 달리 인간만이 가진 기능은 이성이다.
③ 도덕적 행위를 습관화하는 것은 행복 실현에 기여한다.
④ 이성을 탁월하게 발휘하는 것과 행복은 밀접하게 연관된다.
⑤ 좋은 품성은 도덕적 행위가 무엇인지 알기만 해도 형성된다.

042

(가), (나)에 나타난 행복의 조건에 관한 설명으로 옳지 <u>않은</u> 것은?

(가) A국은 B국으로부터 독립하였으나 권위주의 정권이 수립되어 국민들을 과도하게 통제하고 있다. 이로 인해 정치 과정에 참여할 방법이 없어진 국민들은 무력감과 고통에 시달리고 있다.

(나) C국의 세대별 행복 지수를 분석한 결과, 청년층과 노년층의 점수가 낮게 나타났다. 이에 대한 주요 원인으로 청년층은 심각한 취업난으로 인한 경제적 어려움을, 노년층은 부족한 생활비와 미흡한 복지 정책을 손꼽았다.

① (가)를 통해 국가의 주권 회복이 행복을 보장하는 유일한 조건임을 알 수 있다.
② (가)를 통해 시민 참여를 보장하는 민주주의 실현이 행복에 영향을 미친다는 것을 알 수 있다.
③ (나)를 통해 노년층의 행복 지수는 사회 제도와 밀접하게 관련되어 있음을 알 수 있다.
④ (나)를 통해 경제적인 안정이 청년층과 노년층의 행복에 중요한 요소임을 알 수 있다.
⑤ (가)와 (나)를 통해 행복한 삶을 실현하기 위한 조건은 다양하다는 점을 알 수 있다.

단원 마무리 문제

01 통합적 관점과 행복

043

인간, 사회, 환경을 바라보는 관점인 (가), (나)에 관한 설명으로 옳은 것은?

> (가) 장소와 지역 및 이동과 네트워크 등에 중점을 두고 사회 현상을 살펴보는 것을 의미한다.
> (나) 사회 구조와 사회 제도를 중심으로 사회 현상을 탐구하고 대안을 살펴보는 것을 의미한다.

① (가)는 역사적 배경과 시대적 맥락에 초점을 둔다.
② (가)는 자연환경과 인문환경이 인간과 사회에 미치는 영향을 분석한다.
③ (나)는 과거 역사와 현재 상황 간의 상호 연관성을 탐구한다.
④ (나)는 다양한 사회 현상을 도덕적 가치와 도덕규범에 따라 평가한다.
⑤ (가)와 (나) 모두 정책적 측면에서 해결책을 모색하고자 한다.

044

밑줄 친 ㉠에 나타난 인간, 사회, 환경을 바라보는 관점에서 이루어질 수 있는 적절한 활동만을 <보기>에서 고른 것은?

| 보기 |

> ㄱ. 보편적 가치를 존중하는 자율 주행 기술 설계하기
> ㄴ. 기후가 자율 주행 자동차 운행에 미치는 영향 탐구하기
> ㄷ. 지역별, 연도별 자율 주행 자동차의 구입 현황 비교하기
> ㄹ. 자율 주행 자동차로 발생할 수 있는 도덕적 문제 성찰하기

① ㄱ, ㄴ   ② ㄱ, ㄹ   ③ ㄴ, ㄷ
④ ㄴ, ㄹ   ⑤ ㄷ, ㄹ

045

다음 글의 관점에 부합하는 진술에만 모두 '✔'를 표시한 학생은?

> 오늘날 인간의 일상과 거래를 떠받치는 시스템은 상상을 초월할 정도로 복잡하게 얽혀 서로 의지하며 돌아가고 있다. 예를 들어 기후 문제를 해결하지 않고는 전염병을 해결할 수 없고, 경제 성장을 새로운 시각으로 보지 않으면 기후 문제를 해결할 수 없다. 따라서 다양한 관점을 바탕으로 인간, 사회, 환경을 통합적으로 살펴볼 필요가 있다.

진술 \ 학생	갑	을	병	정	무
불확실한 사회문제에 효과적으로 접근하려면 개별 학문의 경계를 지켜야 한다.	✔			✔	✔
어느 한 가지 관점으로만 바라보려는 시도는 사회문제의 복잡성을 고려하지 못한다.	✔	✔		✔	
현대의 사회 현상은 시공간적으로 다양한 요인이 서로 영향을 주고받으며 나타난다.		✔	✔		✔
종합적 접근보다는 한 가지 관점에서 전문적이고 지속적으로 탐구해 나가는 게 중요하다.			✔	✔	✔

① 갑   ② 을   ③ 병   ④ 정   ⑤ 무

046

다음은 기후위기를 통합적 관점에서 분석한 것이다. (가), (나)에 들어갈 내용으로 가장 적절한 것은?

시간적 관점	공간적 관점
(가)	해안 저지대에 위치한 지역은 해수면 상승으로 침수의 위험성이 커지고 있다.

기후위기

사회적 관점	윤리적 관점
(나)	현세대는 미래 세대를 위해 책임 의식을 가지고 기후 정의를 실현해야 한다.

① (가): 기후변화로 초래된 불평등을 줄이기 위해 노력해야 한다.
② (가): 세계의 각국이 모여 온실가스 감축을 목표로 하는 국제 협약을 체결하였다.
③ (가): 산업 혁명 이후 온실가스 농도가 증가하면서 지구의 평균 기온이 빠르게 상승하였다.
④ (나): 지역별 기후위기에 따라 빙하 면적 감소, 강수량 급변 등 다양한 양상이 나타난다.
⑤ (나): 일부 국가가 이산화 탄소와 같은 온실가스를 대량으로 배출하고 있으나 피해는 전 세계가 입고 있다.

047

다음을 주장한 사상가가 강조할 삶의 태도로 가장 적절한 것은?

> 인간은 생존에 필요한 생명의 기능, 감각과 운동의 기능, 정신의 이성적 활동 기능을 지니고 있다. 이 중 동식물에게는 없고 인간만이 가진 특별한 기능은 정신의 이성적 활동 기능이다. 이 기능을 훌륭하게 발휘할 때, 삶의 궁극적인 목적인 행복에 도달할 수 있다.

① 물질적 풍요를 삶의 궁극적인 목적으로 삼아야 한다.
② 내세의 구원을 위해 항상 신의 은총과 함께해야 한다.
③ 인간만이 지닌 특성인 쾌락 추구를 우선시해야 한다.
④ 행복한 삶을 위해 좋은 습관을 꾸준히 형성해야 한다.
⑤ 욕심을 버리고 자연의 순리에 따르는 삶을 살아야 한다.

048

(가), (나)의 행복의 기준에 관한 옳은 설명만을 <보기>에서 고른 것은?

> (가) 산업화가 한창이던 1970년대에는 가난에서 벗어나기 위해 돈을 버는 것에 행복을 느끼는 경우가 많았다. 그러나 현재에는 자신의 삶을 의미 있고 풍요롭게 만드는 것에 더 큰 행복을 느끼는 경우가 많다.
>
> (나) 마실 물이 부족한 사막 지역에서는 깨끗한 물을 얻는 것만으로도 행복을 느끼는 경우가 많다. 한편 일조량이 부족한 북유럽 지역에서는 햇볕을 쬘 수 있는 것만으로도 행복을 느끼는 경우가 많다.

| 보기 |

ㄱ. (가)는 시대에 따라 행복의 기준이 달라질 수 있다고 본다.
ㄴ. (나)는 자연환경이 행복에 영향을 줄 수 없다고 본다.
ㄷ. (가)는 (나)와 달리 행복의 기준을 공간적 관점에서 본다.

① ㄱ   ② ㄴ   ③ ㄱ, ㄴ
④ ㄴ, ㄷ   ⑤ ㄱ, ㄴ, ㄷ

049 🖋서술형

공자가 강조하는 행복 실현을 위한 삶의 태도에 관해 서술하시오.

> 의롭지 않은데도 돈이 많고 지위가 높은 것은 마치 뜬구름과 같다. 거친 음식을 먹고 맹물을 마시며 팔을 굽혀 베개로 삼더라도 의로운 삶이라면 행복은 그 속에 있는 법이다.

050

다음 중 학생이 표시한 옳은 답만을 ㉠~㉣ 중에서 고른 것은?

> ※ 행복한 삶을 실현하기 위한 조건에 관한 설명이 맞으면 '예', 틀리면 '아니요'에 ✔표시하시오.
>
> [설명 1] 질 높은 정주 환경이 보장되어야 행복한 삶을 살아갈 수 있다.   예 ✔ 아니요 ☐ … ㉠
>
> [설명 2] 국민의 소득 수준과 삶의 질은 서로 무관하다.   예 ✔ 아니요 ☐ … ㉡
>
> [설명 3] 민주주의 발전은 행복한 삶을 실현하기 위한 조건으로 볼 수 없다.   예 ☐ 아니요 ✔ … ㉢
>
> [설명 4] 도덕적 실천은 개인을 포함한 공동체 전체의 행복도를 높일 수 있다.   예 ☐ 아니요 ✔ … ㉣

① ㉠, ㉡   ② ㉠, ㉢   ③ ㉡, ㉢   ④ ㉡, ㉣   ⑤ ㉢, ㉣

051

다음을 주장한 사상가가 행복한 삶의 조건과 관련하여 긍정의 대답을 할 질문으로 가장 적절한 것은?

> 일반 백성은 일정한 생업[恒産]이 없으면 흔들림 없는 도덕적인 마음[恒心]도 없어진다. 도덕적인 마음이 없어지면 방자하고 사치스러운 짓을 하게 된다. 그러므로 어질고 지혜로운 통치자는 백성의 생업을 보장해 주어야 하며, 그후에 백성을 선으로 인도할 때 백성들이 그에 따를 수 있다.

① 경제적 여건은 오롯이 개인이 책임져야 하는가?
② 행복한 삶을 위해 물질적 가치를 배제해야 하는가?
③ 사회 구성원 모두의 경제적 안정을 도모해야 하는가?
④ 제도를 확립하여 국민이 통치자를 직접 뽑아야 하는가?
⑤ 생계 보장보다 쾌적한 정주 환경이 우선 조성되어야 하는가?

052 🖋서술형

다음 글에서 알 수 있는 행복한 삶을 실현하기 위한 조건을 서술하시오.

> 실학자 이중환은 풍수적으로 좋은 땅[지리], 경제 활동이 유리한 여건[생리], 좋은 인심과 풍속[인심], 풍류를 즐길 만한 자연 경관[산수]을 모두 갖추어야 사람이 살기 좋은 곳이라고 하였다.

02 자연환경과 인간 생활

1 기후와 인간 생활

꼭 나오는 자료

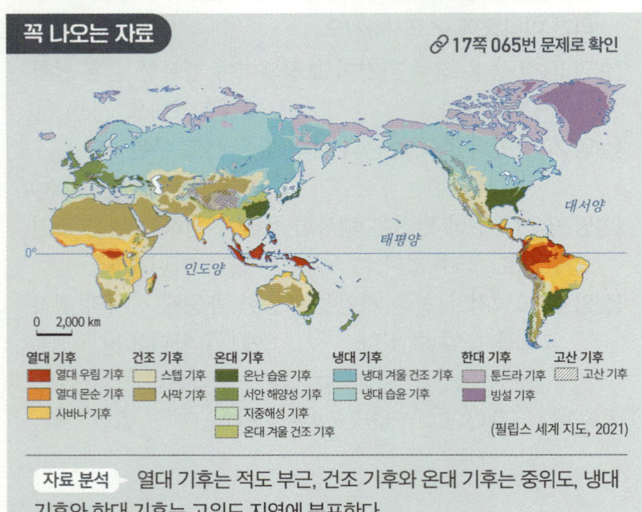

17쪽 065번 문제로 확인

자료 분석 열대 기후는 적도 부근, 건조 기후와 온대 기후는 중위도, 냉대 기후와 한대 기후는 고위도 지역에 분포한다.

1 열대 기후 지역 적도 주변에 분포 → 열대 우림 기후, 사바나 기후로 구분
└ 일 년 내내 많은 강수량
└ 연중 높은 기온, 많은 강수량
└ 건기와 우기의 구분이 뚜렷

문화	• 의: 얇고 간편한 옷 • 식: 음식이 상하는 것을 막기 위해 기름, 향신료 많이 사용 • 주: 개방적 구조, 지면에서 바닥을 띄운 고상 가옥
산업	• 전통 농업: 수렵과 채집, 이동식 화전 농업(카사바, 얌 재배) • 플랜테이션: 선진국의 기술과 자본, 현지의 저렴하고 풍부한 노동력을 결합하여 원료 작물과 기호 작물을 대규모로 재배

└ 천연고무 등   커피, 카카오 등

2 건조 기후 지역 연 강수량이 적어 물 부족 → 식물 성장, 인간 생활에 불리

사막 기후 지역	• 문화: 온몸을 감싸는 옷, 평평한 지붕과 건물을 가깝게 붙여 그늘을 만든 흙집 └ 습윤 지역에서 발원하여 건조 지역을 흐르는 하천 • 산업: 외래 하천이나 오아시스 주변에서 밀, 대추야자 재배
스텝 기후 지역	• 문화: 조립과 분해가 쉬운 이동식 가옥 예 몽골 초원의 게르 • 산업: 초원에서 양과 염소 등을 기르는 유목

3 온대 기후 지역 중위도에 주로 분포 → 온난한 기온, 뚜렷한 계절 변화, 더위와 추위에 모두 적응할 수 있는 생활양식
└ 물과 풀을 찾아 옮겨 다니는 목축업
└ 농경에 유리, 각종 농축산물을 이용한 음식 발달

온대 겨울 건조 기후	계절풍의 영향으로 벼농사 발달 → 쌀이 주식
서안 해양성 기후	흐리고 비가 내리는 날이 많아 혼합 농업 발달
지중해성 기후	고온 건조한 여름을 이용한 수목 농업 발달

└ 작물 재배 + 가축 사육
└ 지중해성 기후 지역의 가옥은 벽이 하얗고 창문이 작은 것이 특징   └ 포도, 올리브 등 재배

4 냉대 기후 지역 고위도에 분포 → 기온의 연교차가 큼, 짧은 여름과 길고 추운 겨울

문화	• 보온에 유리한 폐쇄적인 가옥 구조 예 통나무집 • 밀과 감자를 주재료로 한 음식
산업	• 추위에 잘 견디는 밀, 호밀, 감자 등을 재배 • 타이가(침엽수림대) 넓게 분포 → 목재·펄프 산업 발달

5 한대 기후 지역 북극 주변에 분포하여 연중 기온이 낮음, 인간 거주에 불리

문화	짧은 여름에 땅이 녹는 툰드라 기후 → 가옥·구조물이 붕괴되지 않도록 땅에서 띄워 지은 고상 가옥
산업	농업이 불가능 → 순록 유목, 어로·수렵 생활

└ 최근에 석유와 천연가스 등의 자원 개발 진행 중

2 지형과 인간 생활

1 산지 지역
(1) 해발 고도가 높고 경사가 급한 곳: 교통 발달과 인간 거주에 불리
(2) 경사가 완만한 곳: 인간 거주, 밭농사, 가축 사육   └ 고기와 젖, 털과 가죽 획득
(3) 적도 부근의 고산 지대: 연중 온화한 열대 고산 기후가 나타남. → 고산 도시 발달   예 에콰도르의 키토

2 평야 지역 해발 고도가 낮고 지표면이 평평
(1) 농경과 취락에 유리 → 인간 생활에 적합
(2) 대하천 주변에 발달한 비옥한 평야 지역 → 인구 밀집   └ 창장강, 갠지스강, 라인강 등
(3) 교통로와 건물 등 건설에 유리 → 경제활동의 주요 공간   └ 산업 시설 입지, 도시 발달

3 해안 지역
(1) 풍부한 수산 자원 → 어업, 양식업
(2) 아름다운 해안 지형 경관 → 관광 산업
(3) 원료의 수입과 제품의 수출에 유리 → 대규모 항구, 산업 단지   └ 공업 발달의 주요 공간

꼭 나오는 자료

17쪽 066번 문제로 확인

자료 분석 지구상에는 산지, 평야, 해안 등의 다양한 지형이 분포한다. 지도에서 초록색에 가까우면 해발 고도가 낮고, 갈색에 가까우면 해발 고도가 높다.

4 독특한 지형 경관이 나타나는 지역

카르스트 지형	석회암이 빗물이나 지하수에 의해 녹아서 형성 예 탑 카르스트, 석회 동굴(종유석, 석순, 석주 등) 등 중국의 구이린, 베트남의 하롱 베이 등
화산 지형	용암과 화산 가스 분출로 형성되는 지형 예 분화구, 간헐천 등
빙하 지형	빙하의 침식 및 퇴적 작용으로 형성되는 지형 예 피오르

└ U자곡에 바닷물이 들어온 좁고 긴 만

기본 기출 문제

핵심 개념 문제

● 빈칸에 들어갈 알맞은 말을 쓰시오.

053 (   )은/는 열대 기후 지역에서 선진국의 기술과 자본, 현지의 저렴하고 풍부한 노동력을 활용하여 원료 작물을 대규모로 재배하는 농업이다.

054 온대 겨울 건조 기후 지역은 (   )의 영향으로 벼농사가 발달하며, 쌀을 주식으로 한다.

055 (   ) 도시는 연중 온화한 기후가 나타나는 적도 부근의 고산 지대에 발달한다.

056 용암과 가스가 분출하여 형성되는 (   ) 지형의 분화구, 간헐천 등은 독특한 경관으로 인해 관광 자원으로 이용된다.

● 다음 내용이 옳으면 ○표, 틀리면 ×표를 하시오.

057 북극 주변에 분포하는 한대 기후 지역은 침엽수림이 넓게 분포하여 임업이 발달한다.　(   )

058 창장강, 갠지스강, 라인강 등의 대하천 주변은 비옥한 평야가 발달한 인구 밀집 지역이다.　(   )

059 해안 지역은 수산 자원이 풍부해 어업과 양식업이 발달하고, 항구 발달에 유리해 대규모 산업 단지가 조성되기에 적합하다.　(   )

● 독특한 지형 경관의 사례를 바르게 연결하시오.

060 카르스트 지형 ·　　　· ㉠ 피오르

061 빙하 지형 ·　　　· ㉡ 석회 동굴

● ㉠, ㉡ 중 알맞은 것을 고르시오.

062 조립과 분해가 쉬워 스텝 기후 지역의 유목 생활에 적합한 가옥은 (㉠ 이동식 가옥, ㉡ 흙집)이다.

063 지중해성 기후 지역은 고온 건조한 여름에 포도, 올리브 등을 재배하는 (㉠ 수목, ㉡ 혼합) 농업이 발달하였다.

064 (㉠ 산지, ㉡ 평야) 지역은 해발 고도가 낮고 지표면이 편평하여 농경과 취락 발달에 유리하며, 인간 생활에 적합하다.

065

핵심 주제 **열대 기후와 인간 생활**

㉠에 들어갈 알맞은 기후 지역을 지도의 A~E에서 고른 것은?

> (　㉠　)에서는 숲의 나무를 태운 뒤 경지를 만들어 카사바나 얌 등의 농작물을 재배한다. 이 지역은 비가 많이 내려 흙 속의 양분이 씻겨 나가므로 몇 년 뒤 다른 장소로 이동하여 새로운 경지를 만든다.

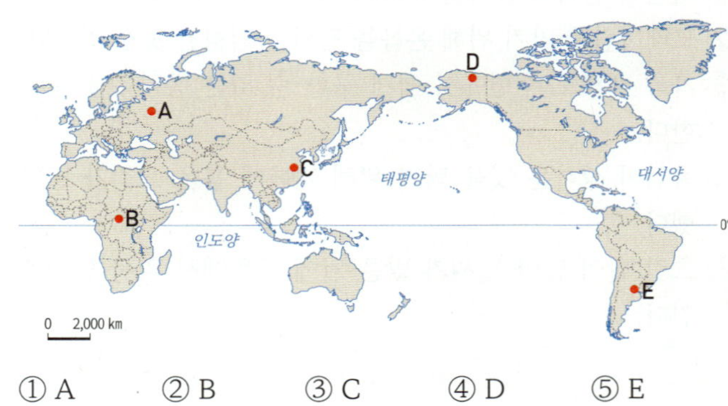

① A　② B　③ C　④ D　⑤ E

066

핵심 주제 **평야 지형과 인간 생활**

지도에 표시된 (가), (나) 하천의 공통적인 특성에 관한 옳은 설명만을 <보기>에서 있는 대로 고른 것은?

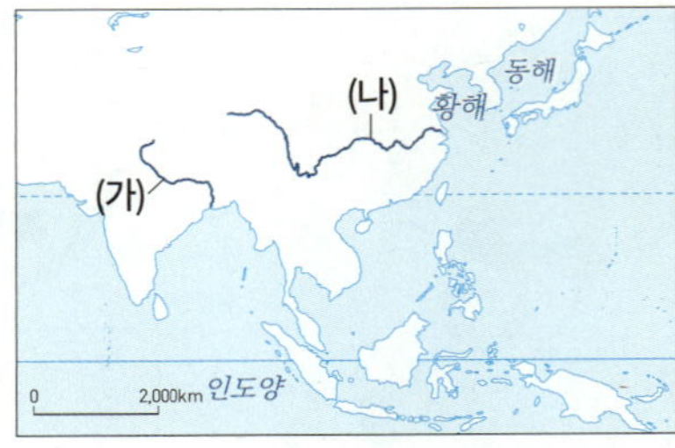

| 보기 |

ㄱ. 계절에 따른 수위 변화가 크다.

ㄴ. 주변에 비옥한 평야가 발달하였다.

ㄷ. 하류에 지하자원이 많이 매장되어 있다.

① ㄱ　② ㄴ　③ ㄱ, ㄴ
④ ㄴ, ㄷ　⑤ ㄱ, ㄴ, ㄷ

● 바른답·알찬풀이 6쪽

067

밑줄 친 ㉠ 지역의 전통적인 주민 생활에 관한 설명으로 옳은 것은?

> 기온이 높고 햇볕이 강한 ㉠아랍 에미리트의 두바이에서는 버스 정류장에 에어컨을 설치하여 주민들이 시원하고 쾌적하게 버스를 기다릴 수 있도록 편의를 제공한다.

① 지면의 열기와 습기를 피하기 위해 고상 가옥을 짓는다.
② 모래바람을 막기 위해 온몸을 감싸는 헐렁한 옷을 입는다.
③ 가옥 재료로 주변에서 쉽게 구할 수 있는 통나무를 활용한다.
④ 음식이 상하는 것을 막기 위해 기름에 볶은 요리가 발달했다.
⑤ 흐린 날이 많아 날씨가 맑은 날에 공원에서 일광욕을 즐긴다.

068

지도의 A 기후 지역에 관한 설명으로 옳은 것은?

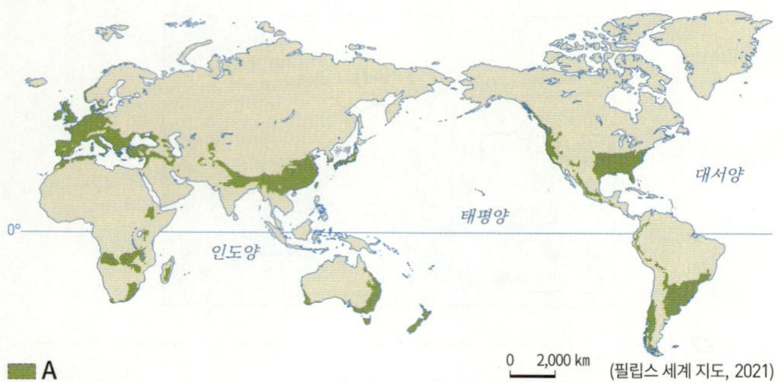

① 타이가가 넓게 분포한다.
② 연중 기온이 높고 강수량이 많다.
③ 사막 기후와 스텝 기후로 구분한다.
④ 연중 기온이 낮아 나무가 자라지 못한다.
⑤ 기온이 온난하고 계절의 변화가 뚜렷하다.

069

㉠에 들어갈 기후로 옳은 것은?

> 고위도에 주로 분포하는 (　㉠　) 기후 지역은 대륙의 영향으로 가장 추운 달과 가장 더운 달의 평균 기온 차이인 기온의 연교차가 크다. 러시아와 캐나다 등지에 대규모 침엽수림대인 타이가가 넓게 분포하여 이를 이용한 목재·펄프 산업이 발달하였다.

① 열대　　　　② 건조　　　　③ 온대
④ 냉대　　　　⑤ 한대

070

다음 지형의 공통적인 특성에 관한 설명으로 옳은 것은?

> • 로키산맥　　　　• 안데스산맥
> • 알프스산맥　　　• 히말라야산맥

① 대규모 산업 단지가 조성되어 공업이 발달하였다.
② 수산 자원을 활용한 어업이나 양식업이 발달하였다.
③ 교통로와 건물 건설에 유리한 경제활동의 주요 공간이다.
④ 덥고 습한 저지대보다 연중 온화하여 고산 도시가 분포한다.
⑤ 해발 고도가 높고 경사가 급해 인간이 거주하기에 불리하다.

071

(가)~(다) 지형의 형성 원인으로 옳은 것은?

> (가) 영월의 고씨동굴은 내부에 발달한 종유석, 석순, 석주 등이 아름다워 일찍부터 관광지로 개발되었다.
> (나) 하와이섬은 세계적인 관광지이다. 용암과 가스가 분출한 분화구 등 독특한 지형은 관광 자원으로 활용된다.
> (다) 노르웨이의 피오르는 U자곡에 바닷물이 들어온 좁고 긴 만이다. 세계 자연 유산으로 등재되어 관광객이 많다.

	(가)	(나)	(다)
①	화산 활동	석회암의 용식	빙하의 침식
②	빙하의 침식	화산 활동	석회암의 용식
③	빙하의 침식	석회암의 용식	화산 활동
④	석회암의 용식	화산 활동	빙하의 침식
⑤	석회암의 용식	빙하의 침식	화산 활동

실력 기출 문제

학교 시험에서 출제율이 높은 문제를 엄선하여 수록하였습니다.

072

다음 글의 주제로 가장 적절한 것은?

> 마다가스카르 사람들은 바오바브나무의 껍질을 이용하여 생활 도구를 만든다. 또한 바오바브나무의 열매와 잎을 음식과 약의 재료로 쓰고 화장품을 만드는 데 이용한다. 바오바브나무는 워낙 크다 보니 나무줄기 가운데 큰 공간이 생기기도 하는데, 사람들은 이 공간을 창고나 방으로 활용하기도 한다.

① 열대 기후 지역의 전통 가옥
② 기후의 영향을 받은 음식 문화
③ 기후 경관을 활용한 관광 산업
④ 인간 생활의 토대가 되는 식생
⑤ 원주민의 생물종 다양성 보존 노력

073

(가)에 들어갈 내용으로 가장 적절한 것은?

> 계절풍은 대륙과 해양의 온도 차이로 계절에 따라 풍향이 바뀌는 바람이다. 여름에는 바다에서 대륙으로, 겨울에는 대륙에서 바다로 분다. 계절풍의 영향을 크게 받는 지역은 전통적으로 ________________ (가)

① 벼농사가 발달하여 쌀을 주식으로 한다.
② 토양이 척박하여 이동식 화전 농업을 한다.
③ 초원에서 양과 염소를 기르는 유목을 한다.
④ 추위에 잘 견디는 밀, 감자 등을 주로 재배한다.
⑤ 가축 사육과 작물 재배가 결합한 혼합 농업이 활발하다.

074

㉠에 해당하는 기후로 옳은 것은?

> 〈(㉠) 기후 지역의 주민 생활〉
> • 러시아의 △△ 지역: 추운 기후에 잘 적응하는 순록을 길러 식량, 가죽 등을 얻는다.
> • 미국의 ◇◇ 지역: 짧은 여름에 땅이 녹으므로 구조물이 붕괴되지 않도록 땅에서 띄워 설치한다.

① 스텝
② 사바나
③ 툰드라
④ 열대 고산
⑤ 온대 겨울 건조

075

지도의 A~E 기후 지역에 관한 설명으로 옳은 것은?

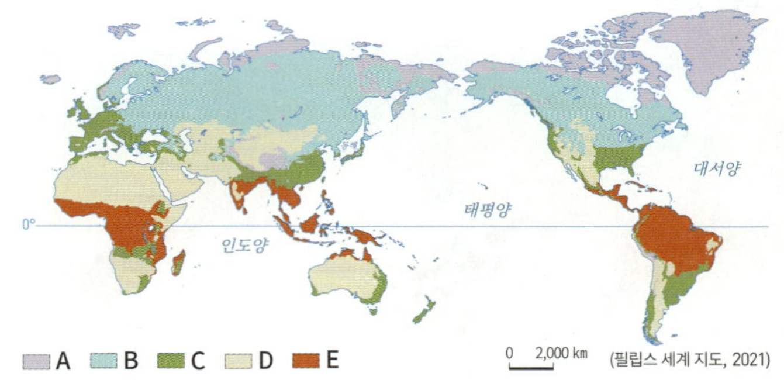

① A는 강수량의 차이에 따라 사막 기후 지역과 스텝 기후 지역으로 구분된다.
② B에는 우림과 사바나가 형성되어 있다.
③ C는 대륙 서안과 대륙 동안의 계절별 기온 차이가 크다.
④ D는 연중 대부분 기온이 영하이다.
⑤ E는 대륙의 영향으로 기온의 연교차가 크다.

076 빈출

(가), (나) 전통 가옥이 주로 나타나는 기후 지역을 지도의 A~C에서 고른 것은?

(가)

(나)

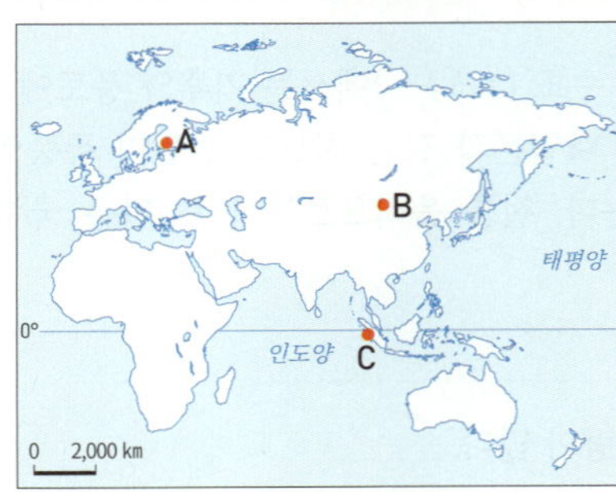

	(가)	(나)		(가)	(나)
①	A	C	②	B	A
③	B	C	④	C	A
⑤	C	B			

077

지도의 A 기후 지역에서 나타나는 주민 생활의 모습만을 <보기>에서 고른 것은?

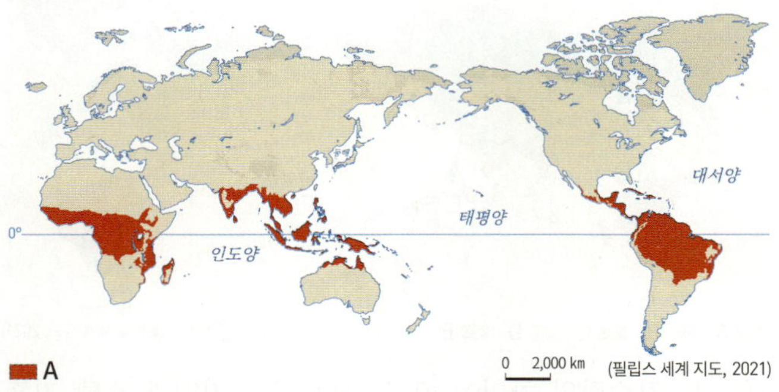

┤ 보기 ├

ㄱ. 고기와 가죽을 얻기 위한 순록 유목
ㄴ. 강한 햇빛과 모래 바람을 막기 위한 의복
ㄷ. 습기와 해충의 피해를 차단하기 위한 고상 가옥
ㄹ. 연중 고온 다습한 기후에서 잘 자라는 카카오 재배

① ㄱ, ㄴ   ② ㄱ, ㄷ   ③ ㄴ, ㄷ
④ ㄴ, ㄹ   ⑤ ㄷ, ㄹ

078 빈출

다음 글은 두 지역의 전통적인 주민 생활을 설명한 것이다. ㉠ 지역과 비교한 ㉡ 지역의 상대적 특징만을 <보기>에서 있는 대로 고른 것은?

- 사우디아라비아의 수도 (㉠)에서는 햇볕 때문에 남성들은 흰 옷에 두건을 착용하며, 여성들은 검은 옷에 스카프를 머리에 두른다. 즐겨 먹는 음식으로는 대추야자가 있다.
- 베트남의 수도 (㉡)에서는 기후와 풍토에 맞게 얇은 비단이나 나일론과 같은 천으로 만들어 통풍이 잘 되는 옷을 입는다. 전통 음식으로는 쌀로 만든 국수인 '퍼'가 있다.

┤ 보기 ├

ㄱ. 연 강수량이 많다.
ㄴ. 기온의 일교차가 크다.
ㄷ. 단위 면적당 식생의 밀도가 높다.

① ㄱ   ② ㄴ   ③ ㄱ, ㄷ
④ ㄴ, ㄷ   ⑤ ㄱ, ㄴ, ㄷ

079

지도의 A~E 지역에 관한 설명으로 옳은 것은?

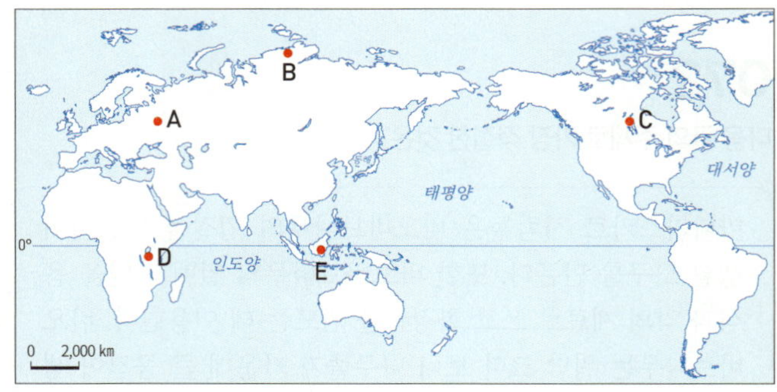

① A에서는 카사바 등의 식량 작물을 이동식 화전 농업으로 재배한다.
② B에는 양과 염소의 유목이 이루어진다.
③ C에는 타이가라고 불리는 침엽수림대가 넓게 분포한다.
④ D의 전통 의복은 모래바람을 막기 위해 온몸을 감싸는 형태이다.
⑤ E의 전통 가옥은 이동식 천막인 게르이다.

080

다음 자료는 다큐멘터리 내용을 정리한 것이다. (가), (나) 지역을 지도의 A~C에서 고른 것은?

<극한 환경에서 살아남기>

(가) 1부: 열대 우림 기후 지역인 수마트라 정글은 호랑이, 코뿔소, 오랑우탄, 긴팔원숭이 등의 야생 동물이 불쑥 나타나는 곳이다. 또한 열대 과일과 희귀한 식물을 볼 수 있는 문명과 자연의 경계이다.

(나) 2부: 모래 언덕이 끝없이 펼쳐진 타커라마간 사막은 면적이 33만 km²에 달한다. 타커라마간은 위구르어로 '한번 들어가면 다시는 나올 수 없는 곳'이란 의미로, 이곳에서는 '죽음'과 같은 공간이다.

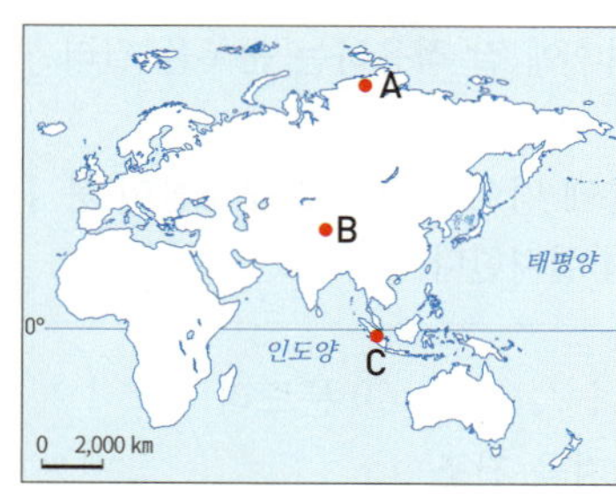

	(가)	(나)
①	A	C
②	B	A
③	B	C
④	C	A
⑤	C	B

081

(가)~(다) 지형에 관한 설명으로 옳은 것은? (단, (가)~(다)는 각각 산지, 평야, 해안 중 하나임.)

> (가) 해발 고도가 낮고 지표면이 편평하여 인간 생활에 적합하다.
> (나) 육지와 바다가 만나는 곳으로 두 곳의 장점을 누릴 수 있다.
> (다) 해발 고도가 높고 경사가 급한 편이므로 인간이 거주하기에 불리하다.

① (가)는 (나)보다 항구 발달에 유리하다.
② (나)는 (다)보다 대규모의 산업 단지 조성에 유리하다.
③ (다)는 (가)보다 취락 발달에 유리하다.
④ (나)와 (다)에서는 양식업이 발달한다.
⑤ (가)는 하천의 상류, (다)는 하천의 하류 지역에 해당한다.

082 빈출

밑줄 친 ㉠을 지도의 A~E에서 고른 것은?

> ㉠ 이 하천은 건조 기후 지역인 메소포타미아의 평야를 지나 페르시아만으로 유입한다. 하천 주변에는 일찍부터 관개 농업이 발달하였으며, 세계 4대 문명의 발상지 중 하나로 고대 도시 유적이 많다.

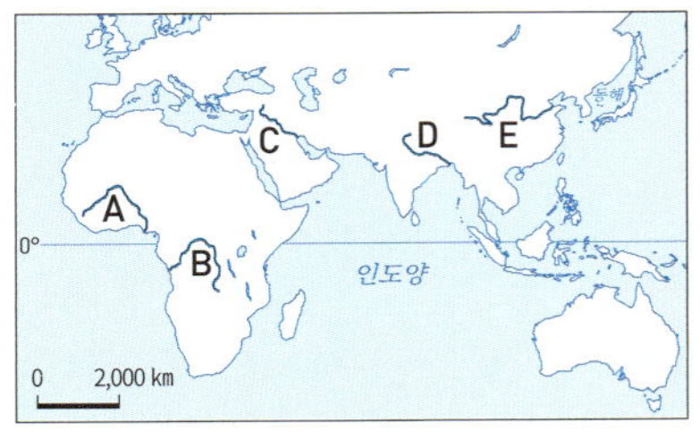

① A
② B
③ C
④ D
⑤ E

083

(가)에 들어갈 말로 가장 적절한 것은?

> < 주제: ________(가)________ >
> • 사례 1: 갯벌 해안에 간척 사업으로 인공섬을 조성하고 첨단 지식·서비스 산업의 거점인 국제 도시를 만들었다.
> • 사례 2: 사막에 스프링클러 시설이 설치되어 용수를 공급할 수 있게 되면서 대규모 관개 농업이 이루어지고 있다.

① 지형에 적응한 인간의 생활양식
② 해안 지역에서 발달한 전통 산업
③ 자연환경 제약을 극복한 지역 개발
④ 아름다운 지형 경관을 활용한 관광 산업
⑤ 생태환경 보존과 지형 환경 이용 범위 축소

084

A 지역의 자연환경에 관한 설명으로 옳은 것은?

① 로키산맥에 위치한다.
② 사막이 넓게 분포한다.
③ 열대 고산 기후가 나타난다.
④ 여름은 짧고, 겨울은 길고 춥다.
⑤ 기온의 연교차가 일교차보다 크다.

085

㉠, ㉡에 들어갈 지형으로 옳은 것은?

> • 아이슬란드의 블루라군과 간헐천: 온천욕을 즐기며 오로라를 감상할 수 있는 블루라군은 이 지역의 대표적인 관광지이다. 또한 주변 지역에서는 최근까지 분출이 있었던 분화구와 땅속에서 솟구쳐 오르는 간헐천 등 다양한 (㉠) 지형을 볼 수 있다.
> • 슬로베니아의 포스토이나 동굴과 (㉡) 지형: 유럽의 유명한 석회 동굴 중 하나로 손꼽히는 포스토이나 동굴은 이 지역의 대표적 관광지이다. 동굴 내부에는 다양한 형태의 종유석과 석순이 있다. 그 규모는 관광용 기차를 타고 관람할 수 있을 만큼 크다.

	㉠	㉡		㉠	㉡
①	빙하	카르스트	②	화산	빙하
③	화산	카르스트	④	카르스트	빙하
⑤	카르스트	화산			

086

(가)에 들어갈 말로 가장 적절한 것은?

〈명화 속 자연환경과 인간 생활〉

오랜 기간 일본 예술인들의 작품 소재가 되는 후지산을 그린 그림이다. 원뿔 모양의 후지산은 ________(가)________ 형성되었다. 후지산에는 지하수, 목재 등의 자원이 풍부하며, 이는 주변 지역 산업 발달의 토대가 되었다.

① 하천의 퇴적 작용으로
② 빙하의 침식 작용으로
③ 석회암이 용식 작용을 받아
④ 용암과 화산 쇄설물이 번갈아 쌓여
⑤ 지각판의 분리로 인한 지반 융기로

087 빈출

㉠, ㉡산맥을 지도의 A~C에서 고른 것은?

- 카팍냔은 잉카 제국이 통신, 교역, 방어를 목적으로 건설하였다. 고산 도시 쿠스코를 중심으로 연결된 이 길은 (㉠)산맥을 지나간다.
- 차마고도는 차와 말을 교환하던 오래된 교역로 중 하나이다. 이 길은 세계에서 가장 높은 산인 에베레스트산이 있는 (㉡)산맥을 지나간다.

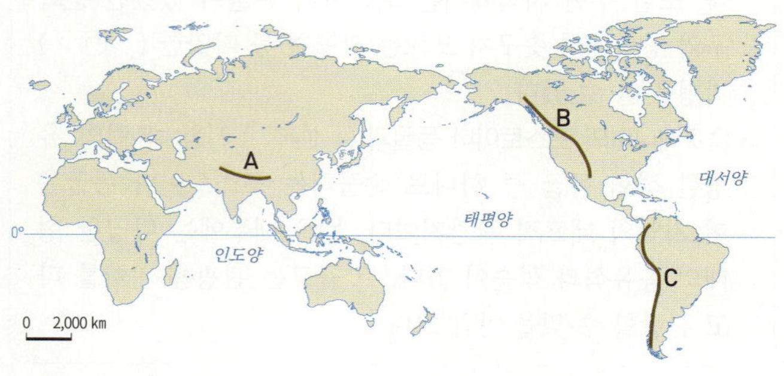

	㉠	㉡		㉠	㉡
①	A	C	②	B	A
③	B	C	④	C	A
⑤	C	B			

1등급을 향한 서답형 문제

| 088~089 |

자료를 보고 물음에 답하시오.

㉠ 싱가포르와 키토는 모두 적도 가까이 위치하지만, 기후 특성이 다르다. 싱가포르는 (㉡) 기후가 나타나고 키토는 (㉢) 기후가 나타난다.

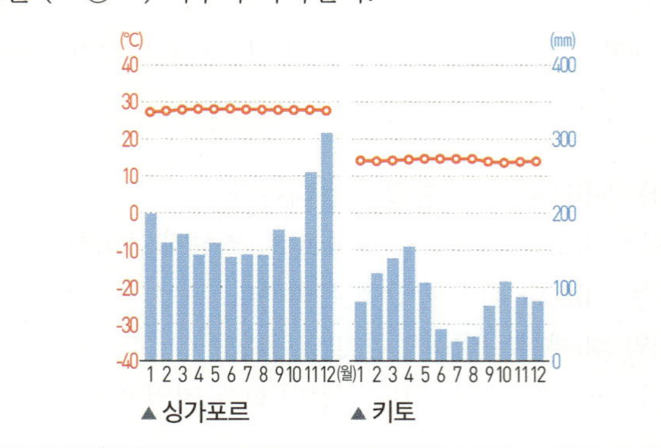

088

㉡, ㉢에 들어갈 용어를 각각 쓰시오.

089

밑줄 친 ㉠의 원인을 서술하시오.

| 090~091 |

다음 글을 읽고 물음에 답하시오.

과학기술의 발달로 인간이 지형을 이용할 수 있는 범위가 넓어졌다. 특히 신·재생 에너지 생산에서 지형의 특징과 과학기술의 접목이 두드러지는데, (㉠) 지역에서의 수력 발전, 화산 지형에서의 지열 발전, (㉡) 지역에서의 조력 발전이 대표적인 사례이다.

090

㉠, ㉡에 들어갈 용어를 각각 쓰시오.

091

㉠, ㉡에서 해당 신·재생 에너지를 개발하기에 유리한 까닭을 각각 서술하시오.

내신 1등급을 결정하는 고난도 문제를 수록하였습니다.

1등급 문제

092

(가), (나) 그림에 나타난 기후 지역의 특성으로 옳은 것은?

(가)   (나)

▲ 모네, 「웨스터민스터 다리 밑 템스강」 연중 비가 자주 내리는 지역의 강 주변 풍경을 묘사하였다.

▲ 고흐, 「노란 하늘과 태양 아래의 올리브나무들」 여름이 덥고 건조한 지역에서 자라는 올리브나무를 그렸다.

① (가)에서는 혼합 농업이 활발하다.
② (나)에서는 벼농사가 활발하다.
③ (가)는 (나)보다 강수량의 계절 차이가 크다.
④ (가), (나)는 열대 기후 지역에 해당한다.
⑤ (가), (나)는 계절풍의 영향을 크게 받는 기후 지역이다.

093

지도의 A~E 지역에 관한 설명으로 옳은 것은?

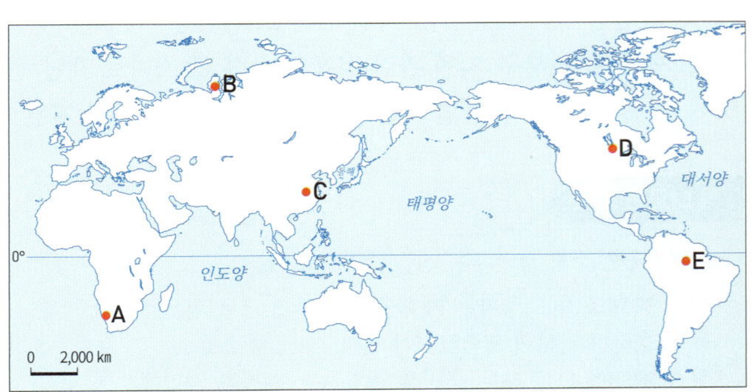

① A에서는 넓은 침엽수림을 바탕으로 목재 산업이 발달하였다.
② B의 전통 가옥은 건물을 가깝게 붙여 그늘을 만드는 흙집이다.
③ C에서는 물과 풀을 찾아 옮겨 다니는 유목이 발달하였다.
④ D에서는 커피를 플랜테이션으로 재배한다.
⑤ E에서는 지면의 열기와 습기에 대비한 고상 가옥이 나타난다.

094

㉠, ㉡ 국가를 지도의 A~D에서 고른 것은?

- (㉠)의 블루마운틴: 태평양 해안을 따라 뻗어 있는 그레이트디바이딩산맥에 위치한 관광지이다. 이 산맥은 산업 발전의 원동력이었던 석탄이 많이 매장되어 있다.
- (㉡)의 쿠스코: 적도 부근 고산 지대에 연중 우리나라의 봄과 같은 기후가 나타나는 곳에 형성된 고산 도시이다. 이곳 사람들은 감자나 옥수수를 재배하거나 라마, 알파카 등을 기른다.

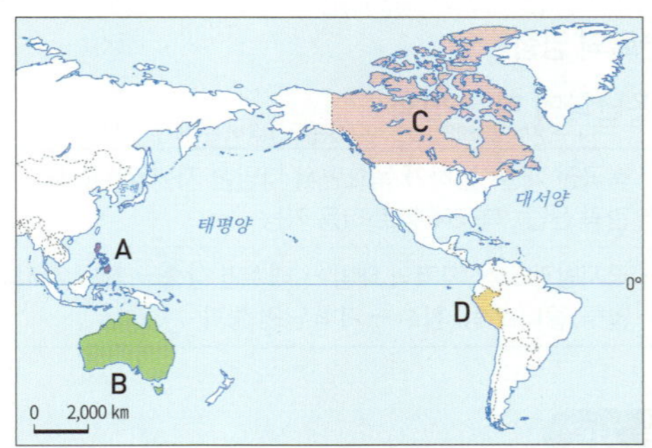

	㉠	㉡		㉠	㉡
①	A	B	②	B	C
③	B	D	④	C	A
⑤	C	D			

095

지도에 표시된 지역의 공통점으로 옳은 것만을 <보기>에서 있는 대로 고른 것은?

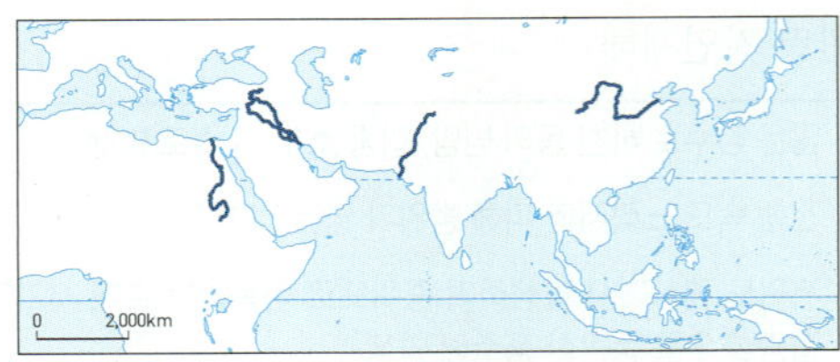

| 보기 |

ㄱ. 고대 문명의 발상지가 있다.
ㄴ. 습도가 높아 주민들은 주로 고상 가옥에 거주한다.
ㄷ. 벼농사가 발달하여 전통적으로 쌀을 주식으로 한다.

① ㄱ   ② ㄷ   ③ ㄱ, ㄴ
④ ㄱ, ㄷ   ⑤ ㄱ, ㄴ, ㄷ

03 안전하고 쾌적하게 살아갈 권리

1 자연환경의 변화와 인간 생활의 변화

1 기후변화의 특성

(1) 의미: 장기간에 걸쳐 기후의 평균 상태가 변화하는 것

(2) 특성: 자연적·인위적 요인에 따라 변화

(3) 원인: 산업 혁명 이후 화석 에너지 자원의 사용량 증가 → 온실 가스 배출량 증가 → 온실 효과 심화 → 지구 평균 기온 상승

2 기후변화의 영향

(1) 지구 온난화에 따른 변화

└─ 온실 효과의 심화로 지구의 평균 기온이 높아지는 현상

긍정적 영향	북극권 개발: 빙하가 녹으면서 다양한 자원 개발(광업, 수력 발전, 관광 산업), 북극해 항로 이용 가능
부정적 영향	극지방과 고산 지역의 해빙 → 해수면 상승 → 해안 저지대 국가(투발루, 몰디브 등) 침수 → 기후 난민 증가

🔗 27쪽 116번 문제로 확인

자료 분석 지구 온난화로 평균 기온이 상승하면 북극권의 빙하가 감소한다. 빙하의 감소로 해수면이 상승하며, 해안 저지대의 침수 피해가 발생한다.

┌─ 기후변화에 따른 기온 상승과 강수량 변동

(2) 기상 이변 증가: 태풍, 홍수, 가뭄, 폭설 등의 자연재해 빈도와 규모 증가에 따른 피해 발생, 식량 생산 감소로 인한 식량 공급 어려움

(3) 생태계 변화: 작물 재배 지역 및 동식물의 서식지 변화(예 산호초의 백화 현상), 많은 동식물 멸종 위기 → 생물종 다양성 감소

3 자연재해

(1) 기후 관련 자연재해

홍수	많은 강수로 하천 등이 범람, 집중 호우 시 주로 발생
가뭄	진행 속도 느리지만 피해 범위가 넓은 것이 특징
태풍	저위도 해상에서 발생하여 중위도로 이동하는 열대 저기압, 강풍과 집중 호우를 동반한 풍수해 발생
폭설	한 번에 많은 눈이 내리는 현상

(2) 지형 관련 자연재해

지진	땅이 갈라지고 흔들리는 현상
화산 활동	용암과 화산 가스, 화산재 등이 분출하는 현상
산사태	집중 호우나 지진으로 토양층이 순식간에 흘러 내려가는 현상, 무분별한 산지 개발이 원인임.

• 환태평양 조산대와 알프스·히말라야 조산대에서 주로 발생
• 짧은 시간에 인명과 재산에 큰 피해를 줌.

(3) 인간 활동 관련 자연재해

해안 침식	• 의미: 해안 퇴적물의 침식으로 해안선이 후퇴하는 현상 • 원인과 영향: 인공 구조물로 인해 해안 모래 공급 부족 → 해안 침식 → 해안 도로 유실 및 시설물 훼손 피해
땅 꺼짐 (싱크홀)	• 의미: 땅이 가라앉아 지면에 구멍이 생기는 현상 • 원인과 영향: 상·하수관 손상에 따른 누수, 대규모 공사 후 다짐 불량, 굴착 공사 부실 → 지반 약화

2 안전하고 쾌적한 환경에서 살아갈 시민의 권리

1 안전권과 환경권

(1) 의미: 안전하고 쾌적한 환경에서 생활할 시민의 권리

(2) 필요성: 자연재해나 일상생활에서 발생하는 위험이 시민의 안전을 위협한다면 인간다운 생활을 하기 어려움, 인간존엄성을 보장받기 위해 반드시 필요한 기본권

2 안전권과 환경권 보장을 위한 방안

(1) 국가의 적극적인 역할

① 국민의 생명과 재산을 보호하기 위한 법률 제정 예 헌법 제34조와 제35조를 바탕으로 한 「자연재해 대책법」, 「재난 및 안전 관리 기본법」, 「국민 안전 교육 진흥 기본법」

② 재해 예방·복구·지원 관련 정책을 수립 예 스마트 재난 관리 시스템 구축, 특별 재난 지역 선포와 풍수해 보험 지원

🔗 26쪽 114번 문제로 확인

환경권 관련 조항

헌법 제34조 ⑥ 국가는 재해를 예방하고 그 위험으로부터 국민을 보호하기 위하여 노력하여야 한다.

헌법 제35조 ① 모든 국민은 건강하고 쾌적한 환경에서 생활할 권리를 가지며, 국가와 국민은 환경 보전을 위하여 노력하여야 한다.

자료 분석 우리나라는 헌법 제34조를 통해 국민의 생명과 재산의 보호를 법적으로 보장하고 있다. 또한 헌법 제35조를 통해 국민의 환경권도 보장하고 있다.

(2) 시민의 노력: 안전에 관한 자신의 권리 인식, 안전 교육과 환경 교육에 적극적으로 참여, 일상생활에서 발생한 위험이나 자연재해로 피해를 입었을 때 정부 기관에 즉각적인 복구와 보상을 요청

기본 기출 문제

핵심 주제를 파악할 수 있는 기출 문제를 수록하였습니다.

핵심 개념 문제

● 빈칸에 들어갈 알맞은 말을 쓰시오.

096 (　　　)은/는 온실 효과의 심화로 지구의 평균 기온이 높아지는 현상이다.

097 극지방과 고산 지역의 해빙으로 (　　　) 상승 현상이 나타나면 해안 저지대에 위치한 국가는 침수 피해를 받게 되며, 기후 난민이 발생하게 된다.

098 지진과 화산 활동은 (　　　) 조산대와 알프스·히말라야 조산대에서 주로 발생하며, 짧은 시간에 큰 피해를 준다.

099 안전권과 (　　　)을/를 보장하기 위해 국가는 재해 예방 정책을 수립하고, 자연재해 관련 법과 제도를 마련해야 한다.

● 다음 내용이 옳으면 ○표, 틀리면 ×표를 하시오.

100 산업 혁명 이후 화석 에너지 자원의 사용량은 지속적으로 감소하였다. (　　　)

101 지형 관련 자연재해에는 홍수, 가뭄, 태풍, 폭설 등이 있다. (　　　)

102 안전권과 환경권은 인간존엄성을 보장받기 위해 반드시 필요한 기본권이다. (　　　)

● 자연환경 및 인간 활동 관련 재해를 바르게 연결하시오.

103 기후　　•　　•㉠ 지진

104 지형　　•　　•㉡ 태풍

105 인간 활동　•　　•㉢ 해안 침식

● ㉠, ㉡ 중 알맞은 것을 고르시오.

106 태풍은 (㉠ 고위도, ㉡ 저위도)의 해상에서 발생하여 중위도로 이동하는 열대 저기압이다.

107 (㉠ 기후변화, ㉡ 자연재해)는 자연환경의 요소인 기후, 지형 등이 인간의 생활을 위협하면서 피해를 주는 현상이다.

108 헌법 제35조 ①항인 '모든 국민은 건강하고 쾌적한 환경에서 생활할 권리를 가지며, 국가와 국민은 환경 보전을 위하여 노력하여야 한다.'는 (㉠ 안전권, ㉡ 환경권)에 해당하는 조항이다.

109

핵심 주제 **기후변화**

㉠에 관한 옳은 설명만을 <보기>에서 고른 것은?

> • (㉠)은/는 인간 생활에 커다란 영향을 끼친다.
> • (㉠)은/는 장기간에 걸쳐 기후의 평균 상태가 변화하는 것으로, 자연적·인위적 요인에 따라 변화한다.

─┤ 보기 ├─
> ㄱ. 인간 생활에 피해를 주는 측면이 더 크다.
> ㄴ. 화석 에너지 사용량 증가가 주요 원인이다.
> ㄷ. 지구 대기의 온실가스 감소로 인해 발생한다.
> ㄹ. 산업 혁명 이후 지구의 평균 기온이 낮아지고 있다.

① ㄱ, ㄴ　　　② ㄱ, ㄷ　　　③ ㄴ, ㄷ
④ ㄴ, ㄹ　　　⑤ ㄷ, ㄹ

110

핵심 주제 **지구 온난화**

㉠에 들어갈 내용으로 가장 적절한 것은?

> '혹한의 얼음 땅' 그린란드가 변하고 있다. (㉠)로 얼음에 가려져 있던 땅이 드러나면서 철광석, 희토류, 다이아몬드, 금, 우라늄 등이 발견되어 광업이 활발해졌다.

① 지구 온난화　　　　② 해안 저지대 침수
③ 자연재해 빈도 증가　④ 생물종 다양성 감소
⑤ 재생 에너지 사용량 증가

111

핵심 주제 **지구 온난화**

(가)에 들어갈 내용으로 적절하지 <u>않은</u> 것은?

> 온실 효과가 심화되어 지구의 평균 기온이 높아지는 지구 온난화가 가속화되고 있다. 이에 따라 _______ (가) _______ 것이다.

① 기상 이변이 증가할
② 북극 항로 이용 가능 일수가 감소할
③ 해수면 상승으로 기후 난민이 증가할
④ 동식물의 서식지 변화로 멸종 위기종이 증가할
⑤ 식량 생산 변화로 어려움을 겪는 국가가 발생할

● 바른답·알찬풀이 10쪽

112

(가), (나) 자연재해의 발생 요인으로 알맞은 것은?

(가)   (나)

▲ 화산재에 뒤덮인 마을(필리핀)   ▲ 폭설에 파묻힌 차량(미국)

	(가)	(나)		(가)	(나)
①	기후	지형	②	기후	인간 활동
③	지형	기후	④	지형	인간 활동
⑤	인간 활동	기후			

113

다음 글에 나타난 재해에 관한 설명으로 가장 적절한 것은?

> 동해안의 해안가 일대에서 해안 침식이 일어나고 있다. 이러한 해안 침식은 해안가 일대에 각종 건설 공사가 이루어지고 구조물들이 들어서면서 더 심각해졌다. 해안 침식이 심해지면 도로 및 산책로가 무너져 지역 주민과 관광객의 안전을 위협할 수 있다.

① 상·하수도관의 손상에 따른 누수가 주요 원인이다.
② 땅이 가라앉아 지면에 커다란 구멍이 생기는 현상이다.
③ 인공 구조물로 인해 해안에 모래 공급이 감소하여 나타난다.
④ 피해에 대비하기 위해 하천에 제방과 저수지 건설을 확대한다.
⑤ 집중 호우나 지진으로 토양층이 순식간에 흘러 내려가는 현상이다.

114

다음 조항에 관한 옳은 설명만을 <보기>에서 고른 것은?

> 헌법 제34조 ⑥ 국가는 재해를 예방하고 그 위험으로부터 국민을 보호하기 위하여 노력하여야 한다.
> 헌법 제35조 ① 모든 국민은 건강하고 쾌적한 환경에서 생활할 권리를 가지며, 국가와 국민은 환경 보전을 위하여 노력하여야 한다.

⊣ 보기 ⊢

ㄱ. 국민의 안전권과 환경권을 보장하기 위한 국가의 적극적인 역할의 결과이다.
ㄴ. 재해 피해를 받은 국민은 국가를 상대로 피해 복구와 보상 신청을 할 수 없다.
ㄷ. 인간존엄성을 보장받으며 안전한 환경에서 살아가기 위해 반드시 필요한 조항이다.
ㄹ. 재해를 예방하고 재해 발생 시 신속하게 복구하기 위한 국제기구의 역할에 해당한다.

① ㄱ, ㄴ   ② ㄱ, ㄷ   ③ ㄴ, ㄷ
④ ㄴ, ㄹ   ⑤ ㄷ, ㄹ

115

밑줄 친 ㉠에 해당하는 내용으로 가장 적절한 것은?

> 자연재해나 일상생활에서 발생하는 위험이 시민의 안전을 위협한다면 인간다운 생활을 하기 어렵다. ㉠시민은 스스로 안전에 관한 자신의 권리를 인식하고 이를 보장받기 위한 노력이 필요하다.

① 재해 예방과 복구 관련 정책을 수립한다.
② 재해 발생 시 신속한 복구 대책을 수립한다.
③ 재해 위험 지역의 환경 정비 예산을 확보한다.
④ 안전 교육과 환경 교육에 적극적으로 참여한다.
⑤ 국민의 생명과 재산을 보호하기 위한 법률을 제정한다.

실력 기출 문제
학교 시험에서 출제율이 높은 문제를 엄선하여 수록하였습니다.

III

116 빈출

㉠에 해당하는 현상이 심화될 경우 우리나라에서 나타날 수 있는 변화에 관한 추론으로 가장 적절한 것은?

<(㉠)(으)로 인한 북극권 빙하의 변화>
1979년
2021년

① 겨울이 길어질 것이다.
② 단풍 시기가 늦어질 것이다.
③ 서리가 내리는 날이 증가할 것이다.
④ 난대림의 분포 면적이 좁아질 것이다.
⑤ 한류성 어족의 어획량이 증가할 것이다.

117

그래프의 (가)~(다) 자연재해에 관한 설명으로 옳은 것은? (단, (가)~(다)는 각각 대설, 태풍, 호우 중 하나임.)

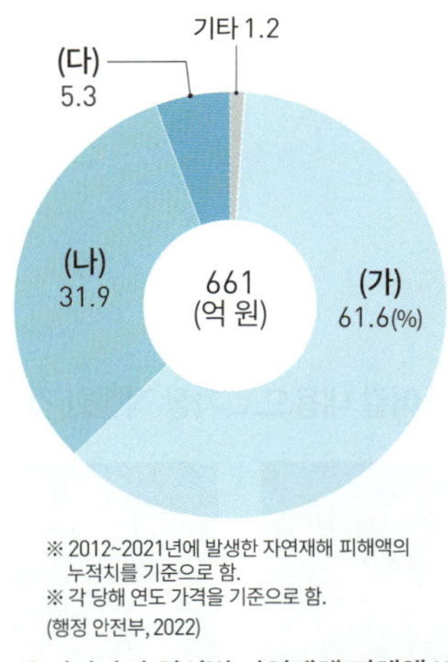

※ 2012~2021년에 발생한 자연재해 피해액의 누적치를 기준으로 함.
※ 각 당해 연도 가격을 기준으로 함.
(행정 안전부, 2022)

▲ 우리나라의 원인별 자연재해 피해액 비율

① (가)는 한 번에 많은 눈이 내리는 현상이다.
② (나)는 강풍과 집중 호우를 동반한다.
③ (다)는 집중 호우 시 주로 발생한다.
④ (다)는 (가)보다 침수로 인한 피해가 크다.
⑤ (나)는 겨울, (다)는 여름에 주로 발생한다.

118

㉠에 해당하는 자연재해에 관한 설명으로 옳은 것은?

<2024년 세계 기상 기구(WMO) 달력 표지>

갠지스강 하류에 위치한 방글라데시에서는 (㉠)이/가 자주 발생한다. 이 사진은 갠지스강으로 유입하는 브라마푸트라강의 유역에서 발생한 (㉠) 피해 모습을 보여주고 있다. 하천의 범람으로 침수된 집 안에서 망연자실한 채 창밖을 응시하는 여인의 모습이 안타까움을 더해 준다.

① 기후적 요인으로 발생하는 자연재해이다.
② 대규모 공사 후 지반이 약화되어 발생한다.
③ 진행 속도는 느리지만 피해 범위는 넓게 나타난다.
④ 인공 구조물로 인해 모래 공급이 부족해서 발생한다.
⑤ 집중 호우로 토양층이 순식간에 흘러 내려가는 현상이다.

119 빈출

그림에 나타난 환경 문제에 관한 옳은 설명만을 <보기>에서 고른 것은?

| 보기 |

ㄱ. 대기 오염 물질이 빗물과 결합하여 내리는 현상이다.
ㄴ. 해수면이 상승하여 저지대의 침수 위험성이 높아진다.
ㄷ. 이산화 탄소 등 온실가스 배출량 증가가 주요 원인이다.
ㄹ. 문제 해결을 위한 국제 협력으로 런던 협약이 체결되었다.

① ㄱ, ㄴ　　② ㄱ, ㄷ　　③ ㄴ, ㄷ
④ ㄴ, ㄹ　　⑤ ㄷ, ㄹ

120

㉠에 해당하는 환경 문제가 심화될 경우 나타날 수 있는 변화에 관한 추론으로 가장 적절한 것은?

오스트레일리아 대보초 해안의 산호초가 백화 현상으로 사라지고 있다. 백화 현상이란 산호초가 하얗게 죽어가는 것을 말하는데, (㉠)(으)로 인한 수온 상승이 주된 요인으로 꼽힌다.

① 북극해의 해수 염도가 높아질 것이다.
② 한반도의 침엽수림 분포 면적이 축소될 것이다.
③ 서부 유럽의 겨울철 지속 기간이 길어질 것이다.
④ 로키산맥에 분포하는 만년설 범위가 확대될 것이다.
⑤ 남태평양 해안 저지대의 침수 위험이 감소할 것이다.

121

(가), (나)에 해당하는 자연재해에 관한 옳은 설명만을 <보기>에서 고른 것은?

(가) 열대 저기압이 통과하면서 강풍과 호우를 동반하여 풍수해를 일으키며, 해안이나 섬 지역에서는 해일이 발생하여 피해가 더욱 커지기도 한다.
(나) 짧은 시간 동안 많은 양의 눈이 내리는 것을 말하며, 산간 마을의 고립, 비닐하우스나 시설물의 붕괴, 교통이 마비되어 도로가 혼잡해지는 피해를 발생시킨다.

| 보기 |

ㄱ. (가)는 우리나라에서 주로 겨울에 자주 발생한다.
ㄴ. (나)는 저위도에서 발생해서 중위도로 이동한다.
ㄷ. (가)는 (나)보다 저지대의 침수 피해가 크다.
ㄹ. (가)와 (나)는 모두 기후적 요인에 의한 자연재해이다.

① ㄱ, ㄴ　　　② ㄱ, ㄷ　　　③ ㄴ, ㄷ
④ ㄴ, ㄹ　　　⑤ ㄷ, ㄹ

122

다음 글의 개발로 나타난 아마존강 유역의 변화로 가장 적절한 것은?

브라질 정부는 1950년대부터 아마존 열대 우림 지역을 횡단하는 도로를 만들고 지하자원을 채굴하였다. 가난한 농민에게 살 터전을 마련해 준다는 명목으로 이들을 이주시켜 농사를 짓거나 가축을 기르게 하였다.

① 열대 우림이 증가하였다.
② 식량 생산량이 감소하였다.
③ 토사 유출량이 증가하였다.
④ 생물종 다양성이 증가하였다.
⑤ 대기 중 이산화 탄소 농도가 감소하였다.

123

밑줄 친 ㉠, ㉡의 발생 원인으로 가장 적절한 것은?

오늘날에는 인간 활동의 영향으로 자연환경이 변화하면서 우리의 안전이 위협받는 사례가 증가하고 있다. 대표적인 사례로 ㉠ 해안 침식과 ㉡ 땅 꺼짐(싱크홀)이 있다.

	㉠	㉡
①	굴착 공사 부실	인공물의 모래 공급 차단
②	무분별한 산지 개발	굴착 공사 부실
③	무분별한 산지 개발	인공물의 모래 공급 차단
④	인공물의 모래 공급 차단	굴착 공사 부실
⑤	인공물의 모래 공급 차단	무분별한 산지 개발

124

㉠, ㉡에 공통으로 들어갈 내용으로 가장 적절한 것은?

▲ (㉠)(으)로 눈이 내리지 않아 프랑스의 알프스 산지 스키장 운영이 일시 중단되고 관광업도 위축되었다.

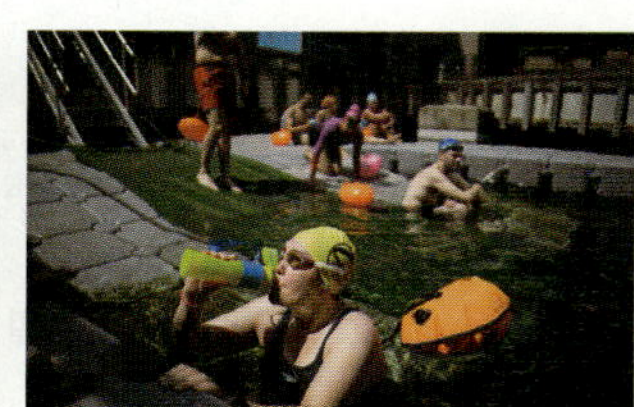

▲ 영국에서 기온이 40도에 이르는 기록적인 (㉡)이/가 나타나 많은 사상자가 발생하였다.

① 지진　　　② 기상 이변　　　③ 빙하 감소
④ 화산 활동　　　⑤ 생태계 변화

125

다음의 연설을 한 배경으로 가장 적절한 것은?

① 생태계 변화
② 열대림 파괴
③ 기상 이변 증가
④ 해수면 상승 피해
⑤ 북극권 항로 개발 반대

126 빈출

㉠에 관한 옳은 설명만을 <보기>에서 고른 것은?

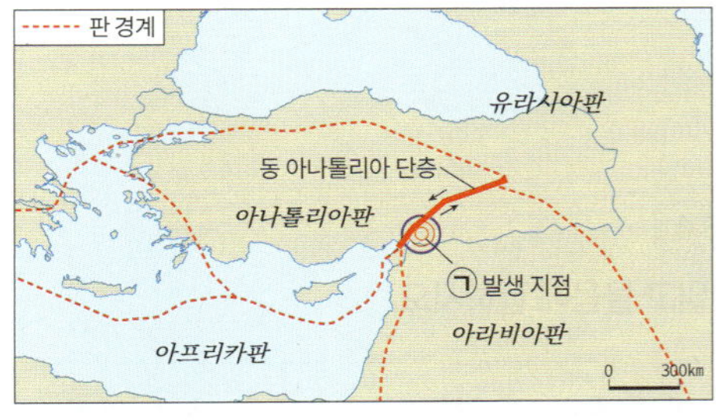

2023년 튀르키예에서 발생한 규모 7.8의 (㉠)(으)로 수십만 명의 사상자와 막대한 재산 피해가 발생했다. 여러 개의 판이 맞닿아 있는 튀르키예는 과거 200여 년간 규모 7.0 이상의 (㉠)이/가 수차례 발생하여 많은 피해가 있었다.

| 보기 |
ㄱ. 지각판의 경계 부근에서 주로 발생한다.
ㄴ. 용암이나 화산 가스로 인한 피해가 발생한다.
ㄷ. 땅이 갈라지고 건축물과 도로 등이 붕괴될 수 있다.
ㄹ. 제방 건설, 산림 조성 등의 대책으로 예방할 수 있다.

① ㄱ, ㄴ
② ㄱ, ㄷ
③ ㄴ, ㄷ
④ ㄴ, ㄹ
⑤ ㄷ, ㄹ

127

(가)~(다)에 해당하는 자연재해로 옳은 것은?

〈자연재해 대응 국민 행동 요령〉

자연재해	국민 행동 요령
(가)	• 바람에 날아갈 위험이 있는 물건은 단단히 고정합니다. • 저지대 및 상습 침수 지역에 거주하고 계신 주민은 대피를 준비합니다.
(나)	• 야외 활동을 최대한 자제하고, 외출이 꼭 필요한 경우에는 물병을 휴대합니다. • 냉방이 되지 않는 실내에서는 햇볕을 가리고 맞바람이 불도록 환기를 합니다.
(다)	• 내 집 주변 빙판길에는 염화칼슘이나 모래 등을 뿌려서 사고를 예방합니다. • 붕괴가 우려되는 농작물 재배 시설은 사전에 점검, 받침대 보강 등을 실시합니다.

	(가)	(나)	(다)		(가)	(나)	(다)
①	태풍	폭설	폭염	②	태풍	폭염	폭설
③	폭설	태풍	폭염	④	폭설	폭염	태풍
⑤	폭염	태풍	폭설				

128

㉠ 자연재해에 관한 대책으로 적절하지 않은 것은?

2022년 9월, 제11호 (㉠) '힌남노'가 한반도를 강타하면서 집중 호우로 주택, 상가, 농경지 등이 침수되고 도로와 교량 같은 공공시설이 유실되어 수많은 인명과 재산 피해가 발생하였다. 또한 강풍으로 전봇대가 쓰러지면서 인근의 전기 공급이 중단되었다.

① 빗물 저류 시설을 확대한다.
② 재해 경보 체계를 구축한다.
③ 내진 설계를 엄격하게 적용한다.
④ 재난 지역을 선포하고 복구를 지원한다.
⑤ 재해 대피 훈련에 적극적으로 참여한다.

● 바른답·알찬풀이 11쪽

129

㉠, ㉡ 자연재해에 관한 설명으로 적절한 것만을 <보기>에서 있는 대로 고른 것은?

<(㉠) 대비 훈련>　　　<(㉡) 안전 조치 요청>

┤ 보기 ├
ㄱ. ㉠이 해저에서 발생한 경우 해안에서는 해일 피해를 대비해야 한다.
ㄴ. ㉡에 대비하기 위해 하천 제방을 보수한다.
ㄷ. ㉠은 기후적 요인, ㉡은 지형적 요인으로 발생한다.
ㄹ. ㉠과 ㉡의 사후 대응 방안으로 특별 재난 지역 선포가 있다.

① ㄱ, ㄷ　　　② ㄱ, ㄹ　　　③ ㄴ, ㄷ
④ ㄱ, ㄴ, ㄹ　　　⑤ ㄴ, ㄷ, ㄹ

130

다음 글에 나타난 자연재해와 이로 인해 보장되어야 할 권리로 옳은 것은?

파키스탄은 6월부터 3개월 가까이 폭우가 지속되고 있다. 누적 이재민은 570만 명에 달하며, 사망자는 1,100명을 넘었다. 이번 폭우의 주요 원인으로 이상 기후를 꼽지만, 파키스탄의 열악한 기반 시설과 무분별한 벌목 등이 피해를 키웠다는 분석이 있다. 이번 폭우로 파키스탄 인구의 15%에 달하는 3,300만여 명이 피해를 입은 것으로 파악된다.

	자연재해	보장되어야 할 권리
①	가뭄	잊힐 권리
②	홍수	안전권
③	홍수	잊힐 권리
④	폭설	안전권
⑤	폭설	주거권

| 131~132 |

지도를 보고 물음에 답하시오.

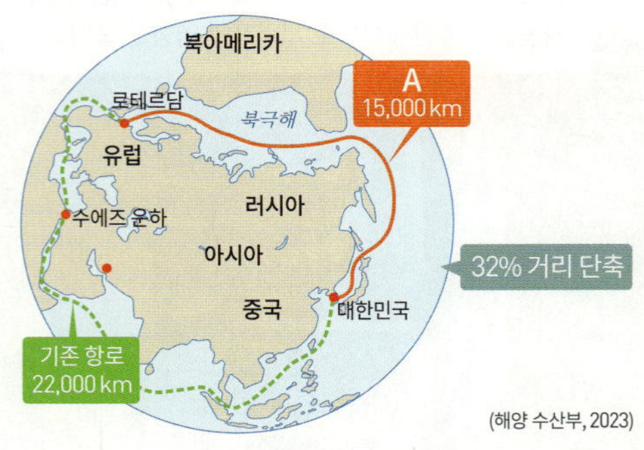

131

A에 들어갈 용어를 쓰시오.

132

A를 운항할 수 있는 기간이 늘어난 까닭을 서술하시오.

| 133~134 |

다음 글을 읽고 물음에 답하시오.

시민은 안전하고 쾌적한 환경에서 살아갈 권리가 있으므로, 국가는 시민의 (㉠)을/를 보장하기 위해 적극적인 역할을 해야 한다. 특히, 자연재해가 발생하였을 때는 ㉡사후 대응으로 힘쓰고 있다.

133

㉠에 해당하는 시민의 권리를 **두 가지** 쓰시오.

134

밑줄 친 ㉡에 해당하는 국가의 정책을 **두 가지** 서술하시오.

135

다음과 관련된 환경 문제에 관한 설명으로 옳지 **않은** 것은?

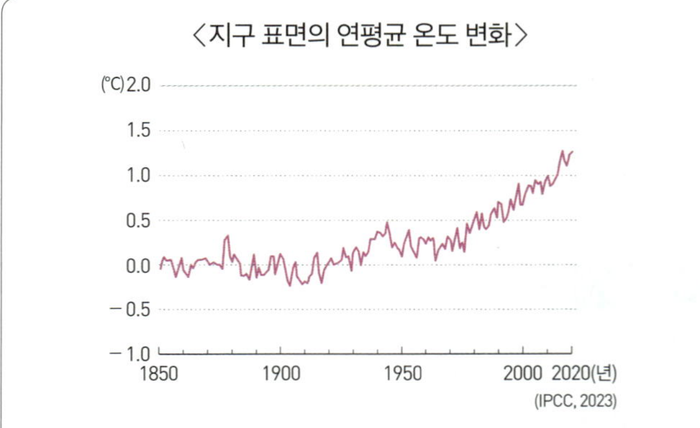

〈지구 표면의 연평균 온도 변화〉

그래프는 1850년부터 2020년까지 지구 표면의 연평균 온도 변화를 나타낸 것이다. 2001~2020년 지구 표면 온도는 1850~1900년보다 약 0.99℃ 더 높아졌다.

① 북극 항로의 운항 가능 일수를 감소시킨다.
② 전 지구적으로 기상 이변의 발생을 증가시킨다.
③ 해수면이 상승하여 저지대의 침수 위험성이 높아진다.
④ 국제 사회는 문제 해결을 위해 파리 협약을 체결하였다.
⑤ 이산화 탄소 등 온실가스 배출량 증가가 주요 원인이다.

136

표는 자연재해 발생 시 행동 요령을 정리한 것이다. (가)~(다)에 관한 설명으로 옳은 것은?

자연재해	행동 요령
(가)	• 진동이 멈추면 가스와 전기를 끄고 밖으로 이동한다. • 낙하물이 없는 넓은 공간으로 대피한다.
(나)	• 노후 가옥, 비닐하우스 등이 무너지지 않도록 한다. • 자동차로 외출 시 체인이나 염화칼슘 등을 휴대한다.
(다)	• 유리문, 간판 등 강풍에 날아갈 시설물은 고정시킨다. • 예상 경로와 도달 시간을 파악하고 시설물 안전을 정비한다.

① (가)는 저위도의 해상에서 발생하여 우리나라로 이동한다.
② (나)의 대책으로 내진 설계가 있다.
③ (다)는 시가지와 농경지 등의 침수 피해를 가져온다.
④ (가)는 기후적 요인, (나)는 지형적 요인에 의해 발생한다.
⑤ 우리나라에서 (나)는 주로 여름, (다)는 주로 겨울에 발생한다.

137

밑줄 친 ㉠~㉤에 관한 설명으로 옳지 **않은** 것은?

2018년 ㉠화산 폭발과 ㉡지진 해일(쓰나미)로 400여 명의 목숨을 앗아간 인도네시아 아낙 크라카타우 화산이 이틀 연속 폭발하며 3km 높이로 ㉢화산재와 용암을 분출했다. 화산재는 용암과 함께 빠른 속도로 흘러내려 수많은 인명과 재산 피해를 불러올 수 있기 때문에 ㉣화산 반경 5km 이내에는 접근 금지 조치가 내려졌다. 인도네시아는 태평양을 둘러싸고 있는 ㉤환태평양 조산대에 포함되어 지진이나 화산 활동이 빈번하다.

① ㉠은 지형적 요인에 의해 발생한다.
② ㉡의 대피 교육은 해안보다 내륙에서 필요하다.
③ ㉢은 항공기 운항에 지장을 준다.
④ ㉣은 국민의 안전권을 보장하기 위한 조치에 해당한다.
⑤ ㉤은 지각판의 움직임이 활발한 지역이다.

138

㉠, ㉡에 관한 옳은 설명만을 〈보기〉에서 고른 것은? (단, ㉠, ㉡은 각각 재난 및 안전 관리 기본법, 헌법 중 하나임.)

• (㉠) 제35조 모든 국민은 건강하고 쾌적한 환경에서 생활할 권리를 가지며, 국가와 국민은 환경 보전을 위하여 노력하여야 한다.
• (㉡) 제66조 …… 재난의 원활한 복구를 위하여 필요하면 대통령령으로 정하는 바에 따라 그 비용의 전부 또는 일부를 국고에서 부담하거나 지방 자치 단체, 그 밖의 재난 관리 책임자에게 보조할 수 있다.

┤ 보기 ├
ㄱ. ㉠의 제35조는 환경 보전의 의무는 주로 국민에게 있음을 강조한다.
ㄴ. ㉡의 제66조는 재난 관리에 관한 국가와 지방 자치 단체의 책무를 강조한다.
ㄷ. ㉠과 ㉡은 시민의 안전권과 환경권을 보장하기 위한 제도이다.
ㄹ. ㉠은 ㉡을 바탕으로 제정하였다.

① ㄱ, ㄴ   ② ㄱ, ㄷ   ③ ㄴ, ㄷ
④ ㄴ, ㄹ   ⑤ ㄷ, ㄹ

04 자연과 인간의 관계

1 자연을 바라보는 인간의 관점

1 인간 중심주의 인간과 자연의 관계에서 인간을 가장 가치 있는 존재로 여기고 인간의 이익이나 행복을 우선 고려하는 관점

(1) 인간 중심주의의 특징

이분법적 세계관	• 자연과 인간을 둘로 나누어서 바라봄. • 인간은 자연으로부터 독립된 존재이자 자연보다 우월한 존재임.
자연의 도구적 가치 강조	• 자연을 그 자체로 가치 있는 존재가 아니라 인간의 생존과 복지를 위한 도구에 불과하다고 봄. • 인간은 자연을 이용할 권리를 지니며, 자연에 관한 행위의 옳고 그름은 그 행위가 인간의 필요와 이익에 얼마나 유용한가에 달려 있음.
도덕적 고려의 대상	• 인간만이 도덕적 지위를 지닌 유일한 존재라고 봄. • 동물이나 식물 등 인간이 아닌 존재는 도덕적으로 고려하지 않아도 된다고 봄.

└ 인간이 어떠한 행동을 하기에 앞서 이에 관한 책임을 져야 하는지 생각해 보는 것

(2) 인간 중심주의의 의의와 한계

의의	• 자연을 개발과 극복의 대상으로 여겨 자연으로부터 이익을 얻도록 함. • 자연 현상의 객관적 이해를 도와 과학기술의 발전에 이바지함. → 인간의 삶이 더욱 풍요로워짐.
한계	• 자연에 대한 인간의 지배와 착취를 정당화하고 자연을 인간의 필요를 충족하기 위한 수단으로만 취급하게 함. • 자원이 고갈되고 환경이 오염되는 등 자연의 위기를 초래하기도 함. → 자연 속에서 살아가는 인간에게도 큰 피해를 줌.

꼭 나오는 자료 🔗35쪽 158번 문제로 확인

"지식은 인간이 자연을 의도에 맞게 변형하여 자연에 대한 지배력을 강화하는 데 유용하다. 인간은 자연의 사용자 및 해석자로서 자연의 질서에 관해 실제로 관찰하고 고찰한 것만큼 무엇인가를 할 수 있다."
— 베이컨 —

자료 분석 베이컨은 인간 중심주의를 강조한 대표적인 사상가로, 인간을 위해 자연을 지배하고 활용해야 한다고 주장하였다.

2 생태 중심주의 인간과 자연의 관계에서 인간의 이익보다는 인간을 포함한 생태계 전체의 균형과 안정을 먼저 고려하는 관점

(1) 생태 중심주의의 특징

전체는 단순히 부분들의 집합이 아니라 각 부분이 밀접하게 연결·결합되어 하나의 독립적인 실체를 이룸.

전일론적 관점	• 자연은 인간, 동물, 식물, 환경 등 다양한 구성원이 유기적으로 연결되어 있는 생태계임. • 인간은 다른 생명체와 같이 자연의 한 구성원일 뿐임.
자연의 내재적 가치 강조	• 자연은 인간의 이익과 무관하게 그 자체로 가치를 지니고 있음. • 자연의 가치를 인간의 필요와 유용성에 따라 판단해서는 안 되고, 자연의 있는 그대로의 가치를 존중해야 함.
도덕적 고려의 대상	• 무생물을 포함한 생태계 전체를 도덕적 고려의 대상으로 봄. • 인간은 인간뿐만 아니라 생태계 전체에 대한 도덕적 의무를 지니며, 자연에 관한 행위의 옳고 그름은 생태계의 균형과 안정에 얼마나 이바지하느냐에 달려 있음.

(2) 생태 중심주의의 의의와 한계

의의	• 인간이나 개별 생명체보다 상호 의존성에 바탕을 둔 생태계 전체에 관심을 가질 수 있게 함. • 인간이 내재적 가치를 지닌 생태계를 보존해야 할 의무가 있다는 점을 일깨움으로써 환경 문제를 해결하는 데 도움을 줌.
한계	• 생태 중심주의를 지나치게 강조하여 모든 자연 개발을 중단해야 한다는 주장에는 문제가 있음. • 기본적인 삶을 유지하고 인간존엄성을 존중받으며 살아가기 위해서는 어느 정도의 자연 개발은 불가피한 선택임.

꼭 나오는 자료 🔗35쪽 159번 문제로 확인

"바람직한 대지 이용을 경제적 문제로만 생각하지 말고, 윤리적·심미적으로 무엇이 옳은가의 관점에서도 검토해야 한다. 생명 공동체의 통합성과 안정성, 아름다움의 보존에 이바지한다면 그것은 옳고, 그렇지 않으면 그르다."
— 레오폴드 —

자료 분석 레오폴드는 생태 중심주의를 강조한 대표적인 사상가로, 대지를 지배와 이용의 대상으로만 간주하는 인간 중심주의와 달리 흙과 물을 포함한 수많은 존재가 서로 균형을 맞추며 살아가는 공동체로 파악하고 이를 존중해야 한다고 주장하였다.

2 인간과 자연의 바람직한 관계

1 인간과 자연의 바람직한 관계 인간 중심주의와 생태 중심주의 중 어느 한쪽만을 지나치게 중시할 경우 문제가 발생할 수 있음. → 인간과 자연은 서로 대립하거나 한쪽을 파괴하지 않고도 조화롭게 공존할 수 있음.

2 자연과 인간의 공존을 위해 필요한 노력

생태계의 한 구성원으로서 지녀야 할 역할과 책임에 관한 의식

(1) 생태 공동체 의식 정립: 자연친화적인 삶을 살고 미래 세대의 생존과 복지, 동식물을 포함한 생태계 전체의 보전까지도 함께 고려하는 태도가 필요함.

(2) 지속가능한 개발과 보존: 인간의 필요와 욕구에 따라 개발이 불가피하더라도 자연 파괴를 최소화하려는 태도가 필요함. 🔵 생태 관광, 생태 도시, 슬로 시티 등

자연환경·고유문화의 보전, 생태적으로 양호한 지역에 대한 관찰과 학습, 지속가능한 관광 활동 등을 포괄함.

지역이 원래 가지고 있던 자연환경, 문화 등을 지키면서 지역민이 주체가 되는 지역 문화·지역 경제 살리기 운동

꼭 나오는 자료 생명 중심주의 입장에서 도덕적 고려의 대상을 식물, 동물 등 생명까지 확대함. 🔗37쪽 168번 문제로 확인

• "인간은 동식물을 포함한 모든 생명에 관해 외경심을 가져야 한다. 선(善)은 생명을 유지하는 것, 악(惡)은 생명을 파괴하는 것이다. 이것이야말로 도덕의 절대적이고 기본적 원리다." — 슈바이처 —

• (유교) 하늘과 사람은 합일체라는 천인합일(天人合一)
  (도가) 자연 그대로의 질서를 따르는 무위자연(無爲自然)
  (불교) 모든 존재가 연결되어 영향을 주고받는 연기설(緣起說)

자료 분석 동서양에는 인간 중심주의 관점을 벗어나 인간과 생명, 인간과 자연의 조화를 추구하는 다양한 관점이 존재하였다.

└ 인간과 자연의 조화를 중시하는 동양의 자연관에서 인간과 자연의 상호 의존성을 인식하고 상생을 추구해야 한다는 교훈을 얻을 수 있음.

기본 기출 문제

핵심 주제를 파악할 수 있는 기출 문제를 수록하였습니다.

핵심 개념 문제

● 빈칸에 들어갈 알맞은 말을 쓰시오.

139 자연과 인간을 둘로 나누어 바라보는 (　　　)적 세계관에 따르면 인간은 자연으로부터 독립된 존재 이자 자연보다 우월한 존재이다.

140 인간 중심주의는 자연을 그 자체로 가치 있는 존재 가 아니라 인간의 생존과 복지를 위한 (　　　)에 불과하다고 본다.

141 (　　　)은/는 전체는 단순히 부분들의 집합이 아 니라 각 부분이 밀접하게 연결·결합되어 하나의 독 립적인 실체를 이룬다는 이론이다.

142 생태 중심주의는 자연은 인간의 이익과 무관하게 그 자체로 가치를 지니고 있다는 점에서 자연이 가 진 (　　　)을/를 강조하였다.

● 설명이 옳으면 ○표, 틀리면 ×표를 하시오.

143 인간 중심주의에 따르면 인간은 생태계 전체에 대 한 도덕적 의무를 지닌다.　　　　　　(　　　)

144 생태 중심주의에서는 무생물을 포함한 생태계 전체 를 도덕적 고려의 대상으로 본다.　　　(　　　)

● 각 자연관과 그 장점을 바르게 연결하시오.

145 인간 중심주의 •
　　　　• ㉠ 인간이 생태계를 보존해 야 할 의무가 있다는 점 을 일깨워 환경 문제를 해결하는 데 도움이 됨.

146 생태 중심주의 •
　　　　• ㉡ 자연 현상의 객관적 이해 를 도와 과학기술의 발전 에 이바지함으로써 인간 의 삶을 풍요롭게 함.

● ㉠, ㉡ 중 알맞은 것을 고르시오.

147 인간을 위해 자연을 지배하고 활용해야 한다고 주 장한 대표 사상가는 (㉠ 베이컨, ㉡ 레오폴드)이다.

148 생태 공동체 의식을 정립하기 위해 인간이 자연보 다 우월하다는 사고방식이 아니라 인간과 자연이 (㉠ 독립적, ㉡ 공존의) 관계임을 인식해야 한다.

149 (㉠ 생태 관광, ㉡ 슬로 시티)은/는 자연환경·고유 문화의 보전, 생태적으로 양호한 지역에 대한 관찰 과 학습, 지속 가능한 관광 활동 등을 포괄한다.

| 150~152 |

다음 글을 읽고 물음에 답하시오.

> 자연과 인간은 밀접한 관련을 맺고 있다. 우리가 자연을 어 떻게 바라보고 자연과 어떠한 관계를 맺느냐에 따라 인간 의 삶은 다양한 방향으로 나아갈 수 있다. 자연을 바라보는 인간의 관점에는 대표적으로 ㉠ 인간 중심주의와 ㉡ 생태 중심주의가 있다.

Ⅲ

150　★핵심 주제 자연을 바라보는 인간의 관점

㉠, ㉡에 관한 설명으로 옳은 것은?

① ㉠은 인간을 생태계 전체의 일부로 본다.
② ㉠은 오늘날 환경 문제 해결에 도움을 준다.
③ ㉡은 자연과 인간을 둘로 나누어서 바라본다.
④ ㉡은 인간을 자연으로부터 독립된 존재로 본다.
⑤ ㉡은 ㉠과 달리 자연의 내재적 가치를 강조한다.

151　★핵심 주제 인간 중심주의와 생태 중심주의의 의의

㉠, ㉡이 지닌 의의로 가장 적절한 것은?

	㉠	㉡
①	인간의 삶을 풍요롭게 함.	자연에 관한 탐구를 촉진함.
②	인간의 삶을 풍요롭게 함.	환경 문제 해결에 도움이 됨.
③	자연에 관한 탐구를 촉진함.	인간의 삶을 풍요롭게 함.
④	환경 문제 해결에 도움이 됨.	인간의 삶을 풍요롭게 함.
⑤	환경 문제 해결에 도움이 됨.	자연에 관한 탐구를 촉진함.

152　★핵심 주제 인간 중심주의와 생태 중심주의의 한계

㉠, ㉡이 지닌 한계로 가장 적절한 것은?

	㉠	㉡
①	환경 위기 초래	자원 고갈과 환경 파괴
②	환경 위기 초래	자연에 관한 무관심 초래
③	환경 위기 초래	자연 개발 중단의 비현실성
④	자연 개발 중단의 비현실성	환경 위기 초래
⑤	자연 개발 중단의 비현실성	자연에 관한 무관심 초래

● 바른답·알찬풀이 14쪽

153

핵심 주제 인간 중심주의

밑줄 친 ㉠~㉤ 중 옳지 <u>않은</u> 내용을 고른 것은?

> 인간 중심주의는 ㉠<u>인간과 자연의 관계에서 인간을 가장 가치 있는 존재로 여기고 인간의 이익이나 행복을 우선으로 고려하는 관점</u>이다. 인간 중심주의는 다음과 같은 특징이 있다. 우선 ㉡<u>인간과 자연을 둘로 나누어 바라본다.</u> ㉢<u>이러한 전일론적 관점에 따르면</u> ㉣<u>인간은 자연으로부터 독립된 존재이자 자연보다 우월한 존재이다.</u> 또한 ㉤<u>자연을 그 자체로 가치 있는 존재가 아니라 인간의 생존과 복지를 위한 도구에 불과하다고 본다.</u>

① ㉠　　② ㉡　　③ ㉢　　④ ㉣　　⑤ ㉤

154

핵심 주제 생태 중심주의

밑줄 친 ㉠~㉤ 중 옳지 <u>않은</u> 내용을 고른 것은?

> 생태 중심주의는 인간과 자연의 관계에서 인간의 이익보다는 ㉠<u>인간을 포함한 생태계 전체의 균형과 안정을 먼저 고려하는 관점</u>이다. 생태 중심주의는 다음과 같은 특징이 있다. 우선 ㉡<u>인간을 포함한 자연 전체를 하나로 본다.</u> 이에 따르면 ㉢<u>자연은 인간, 동물, 식물, 환경 등 다양한 구성원이 유기적으로 연결되어 있는 생태계이다.</u> ㉣<u>인간은 자연으로부터 독립된 존재이며,</u> ㉤<u>자연은 인간의 이익과 무관하게 그 자체로 가치를 지니고 있다고 본다.</u>

① ㉠　　② ㉡　　③ ㉢　　④ ㉣　　⑤ ㉤

155

핵심 주제 자연을 바라보는 인간의 관점

(가), (나)는 산악 열차 추진과 관련된 두 입장이다. 이에 관한 설명으로 옳은 것은?

> (가) 산악 열차가 건설되면 겨울철 폭설로 불편을 겪는 주민에게 교통권을 제공하고 지역 경제에 도움을 줄 수 있다.
> (나) 무게가 150톤인 산악 열차를 운행하려면 대규모 공사를 해야 하고, 그러면 자연을 훼손할 수밖에 없다. 산악 열차 건설을 백지화해야 한다.

① (가)는 생태 중심주의 관점을 보여 준다.
② (가)는 자연에 대한 인간의 개입에 반대한다.
③ (나)는 인간 중심주의 관점을 보여 준다.
④ (나)는 인간의 이익이나 행복을 우선적으로 고려한다.
⑤ (나)는 (가)와 달리 자연의 내재적 가치를 중시한다.

156

핵심 주제 인간과 자연의 바람직한 관계

밑줄 친 질문에 관한 적절한 답변만을 <보기>에서 고른 것은?

> 인간과 자연의 관계에서 인간 중심주의와 생태 중심주의 중 어느 한쪽만을 지나치게 중시할 경우 문제가 발생할 수 있다. 인간과 자연은 서로 대립하거나 한쪽을 파괴하지 않고도 조화롭게 공존할 수 있다. <u>인간과 자연이 공존하기 위해서는 어떠한 노력을 해야 할까?</u>

ㅡ 보기 ㅡ
> ㄱ. 생태계 구성원으로서의 책임에 관한 의식을 함양한다.
> ㄴ. 인간과 자연이 공생할 수 있는 지속가능한 개발을 한다.
> ㄷ. 미래 세대의 복지보다는 현세대의 생존을 최우선시한다.
> ㄹ. 인간의 필요와 욕구의 충족을 우선하여 자연을 개발한다.

① ㄱ, ㄴ　　　② ㄱ, ㄷ　　　③ ㄴ, ㄷ
④ ㄴ, ㄹ　　　⑤ ㄷ, ㄹ

157

핵심 주제 인간과 자연의 바람직한 관계

다음 사례들을 통해 도출할 수 있는 자연과 인간의 바람직한 관계로 가장 적절한 것은?

> • 생태 도시: 도시를 하나의 유기적 생명체로 인식하고 사람과 자연환경이 조화를 이루며 함께 살아갈 수 있는 체계를 갖춘 도시이다.
> • 슬로 시티: 지역이 원래 가지고 있던 자연환경, 문화 등을 지키면서 지역민이 주체가 되는 지역 문화·지역 경제 살리기 운동이다.
> • 생태 관광: 자연환경·고유문화·역사 유적의 보전, 생태적으로 양호한 지역에 대한 관찰과 학습, 관광 사업과 관광객의 지속가능한 관광 활동 등을 포괄하는 관광이다.

① 인간은 자연 전체의 균형과 안정을 위해 희생해야 한다.
② 인간은 자연으로부터 독립된 존재이자 우월한 존재이다.
③ 인간은 자연의 일부로, 모든 자연 개발을 중단해야 한다.
④ 인간과 자연은 서로 조화를 이루며 공존할 수 있어야 한다.
⑤ 인간의 생존과 복지를 위해 자연은 도구로 이용되어야 한다.

실력 기출 문제

학교 시험에서 출제율이 높은 문제를 엄선하여 수록하였습니다.

III

158

갑, 을 사상가가 공통적으로 부정의 대답을 할 질문으로 옳은 것은?

> 갑: 아는 것이 힘이다. 자연이 인간에게 이롭도록 지식을 활용해야 한다. 방황하고 있는 자연을 사냥해서 노예로 만들어 인간의 이익에 봉사하도록 해야 한다.
> 을: 인간은 자연의 지배자이자 소유자가 될 수 있다. 인간은 정신을 지닌 존재로서 인식의 주체이지만, 자연은 정신을 지니고 있지 않으며 인식의 대상일 뿐이다.

① 인간만이 도덕적으로 고려해야 할 대상이라고 할 수 있는가?
② 인간은 자연으로부터 독립적으로 존재한다고 보아야 하는가?
③ 인간이 자연을 이용함으로써 더 윤택하게 살아갈 수 있는가?
④ 자연은 인간의 필요를 충족하기 위한 수단으로 보아야 하는가?
⑤ 자연 전체를 유기적으로 연결되어 있는 생태계로 보아야 하는가?

159 빈출

다음을 주장한 사상가의 옳은 입장만을 <보기>에서 고른 것은?

> 바람직한 대지 이용을 경제적 문제로만 생각하지 말고, 윤리적·심미적으로 무엇이 옳은가의 관점에서도 검토해야 한다. 생명 공동체의 통합성과 안정성, 아름다움의 보존에 이바지한다면 그것은 옳고, 그렇지 않으면 그르다.

| 보기 |
ㄱ. 대지를 지배와 이용의 대상으로만 간주해야 한다.
ㄴ. 대지 전체에는 식물, 동물, 토양, 물 등이 포함된다.
ㄷ. 대지를 경제적 유용성의 관점에서만 바라보아야 한다.
ㄹ. 대지를 자연의 모든 존재가 어울려 살아가는 생명 공동체로 보아야 한다.

① ㄱ, ㄴ 　② ㄱ, ㄷ 　③ ㄴ, ㄷ
④ ㄴ, ㄹ 　⑤ ㄷ, ㄹ

160

갑, 을의 입장에 관한 설명으로 옳지 <u>않은</u> 것은?

① 갑은 자연을 인간의 생존을 위한 도구로 본다.
② 갑은 인간을 자연으로부터 독립된 존재로 본다.
③ 을은 인간을 생명 공동체의 한 구성원으로 본다.
④ 을은 인간은 생태계 전체에 관한 도덕적 의무가 있다고 본다.
⑤ 갑과 을은 모두 자연 전체를 하나로 보는 전일론적 관점을 지닌다.

161

(가), (나)의 자연관에 관한 설명으로 옳지 <u>않은</u> 것은?

> (가) 인간은 자연의 사용자 및 해석자로서 자연의 질서에 관해 실제로 관찰하고 고찰한 것만큼 무엇인가를 할 수 있다. 인간의 지식이 곧 인간의 힘이다.
> (나) 인간은 생명 공동체인 대지의 구성원이다. 인간의 행위가 생명 공동체의 온전성, 안정성, 아름다움에 이바지한다면 옳은 것이며, 그렇지 않으면 그른 것이다.

① (가)는 자연의 내재적 가치보다 도구적 가치를 중시한다.
② (가)는 자연을 인간의 편리함을 위한 지배 대상으로 본다.
③ (나)는 자연을 심미적 측면에서 바라보아서는 안 된다고 본다.
④ (나)는 개별 구성원의 존속보다 생태계 전체의 보전을 중시한다.
⑤ (가)와 (나) 모두 인간이 도덕적으로 고려해야 할 대상의 범위를 설정한다.

162

갑, 을의 입장에 관한 설명으로 가장 적절한 것은?

> 〈○○산 케이블카 설치에 관한 토론〉
> 갑: 자연은 그 자체로 가치를 지니기 때문에 인간은 자연을 파괴할 권리가 없습니다. 케이블카 설치로 인해 경제적 이익은 얻을 수 있을 것입니다. 그러나 장기적인 관점에서 보면 관광객의 증가로 멸종 위기 야생 생물의 서식지가 훼손될 것이 분명합니다.
> 을: 케이블카 설치로 인해 자연환경 훼손의 우려가 있다는 것은 인정합니다. 하지만 장기적으로 보면 관광객의 증가로 고용 창출 및 지역 경제 활성화에 큰 도움이 될 것입니다. 무엇보다 자연은 인간을 위해 사용될 때 존재 가치가 있습니다.

① 갑은 인간의 이익을 위해 자연을 개발할 권리를 강조한다.
② 갑은 케이블카 설치로 경제적 이익을 얻을 수 없다고 본다.
③ 을은 인간 중심주의 관점에서 자연의 가치를 판단하고 있다.
④ 을은 인간의 필요와 유용성이 우선시되어서는 안 된다고 본다.
⑤ 갑과 을은 모두 케이블카 설치로 자연환경이 훼손될 수 없다고 본다.

163

다음 질문에 관해 옳은 대답을 한 사람만을 고른 것은?

> 질문
> 오늘날 환경 문제의 근본적인 원인을 인간 중심주의 관점에서 찾고 있는데요. 그 까닭은 무엇인가요?
>
> 답변
> 갑: 인간 중심주의는 인간을 포함한 자연 전체를 하나로 보았기 때문이에요.
> 을: 인간 중심주의는 자연에 대한 인간의 지배와 착취를 정당화했기 때문이에요.
> 병: 인간 중심주의는 생태계를 보존해야 할 의무가 있다는 점을 일깨웠기 때문이에요.
> 정: 인간 중심주의는 자연을 인간의 필요를 충족하기 위한 수단으로만 취급했기 때문이에요.

① 갑, 을 　② 갑, 병 　③ 을, 병
④ 을, 정 　⑤ 병, 정

164

다음 편지의 추장이 긍정의 대답을 할 질문으로 가장 적절한 것은?

> 우리는 하늘과 땅을 사고판다는 당신들의 생각을 이해할 수 없다. 공기의 신선함이나 물의 광채가 우리 것이 아닌데 어떻게 팔 수 있는가? 우리는 대지의 일부분이며, 대지는 우리의 일부분이다. 들꽃은 우리의 누이이고, 순록과 말과 독수리는 우리의 형제이다. 사람이 땅을 파헤치는 것은 자신의 삶도 파헤치는 것이다. 대지는 인간에게 속한 것이 아니며, 인간이 오히려 대지에 속해 있다.
>
> - 시애틀 추장의 편지 중 -

① 인간은 대지에 속한 다른 존재보다 훨씬 더 우월한 존재인가?
② 인간 이외의 자연 만물은 경제적 가치로만 평가되어야 하는가?
③ 인간은 동식물을 포함한 모든 자연에 대한 소유권을 가지는가?
④ 인간은 대지의 일부로 자연과 유기적 관계임을 인식해야 하는가?
⑤ 인간들 간에는 자연을 지배할 동등한 권리가 부여되어야 하는가?

165 빈출

다음 글의 관점에 부합하는 진술로 가장 적절한 것은?

> 자연을 인간의 이익을 위한 대상으로만 평가해서는 안 되며, 생태계 내의 모든 존재는 그 자체로 존중받아야 한다. 인간은 생태계의 한 구성원이므로 생태계를 도덕적으로 고려해야 한다.

① 인간은 자연을 이용할 권리를 가진다.
② 자연 만물은 각자 독립적으로 존재한다.
③ 인간은 자연보다 훨씬 우월한 존재이다.
④ 자연은 인간을 위한 도구적 가치만을 가진다.
⑤ 생태계 전체의 균형과 안정을 고려해야 한다.

| **166~167** |

다음 글을 읽고 물음에 답하시오.

> 갑: 대지 윤리는 인간을 대지 공동체의 정복자에서 그 구성원으로 변화시킨다. 공동체의 구성원은 전체 공동체에 대해 존경심을 가져야 한다.
> 을: 과학의 목적은 자연을 인간의 의도에 맞도록 변형함으로써 인간의 활동 영역을 넓히는 것이다. 자연이 인간에게 이롭도록 지식을 활용해야 한다.

166

갑, 을 사상가들의 입장으로 옳은 것은?

① 갑: 인간이 자연의 정복자이자 지배자가 되어야 한다.
② 갑: 생태계 전체보다 개별 생명체의 존속이 더 중요하다.
③ 을: 이분법적 세계관을 통해 인간과 자연을 구분해야 한다.
④ 을: 자연의 모든 존재는 생명 공동체의 평등한 구성원이다.
⑤ 갑과 을: 생태계 전체를 도덕적으로 고려해야 한다.

167 빈출

갑 사상가는 긍정, 을 사상가는 부정의 대답을 할 질문으로 가장 적절한 것은?

① 인간을 포함한 자연 전체는 하나의 살아있는 유기체인가?
② 인간은 자연으로부터 분리된 존재이며, 자연보다 우월한가?
③ 자연의 모든 존재는 인간의 복지를 위한 도구에 불과한가?
④ 자연 만물 중 인간만을 도덕적 고려 대상으로 보아야 하는가?
⑤ 자연환경 보전을 위해 모든 자연 개발은 중단되어야 하는가?

168 빈출

동양의 자연관이 공통적으로 강조하는 바로 가장 적절한 것은?

> • 유교: 하늘과 사람은 합일체임을 강조하는 천인합일(天人合一)의 경지를 추구하였다.
> • 도가: 사람의 힘이 더해지지 않은 자연 그대로의 질서를 따르는 무위자연(無爲自然)을 강조하였다.
> • 불교: 모든 존재가 원인과 조건으로 연결되어 서로 영향을 주고받는다는 연기설(緣起說)을 중시하였다.

① 인간의 생존과 복지가 자연 보존보다 우선시되어야 한다.
② 인간과 자연은 분리되어 독립적으로 존재함을 알아야 한다.
③ 인간의 욕구 충족을 위한 자연 이용이 정당화되어야 한다.
④ 자연의 자정 능력을 넘어서는 인간의 행위도 가능해야 한다.
⑤ 인간과 자연의 상호 의존성을 인식하고 상생을 추구해야 한다.

169

다음은 학생들의 형성 평가 답안을 정리한 것이다. 각 진술에 관해 모두 옳게 대답한 학생은?

> 〈형성 평가〉
>
> ※ 인간과 자연이 공존하기 위한 노력에 관한 진술로 옳으면 ○표, 틀리면 ×표를 하시오.
>
> | 진술 \ 학생 | 갑 | 을 | 병 | 정 | 무 |
> |---|---|---|---|---|---|
> | 생태 공동체 의식을 함양해야 한다. | ○ | × | ○ | ○ | × |
> | 지속가능한 발전을 실천해야 한다. | ○ | ○ | ○ | ○ | ○ |
> | 생태 도시, 슬로 시티 등을 실현해야 한다. | × | ○ | ○ | × | ○ |
> | 인간은 자연과 분리된 존재임을 알아야 한다. | × | × | × | ○ | ○ |

① 갑   ② 을   ③ 병   ④ 정   ⑤ 무

 기출 문제

170

다음은 학생 필기 내용의 일부이다. 밑줄 친 ㉠~㉤ 중 옳지 <u>않은</u> 내용을 고른 것은?

> **〈인간과 자연의 바람직한 관계〉**
> 1. 인간과 자연의 유기적 관계
>   - ㉠ 인간은 생태계의 일부로서 자연과 서로 영향을 주고받음.
>   - ㉡ 유기적 관계: 전체를 구성하고 있는 각 부분이 서로 밀접하게 관련되어 있어서 떼어 낼 수 없는 관계를 의미함.
> 2. 인간과 자연의 공존을 위한 노력
>   - ㉢ 인간 중심주의와 생태 중심주의 각각의 장점을 취하여 인간과 자연이 조화를 이루고 서로 상생할 수 있어야 함.
>   - ㉣ 개인적 차원: 갯벌 복원 사업, 멸종 위기종 복원 사업 등
>   - ㉤ 사회적 차원: 지속가능한 발전 및 환경 보존을 위한 제도 확립

① ㉠ ② ㉡ ③ ㉢ ④ ㉣ ⑤ ㉤

171

다음 신문 기사 속 정책의 목적으로 가장 적절한 것은?

> ○○일보　　　　　　　　2000년 ○○월 ○○일
>
> **생태 통로 설치 예산 증액 편성**
> 정부는 2024년 생태 통로 관련 예산을 금년에 비해 증액 편성하였다. 생태 통로란 도로 중간에 야생 동물들이 이동할 수 있게 만든 구조물을 말한다. 관련 예산의 증가로 생태 통로 건설이 늘어날 것으로 보인다.

① 인간의 필요와 야생 동물 보호의 조화를 이루는 개발
② 야생 동물 보호를 위해 인간의 필요를 포기하는 개발
③ 인간의 편리함이 야생 동물의 생존보다 우선하는 개발
④ 인간의 이익 실현을 최우선시하여 예산을 편성한 개발
⑤ 생태계 균형과 안정을 최우선시하여 공사를 포기하는 개발

| 172~173 |

다음 글을 읽고 물음에 답하시오.

> 자연을 바라보는 인간의 관점에는 대표적으로 인간 중심주의와 생태 중심주의가 있다. 인간 중심주의는 인간과 자연을 둘로 나누어서 바라보는 (　㉠　)적 세계관을 취한다. 이에 따르면 인간은 자연으로부터 독립된 존재이자 우월한 존재이다. 반면 생태 중심주의는 인간을 포함한 자연 전체를 하나로 보는 (　㉡　)적 관점을 취한다. <u>인간 중심주의와 생태 중심주의 중 어느 한쪽만을 지나치게 중시할 경우 문제가 발생할 수 있으므로 인간과 자연의 공존을 지향할 필요가 있다.</u>

172

㉠, ㉡에 해당하는 용어를 쓰시오.

173

밑줄 친 내용에 해당하는 문제를 인간 중심주의와 생태 중심주의의 입장에서 각각 서술하시오.

| 174~175 |

다음 글을 읽고 물음에 답하시오.

> 인간과 자연이 공생할 수 있는 지속가능한 개발과 보존을 위한 노력이 필요하다. 이러한 노력의 예에는 생태적으로 양호한 지역에 대한 관찰과 학습, 관광 사업과 관광객의 지속가능한 관광 활동 등을 포괄하는 생태 관광을 들 수 있다. 또한 지역이 원래 가지고 있던 자연환경, 문화 등을 지키면서 지역민이 주체가 되는 지역 문화·지역 경제 살리기 운동을 뜻하는 (　㉠　)도 이에 해당한다. 이러한 사례 외에도 <u>㉡ 개인적 차원에서도 자연 파괴를 최소화하기 위한 노력</u>이 필요하다.

174

㉠에 해당하는 용어를 쓰시오.

175

밑줄 친 ㉡의 내용을 구체적으로 서술하시오.

내신 1등급을 결정하는 고난도 문제를 수록하였습니다.

| 176~177 |

다음 글을 읽고 물음에 답하시오.

갑: 인간은 자연과 구별되는 우월한 존재로, 자신의 이익과 행복 증진을 위해 자연을 수단으로 이용할 수 있다. 따라서 자연의 가치는 인간의 필요에 따라 평가되어야 한다.
을: 인간은 자연으로부터 독립된 존재가 아니라 자연의 한 구성원이며, 자연 안의 모든 것은 평등하다. 따라서 인간은 자연 그 자체의 가치를 존중해야 한다.

176

을의 입장에서 갑의 입장에 관해 제기할 수 있는 비판으로 가장 적절한 것은?

① 인간이 자연보다 우월한 존재라는 점을 간과한다.
② 자연을 개발과 극복의 대상으로 여겨야 한다는 점을 간과한다.
③ 자연 전체의 균형보다 인간의 이익을 고려해야 함을 간과한다.
④ 자연은 인간의 필요를 충족하기 위한 수단이라는 점을 간과한다.
⑤ 자연은 인간의 이익과 무관하게 가치를 지닐 수 있음을 간과한다.

177

갑, 을의 입장에서 <문제 상황> 속 A에게 제시할 적절한 조언만을 <보기>에서 있는 대로 고른 것은?

〈 문제 상황 〉
○○군 군수인 A는 관광객 유치를 위해 ○○군 내 위치한 ◇◇산 산악 열차를 설치하자는 지역 주민들의 요구와, 환경 보호를 위해 산악 열차 설치를 반대하는 시민 단체의 주장 사이에서 어느 쪽의 의견을 수용할지 고민하고 있다.

| 보기 |
ㄱ. 갑: 자연의 가치보다 주민의 복지를 우선 생각하세요.
ㄴ. 갑: 산악 열차 설치로 기대되는 경제적 이득을 따져보세요.
ㄷ. 을: 자연의 도구적 가치보다 내재적 가치를 중시하세요.
ㄹ. 을: 산악 열차 설치로 인한 환경 파괴는 고려하지 마세요.

① ㄱ, ㄴ   ② ㄱ, ㄹ   ③ ㄷ, ㄹ
④ ㄱ, ㄴ, ㄷ   ⑤ ㄴ, ㄷ, ㄹ

178

인간과 자연의 관계에 대한 강연자의 옳은 입장만을 <보기>에서 있는 대로 고른 것은?

| 보기 |
ㄱ. 인간과 자연은 서로 무관한 독립적인 존재이다.
ㄴ. 인간을 포함한 자연 전체의 조화를 고려해야 한다.
ㄷ. 자연의 가치는 인간에게 주는 유용성에 따라 결정된다.

① ㄱ   ② ㄴ   ③ ㄱ, ㄴ
④ ㄴ, ㄷ   ⑤ ㄱ, ㄴ, ㄷ

179

교사의 질문에 적절한 대답을 한 학생만을 고른 것은?

학습 주제: 인간과 자연의 공존을 위한 노력

(가) 생태 관광   (나) 생태 도시
(다) 생태 통로   (라) 슬로 시티

교사: 인간과 자연의 공존을 위한 노력의 사례인 (가)~(라)에 관해 설명해 볼까요?
갑: (가)는 관광 사업과 관광객의 지속가능한 관광 활동을 일컫는 말입니다.
을: (나)는 야생 동물의 서식 환경이 단절되는 것을 막고 야생 동물의 교통사고를 방지하기 위한 것입니다.
병: (다)는 자전거와 전차 위주의 친환경 교통 체계를 갖춘 것을 말합니다.
정: (라)는 지역민이 주체가 되는 지역 문화와 지역 경제 살리기 운동을 일컫는 말입니다.

① 갑, 을   ② 갑, 정   ③ 을, 병
④ 을, 정   ⑤ 병, 정

05 환경 문제의 발생과 해결을 위한 노력

1 세계의 환경 문제

1 사막화

의미	사막 주변 지역이 사막으로 변하는 현상
원인	장기간의 가뭄이나 과도한 방목과 개간 등으로 발생
영향	식량 생산량 감소와 생태계 파괴 등의 문제 발생
사례	사헬 지대, 아랄해 주변

2 열대림 파괴 → 대기 중 이산화 탄소 농도가 높아져 지구 온난화를 가속화 시킴.

원인	열대 기후 지역에서 무분별한 벌채와 개간 등으로 발생
영향	동식물의 서식지 감소, 생물종 다양성 감소
사례	아마존강 유역, 보르네오섬

3 대기 오염

원인	화석 에너지의 소비 증가로 오염 물질의 배출량 증가
영향	대기 오염 물질이 빗물과 결합하여 산성비가 내리면 건축물 부식과 삼림 파괴, 미세 먼지는 호흡기 질환 유발
사례	• 황사: 중국 내륙에 있는 가는 모래가 날아오는 현상 고비 사막이나 황토 지대 • 스모그: 공장이나 자동차 매연이 안개와 결합된 상태

4 오존층 파괴

의미	태양으로부터 오는 인체나 생물에 해로운 자외선을 흡수하는 오존층이 파괴되는 현상
원인	염화 플루오린화 탄소의 사용량 증가로 발생
사례	지표면에 도달하는 자외선 양의 증가 → 각종 피부 질환과 안구 질환 증가, 식물 성장에 영향으로 농작물 수확 감소 백내장 등

5 해양 오염

원인	선박 유출 원유, 바다로 버려지는 쓰레기 등으로 발생
영향	바닷물의 수질 악화, 쓰레기 섬 형성, 해양 생태계 파괴

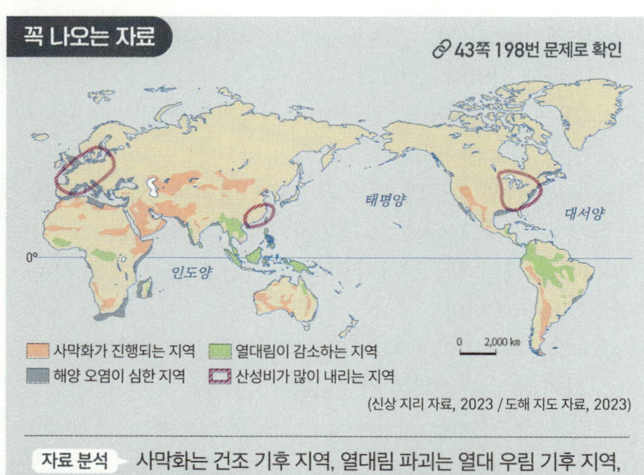

자료 분석 사막화는 건조 기후 지역, 열대림 파괴는 열대 우림 기후 지역, 해양 오염은 근해, 산성비는 유럽, 중국, 미국 등의 국가에서 발생한다.

2 환경 문제 해결을 위한 노력

1 국제 사회의 국제 협약 체결

람사르 협약(1971)	습지 보호
런던 협약(1972)	폐기물의 해양 투기에 따른 해양 오염 방지
몬트리올 의정서(1987)	오존층 보호
바젤 협약(1989)	유해 폐기물의 국가 간 이동 규제
생물 다양성 협약(1992)	생물종 보존
사막화 방지 협약(1994)	사막화 방지
파리 협정(2015)	195개 국가 채택, 선진국과 개발 도상국 모두 참여 국의 온실가스 배출량 단계적 감축 의무

교토 의정서(1997)는 선진국의 온실가스 감축 의무만 담고 있음.

2 정부의 환경 관련 법률 제정 및 정책 시행

(1) 자연 생태계 보호, 자원 소비 절감, 오염 물질 배출 규제 등을 위한 구체적인 제도와 정책을 마련하여 시행

(2) 친환경 산업 육성, 친환경적인 생활 방식 촉진, 환경 교육 활성화

3 시민 사회와 국제 비정부 기구

(1) 시민 사회 _예 시민 단체: 공익을 위해 시민을 중심으로 자발적으로 결성한 비정부 조직

정부의 환경 정책 수립과 시행	정부가 환경 관련 정책과 제도를 수립하여 시행하도록 촉구하고 구체적인 방안 제시
기업의 환경 전략 수립	기업의 활동을 감시·비판, 기업이 오염 물질 배출을 줄이거나 환경 보호하도록 유도
시민의 환경 의식 함양과 실천	시민이 환경 문제에 대한 관심과 환경 의식을 바탕으로 문제 해결을 위한 실천에 참여하도록 다양한 시민운동 전개

(2) 국제 비정부 기구: 국제적 연대 활동을 통해 환경 문제에 대한 지구촌 공통의 문제를 제기하고 공동의 노력을 이끌어 내기 위한 활동 진행 예 그린피스

4 기업의 노력

(1) 자원 재활용이나 기술 혁신을 통해 친환경적 제품을 개발하여 환경 오염을 최소화

(2) 오염 방지 시설 설치, 노후화된 시설 정비 및 교체

(3) 태양광과 풍력 등 신·재생 에너지 사용 확대

5 개인의 노력

(1) 생태시민으로서의 자질 함양: 생태 감수성, 책임감을 바탕으로 환경과 인간의 공존과 지속가능한 삶을 위해 노력

(2) 생태 전환적 사고: 인간과 자연의 공존과 지속가능성 추구

(3) 친환경적인 생활 방식 실천: 쓰레기 분리배출 생활화, 녹색 소비 실천, 자원과 에너지 절약 등

기본
기출 문제

핵심 주제를 파악할 수 있는 기출 문제를 수록하였습니다.

핵심 **개념 문제**

● 빈칸에 들어갈 알맞은 말을 쓰시오.

180 장기간의 가뭄이나 과도한 방목과 개간 등으로 발생하는 (   )의 발생 사례 지역으로 사헬 지대가 대표적이다.

181 (   )은/는 선박에서 유출되는 원유, 바다로 버려지는 쓰레기와 오폐수 등으로 발생하는 환경 문제이다.

182 (   )은/는 국제적으로 중요한 습지를 보호하기 위해 1971년 맺었다.

183 (   )은/는 생태 감수성, 책임감을 바탕으로 환경과 인간의 공존과 지속가능한 삶을 위해 노력한다.

184 국제적 연대 활동을 통해 환경 문제에 관한 지구촌 공통의 문제를 제기하고 공동의 노력을 이끌어 내는 비정부 조직을 (   )(이)라고 한다.

● 다음 내용이 옳으면 ○표, 틀리면 ×표를 하시오.

185 스모그는 공장이나 자동차 매연이 안개와 결합된 상태를 말한다. (   )

186 환경 문제 해결을 위해 정부는 에너지 다소비형 산업을 육성하고, 에너지 소비 효율이 낮은 제품을 권장하는 제도를 마련해야 한다. (   )

● 환경 문제와 국제 협약을 바르게 연결하시오.

187 바젤 협약 •　　　• ㉠ 폐기물 이동 규제

188 몬트리올 의정서 •　　　• ㉡ 오존층 보호

● ㉠, ㉡ 중 알맞은 것을 고르시오.

189 (㉠ 황사, ㉡ 산성비)는 대기 오염 물질이 빗물과 결합하여 발생하는 것으로, 건축물 부식과 삼림 파괴를 일으킨다.

190 (㉠ 런던 협약, ㉡ 파리 협정)은 온실가스 감축을 위해 195개 국가가 채택하였으며, 모든 참여국이 온실가스 배출량을 단계적으로 감축해야 하는 의무가 있다.

191

★**핵심 주제** 환경 문제

밑줄 친 ㉠에 관한 설명으로 옳지 않은 것은?

> 전 지구적 차원의 ㉠ 환경 문제는 인류의 생존은 물론 생태계 전반을 위협하고 있지만, 지속적인 노력에도 쉽게 해결되지 않고 있다.

① 책임 소재를 명확하게 구분할 수 있다.
② 자연의 자정 능력의 한계를 넘어설 정도로 심각하다.
③ 산업 혁명으로 인한 인구의 급격한 증가가 주요 원인이다.
④ 지역과 국가, 전 지구에 영향을 미칠 만큼 피해 범위가 넓다.
⑤ 자원의 소비량과 오염 물질 배출량 증가로 자연환경이 훼손되는 문제이다.

192

★**핵심 주제** 환경 오염

다음에서 설명하는 환경 문제로 옳은 것은?

> 도시나 공업 지역에서 화석 에너지의 소비 증가로 오염 물질의 배출량이 증가하면서 발생한다. 오염 물질이 빗물과 결합하여 산성비가 내리면 주변 지역의 건축물이 부식되고 삼림이 파괴되는 등 피해가 나타난다. 최근에는 미세 먼지 농도의 증가와 황사, 스모그 현상 등 다양한 양상의 오염에 관한 우려가 더욱 커지고 있다.

① 사막화　　② 대기 오염　　③ 해양 오염
④ 열대림 파괴　　⑤ 오존층 파괴

193

★**핵심 주제** 오존층 파괴

㉠ 환경 문제의 영향으로 가장 적절한 것은?

> 〈 (㉠)의 원인 물질 〉
> 염화 플루오린화 탄소(CFCs): 프레온 가스의 일종으로 염소와 불소를 포함한 유기 화합물을 일컫는다. 주로 냉장고나 에어컨 등의 냉매, 단열제 등으로 사용된다.

① 토양 황폐화로 식량 생산량이 증가한다.
② 지표에 도달하는 자외선의 양이 증가한다.
③ 쓰레기 섬이 만들어져 해양 환경이 훼손된다.
④ 열대림이 훼손되어 생물종 다양성이 감소한다.
⑤ 공장이나 자동차에서 나오는 매연이 안개와 섞인다.

● 바른답·알찬풀이 **17쪽**
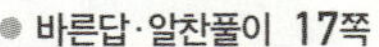

194

★핵심 주제 환경 관련 국제 협약

다음은 어느 환경 관련 국제 협약을 정리한 나타낸 것이다. 이를 통해 해결하고자 하는 환경 문제로 옳은 것은?

구분	내용
체결 시기	1979년
국제 환경 협약	제네바 협약
목적	국경을 넘어 장거리를 이동하는 대기 오염 물질의 감축 및 통제
효과	건축물 부식, 삼림 파괴 등의 피해 완화

① 사막화   ② 산성비
③ 유해 폐기물   ④ 오존층 파괴
⑤ 지구 온난화

195

★핵심 주제 환경 문제 해결 노력

㉠, ㉡에 들어갈 내용으로 옳은 것은?

전 지구적 환경 문제의 해결을 위해 국제 사회는 긴밀하게 협력하고 있다. 많은 국가가 환경 문제를 해결하는 데 적극적으로 동참하고 있으며, 다양한 국제 협약을 체결하여 이를 이행하고 있다. 실제로 (㉠)은/는 195개 국가가 채택하였으며, 선진국에만 감축 의무가 있던 교토 의정서와 달리 모든 참여국이 (㉡) 배출량을 단계적으로 감축해야 한다.

	㉠	㉡
①	런던 협약	온실가스
②	파리 협정	온실가스
③	파리 협정	유해 폐기물
④	몬트리올 의정서	온실가스
⑤	몬트리올 의정서	유해 폐기물

196

★핵심 주제 환경 문제 해결의 주체

㉠에 해당하는 행위 주체로 옳은 것은?

(㉠)은/는 친환경 정책을 강화하고 있다. 중고 거래를 확대하고 에너지 사용을 친환경적으로 전환하는 등 자원 선순환 영역을 넓히는 중이다. 매장 내 '자원 순환 허브' 코너를 설치하여 전시 제품, 포장재 훼손 제품 등을 할인된 가격에 판매한다. 2030년까지 전체 제품을 재활용과 재생 가능한 친환경 소재로 전환하여 사람과 지구에 친화적인 역할을 하고자 노력하겠다고 밝혔다.

① 개인   ② 기업
③ 정부   ④ 국제기구
⑤ 시민 단체

197

★핵심 주제 생태시민

밑줄 친 ㉠에 해당하는 실천 사례로 적절하지 <u>않은</u> 것은?

개인은 환경 문제에 관심을 가지고 생태시민으로서의 자질을 함양하기 위해 노력해야 한다. 이를 위해 인간과 자연의 공존과 지속가능성을 추구하는 생태 전환적 사고가 필요하다. 생태 감수성을 키워 인간과 자연이 유기적으로 연결되어 있음을 인식하고 우리의 행동이 자연과 환경에 어떠한 영향을 끼치는지 지속적으로 성찰해야 한다. 또 지구촌에서 일어나는 환경 문제를 해결하기 위해 일상생활에서 ㉠친환경적인 생활 방식을 실천해야 한다.

① 일회용 컵 사용하기
② 사용하지 않는 조명 끄기
③ 쓰레기 분리배출 생활화하기
④ 쓰지 않는 전기 플러그 뽑기
⑤ 자전거나 대중교통 이용하기

학교 시험에서 출제율이 높은 문제를 엄선하여 수록하였습니다.

● 바른답·알찬풀이 18쪽

198

지도의 A, B 환경 문제에 관한 설명으로 옳은 것은? (단, A, B는 각각 산성비, 해양 오염 중 하나임.)

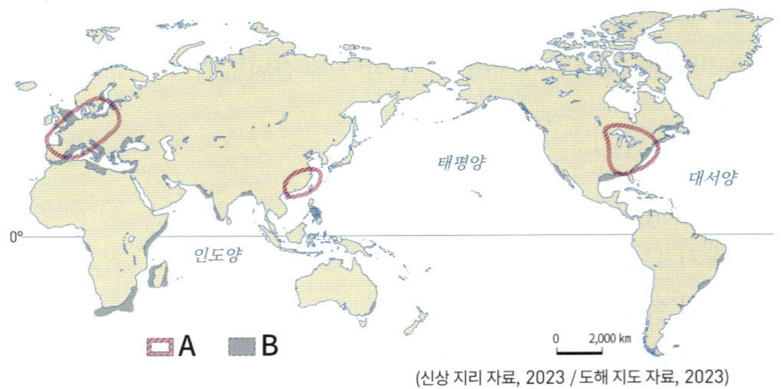

(신상 지리 자료, 2023 / 도해 지도 자료, 2023)

① A는 바다로 버려지는 쓰레기와 오폐수 등으로 발생한다.
② A는 책임 소재가 명확하고 피해 범위가 좁다.
③ B는 대기 오염 물질이 빗물과 결합하여 발생한다.
④ B를 해결하기 위해 런던 협약이 체결되었다.
⑤ A는 수질 오염, B는 대기 오염에 해당한다.

199

(가), (나)에 해당하는 환경 문제로 옳은 것은?

> (가) 공장이나 자동차에서 나오는 매연이 안개와 섞여 있는 상태이다.
> (나) 중국 대륙의 사막이나 황토 지대에 있는 가는 모래가 강한 바람으로 날아올랐다가 점차 내려오는 현상이다.

	(가)	(나)		(가)	(나)
①	황사	스모그	②	황사	미세 먼지
③	스모그	황사	④	스모그	미세 먼지
⑤	미세 먼지	황사			

200

다음 글에 나타난 환경 문제로 옳은 것은?

> 의류 제품들이 유행에 따라 빠르게 생산되고 버려지고 있다. 플라스틱 기반의 합성 섬유 옷은 잘 썩지 않아 문제가 된다.

① 원유 유출
② 공장 폐수 유출
③ 화학 비료 남용
④ 쓰레기 섬 형성
⑤ 쓰레기 배출량 증가

201

자료에 나타난 환경 문제에 관한 설명으로 옳지 <u>않은</u> 것은?

〈오존 농도의 변화〉

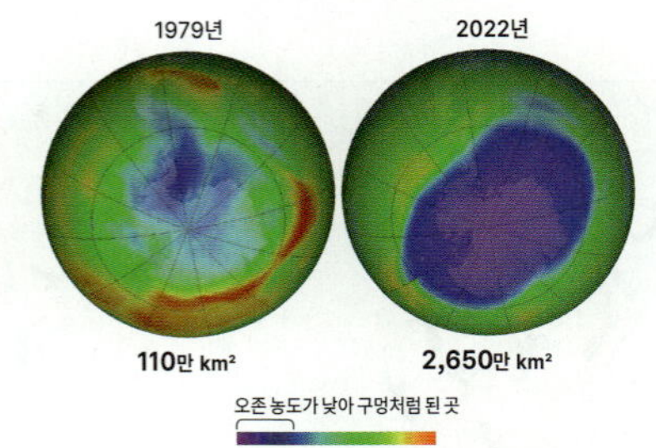

(미국 항공 우주국, 2023)

① 지표에 도달하는 자외선 양을 증가시킨다.
② 염화 플루오린화 탄소의 사용량 증가로 발생한다.
③ 각종 피부 질환과 백내장 등 안구 질환을 유발한다.
④ 건축물이 부식되고 삼림이 파괴되는 피해가 발생한다.
⑤ 국제 사회는 문제 해결을 위해 몬트리올 의정서를 채택하였다.

202 빈출

㉠, ㉡ 환경 문제에 관한 설명으로 옳은 것은?

> • (㉠)은/는 인위적 요인으로 인해 성층권의 ○○ 농도가 감소하는 현상이다. 그 결과 대기의 자외선 투과량이 크게 증가하고 있다. 세계 각국은 1980년대 후반 이후 원인 물질의 생산과 사용을 규제하는 노력을 기울이고 있다.
> • (㉡)은/는 건조, 반건조 등의 지역에서 기후변화 및 인간 활동을 포함한 다양한 요인으로 인하여 발생하는 토지의 황폐화를 말한다. 다양한 요인으로는 인구 증가에 따른 거주 공간 및 경작지의 확대, 과도한 목축, 장기간의 가뭄 등이 있다.

① ㉠은 초미세 먼지 증가의 직접적인 원인이다.
② ㉠에 가장 큰 영향을 미치는 물질은 이산화 탄소이다.
③ ㉠을 해결하기 위해 사막화 방지 협약을 체결하였다.
④ ㉡은 피부암과 백내장의 주요 원인이다.
⑤ ㉡의 대표적 사례 지역으로는 사헬 지대가 있다.

203

지도는 중·남부 아메리카와 아프리카의 환경 문제 발생 지역을 나타낸 것이다. A, B 환경 문제에 관한 설명으로 옳은 것만을 <보기>에서 고른 것은?

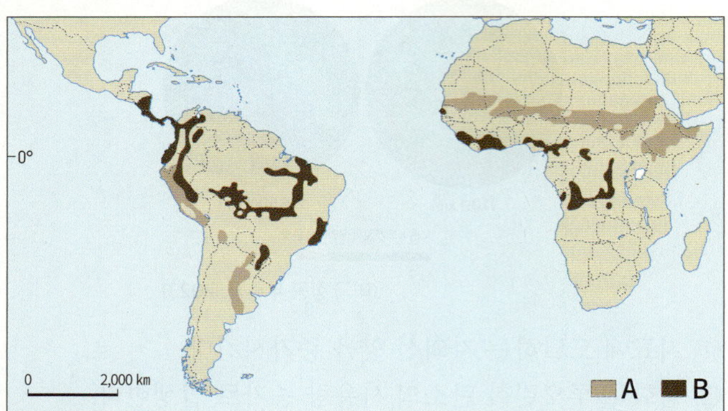

| 보기 |

ㄱ. A는 과도한 목축과 경작지의 확대가 주요 원인 중 하나이다.
ㄴ. B 문제 해결을 위해 몬트리올 의정서가 채택되었다.
ㄷ. A와 B의 결과로 토양 침식이 심화된다.
ㄹ. 대표적 사례 지역으로 A는 보르네오섬, B는 아랄해 주변 지역이 있다.

① ㄱ, ㄴ   ② ㄱ, ㄷ   ③ ㄴ, ㄷ
④ ㄴ, ㄹ   ⑤ ㄷ, ㄹ

204

표는 주요 환경 문제를 정리한 것이다. (가)~(마)에 들어갈 내용을 옳지 않은 것은?

환경 문제	원인	영향
사막화	과도한 경작과 방목	(가)
(나)	무분별한 벌목	생물종 다양성 감소
오존층 파괴	(다)	(라)
지구 온난화	(마)	해수면 상승

① (가) - 토양의 황폐화
② (나) - 열대림 파괴
③ (다) - 염화 플루오린화 탄소의 증가
④ (라) - 미세 먼지 증가
⑤ (마) - 온실가스 배출량 증가

205

㉠의 발생 원인으로 가장 적절한 것은?

(㉠)을/를 줄이기 위해 국제 사회는 이를 방지하는 국제 협약을 체결하였다. 이러한 노력에도 불구하고 해양 오염은 줄지 않고 있다. 1990년대 후반에는 태평양에서 쓰레기 섬이 발견되었다.

① 해수면 상승
② 원유 유출 사고
③ 대기 오염 물질의 이동
④ 삼림 훼손과 토양 침식
⑤ 플라스틱 쓰레기의 해양 유입

206

(가)~(다) 환경 문제가 나타나는 지역을 지도의 A~C에서 고른 것은?

(가) 무분별한 벌목으로 열대림이 파괴되어 동물의 서식지가 사라져 생물종 다양성이 감소하고 있다.
(나) 매연, 배기가스 등이 빗물과 결합하여 산성비가 내리면서 삼림 파괴, 건축물 부식 등의 피해가 발생하고 있다.
(다) 극심한 가뭄과 경지 개간, 방목 등으로 사막화가 빠르게 진행되어 물 부족과 식량 부족 문제가 발생하고 있다.

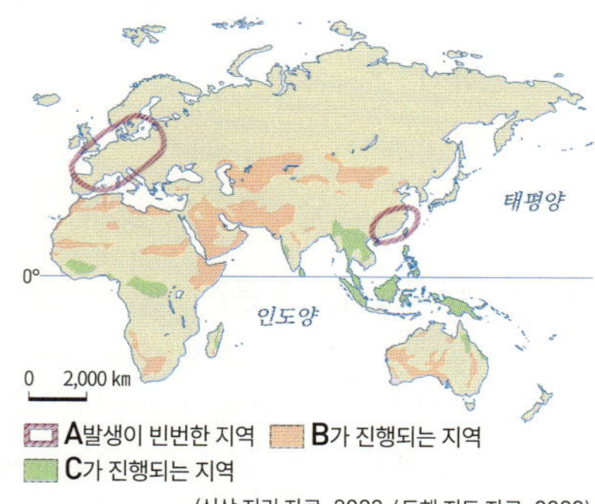

(신상 지리 자료, 2023 / 도해 지도 자료, 2023)

	(가)	(나)	(다)		(가)	(나)	(다)
①	A	C	B	②	B	A	C
③	B	C	A	④	C	A	B
⑤	C	B	A				

207

밑줄 친 ㉠~㉣의 환경 문제 해결 노력으로 적절한 사례만을 <보기>에서 있는 대로 고른 것은?

> 환경 문제를 해결하기 위해서는 ㉠ 정부, ㉡ 시민 사회, ㉢ 기업과 더불어 ㉣ 개인까지 모든 행위 주체의 노력이 중요하다.

| 보기 |
ㄱ. ㉠ - 커피 전문점과 패스트푸드점에서 일회용 컵 보증금 제도를 시범 실시한다.
ㄴ. ㉡ - 친환경 중심의 국가 녹색 성장 기본 계획 재수립을 촉구하는 캠페인을 연다.
ㄷ. ㉢ - 친환경 생산 라인에서 종이 용기를 폐기하고 플라스틱 용기에 제품을 담아 포장한다.
ㄹ. ㉣ - 환경을 고려한 가치 소비를 위해 재활용 중고 거래를 생활화한다.

① ㄱ, ㄷ　　　② ㄴ, ㄹ　　　③ ㄱ, ㄴ, ㄷ
④ ㄱ, ㄴ, ㄹ　　⑤ ㄴ, ㄷ, ㄹ

208 빈출

㉠, ㉡의 환경 문제 해결 노력으로 적절한 것만을 <보기>에서 있는 대로 고른 것은? (단, ㉠, ㉡은 각각 시민 단체, 정부 중 하나임.)

> 플라스틱 사용으로 인한 환경 문제가 심각하게 대두된 가운데 전 세계적으로 일회용품 사용을 줄이기 위한 정책들이 시행되고 있다. 환경 보호를 목적으로 자발적으로 구성한 (㉠)은/는 일회용품 줄이기 캠페인을 지속적으로 진행할 예정이다. 그리고 (㉡)은/는 커피 전문점 매장 내 일회용 플라스틱 사용을 금지하는 규제에 나서고 있다.

| 보기 |
ㄱ. ㉠은 환경 관련 정책 결정 과정에 영향력을 행사할 수 있다.
ㄴ. ㉡은 노후화된 기반 시설을 정비하거나 청정 기술을 개발한다.
ㄷ. ㉡은 환경 관련 법과 제도를 마련하여 시행한다.
ㄹ. ㉠과 ㉡은 모두 환경 문제 해결을 위해 국제 사회와 협력을 하고 있다.

① ㄱ, ㄹ　　　② ㄴ, ㄷ　　　③ ㄱ, ㄴ, ㄷ
④ ㄱ, ㄷ, ㄹ　　⑤ ㄴ, ㄷ, ㄹ

209

(가), (나)에 해당하는 국제 환경 협약으로 옳은 것은?

구분	(가)	(나)
체결 시기	1971년	1972년
내용	• 목적: 습지 보호 • 가치: 최근 한 학술지는 바다와 숲은 물론 습지도 이산화 탄소의 주요 저장고라는 연구 결과를 발표하면서 중요성을 재차 강조	• 목적: 폐기물 및 기타 물질의 투기로 인한 해양 오염 방지 • 가치: 최근 인간 활동이 해양 환경에 미치는 영향이 증가하면서 다시 중요성이 부각

	(가)	(나)
①	런던 협약	바젤 협약
②	바젤 협약	런던 협약
③	바젤 협약	람사르 협약
④	람사르 협약	런던 협약
⑤	람사르 협약	바젤 협약

210

밑줄 친 ㉠, ㉡ 활동의 행위 주체로 옳은 것은?

> 그린피스는 2019년부터 ㉠ '공해의 30% 이상을 보호 구역으로 지정하자'라는 캠페인을 벌여 왔다. 국제 연합(UN) 해양 생물 다양성 보전 협약 5차 비상 회의의 참여국들은 ㉡ 해양 보호를 위해 공해의 30% 이상을 보호 구역으로 정하는 강력한 세계적 해양 조약 체결에 전격 합의하였다. 그린피스는 '이번 결정은 기후 위기를 완화하기 위한 해양 보호의 새로운 도약'이라고 평가하였다.

	㉠	㉡		㉠	㉡
①	기업	국가	②	국가	국제 사회
③	국가	시민 사회	④	시민 사회	기업
⑤	시민 사회	국제 사회			

● 바른답·알찬풀이 18쪽

211

다음의 주요 국제 환경 협약이 해결하고자 하는 환경 문제로 옳은 것은?

- 1992년 브라질 리우데자네이루: 온실가스 감축 합의
- 1997년 일본 교토: 선진국의 온실가스 감축 목표 규정
- 2015년 프랑스 파리: 선진국과 개발 도상국에 모두 온실가 스 감축 의무를 부여한 협약

① 사막화
② 지구 온난화
③ 폐기물의 해양 투기
④ 유해 폐기물의 이동
⑤ 생물종 다양성 감소

212 빈출

다음은 수행 평가 자료의 일부이다. ㉠에 해당하는 환경 문제로 옳은 것은?

〈세계의 젊은 환경 운동가〉

인적 사항	네덜란드의 청년
주요 활동	• 2012년 (㉠) 문제 해결을 위해 비영리 단체를 창립함. • 2014년 유엔 환경 계획(UNEP) '지구 환경 대상' 수상자로 선정됨.
주요 인터뷰	"(㉠)를 해류의 흐름을 이용해 한 곳으로 모으는 장치를 개발해서 바다에 설치하면 효과적으로 해결할 수 있지 않을까 생각했습니다."

① 산성비
② 미세 먼지
③ 오존층 파괴
④ 해양 쓰레기
⑤ 산호초의 백화

213

다음은 환경 문제 해결을 위한 두 주체의 노력에 관한 내용이다. (가), (나)에 관한 설명으로 옳은 것은? (단, (가), (나)는 각각 개인, 기업 중 하나임.)

(가) 환경을 보호하기 위해 조금 더 비싼 제품을 소비하고, 친환경 경영을 추구하는 기업의 제품을 구매하는 그린 슈머를 실천한다.
(나) 기존의 물리적 생산 방식과 달리 지속적 재활용이 가능 한 화학적 재활용 페트를 공동으로 개발하여 생수 생산 에 적용하고 있다.

① (가)는 제품의 생산과 소비에 이르는 과정의 행위 주체이다.
② (나)는 지속가능성을 추구하는 생태시민이다.
③ (가)와 달리 (나)는 생태 전환적 사고가 필요하다.
④ (가)는 기업, (나)는 개인이다.
⑤ 친환경 제품의 개발은 (나), 소비는 (가)에서 필요하다.

1등급을 향한 서답형 문제

| 214~215 |

다음 글을 읽고 물음에 답하시오.

기후위기 비상 행동 등 (㉠)은/는 제1차 국가 탄소 중 립·녹색 성장 기본 계획을 철회하고 현장 의견을 수렴해 친환경 중심의 계획을 재수립하라고 촉구하였다. 이번 계 획은 국가 전체 탄소 배출량의 3분의 1가량을 차지하는 산 업 부문의 감축 목표를 하향하며 기업의 배출을 장려하였 다고 덧붙였다. 이들은 정부 서울 청사 정문 옆에서 공간 환경을 개선하려는 취지로 만든 시드 밤(씨앗 폭탄)을 펜 스 뒤로 던지는 행동을 보여주었다.

214

㉠에 해당하는 환경 문제 해결의 주체를 쓰시오.

215

㉠의 활동이 해결하고자 하는 환경 문제의 발생 원인과 해결을 위한 국제 사회의 노력을 각각 서술하시오.

| 216~217 |

다음 글을 읽고 물음에 답하시오.

(㉠)을/를 바탕으로 자신의 행동과 선택이 자연과 다 른 사람, 비인간 생물들에게 미치는 영향을 인식하고, 이 점에 근거하여 사고하고 행동하는 사람을 (㉡)(이)라 고 한다.

216

㉠, ㉡에 들어갈 용어를 각각 쓰시오.

217

㉡으로서 쓰레기 문제를 해결하기 위한 실천 방안을 두 가지 서술하 시오.

1등급 문제

내신 1등급을 결정하는 고난도 문제를 수록하였습니다.

218

㉠에 해당하는 국제 환경 협약으로 옳은 것은?

> 지상 10~40km에 있는 오존층은 생명체에 해로운 자외선을 차단하는 역할을 한다. 그런데 인류가 냉장고나 에어컨의 냉매제 등으로 염화 플루오린화 탄소를 사용하자 오존층에 큰 구멍이 생겼다. 그러자 국제 사회는 (㉠)을/를 체결하여 염화 플루오린화 탄소의 생산과 사용을 규제하였다. 이에 따라 기업은 이를 대체할 물질을 개발했으며, 각 국가도 관리를 철저하게 했다. 그 결과 오존층 구멍이 다시 줄어들어 회복 단계에 있다.

① 런던 협약　　② 파리 협정　　③ 람사르 협약
④ 제네바 협약　　⑤ 몬트리올 의정서

219

(가), (나)에 관한 설명으로 옳은 것만을 <보기>에서 고른 것은?

(가) 탄소 중립 포인트 제도

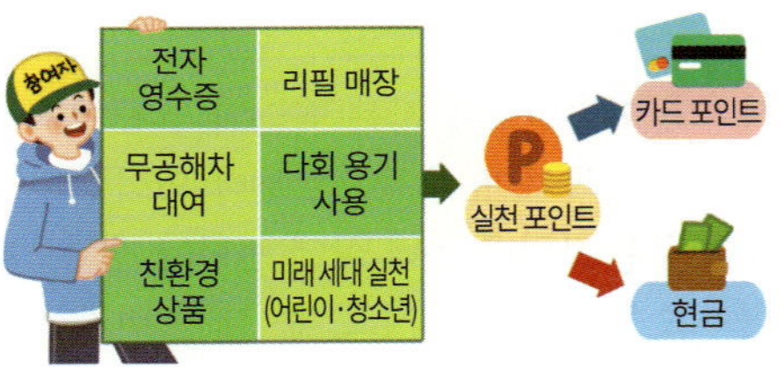

※ 탄소 중립: 이산화 탄소 순 배출량을 ‘0’으로 만드는 것이다.

(나) 에너지 소비 효율 등급 표시제

| 보기 |

ㄱ. (가)는 개인이 친환경 활동을 할 때마다 포인트를 받을 수 있다.
ㄴ. (나)는 기업이 에너지 효율이 높은 제품을 개발하도록 유도한다.
ㄷ. (가)와 (나)의 주체는 기업이다.
ㄹ. (가)는 쓰레기 문제, (나)는 지구 온난화 문제를 해결하기 위한 제도이다.

① ㄱ, ㄴ　② ㄱ, ㄷ　③ ㄴ, ㄷ　④ ㄴ, ㄹ　⑤ ㄷ, ㄹ

220

지도는 세 환경 문제의 주요 피해 지역을 나타낸 것이다. A~C 환경 문제에 관한 설명으로 옳은 것은? (단, A~C는 각각 사막화, 산성비, 열대림 파괴 중 하나임.)

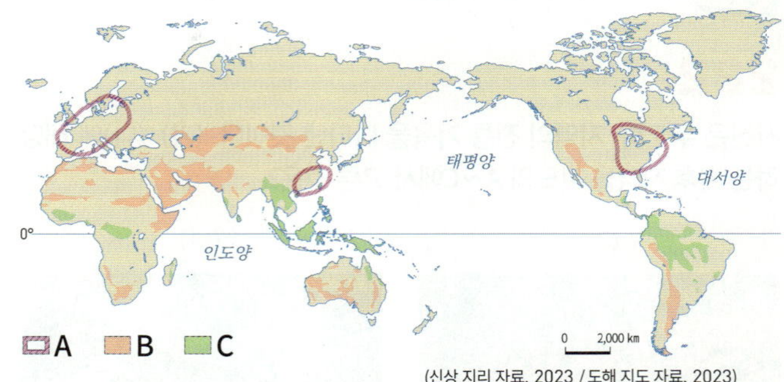

(신상 지리 자료, 2023 / 도해 지도 자료, 2023)

① A로 인해 토양 침식이 심화되고 있다.
② B는 건물 부식을 초래한다.
③ C의 주요 원인은 장기간의 가뭄과 과도한 목축이다.
④ B는 C보다 강수량이 적은 지역에서 발생할 가능성이 높다.
⑤ A 해결을 위해 사막화 방지 협약, B 해결을 위해 제네바 협약을 체결하였다.

221

㉠에 관한 설명으로 옳은 것은?

① 환경 영향 평가 제도를 시행한다.
② 환경 문제 해결을 위한 국제 협약에 가입한다.
③ 환경에 관한 책임과 의무를 중시하는 생태시민이다.
④ 제품 생산 과정에서 발생하는 환경 오염을 최소화한다.
⑤ 그린피스, 세계 자연 기금(WWF) 등이 대표적인 사례이다.

단원 마무리 문제

 **02 자연환경과 인간 생활**

222

사진은 두 기후 지역의 전통 가옥을 나타낸 것이다. (가), (나)에 해당하는 기후 지역을 지도의 A~C에서 고른 것은?

(가) | (나)

▲ 사막의 흙집

▲ 타이가의 통나무집

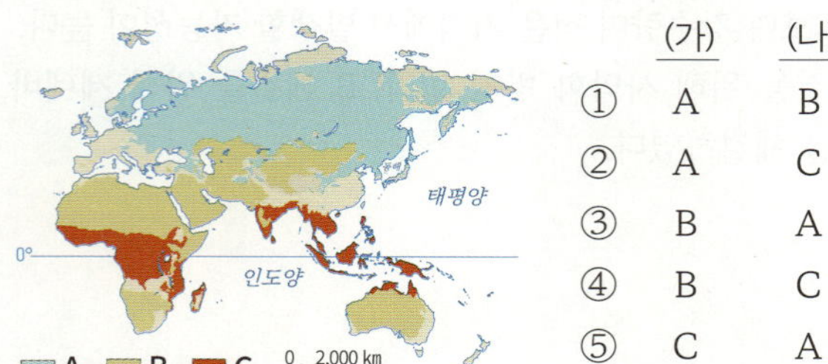

	(가)	(나)
①	A	B
②	A	C
③	B	A
④	B	C
⑤	C	A

223

㉠ 지역의 특성으로 옳은 것은?

〈 (㉠)의 전통문화, 다다미와 코다츠 〉

다다미는 골풀로 짜서 만든 사각형의 방바닥 깔개로, 습한 여름에는 습기를 빨아들이고 건조한 겨울에는 습기를 내뿜는다. 코다츠는 탁자 아래에 난방 기구를 두고 이불로 덮은 것으로, 추운 겨울을 극복하기 위한 난방 시설이다.

① 침엽수림이 넓게 분포한다.
② 저위도의 고산 지역에 위치한다.
③ 전통 가옥은 지붕이 평평한 흙집이다.
④ 음식을 냉동, 훈제, 건조하여 보관했다.
⑤ 계절풍의 영향으로 벼농사가 발달하였다.

224

지도의 A~E 기후 지역의 특징에 관한 설명으로 옳은 것은?

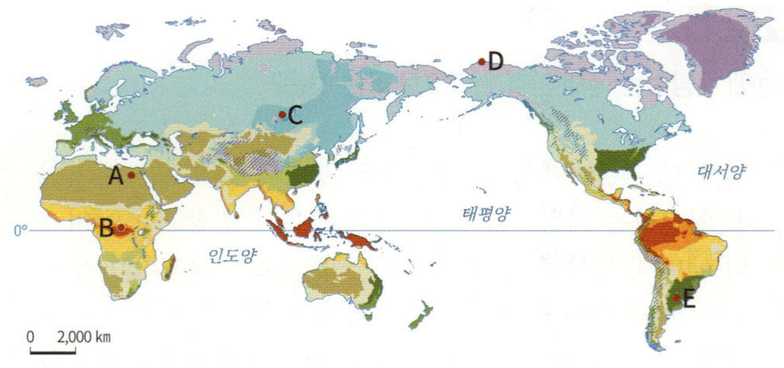

① A는 B보다 강수량 대비 증발량이 많다.
② B는 C보다 기온의 연교차가 크다.
③ C는 D보다 수목 밀도가 낮다.
④ D는 E보다 개방적인 가옥 구조가 나타난다.
⑤ E는 A보다 연 강수량이 적다.

| 225~226 |

다음 글을 읽고 물음에 답하시오.

저는 러시아의 야말반도에 사는 꼴랴입니다. 우리 ㉠네네츠족은 순록을 유목하며, 순록으로부터 의식주를 얻는 삶을 살아왔습니다. 그런데 우리 삶에 변화가 생겼습니다. 최근 기후변화로 날이 따뜻해지고, 눈 대신 비가 오는 날이 많아졌습니다. 비가 와서 쌓여 있던 눈이 얼면 순록들이 이끼를 파먹을 수 없습니다. 또한 요즘 툰드라 지역에 묻혀 있는 천연가스를 개발하기 위해 공장, 철도, 파이프라인 등이 계속 들어서면서, 툰드라의 이끼가 훼손되고 강물이 오염되고 있습니다. 이에 따라 순록 개체수가 줄어들고 순록을 유목하기 어려운 환경이 되었습니다.

225 〔단답형〕

밑줄 친 ㉠이 주로 거주하는 기후 지역을 쓰시오.

226 〔서술형〕

밑줄 친 ㉠의 삶이 달라진 원인과 이러한 변화로 나타난 영향을 서술하시오.

227

지도의 A~E 지형에 관한 옳은 설명만을 <보기>에서 있는 대로 고른 것은?

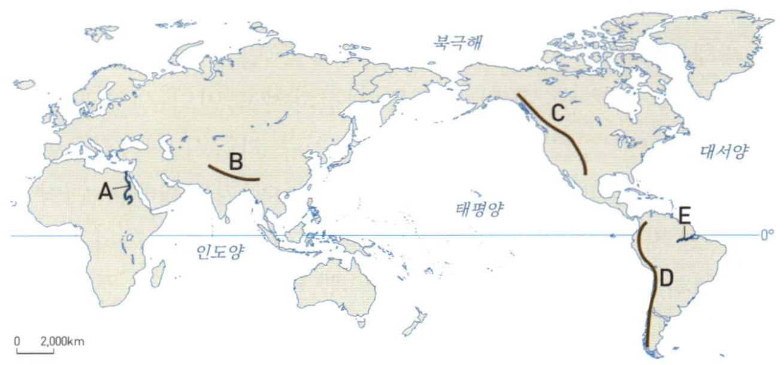

| 보기 |

ㄱ. A 하천의 하류에서는 관개 농업이 활발하다.
ㄴ. A 하천은 E 하천보다 유량이 풍부하다.
ㄷ. C 산맥은 D 산맥보다 고산 도시가 발달하였다.
ㄹ. B, C, D 산맥은 지각이 불안정하여 지진이 활발하다.

① ㄱ, ㄷ　　　② ㄱ, ㄹ　　　③ ㄴ, ㄹ
④ ㄱ, ㄴ, ㄷ　　　⑤ ㄴ, ㄷ, ㄹ

| 228~229 |

다음 글을 읽고 물음에 답하시오.

> 독특한 지형 경관이 나타나는 지역은 관광 산업이 발달한다. 아이슬란드의 간헐천과 온천, 노르웨이의 송네 ㉠피오르와 에이랑에르 피오르, 베트남의 할롱 베이의 ㉡탑 카르스트 등은 세계적인 관광지이다. 신·재생 에너지 개발에 유리한 ㉢노르웨이의 피오르 지역과 아이슬란드의 화산 지대에서는 전기도 생산한다.

228 ┈단답형

밑줄 친 ㉠, ㉡의 형성 원인을 각각 쓰시오.

229 서술형

㉢ 지역에서 이루어지는 신·재생 에너지 개발 사례를 입지 조건을 고려하여 각각 서술하시오.

 **03** 안전하고 쾌적하게 살아갈 권리

230

㉠ 현상이 지속될 경우 우리나라에서 나타나는 변화로 적절하지 않은 것은?　**III**

> 
> (㉠)(으)로 우리나라 농가에서 재배하는 작물이 변화하고 있다. 대구 특산물로 유명한 사과는 최근 강원에서 많이 재배되고, 열대 과일인 애플망고는 전남에서도 재배된다.

① 내륙 지방에 서리 일수가 감소한다.
② 해안 도로의 침수 빈도가 증가한다.
③ 대도시의 열대야 발생 일수가 증가한다.
④ 동해안의 난류성 어족 어획 구역이 확대한다.
⑤ 한라산 침엽수림의 분포 한계선이 낮아진다.

| 231~232 |

다음 글을 읽고 물음에 답하시오.

> (㉠)(으)로 세계 곳곳에서 ㉡기상 이변이 늘어나고 있다. 태풍, 홍수, 가뭄, 폭설과 같은 자연재해의 빈도와 규모가 증가하여 이에 따른 피해가 발생하고 있다. (㉠)은/는 역사적 사건의 주요 원인이 되기도 한다. 14세기부터 19세기까지 전 지구적인 소빙하기가 나타났다. 이때 발생한 ㉢기근은 프랑스 혁명이 일어난 원인 중 하나로 여겨진다. 《조선 왕조 실록》에 기록된 1670~1671년 경신 대기근은 소빙하기에 발생한 잦은 홍수에 따른 흉작 때문인 것으로 알려져 있다.

231 ┈단답형

㉠에 들어갈 용어를 쓰시오.

232 서술형

㉡으로 인해 발생하는 피해를 ㉢과 관련하여 서술하시오.

233

㉠~㉢에 관한 설명으로 옳은 것은? (단, ㉠~㉢은 각각 지진, 폭우, 폭염 중 하나임.)

- 기후변화의 영향으로 이탈리아 로마의 기온이 42℃까지 치솟는 (㉠)이/가 나타나 열사병 환자가 급증하고 여행객들이 에어컨이 설치된 음식점과 숙소만 찾자, 에어컨 판매량이 급증하였다.
- 북아프리카 관광지로 손꼽히는 모로코에서는 규모 6.8의 (㉡)이/가 발생하여 수천 명의 사상자가 발생했다. 이로 인해 모로코를 대표하는 문화유산 일부가 무너지고, 집도 많이 파손되었다.
- 기후변화로 지중해의 수온이 높아지면서 북아프리카에 위치한 리비아에 갑자기 (㉢)이/가 쏟아졌다. 그 영향으로 댐이 2개나 무너지면서 도시가 물에 잠겼으며, 사망자 수가 최대 2만 명에 이를 것으로 보인다.

① ㉠은 난방용 전력 소비량을 증가시킨다.
② ㉡은 해일 피해를 유발하기도 한다.
③ ㉡은 건물의 내진 설계로 피해를 줄일 수 있다.
④ ㉡은 ㉢보다 농경지 침수 피해에 주는 영향이 크다.
⑤ ㉠은 지형적 요인, ㉡은 기후적 요인에 의해 발생한다.

234

다음은 (가), (나) 자연재해에 관한 국민 행동 요령을 나타낸 것이다. 이에 관한 옳은 설명만을 <보기>에서 고른 것은?

(가)	(나)
• 집 앞과 골목길에 염화 칼슘과 모래를 살포한다. • 비닐하우스 위에 쌓인 것을 지속적으로 치워 준다. • 붕괴가 우려되는 비닐하우스는 받침대를 보강한다.	• 바람에 날릴 수 있는 입간판 및 위험 시설물 주변에 접근하지 않는다. • 저지대 및 상습 침수 지역의 주민은 대피한다. • 농작물을 보호하고 배수로를 점검한다.

| 보기 |
ㄱ. (가)는 저위도의 해상에서 발생한다.
ㄴ. (나)는 여름보다 겨울에 자주 발생한다.
ㄷ. (나)는 (가)보다 해일 피해를 유발하는 경우가 많다.
ㄹ. (가)와 (나)는 모두 기후적 요인에 의해 발생한다.

① ㄱ, ㄴ   ② ㄱ, ㄷ   ③ ㄴ, ㄷ
④ ㄴ, ㄹ   ⑤ ㄷ, ㄹ

235

밑줄 친 ㉠~㉣에 관한 옳은 설명만을 <보기>에서 고른 것은?

우리나라는 ㉠헌법 제34조와 제35조를 바탕으로 ㉡「자연재해 대책법」,「재난 및 안전 관리 기본법」,「국민 안전 교육 진흥 기본법」등의 법률을 제정하여 국민의 생명과 재산을 법으로 보호하고 있다. 또한 첨단 과학기술을 활용한 ㉢스마트 재난 관리 시스템을 구축하여 자연재해를 예방하고, 자연재해가 발생하였을 때의 피해를 최소화하고자 노력하고 있다. 그리고 ㉣특별 재난 지역 선포와 풍수해 보험 지원 등과 같은 정책도 마련하고 있다.

| 보기 |
ㄱ. ㉠에서는 시민의 안전권과 환경권을 보장하고 있다.
ㄴ. ㉡은 개인의 실천 방안을 중심으로 규정된 제도이다.
ㄷ. ㉢의 사례로는 정부에서 운영하는 국민 재난 안전 포털 누리집이 있다.
ㄹ. ㉣은 사전 예방적 성격이 강하다.

① ㄱ, ㄴ   ② ㄱ, ㄷ   ③ ㄴ, ㄷ
④ ㄴ, ㄹ   ⑤ ㄷ, ㄹ

| 236~237 |

다음 글을 읽고 물음에 답하시오.

㉠일본에는 과거 수차례 큰 지진이 발생하였다. 일본은 이를 겪으며 재난 대응 및 관리와 관련된 법과 제도를 개선해 나갔다. ㉡자동 지진 속보 시스템을 마련하여 지진이 발생하면 5~10초 안에 자동으로 비상경보를 방송국과 통신사에 전파한다. 그리고 국민이 의무적으로 지진 대피 안전 교육을 받도록 한다. 일본 사람들도 정부의 정책에 협조하며 일상처럼 재난 대비 비상용품을 사는 등 평소에도 지진에 차분하게 대비한다.

236 서술형

밑줄 친 ㉠의 원인과 주요 피해를 각각 서술하시오.

237 단답형

밑줄 친 ㉡이 보장하고자 하는 시민의 권리를 쓰시오.

04 자연과 인간의 관계

| 238~240 |

다음 글을 읽고 물음에 답하시오.

> 갑: 인간은 정신을 지닌 존재로서 인식의 주체이지만, 자연은 정신을 지니고 있지 않으며 인간의 인식 대상일 뿐이다. 따라서 인간은 자연의 지배자이자 소유자가 될 수 있다.
> 을: 인간은 동식물을 포함한 모든 생명에 관해 외경심을 가져야 한다. 선(善)은 생명을 유지하는 것, 악(惡)은 생명을 파괴하는 것이다. 이것이야말로 도덕의 절대적이고 기본적인 원리이다.

238

갑, 을의 입장으로 옳은 것은?

① 갑: 인간은 자연 만물의 한 구성원일 뿐이다.
② 갑: 정신을 지니지 않은 존재도 도덕적으로 고려해야 한다.
③ 을: 인간은 자연을 이용하고 정복해야 한다.
④ 을: 인간은 생명 공동체의 일원으로서 다른 생명을 존중해야 한다.
⑤ 갑과 을: 인간만이 도덕적 고려의 대상이다.

239

을의 입장에 비해 갑의 입장이 갖는 상대적 특징을 그림의 ㉠~㉤ 중에서 고른 것은?

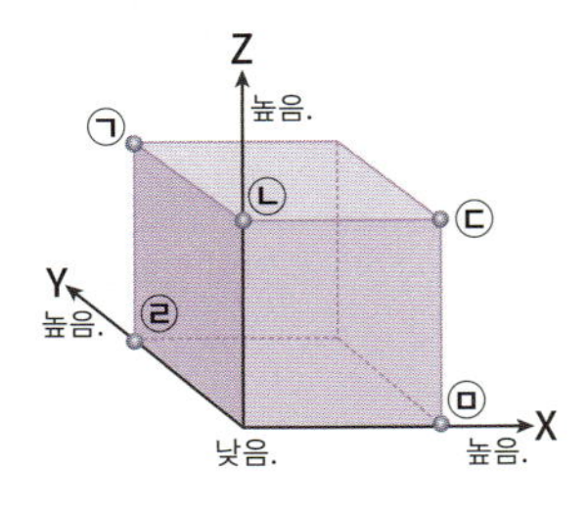

① ㉠   ② ㉡   ③ ㉢   ④ ㉣   ⑤ ㉤

240 ✎서술형

갑이 지닌 자연관의 의의와 한계를 서술하시오.

241

표에 관한 설명으로 옳은 것은? (단, A, B는 각각 인간 중심주의, 생태 중심주의 중 하나임.)

질문	A	B
자연의 내재적 가치를 존중하는가?	예	아니요
인간만을 도덕적 고려 대상으로 보는가?	㉠	예
(가)	아니요	예

① A는 인간을 가장 가치 있는 존재로 여긴다.
② A는 인간과 자연을 둘로 나누어서 바라본다.
③ ㉠에는 '예'가 적절하다.
④ (가)에는 '자연을 개발과 극복의 대상으로 여기는가?'가 들어갈 수 없다.
⑤ (가)에는 '자연의 가치는 인간에게 얼마나 유용한가에 달려 있는가?'가 적절하다.

| 242~243 |

다음 글을 읽고 물음에 답하시오.

> '이 관점'은 인간과 자연의 관계에서 인간의 이익보다는 인간을 포함한 자연 전체의 균형과 안정을 먼저 고려한다. 인간을 포함한 자연 전체를 단순히 부분들의 집합이 아니라 각 부분이 밀접하게 연결·결합되어 하나의 독립적인 실체를 이룬다는 (㉠)적 관점을 취한다. 자연은 인간, 동물, 식물, 환경 등 다양한 구성원이 유기적으로 연결되어 있는 생태계라는 것이다. ㉡ 이러한 관점은 오늘날 우리에게 시사하는 바가 크다.

242 ᤁ단답형

㉠에 해당하는 용어를 쓰시오.

243 ✎서술형

밑줄 친 ㉡의 내용을 구체적으로 서술하시오.

244

농부 A를 통해 알 수 있는 인간과 자연의 바람직한 관계로 가장 적절한 것은?

> 농부 A는 '농약 한 방울, 비료 한 주먹' 없이 사과를 키운다. 그가 자연 농법을 시작한 후 몇 년 간은 사과나무에서 사과가 한 개도 열리지 않았다. 사과나무는 농약과 비료에 길들어 있었다. 그는 포기하지 않고 과수원 흙이 본래의 생명력을 회복할 때까지 기다렸다. 무농약 자연 농법을 시작한 지 십여 년 만에 과수원에는 탐스러운 사과가 주렁주렁 매달리게 되었다. A는 "사과나무는 사과나무 혼자서만 살아갈 수 없고 주변 자연 속에서 살아가는 생물이다. 인간도 마찬가지이다."라고 말했다.

① 자연은 인간의 풍요로운 삶과 이익을 위한 도구이다.
② 자연은 인간이 꾸준히 개발하고 극복해야 할 대상이다.
③ 인간은 다른 생명과 달리 자연으로부터 독립된 존재이다.
④ 자연과 인간은 유기적 관계를 맺고 서로 영향을 주고받는다.
⑤ 인간만이 자연과 분리되어 도덕적 지위를 지닌 유일한 존재이다.

245

밑줄 친 ㉠에 관한 내용으로 가장 적절한 것은?

> 풍수적 사고는 우리 조상이 공간 환경을 이해하고 평가하는 전통적 지리관이다. 이러한 사고는 한국 전통적 생활 근거지의 입지와 구조를 이해하는 데 중요한 영향을 주었다. 현대적으로 보면 풍수의 효용과 의미는 더 이상 길지(吉地)를 점유하여 복을 받는 기술이 아니다. ㉠현대 사회에서 풍수는 인간과 자연의 바람직한 관계와 관련하여 한국인의 환경 사상으로 의미가 있다.

① 인간의 복지를 위해 자연을 보존하면 안 된다.
② 자연은 인간의 편리함과 행복을 위한 도구이다.
③ 인간의 능력을 신장시켜 자연을 개발해야 한다.
④ 자연의 보존이 인간의 이익보다 우선되어야 한다.
⑤ 자연의 가치와 인간의 삶이 조화를 이루어야 한다.

 **환경 문제의 발생과 해결을 위한 노력**

246

지도는 환경 문제의 분포 지역을 나타낸 것이다. A~D 환경 문제에 관한 옳은 설명만을 <보기>에서 있는 대로 고른 것은? (단, A~D는 각각 사막화, 산성비, 열대림 파괴, 해양 오염 중 하나임.)

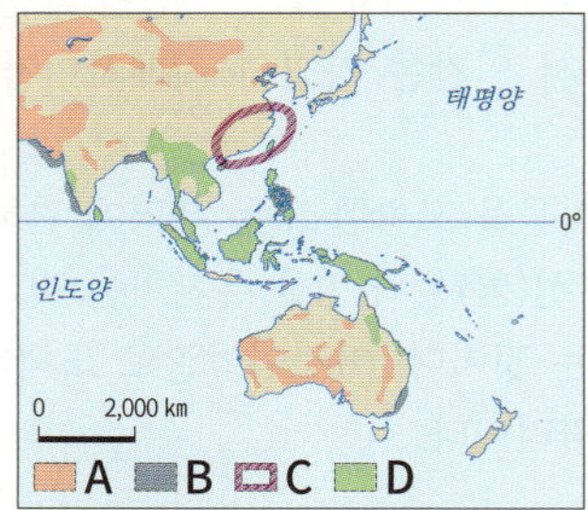

> | 보기 |
> ㄱ. A를 해결하기 위해 국제 사회는 사막화 방지 협약을 체결하였다.
> ㄴ. B는 장기간의 가뭄이나 과도한 방목으로 발생한다.
> ㄷ. C로 인해 지표에 도달하는 자외선의 양이 증가하였다.
> ㄹ. D는 지구 온난화를 심화시키는 원인으로 작용한다.

① ㄱ, ㄷ   ② ㄱ, ㄹ   ③ ㄴ, ㄷ
④ ㄱ, ㄴ, ㄹ   ⑤ ㄴ, ㄷ, ㄹ

247

표는 주요 환경 문제를 정리한 것이다. (가)~(라)에 들어갈 옳은 내용만을 <보기>에서 고른 것은?

환경 문제	원인	영향
사막화	(가)	토양의 황폐화
(나)	매연과 안개의 결합	(다)
황사	(라)	호흡기 질환 발생

> | 보기 |
> ㄱ. (가) - 장기간의 가뭄이나 과도한 방목
> ㄴ. (나) - 스모그
> ㄷ. (다) - 풍수해 발생
> ㄹ. (라) - 미세 먼지 농도 증가

① ㄱ, ㄴ   ② ㄱ, ㄷ   ③ ㄴ, ㄷ
④ ㄴ, ㄹ   ⑤ ㄷ, ㄹ

248

다음 글은 두 환경 문제 해결 주체의 활동을 나타낸 것이다. (가), (나)에 관한 설명으로 옳은 것은? (단, (가), (나)는 각각 기업, 정부 중 하나임.)

> (가) 과자 제품을 플라스틱이 아닌 종이 접시에 담아 판매하기 시작하였다. 이를 위해 30년 만에 새로 지은 과자 공장에 친환경 생산 라인을 도입하였다. 기존 제품의 품질은 그대로 유지하면서 연간 700여 톤의 플라스틱 감축 효과가 발생할 것으로 기대하고 있다.
>
> (나) 연간 약 28억 개의 일회용 컵이 재활용되지 않고 그대로 버려지는 문제를 해결하기 위해 일회용 컵 보증금 제도를 시행하고 있다. 커피 전문점과 패스트푸드점 등에서 일회용 컵에 일정 금액의 자원 순환 보증금을 부과하고, 소비자가 사용한 컵을 반납하면 보증금을 돌려준다.

① (가)는 환경 문제 해결을 위한 국제 협약 체결의 주체이다.
② (나)는 시민운동 전개와 같은 활동을 주로 한다.
③ (가)는 (나)의 의견을 수렴하여 환경 관련 법을 제정한다.
④ (나)는 (가)의 활동을 지원하는데 국가 예산을 지출한다.
⑤ (가)는 환경 영향 평가, (나)는 재생 에너지 대체 캠페인의 주체이다.

| 249~250 |

다음 글을 읽고 물음에 답하시오.

> ⊙오존층 파괴는 주로 냉장고나 에어컨 등의 냉매, 단열재 등으로 사용되는 염화 플루오린화 탄소의 사용량 증가로 발생한다. 오존층은 태양의 해로운 자외선을 막아 사람과 생태계를 보호하는데, 염화 플루오린화 탄소로 오존층에 큰 구멍이 생기면서 지표에 도달하는 자외선의 양이 증가하였다. 국제 사회는 염화 플루오린화 탄소를 규제하기 위해 (ⓒ)을/를 체결하였다.

249 단답형

ⓒ에 해당하는 국제 협약을 쓰시오.

250 서술형

밑줄 친 ⊙이 사람과 생태계에 주는 영향을 각각 서술하시오.

251

다음 활동의 추진 주체에 관한 설명으로 옳지 <u>않은</u> 것은?

> - 국제 환경 단체인 그린피스는 물건을 구매할 때 플라스틱 용기 대신 재사용 용기를 이용해 물건을 담자는 '용기 내! 캠페인'을 진행하고 있다.
> - 세계 자연 기금(WWF)은 에너지를 절약하여 온실가스를 줄이자는 취지로 매년 3월 마지막 주 토요일에 한 시간 동안 전 세계에서 전등 끄기 행사를 진행한다.
> - 청소년 기후 행동은 현재 기후변화에 관한 정부와 기업 등의 대응이 미흡하여 청소년들의 안전권과 환경권이 침해당했다며, 소송을 통해 자신의 권리를 되찾겠다고 선언하였다.

① 기업의 활동을 감시하면서 오염 물질 배출을 줄이도록 유도한다.
② 정부가 환경 관련 정책과 제도를 수립하여 시행하도록 촉구한다.
③ 공익을 위해 시민을 중심으로 자발적으로 결성한 비정부 조직이다.
④ 지속가능한 발전을 위한 구체적인 제도와 정책을 마련하여 시행한다.
⑤ 시민이 환경 의식을 바탕으로 문제 해결을 위한 실천에 참여하도록 한다.

| 252~253 |

다음 글을 읽고 물음에 답하시오.

> 탄소 중립은 이산화 탄소의 배출량을 줄이고 흡수량을 늘려 순 배출량을 '0'으로 만드는 것이다. 산업화 이후 인간의 활동으로 나타난 (⊙)에 대응하기 위해서는 ⓒ지구의 평균 온도 상승을 1.5℃ 이내로 억제해야 한다. 우리나라 정부를 포함한 국제 사회는 2050년까지 탄소 중립을 실현하기 위해 신·재생 에너지와 수소차·전기차의 비율을 높이고 나무를 많이 심어 탄소 흡수율을 높이는 등의 노력을 하고 있다.

252 단답형

밑줄 친 ⓒ과 관련이 깊은 국제 협약을 쓰시오.

253 서술형

⊙으로 인해 발생한 환경 문제를 <u>두 가지</u> 서술하시오.

06 다양한 문화권의 특징과 삶의 방식

1 문화와 문화권

1 문화 사회 구성원이 환경과 상호 작용하면서 형성한 생활양식, 의식주·언어·종교·풍습 등의 문화 요소로 구성

2 문화권 유사한 문화적 특성으로 다른 지역과 구별되는 공간 범위 → 환경의 영향을 받은 특징이 나타남.

자연 환경	• 기후: 의식주와 산업 등이 지역마다 차이 • 지형: 산지·평야·해안 지역 주민들의 생활양식에 차이
인문 환경	• 종교: 크리스트교, 이슬람교 등 종교적 생활양식과 문화경관 차이 • 산업: 산업화와 도시화 수준 등에 따라 생활양식 차이

3 세계의 문화권 인구 이동과 문화 전파 등을 통해 변하기도 함. → 문화권 경계에는 점이 지대가 나타남.
└ 인접한 지역의 특성이 함께 섞여서 나타나는 지리적 범위

2 다양한 문화권의 특징과 삶의 방식

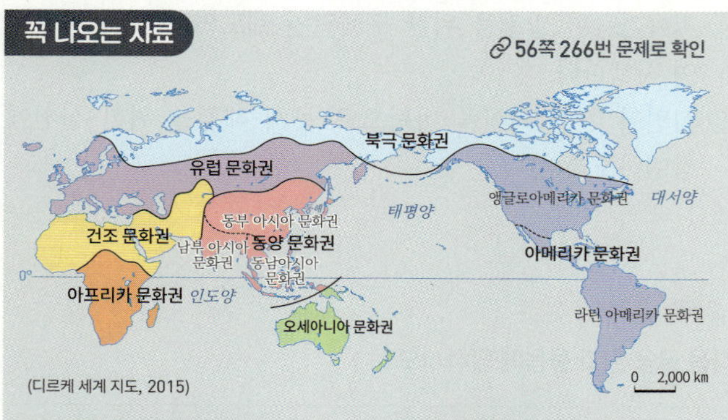

자료 분석 세계의 문화권은 기후, 지형 등의 자연환경과 종교, 언어, 산업 등의 인문환경을 기준으로 유사한 문화적 특성이 나타나는 지역을 구분하여 나눈 것으로, 인구 이동이나 문화 전파 등으로 그 경계가 바뀔 수 있다.

1 동양 문화권 계절풍의 영향을 많이 받아 벼농사 발달

동부 아시아	유교와 불교의 영향을 받은 생활양식, 한자 사용
동남아시아	인도양과 태평양이 만나는 교통의 요지, 다양한 문화 혼재, 불교·이슬람교·크리스트교 등의 종교 분포
남부 아시아	불교와 힌두교의 발상지, 다양한 언어와 종교

2 건조 문화권 북부 아프리카, 서남아시아, 중앙아시아 일대, 건조 기후 지역 등지에 분포

(1) 전통적으로 유목 생활, <u>오아시스 농업</u>, 관개 농업 → 최근에는 도시에서 정착 생활
└ 밀, 대추야자 등 재배

(2) 대부분 이슬람교를 믿으며 국가 통치도 <u>이슬람교의 계율을</u> 따름.
└ 돼지고기 섭취 금기시, 메카 순례 등

3 아프리카 문화권 사하라 사막 이남의 중남부 아프리카 일대, 열대 기후 지역 등지에 분포

(1) <u>토속 종교의 영향</u>, 부족 단위의 공동체 생활 → 다양한 언어와 종교
└ 유럽 식민 지배 영향으로 크리스트교 신자 비율이 높은 편

(2) 전통적으로 이동식 화전 농업, 수렵 및 채집 생활

(3) 플랜테이션 발달: 유럽 식민 지배의 영향, 커피·카카오·사탕수수 등 상품 작물을 대규모로 재배하여 수출, 식량 부족 문제 발생

4 유럽 문화권

(1) 크리스트교가 생활양식 전반에 영향

(2) 근대 자본주의와 민주주의가 시작되어 세계로 전파

(3) 오늘날 유럽 문화권 내 국가는 역사적·문화적 동질성을 유지하면서 정치적·경제적 측면에서 긴밀히 협력

북서 유럽	• 개신교의 비율이 높음. ┌ 작물 재배와 가축 사육을 함께 하는 농업 형태 • 산업 혁명의 발상지로 경제 발전 수준이 높음. • 서안 해양성 기후가 나타나 혼합 농업과 낙농업이 발달함.
남부 유럽	• 가톨릭교의 비율이 높음. ┌ 올리브, 코르크, 포도 등 재배 • 지중해성 기후가 나타나 수목 농업이 이루어짐. • 그리스·로마 문화 유적이 많아 관광 산업이 발달함.
동부 유럽	• 정교회의 비율이 높음. • 다른 유럽 지역보다 농업 종사 비율 높음.

5 아메리카 문화권

(1) 유럽인이 진출하면서 유럽의 언어와 종교 전파

(2) 세계 각지의 사람들이 이주하면서 다양한 문화 공존

앵글로 아메리카	리오그란데강 북쪽 지역, 세계 경제의 중심지, 세계적인 농산물 수출 지역, 북서 유럽의 식민 지배 → 영어 사용, 개신교
라틴 아메리카	리오그란데강 남쪽 지역, 문화와 인종이 다양, 남부 유럽의 식민 지배 → 에스파냐어와 포르투갈어 사용, 가톨릭교

6 오세아니아 문화권 오스트레일리아, 뉴질랜드, 태평양 제도 일대

(1) 청정한 자연환경을 활용한 농목업과 관광 산업 발달

(2) 영국을 중심으로 한 유럽 문화가 전파되어 인구 중 다수가 백인, 개신교의 비율이 높음.

(3) 원주민의 수가 감소하여 전통문화가 사라지고 있음.
예 뉴질랜드 마오리족

7 북극 문화권 유라시아 대륙과 북아메리카의 북부 지역, 그린란드의 툰드라 지역 일대

(1) 네네츠족, 이누이트, 라프족 등이 순록 유목과 수렵 등을 하면서 생활

(2) 동물 가죽으로 옷, 장갑, 천막의 덮개 등을 만들어 사용 → 현대 문명의 전파로 전통적 생활양식 소멸 위기

핵심 개념 문제

● 빈칸에 들어갈 알맞은 말을 쓰시오.

254 (　　　)은/는 한 사회의 구성원이 환경과 상호 작용하면서 형성한 사회 전반의 생활양식이다.

255 (　　　) 문화권은 영국을 중심으로 한 유럽 문화가 전파되어 인구 중 다수가 백인이며, 마오리족과 같은 원주민의 수가 감소하여 전통문화가 사라지고 있다.

256 라틴 아메리카 문화권은 남부 유럽의 식민 지배로 (　　　)어와 포르투갈어를 사용하며, 원주민·백인·흑인이 함께 살아가면서 문화와 인종이 다양하다.

● 다음 내용이 옳으면 ○표, 틀리면 ×표를 하시오.

257 북부 아프리카의 건조 기후 지역에 위치하며, 전통적인 유목 생활, 오아시스 농업, 관개 농업 등과 관련이 깊은 문화권은 아프리카 문화권에 해당한다. (　　　)

258 아메리카 문화권은 리오그란데강을 기준으로 앵글로아메리카 문화권과 라틴 아메리카 문화권으로 구분한다. (　　　)

259 산업화와 도시화 수준 등에 따라 생활양식의 차이가 나타나는 까닭은 자연환경의 영향을 크게 받았기 때문이다. (　　　)

● ㉠, ㉡ 중 알맞은 것을 고르시오.

260 (㉠ 문화권, ㉡ 점이 지대)은/는 유사한 문화적 특성이 나타나 주변의 다른 지역과 구별되는 공간 범위이다.

261 인도양과 태평양이 만나는 교통의 요지로 다양한 문화가 혼재하며, 불교, 이슬람교, 크리스트교 등의 종교가 분포하는 문화권은 (㉠ 남부 아시아, ㉡ 동남아시아) 문화권이다.

262 남부 유럽 문화권은 (㉠ 가톨릭교, ㉡ 개신교)의 비율이 높고, 올리브, 코르크, 포도 등을 재배하는 수목 농업이 발달하였다.

263

밑줄 친 ㉠~㉣에 관한 옳은 설명만을 <보기>에서 있는 대로 고른 것은?

> ㉠문화는 한 사회의 구성원이 환경과 상호 작용하면서 형성한 사회 전반의 생활양식이다. 세계에는 다양한 문화가 존재하는데, 그중 유사한 문화적 특성이 나타나 주변의 다른 지역과 구별되는 공간 범위를 ㉡문화권이라고 한다. 문화권은 ㉢기후, 지형, 종교, ㉣산업 등의 영향을 받아 형성된다.

| 보기 |
> ㄱ. ㉠은 의식주, 언어, 종교 등의 문화 요소로 구성된다.
> ㄴ. ㉡의 경계에는 점이 지대가 나타난다.
> ㄷ. ㉢의 사례로 열대 기후 지역과 건조 기후 지역의 주거 문화 차이를 들 수 있다.
> ㄹ. ㉢은 인문환경, ㉣은 자연환경에 해당한다.

① ㄱ, ㄷ　　② ㄴ, ㄹ　　③ ㄱ, ㄴ, ㄷ
④ ㄱ, ㄴ, ㄹ　　⑤ ㄴ, ㄷ, ㄹ

264

㉠종교의 비율이 높은 문화권으로 옳지 <u>않은</u> 것은?

> 종교에 따라 주민들의 의식주와 사회 제도가 달라지고, 다른 지역과 구분되는 경관이 만들어진다. 그러므로 종교는 문화권을 구분하는 중요한 기준이다. 대표적인 사례로 (　㉠　)은 하느님을 유일신으로 섬기고 그의 아들 예수를 구원자로 믿으며 성당이나 교회에서 예배를 드린다.

① 건조 문화권　　　② 유럽 문화권
③ 오세아니아 문화권　　④ 라틴 아메리카 문화권
⑤ 앵글로아메리카 문화권

265

다음 글과 관련된 사례로 적절하지 <u>않은</u> 것은?

> 기후, 지형 등의 자연환경은 의복, 음식, 주거와 같은 생활양식에 큰 영향을 미친다.

① 덥고 습한 곳에서는 통풍이 잘 되는 옷을 입는다.
② 삼림 지역에서는 목재로 집을 짓는 문화가 발달하였다.
③ 초원 지역에서는 가옥의 재료로 가축의 가죽을 이용한다.
④ 건조 기후 지역에서는 쌀을 이용한 음식 문화가 발달하였다.
⑤ 고위도 지역에서는 훈제 요리, 소시지 등 저장 음식 문화가 발달하였다.

● 바른답·알찬풀이 25쪽

266

★ 핵심 주제 세계의 다양한 문화권

지도의 A~E 문화권에 관한 설명으로 옳은 것은?

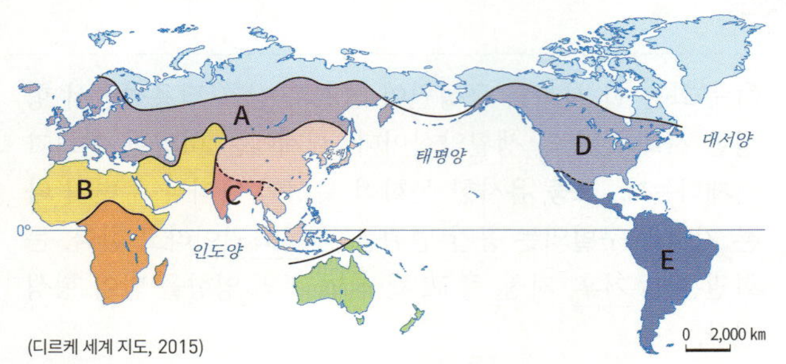

(디르케 세계 지도, 2015)

① A는 계절풍의 영향을 많이 받아 벼농사가 발달하였다.
② B는 북서 유럽의 영향으로 영어 사용자의 비율이 높다.
③ C는 크리스트교가 생활양식 전반에 영향을 주었다.
④ D는 전통적으로 유목 생활, 오아시스 및 관개 농업을 하였다.
⑤ E는 원주민·백인·흑인이 함께 살아가면서 다양한 문화를 형성하였다.

267

★ 핵심 주제 세계의 다양한 문화권

㉠ 문화권으로 옳은 것은?

(㉠) 문화권은 대부분 열대 기후가 나타난다. 토속 종교의 영향이 남아 있으며 부족 단위의 공동체 생활을 하는 곳이 많아 언어와 종교가 다양하다. 이 지역의 주민들은 전통적으로 이동식 화전 농업이나 수렵 및 채집 생활을 하였다. 일부 지역에서는 유럽 식민 지배의 영향으로 플랜테이션이 발달하여 커피·카카오·사탕수수 등 상품 작물을 대규모로 재배하여 수출하고 있으나, 식량 부족 문제가 나타나기도 한다.

① 건조　　　　　　② 아프리카
③ 오세아니아　　　④ 라틴 아메리카
⑤ 앵글로아메리카

268

★ 핵심 주제 음식 문화와 문화권

㉠ 문화권에 관한 설명으로 옳은 것은?

(㉠) 문화권은 대평원이 발달하여 세계적인 밀 곡창지대이며, 세계의 주요 밀 생산지이다. 따라서 밀을 이용한 빵과 파스타, 피자 등을 즐겨 먹는 음식 문화가 나타난다.

① 불교와 힌두교의 발상지이다.
② 민주주의와 자본주의가 시작된 곳이다.
③ 주민들은 주로 에스파냐어와 포르투갈어를 사용한다.
④ 민족, 종교 등의 차이에 따른 잦은 분쟁으로 어려움을 겪고 있다.
⑤ 애버리지니와 마오리족을 중심으로 한 원주민 문화가 발달하였다.

269

★ 핵심 주제 세계의 다양한 문화권

다음에서 설명하는 국가를 지도의 A~E에서 고른 것은?

과거 영국과 프랑스의 식민 지배를 받아 영어와 프랑스어를 공용어로 사용한다. 그중 퀘벡주는 주로 프랑스어를 사용하며, 프랑스 문화가 뚜렷하게 나타난다.

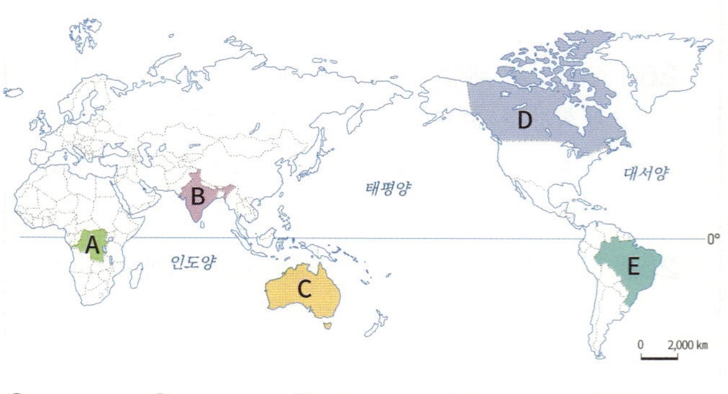

① A　　② B　　③ C　　④ D　　⑤ E

● 바른답·알찬풀이 25쪽

270

㉠~㉣ 종교에 관한 설명으로 옳은 것은? (단, ㉠~㉣은 각각 불교, 이슬람교, 크리스트교, 힌두교 중 하나임.)

- (㉠)는 하느님을 유일신으로 섬기고 그의 아들 예수를 구원자로 믿으며 성당이나 교회에서 예배를 드린다.
- (㉡)는 알라를 유일신으로 섬기며 쿠란의 율법에 따라 생활한다. 또한 성지인 메카의 카바 신전을 향해 하루 다섯 번 기도한다.
- (㉢)는 석가모니의 가르침을 전하고 실천하며, 개인의 깨달음을 얻기 위한 수행과 자비를 중시한다.
- (㉣)는 인간의 영혼이 끊임없이 윤회한다고 믿어 개인의 수련을 중시하고, 소를 신성시하며 채식을 선호한다.

① ㉡ 신자가 많은 건조 문화권에서는 돼지고기를 금기시한다.
② ㉢은 아메리카 문화권을 대표하는 문화 요소이다.
③ ㉣은 유럽인에 의해 오세아니아 문화권으로 전파되었다.
④ ㉠은 ㉢보다 아프리카 문화권에서 신자 수가 적다.
⑤ ㉠의 기원지는 동양 문화권, ㉡의 기원지는 건조 문화권에 속한다.

271

지도에 표시된 (가)~(다) 국가의 문화적 특성에 관한 설명으로 옳은 것은?

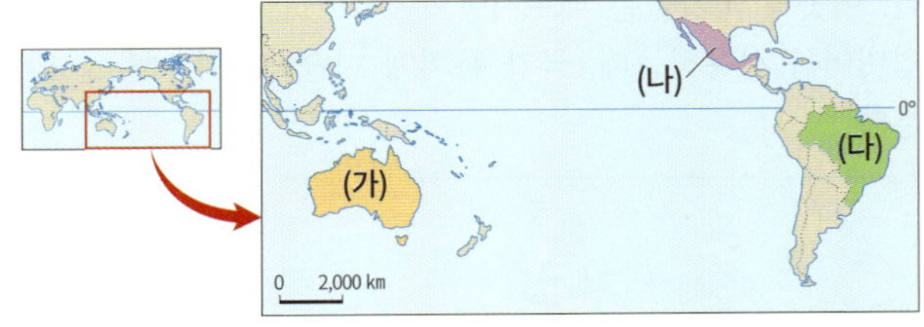

① (가)는 (나)보다 원주민과 혼혈인의 비율이 높다.
② (가)와 (다)는 동일한 문화권에 위치한다.
③ (나)는 포르투갈어, (다)는 에스파냐어를 공용어로 사용한다.
④ (가)~(다)의 사용자 수 1위 언어들은 모두 유럽에서 전파된 언어이다.
⑤ (가)~(다) 중 가톨릭교 신자 비율이 가장 높은 국가는 (가)이다.

272

밑줄 친 ㉠~㉤의 사례로 가장 적절한 것은?

문화권은 문화적 특성이 유사하게 나타나 다른 지역과 구분되는 공간 범위로, ㉠옷, ㉡음식, ㉢집과 같은 기본적인 생활양식과 ㉣언어, ㉤종교 등 여러 문화 요소를 기준으로 다양하게 나뉜다.

① ㉠ - 동양 문화권의 저위도 지역에서는 통풍이 잘되는 옷을 입는다.
② ㉡ - 유럽 문화권에서는 쌀을 주식으로 한다.
③ ㉢ - 건조 문화권의 유목 지역에서는 주로 통나무집을 짓는다.
④ ㉣ - 아프리카 문화권은 아랍어 사용자의 비율이 높다.
⑤ ㉤ - 라틴 아메리카 문화권은 개신교 신자의 비율이 높다.

273 빈출

㉠~㉢에 해당하는 국가를 지도의 A~C에서 고른 것은?

▲ (㉠)의 국장
크리스트교를 상징하는 십자형 배열의 방패를 중앙에 표현하였다. 국장의 테두리는 월계수 나무의 가지이다.

▲ (㉡)의 국장
이슬람교를 상징하는 초승달과 별을 윗부분에 표현하였다. 방패 모양은 목화, 밀 등을 표현하고 있다.

▲ (㉢)의 국장
불교 창시자의 가르침을 윗부분에 수레바퀴 모양으로 표현하였다. 아래의 그릇에는 이삭이 들어 있다.

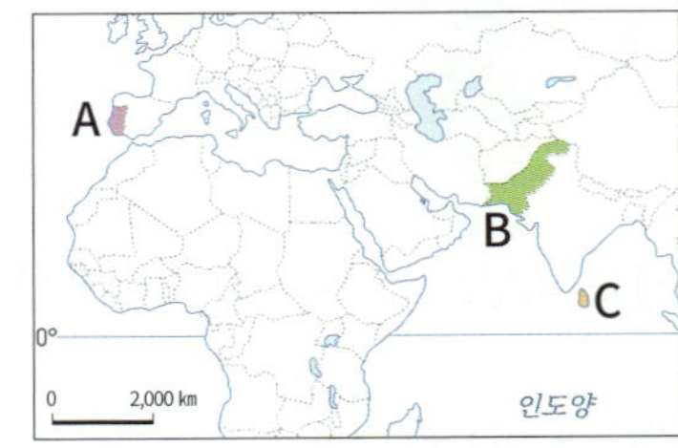

	㉠	㉡	㉢		㉠	㉡	㉢
①	A	B	C	②	A	C	B
③	B	A	C	④	B	C	A
⑤	C	A	B				

274

지도의 A~C 지역에서 주로 사용하는 언어로 옳은 것은?

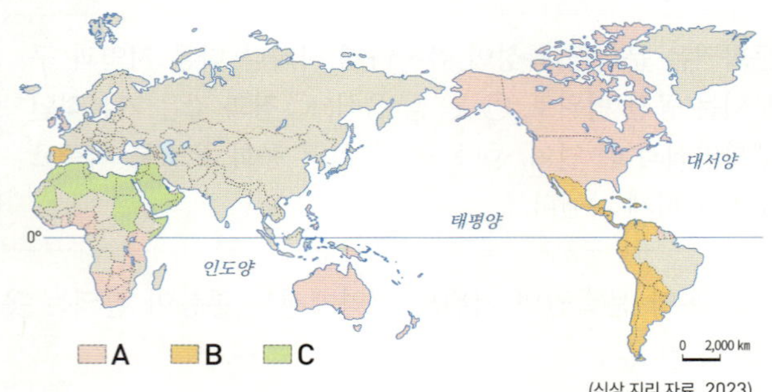

	A	B	C
①	영어	아랍어	에스파냐어
②	영어	에스파냐어	아랍어
③	아랍어	영어	에스파냐어
④	에스파냐어	영어	아랍어
⑤	에스파냐어	아랍어	영어

275

지도의 A~E 문화권에 관한 설명으로 옳은 것은?

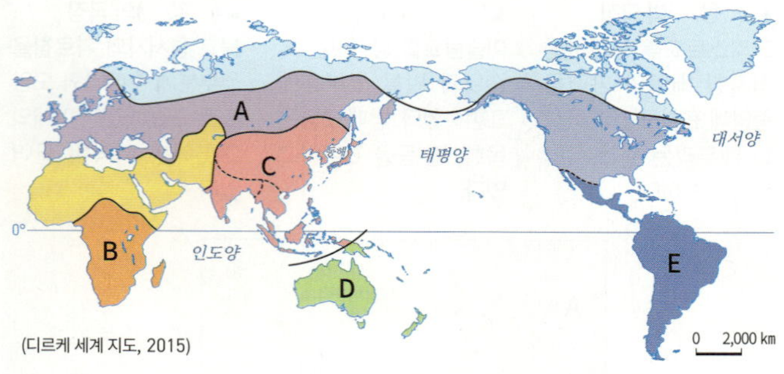

① A는 토속 신앙을 바탕으로 부족 중심의 생활이 이루어지는 곳이 많다.
② B는 주민 대다수가 이슬람교를 믿는다.
③ C는 계절풍의 영향으로 벼농사가 발달하였다.
④ D는 산업 혁명을 바탕으로 일찍 산업화를 이룬 지역이다.
⑤ E는 유럽 식민 지배의 영향으로 민족, 종교 등의 분쟁이 잦다.

276

㉠ 문화권에 관한 설명으로 옳지 않은 것은?

건조한 기후에서도 잘 자라는 대추야자는 열매, 줄기, 잎 등 모든 부분이 쓰임새가 많은 작물이다. (㉠) 문화권에서는 대추야자를 주식으로 먹으며, 빵과 함께 먹기도 한다. 유목민들은 말린 대추야자를 휴대용 식량으로 활용한다.

① 주민들은 전통적으로 돼지를 기르며 이동 생활을 하였다.
② 이슬람교 성지인 메카의 모스크를 방문하는 것이 의무 중 하나이다.
③ 지하수나 외래 하천을 활용하여 오아시스 농업이나 관개 농업을 한다.
④ 전통 의복은 햇볕과 모래바람을 막기 위해 온몸을 감싸는 헐렁한 옷이다.
⑤ 전통 음식으로 고기를 숯불에 구워 빵이나 채소와 함께 먹는 케밥이 있다.

277 빈출

밑줄 친 ㉠을 지도의 A~E에서 고른 것은?

㉠이 지역은 건조 문화권, 동양 문화권, 유럽 문화권이 접하는 문화적 점이 지대가 형성되었다. 지금도 다양한 세력의 영향이 공존하고 있다. 이 지역에서는 사막과 스텝이 넓게 나타나며, 주요 도시들은 톈산산맥 주변에 분포하고 있다. 이곳의 국가들은 페르시아어에서 기원한 '스탄'이라는 접미어를 사용하는데, 국가 통치에 이슬람교의 계율을 따른다.

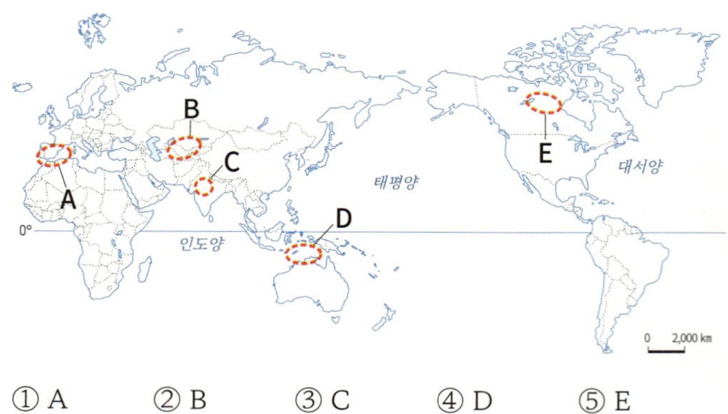

① A   ② B   ③ C   ④ D   ⑤ E

278

㉠ 문화권으로 옳은 것은?

(㉠) 문화권은 유라시아 대륙, 북아메리카의 북부 지역, 그린란드의 툰드라 지대 일대로 기온이 낮아 농경이 어렵고 인간이 거주하기에 불리하다. 이 지역에 사는 네네츠족, 이누이트, 라프족 등은 전통적으로 순록을 유목하거나 사냥을 하면서 생활한다.

① 북극　　　　② 유럽　　　　③ 아프리카
④ 오세아니아　　⑤ 앵글로아메리카

279

㉠ 문화권에 관한 설명으로 옳은 것은?

(㉠) 문화권의 원주민인 마오리족은 현재 그 수가 급격히 줄어들어 그들의 전통문화는 일부 지역에서만 유지되고 있다. 마오리족의 전통문화를 보존하기 위해 학교에서는 전통춤 '하카'를 가르치고 있다.

① 한자와 젓가락을 사용한다.
② 주민들의 대다수는 가톨릭교를 믿는다.
③ 영국을 중심으로 한 유럽 문화가 전파되었다.
④ 산업이 발달하여 세계 경제의 중심지 역할을 한다.
⑤ 플랜테이션이 발달하여 커피의 생산과 수출이 많다.

280

지도의 A~C 문화권의 특징을 <보기>에서 고른 것은?

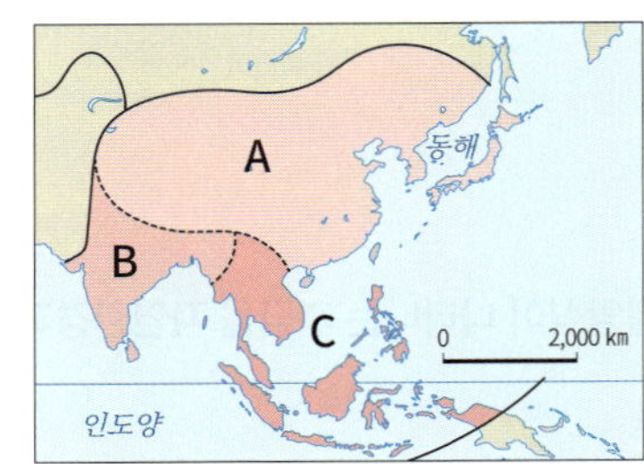

| 보기 |
ㄱ. 유교 문화 지역이며, 한자를 사용한다.
ㄴ. 힌두교의 발상지이며, 언어와 종교가 다양하다.
ㄷ. 인도양과 태평양이 만나는 곳으로 종교가 다양하다.

	A	B	C			A	B	C
①	ㄱ	ㄴ	ㄷ		②	ㄱ	ㄷ	ㄴ
③	ㄴ	ㄱ	ㄷ		④	ㄴ	ㄷ	ㄱ
⑤	ㄷ	ㄱ	ㄴ					

281 빈출

(가)~(다) 도시가 위치한 문화권을 지도의 A~E에서 고른 것은?

(가) 안데스산맥에 자리 잡은 고산 도시이며, 원주민 비율이 높다.
(나) 과거 아스테카 문명이 번성했던 곳에 세워진 고산 도시이다.
(다) 유럽 문화의 영향을 받아 형성된 탱고의 발상지로, 대서양 연안의 항구 도시이다.

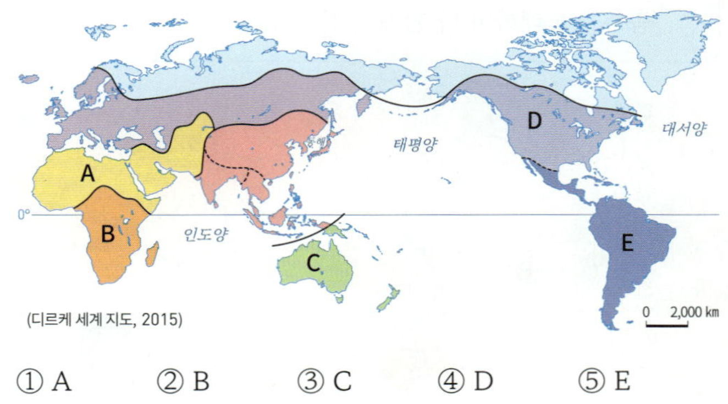

(디르케 세계 지도, 2015)

① A　　　② B　　　③ C　　　④ D　　　⑤ E

282

밑줄 친 ㉠, ㉡ 국가에 관한 옳은 설명만을 <보기>에서 고른 것은?

㉠ 멕시코의 타코는 옥수수로 만든 토르티야에 채소나 고기를 싼 음식이다.

㉡ 베트남의 퍼는 쌀로 만든 면에 육수를 넣은 음식이다.

| 보기 |
ㄱ. ㉠은 서부 유럽 문화권의 영향을 받은 언어를 공용어로 사용한다.
ㄴ. ㉡에는 유럽 식민 지배의 영향을 받은 음식 문화가 나타난다.
ㄷ. ㉠은 ㉡보다 계절풍의 영향으로 벼농사가 발달하였다.
ㄹ. ㉡은 ㉠보다 크리스트교 신자의 비율이 낮다.

① ㄱ, ㄴ　　　② ㄱ, ㄷ　　　③ ㄴ, ㄷ
④ ㄴ, ㄹ　　　⑤ ㄷ, ㄹ

283

(가), (나) 축제가 열리는 국가를 지도의 A~D에서 고른 것은?

> (가) 힌두교의 봄맞이 의식에서 시작된 축제이다. 염료 가루와 이를 탄 물을 서로에게 뿌려 '색채의 축제'로도 알려져 있다. 이날만큼은 계급, 성별, 지위에 상관없이 모든 사람이 동등하게 축제를 즐긴다.
>
> (나) 유럽에서 전파된 가톨릭 축제와 원주민의 전통과 풍습, 아프리카계 노예의 흥이 어우러져 탄생하였다. 카니발이 시작되면 사람들이 거리로 나와 삼바 리듬에 맞추어 춤추고 노래하며 다 함께 행진한다.

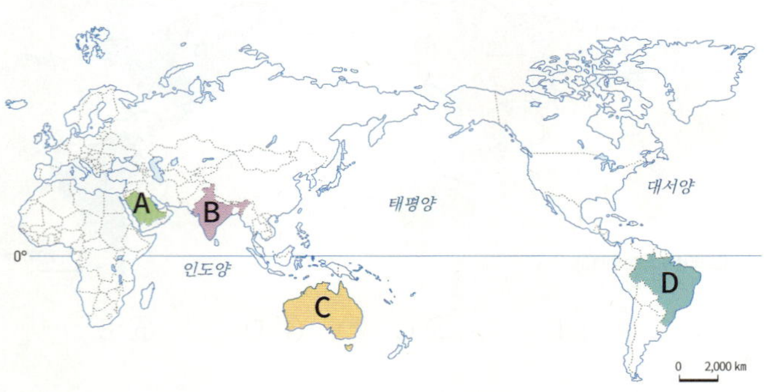

	(가)	(나)		(가)	(나)
①	A	C	②	A	D
③	B	A	④	B	C
⑤	B	D			

284 빈출

㉠, ㉡ 국가가 위치한 문화권을 지도의 A~E에서 고른 것은?

> • 세계적인 커피 생산 국가인 (㉠)의 대표적인 전통 음식으로는 쌀로 만든 국수인 '퍼'가 있다. 이 나라 전통 의복인 '아오자이'는 기후에 맞게 얇은 천으로 만든다.
> • 불교 신자가 다수인 (㉡)의 전통 음식으로는 볶음밥을 뜻하는 '카오팟'이 있다. 수도 방콕을 비롯한 전국 각지에서 매년 우기가 시작될 무렵 전통 축제인 '송끄란' 축제가 열린다.

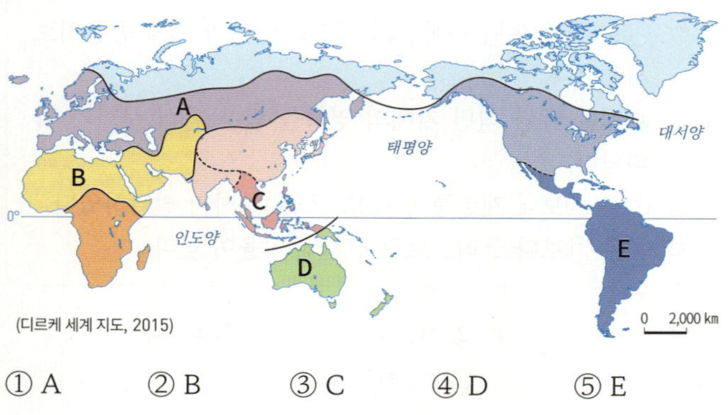

(디르케 세계 지도, 2015)

① A　　② B　　③ C　　④ D　　⑤ E

● 바른답·알찬풀이 25쪽

1등급을 향한 서답형 문제

| 285~287 |

자료를 보고 물음에 답하시오.

> 종교는 사람들의 정신세계부터 일상생활까지 영향을 끼친다. 종교에 따라 주민들의 의식주와 사회 제도가 달라지고, 다른 지역과 구분되는 경관이 만들어진다. 그러므로 종교는 (㉠)을/를 구분하는 중요한 기준이다.

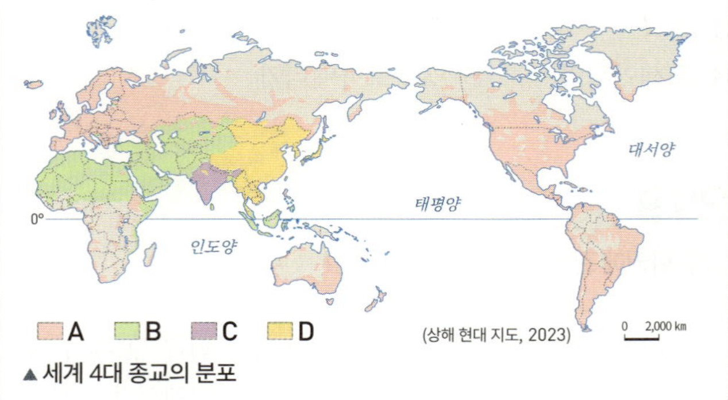

▲ 세계 4대 종교의 분포

285

㉠에 들어갈 용어를 쓰시오.

286

A~D에 해당하는 종교를 각각 쓰시오.

287

종교가 음식문화를 제한하는 사례를 A~D 중 두 개를 선정하여 서술하시오.

288

자료와 같은 생활양식이 나타나는 까닭을 자연환경과 관련하여 서술하시오.

> 북부 유럽의 사미족은 순록을 잡아 고기를 얻고, 피로 철분을 보충하며, 가죽으로 옷을 만들어 입는다.

적중 1등급 문제

내신 1등급을 결정하는 고난도 문제를 수록하였습니다.

289

(가)~(다) 경관이 주로 나타나는 종교에 관한 설명으로 옳은 것은?

(가)	(나)	(다)

▲ 종탑과 십자가를 볼 수 있는 성당	▲ 돔형 구조물과 주변의 첨탑이 어우러진 사원	▲ 승려의 사리를 안치하는 탑과 불상을 모시는 사찰

① (가)는 동양 문화권과 건조 문화권을 중심으로 전파되었다.
② (나)는 유럽의 식민지 개척 과정에서 세계 각지로 전파되었다.
③ (다)는 아메리카 문화권에서 신자 수가 가장 많은 종교이다.
④ (가)는 (나)보다 아프리카 문화권에서 신자 수가 많다.
⑤ (가)는 동양 문화권, (다)는 건조 문화권에서 기원하였다.

290

㉠에 해당하는 문화권으로 옳은 것은?

〈 (㉠) 문화권의 화폐 탐구 〉

○○의 화폐인 20디나르의 앞면에는 후세인 1세 국왕의 초상화가 그려져 있다. 머리에 강한 햇빛과 모래바람으로부터 얼굴을 보호하기 위한 '구트라'라고 불리는 천을 두르고 있다. 뒷면에는 이슬람교의 성지 중 하나인 예루살렘의 알 아크사 모스크(바위의 돔)가 그려져 있다.

① 건조　　　② 동양　　　③ 아프리카
④ 오세아니아　　　⑤ 라틴 아메리카

291

지도의 A~E 문화권에 관한 설명으로 옳은 것은?

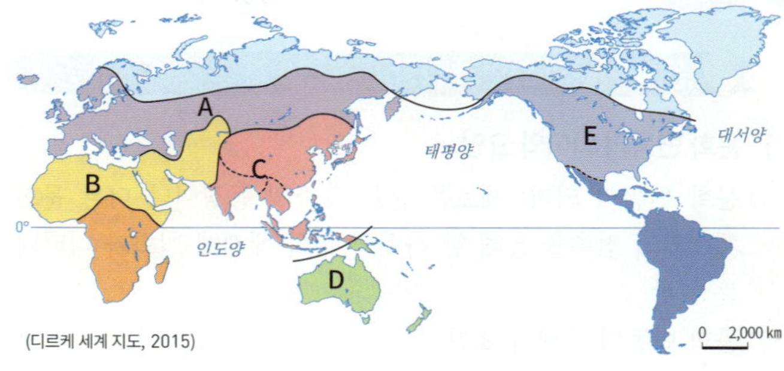

① A는 대부분 개신교를 믿는다.
② B는 A의 영향을 받아 형성되었다.
③ C는 유목과 오아시스 농업이 발달하였다.
④ D는 계절풍의 영향으로 벼농사가 발달하였다.
⑤ E는 국제 이주자가 유입하여 다양한 문화가 공존한다.

292

지도의 A~D 국가의 문화적 특징에 관한 옳은 설명만을 <보기>에서 고른 것은?

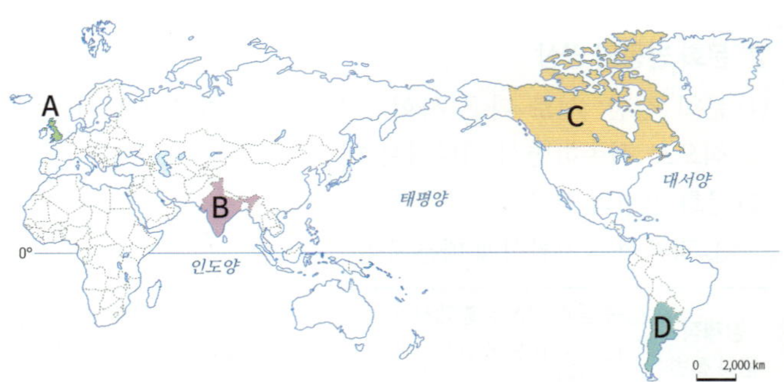

| 보기 |

ㄱ. A는 고대 그리스·로마 문화와 관련된 유적과 여름철 맑은 날씨 덕에 관광지로 인기가 많다.
ㄴ. B는 힌두교와 불교의 발상지로 두 종교의 주요 성지가 있다.
ㄷ. C는 미국과의 국경 일부를 지나는 리오그란데강을 사이에 두고 문화권이 구분된다.
ㄹ. D는 과거 에스파냐 식민 통치의 영향으로 도시 중앙에 광장이 있고, 광장 주변으로 성당이 있다.

① ㄱ, ㄴ　　　② ㄱ, ㄷ　　　③ ㄴ, ㄷ
④ ㄴ, ㄹ　　　⑤ ㄷ, ㄹ

07 문화 변동의 양상과 전통문화

1 문화 변동의 요인과 양상

1 문화 변동의 의미와 요인

(1) 문화 변동의 의미: 새로운 문화 요소의 등장이나 다른 문화 체계와의 접촉을 통해 한 사회의 문화 체계에 변화가 나타나는 현상

(2) 문화 변동의 내재적 요인

발견	기존에 존재하고 있었으나 알려지지 않았던 문화 요소를 찾아내는 것 예 불, 전기, 지하자원
발명	기존에 존재하지 않았던 기술이나 사물 등 새로운 문화 요소를 만들어 내는 것 예 스마트폰

(3) 문화 변동의 외재적 요인

① 문화 전파: 한 사회가 다른 사회와 교류하고 접촉하는 과정에서 새로운 문화 요소가 전달되는 현상

② 문화 전파의 유형

직접 전파	다른 사회 구성원과 직접적인 교류를 통해 다른 사회의 문화가 전파되는 것 예 인적 교류를 통해 중국에서 들어온 불교, 한자
간접 전파	인쇄물, 인터넷 등과 같은 간접적인 매개체를 통해 다른 사회의 문화가 전파되는 것 예 대중 매체를 통해 전파되어 한국 사회에 영향을 준 힙합
자극 전파	다른 사회의 문화 요소에서 아이디어를 얻어 새로운 문화 요소를 발명하는 것 예 신라의 설총이 중국에서 전파된 한자의 영향을 받아 만든 이두

2 문화 변동의 양상

(1) 문화 접변: 서로 다른 사회의 문화가 장기간에 걸쳐 전면적으로 접촉하면서 나타나는 현상

(2) 문화 접변의 양상

① 강제성과 자발성에 따른 구분

강제적 문화 접변	정복 등과 같은 상황에서 물리적 강제력에 기초하여 지배적 입장에 있는 사회의 문화 요소가 피지배 사회에 강제적으로 이식되어 나타나는 문화 변동
자발적 문화 접변	스스로 바람직하거나 필요하다고 느낀 다른 사회의 문화 요소를 자기 사회의 문화 체계에 받아들임으로써 나타나는 문화 변동

② 변동 결과에 따른 구분

문화 병존	• 의미: 서로 다른 사회의 문화가 한 사회의 문화 체계 속에서 그 고유한 성격을 잃지 않고 나란히 존재하는 현상 • 사례: 영어와 필리핀어를 공용어로 사용하는 필리핀, 다양한 종교 기념일을 공휴일로 지정하고 있는 말레이시아, 한의학과 서양 의학이 함께 존재하는 한국
문화 융합	• 의미: 기존 문화 요소와 전파된 다른 사회의 문화 요소가 결합한 결과 이전의 문화와 다른 새로운 문화가 나타나는 현상 • 사례: 불교와 우리 민족의 토착 신앙이 결합한 산신각, 서양의 침대 문화와 한국 온돌 문화가 결합한 돌침대, 인도 불교 문화와 서양 미술 문화가 만나 만들어진 간다라 양식

문화 동화	• 의미: 다른 사회의 문화 요소가 전파되었을 때 기존 사회의 문화가 다른 사회의 문화 체계에 흡수되어 정체성을 상실하는 현상 • 사례: 아메리카 원주민이 유럽의 백인 문화와 접촉하면서 고유한 자기 문화를 상실한 것

꼭 나오는 자료 🔗 63쪽 304번 문제로 확인

동서양의 문화가 결합된 성공회 강화 성당

1900년 건립된 성공회 강화 성당은 겉모양은 전통 한옥 건축 양식으로, 내부 공간은 기독교 교회의 전형적인 건축 양식으로 지어 서양의 종교 의식을 수행할 수 있도록 하였다.

자료 분석 문화 융합은 기존 문화 요소와 전파된 다른 사회의 문화 요소가 결합한 결과 이전의 두 문화와는 다른 제3의 새로운 문화가 나타나는 현상이다. 성공회 강화 성당은 한국의 전통 한옥 양식과 서양의 바실리카 양식이 결합하여 만들어진 새로운 모습의 성당으로 문화 융합의 사례라고 할 수 있다.

2 전통문화의 의의와 창조적 계승 방안

1 전통문화의 의미와 기능

(1) 전통문화의 의미: 어떤 집단이나 공동체에서 과거로부터 이어져 내려오는 문화 요소 중에서 현재까지 그 가치를 인정받고 있는 것

(2) 전통문화의 기능

① 사회 유지와 통합 — 전통문화는 한 사회가 단절되지 않고 세대를 이어 가며 지속할 수 있는 다리 역할을 함.

② 문화의 고유성 유지 — 전통문화는 한 사회의 고유한 문화 정체성을 보여 주는 대표적인 요소임.

③ 세계 문화의 다양성 증진

2 전통문화의 창조적 계승과 발전

(1) 전통문화의 창조적 계승: 고유의 전통문화를 유지하고 지켜 내는 것뿐만 아니라 전통문화가 지닌 가치를 깨닫고 시대적 변화에 맞게 재창조하는 것

(2) 전통문화의 창조적 발전 방안

① 전통문화에 지속적 관심

② 객관적인 입장에서 전통문화를 분석하고 그 속에 존재하는 고유성과 독창성 파악

③ 다른 나라의 문화 요소를 비판적으로 수용하여 전통문화 요소와 결합

④ 한 사회의 전통문화가 지닌 고유성과 독창성을 유지하면서 세계 문화와 교류

⑤ 이주민 문화와 전통문화의 공존을 추구함으로써 문화 다양성 유지

⑥ 과거의 것을 단순히 재현하고 유지하는 것이 아니라 전통이 가지는 고유한 의미를 재해석 — 다시 나타냄.

기본 기출 문제

● 바른답·알찬풀이 **29**쪽

핵심 개념 문제

● 빈칸에 들어갈 알맞은 말을 쓰시오.

293 문화 변동의 내재적 요인 중 기존에 존재하지 않았던 새로운 문화 요소를 만들어 내는 것을 (　　　　), 존재하고 있었지만 알려지지 않았던 문화 요소를 찾아내는 것을 (　　　　)(이)라고 한다.

294 (　　　　)은/는 다른 사회에서 전파된 문화 요소에서 아이디어를 얻어 새로운 문화 요소의 발명이 일어나는 것이다.

● 문화 변동의 양상과 그 의미를 바르게 연결하시오.

295 문화 동화 ・　　・ ㉠ 외래문화 요소가 기존 문화 요소와 결합하여 새로운 문화 요소가 만들어지는 현상

296 문화 병존 ・　　・ ㉡ 외래문화와 기존 문화가 한 사회의 생활양식으로 나란히 존재하는 현상

297 문화 융합 ・　　・ ㉢ 기존 문화 요소가 소멸하고 외래문화 요소로 대체되는 현상

● ㉠, ㉡ 중 알맞은 것을 고르시오.

298 (㉠ 간접 전파, ㉡ 직접 전파)는 인적 교류를 통해 인더스 지역에서 서양으로 사탕수수가 들어온 것처럼 서로 다른 문화 간의 직접적인 접촉에 의한 전파이다.

299 고유 문자가 없던 북아메리카 체로키족이 백인에게서 전파된 알파벳에 자극받아 체로키 문자를 만든 것은 (㉠ 간접 전파, ㉡ 자극 전파)의 사례이다.

● 사례와 관련 있는 문화 변동의 결과를 <보기>에서 고르시오.

300 유럽의 식민 지배로 자신만의 독특한 언어와 문화를 상실한 아메리카 원주민　　　　　　(　　　　)

301 한국에 사는 중국인이 한국의 생활양식을 받아들이면서 중국의 음식이나 의복 등 중국의 고유문화를 함께 유지하며 생활하는 인천 차이나타운　(　　　　)

┤ 보기 ├
ㄱ. 문화 동화　　ㄴ. 문화 병존　　ㄷ. 문화 융합

302

★ 핵심 주제 **문화 변동의 요인**

(가)~(다)의 문화 변동에 관한 옳은 설명만을 <보기>에서 고른 것은?

> (가) 증기 기관이 만들어지면서 영국에서 산업 혁명이 본격화되었다.
> (나) 인간은 불을 효과적으로 이용하여 어둠을 밝히고 추위를 극복하였다.
> (다) 화약은 중국에서 유럽으로 전해져 전쟁에 이용되었고 유럽 사회의 변화를 가져왔다.

┤ 보기 ├
ㄱ. (가)는 내재적 요인에 의한 것이다.
ㄴ. (나)는 발견에 의한 문화 변동이다.
ㄷ. (다)에서는 자극 전파에 의해 문화 변동이 나타났다.
ㄹ. (다)와 달리 (나)의 문화 변동은 외재적 요인에 의한 것이다.

① ㄱ, ㄴ　　② ㄱ, ㄷ　　③ ㄴ, ㄷ
④ ㄴ, ㄹ　　⑤ ㄷ, ㄹ

303

★ 핵심 주제 **문화 전파**

(가)와 다른 (나)에 나타난 문화 변동의 특징으로 가장 적절한 것은?

> (가) A국 선교사들에 의해 A국의 종교가 B국 국민에게 소개된 후 B국의 많은 국민이 자국의 종교를 버리고 A국의 종교를 가지게 되었다.
> (나) C국의 한 드라마에서 소개된 C국의 음식 문화가 유튜브를 통해 D국에 알려진 후 D국 국민 사이에서 선풍적인 인기를 끌고 있다.

① 새로운 문화 요소를 발명하였다.
② 문화 변동의 원인이 그 사회 안에서 발생하였다.
③ 매개체를 통해 간접적으로 문화 요소가 전달되어 나타났다.
④ 한 사회의 문화 요소가 다른 사회에 강제적으로 이식되었다.
⑤ 서로 다른 사회 구성원 간의 직접적인 접촉 과정에서 나타났다.

304

★ 핵심 주제 **문화 변동의 양상**

다음 글에 나타난 문화 변동의 양상으로 옳은 것은?

> 1900년 건립된 성공회 강화 성당은 겉모양은 전통 한옥 건축 양식으로, 내부 공간은 기독교 교회의 전형적인 건축 양식으로 지어져 서양의 종교 의식을 수행할 수 있다.

① 간접 전파　　② 문화 동화　　③ 문화 병존
④ 문화 융합　　⑤ 자극 전파

기출 문제

305

★핵심 주제 문화 변동의 양상

(가)~(다)에 해당하는 문화 변동의 양상으로 옳은 것은?

질문	(가)	(나)	(다)
기존 문화 요소가 외래문화 요소로 대체되는 현상인가?	예	아니요	아니요
접촉한 두 문화 요소가 결합하여 새로운 문화 요소를 만들어 내는 현상인가?	아니요	예	아니요
기존 문화 요소와 외래문화 요소가 나란히 존재하는 현상인가?	아니요	아니요	예

	(가)	(나)	(다)
①	문화 병존	문화 융합	문화 동화
②	문화 병존	문화 동화	문화 융합
③	문화 동화	문화 융합	문화 병존
④	문화 동화	문화 병존	문화 융합
⑤	문화 융합	문화 동화	문화 병존

306

★핵심 주제 문화 변동의 양상

다음 글에 나타난 갑국과 을국의 문화 변동에 관한 옳은 설명만을 <보기>에서 고른 것은?

> 갑국을 수십 년간 식민 지배한 A국은 갑국 국민에게 갑국의 문자를 사용하지 못하게 하고 오직 A국 문자만 사용하도록 강제하였다. 그 결과 A국의 식민 지배가 끝난 이후에도 갑국에서 갑국의 문자를 사용하는 사람을 찾아볼 수 없다. 한편 서적을 통해 A국의 문자를 접한 을국 정부는 A국의 문자에 매료되었다. 을국 정부는 A국 사람들을 초청하여 A국 문자를 배운 후 자국민에게 A국 문자를 확산시켰다. 그 결과 현재 을국에서는 A국 문자가 을국 문자와 함께 사용되고 있다.

| 보기 |

ㄱ. 갑국에서는 문화 동화가 나타났다.
ㄴ. 을국에서는 문화 융합이 나타났다.
ㄷ. 갑국과 을국 모두 문화 전파에 의해 문화가 변동하였다.
ㄹ. 갑국과 달리 을국에서는 외래문화가 변형되지 않고 정착되었다.

① ㄱ, ㄴ　　② ㄱ, ㄷ　　③ ㄴ, ㄷ
④ ㄴ, ㄹ　　⑤ ㄷ, ㄹ

307

★핵심 주제 전통문화의 기능

다음 글에서 강조하는 전통문화의 기능으로 가장 적절한 것은?

> 줄다리기는 한국의 대표적인 전통놀이 중 하나로 공동체의 사회적 통합을 촉진하는 역할을 한다. 이 놀이는 사람들을 두 편으로 나누고 큰 줄을 양쪽에서 당기며 승부를 겨룬다. 줄다리기는 단순한 놀이를 넘어 지역사회의 협력과 단합을 상징하며 마을 주민이 하나의 목표를 위해 협력하는 과정을 강조한다. 줄다리기를 준비하는 과정에서 마을 사람들은 함께 힘을 모아 큰 줄을 만들고 승부를 겨루기 위해 전략을 세운다. 이 과정은 단순한 놀이 이상의 의미를 지닌다. 마을 주민들 간의 유대감을 강화하고 공동의 목표를 위해 힘을 합치는 경험을 제공한다.

① 사회 통합에 이바지한다.
② 문화의 획일화를 방지한다.
③ 문화의 다양성을 증진한다.
④ 대외적으로 국가의 이미지를 높인다.
⑤ 자기 문화에 대한 자부심을 고취한다.

308

★핵심 주제 전통문화의 창조적 계승과 발전 방안

밑줄 친 ㉠으로 가장 적절한 것은?

> 전통문화 융·복합 아이디어 공모전에서 '한옥 꼬마등'이 큰 주목을 받았다. A는 전주 한옥 마을에서 사람들이 한복을 입고 등불을 들고 다니는 것에 착안하여 한옥 꼬마등을 만들었다. 이 작품은 전통문화의 본질을 해치지 않으면서 기능까지 고루 갖춘 점이 돋보인다. 조명 부분은 LED를 사용하여 오래도록 밝게 쓸 수 있도록 하였고 한쪽 면에는 원하는 사진을 넣어 은은하게 비칠 수 있도록 제작하였다. 이러한 ㉠한옥 꼬마등이 전통문화의 계승과 관련하여 주는 교훈을 되새겨 볼 필요가 있다.

① 외래문화를 비판적으로 수용해야 한다.
② 전통문화의 정체성 훼손을 감수해야 한다.
③ 전통문화가 상업화되는 것을 방지해야 한다.
④ 전통문화의 원형을 있는 그대로 보존해야 한다.
⑤ 전통문화를 시대적 변화에 맞게 재창조해야 한다.

실력 기출 문제

학교 시험에서 출제율이 높은 문제를 엄선하여 수록하였습니다.

IV

309

다음 사례에 나타난 문화 변동에 관한 옳은 설명만을 <보기>에서 고른 것은?

> • 갑국에는 A국의 드라마와 영화를 보는 사람들이 많다. 그로 인해 갑국에는 A국의 의복을 입는 사람들이 많다.
> • 을국에는 B국과 교역을 하는 과정에서 B국 상인들을 통해 B국의 가구 제작 기술이 널리 퍼졌다.

| 보기 |

ㄱ. 갑국에서는 자극 전파에 의해 문화 변동이 나타났다.
ㄴ. 을국에서 나타난 문화 변동의 요인은 직접 전파이다.
ㄷ. 갑국과 달리 을국에서는 문화 요소가 추가되는 문화 변동이 나타났다.
ㄹ. 갑국과 을국의 문화 변동 요인은 모두 외부 사회와의 접촉을 전제로 한다.

① ㄱ, ㄴ   ② ㄱ, ㄷ   ③ ㄴ, ㄷ
④ ㄴ, ㄹ   ⑤ ㄷ, ㄹ

311

다음 자료에 관한 설명으로 옳은 것은?

> A는 존재하지 않았던 기술이나 사물 등을 만들어 내는 것을, B는 다른 사회의 문화로부터 아이디어를 얻어 자기 사회에 새로운 문화를 만들어 내는 것을 말한다. C는 매개체가 없는 직접적인 문화 접촉과 교류로 문화 요소가 전달되어 정착하는 것이다. 그림은 A와 B의 공통점, B와 C의 공통점을 나타낸다.

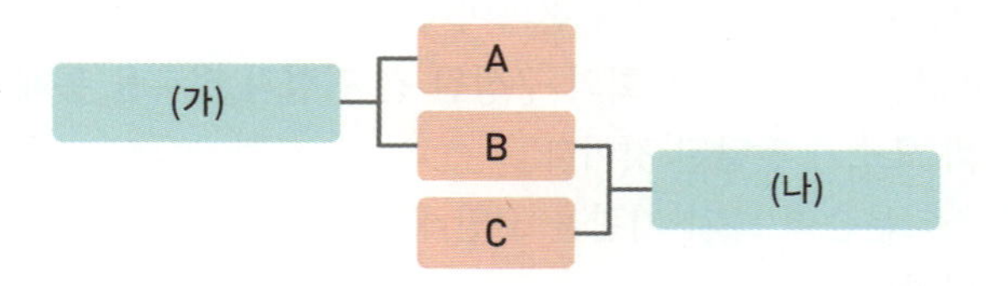

① A는 발견이다.
② B는 간접 전파이다.
③ C는 자극 전파이다.
④ (가)에는 '문화 변동의 내재적 요인이다.'가 들어갈 수 있다.
⑤ (나)에는 '문화 변동의 외재적 요인이다.'가 들어갈 수 있다.

310 빈출

문화 전파의 사례 (가)~(다)에 관한 설명으로 옳은 것은?

구분	사례
(가)	인터넷을 통해 전해진 한국 대중가요의 영향으로 A국에서는 한국 음악과 A국 전통 음악이 융합된 새로운 장르의 가요가 크게 유행하고 있다.
(나)	원나라에 끌려간 수많은 고려 사람들에 의해 원나라에 고려식 복식과 음식 등이 유행하게 되었다.
(다)	고유한 문자가 없었던 B 부족은 백인과 접촉하며 영어에서 아이디어를 얻어 새로운 문자를 고안하여 사용하였다.

① (가)는 문화 간의 직접적인 접촉으로 문화 변동이 나타났다.
② (나)에서는 자극 전파에 의한 문화 변동이 나타났다.
③ (다)에서는 외재적 요인이 문화 변동을 초래하였다.
④ (가)와 (나) 모두 매개체를 통한 문화 요소의 전달이 문화 변동을 초래하였다.
⑤ (다)와 달리 (나)의 문화 변동은 내재적 요인에 의한 것이다.

312

교사의 질문에 관한 학생의 응답으로 가장 적절한 것은?

① 발명은 자발적 문화 접변을 발생시키는 요인입니다.
② 발명은 발견과 달리 문화 변동의 요인으로 작용합니다.
③ 발명과 발견이 항상 문화 변동을 초래하는 것은 아닙니다.
④ 발명이 다른 사회에 전파되면 내재적 요인으로 작용합니다.
⑤ 발명은 다른 사회의 문화 요소에서 아이디어를 얻는 것입니다.

313

(가)~(라)에 해당하는 문화 변동의 요인에 관한 설명으로 옳은 것은? (단, (가)~(라)는 각각 발견, 발명, 자극 전파, 직접 전파 중 하나임.)

구분	문화 변동의 외재적 요인인가?	
	예	아니요
기존에 없었던 새로운 문화 요소가 창조되는가? **예**	(가)	(나)
기존에 없었던 새로운 문화 요소가 창조되는가? **아니요**	(다)	(라)

① (가)는 발견, (나)는 자극 전파이다.
② (다)는 서로 다른 사회의 구성원 간 직접적 접촉을 통해 문화 요소가 전달된 것이다.
③ 스티븐슨이 증기 기관을 고안해 낸 것은 (라)의 사례에 해당한다.
④ (가)는 (다)와 달리 다른 문화로부터 매개체에 의해 문화 요소가 간접적으로 전달된 것이다.
⑤ (라)는 (나)와 달리 문화 요소의 다양성을 강화하는 데 이바지한다.

314

문화 변동의 사례 (가), (나)에 관한 옳은 설명만을 <보기>에서 있는 대로 고른 것은?

> (가) 나바호족은 18세기 에스파냐인과 접촉하면서 의복과 금속 세공술 같은 에스파냐 문화를 받아들였다. 이후 이를 자신의 문화와 결합해 그들만의 독특한 새로운 문화를 만들었다.
> (나) 무력을 앞세운 백인의 침략과 지배로 아메리카 원주민 고유의 문화 대부분이 백인 문화로 대체되었다. 이에 원주민 사이에서는 백인의 침략과 지배 이전의 상황으로 돌아가고 싶은 열망이 담긴 '유령 춤'이 퍼져 나갔다. 이 춤은 백인이 침략하기 이전의 자유로운 세상을 염원하는 원주민의 신앙처럼 여겨졌다.

┤ 보기 ├
ㄱ. (가)에는 자극 전파, (나)에는 직접 전파가 나타났다.
ㄴ. (가)에는 문화 동화, (나)에는 문화 융합이 나타났다.
ㄷ. (나)에는 (가)에서와 달리 강제적 문화 접변이 나타났다.

① ㄴ   ② ㄷ   ③ ㄱ, ㄴ
④ ㄱ, ㄷ   ⑤ ㄱ, ㄴ, ㄷ

315

다음 글을 통해 도출할 수 있는 옳은 내용만을 <보기>에서 고른 것은?

> 본래 청자(靑瓷)는 중국인의 오랜 연구와 노력의 결과물이다. 학계에 따르면 그들은 3~4세기에 초기 청자를 만들기 시작하여 9세기에 이르면 완벽한 청자를 만들었다. 이후 중국은 청자를 버리고 청백자(靑白瓷)를 만들기 시작하였다. 한편 중국의 청자를 받아들여 사용하던 고려에서는 고려만의 독창적인 기법을 결합해 중국의 청자와는 다른 새로운 상감(象嵌) 청자를 만들어 내었다.

┤ 보기 ├
ㄱ. 고려의 상감 청자는 문화 융합의 사례에 해당한다.
ㄴ. 고려의 상감 청자는 강제적인 문화 접변의 사례에 해당한다.
ㄷ. 중국, 고려 모두 문화 요소가 추가되는 문화 변동이 나타났다.
ㄹ. 고려의 상감 청자는 중국 청자의 성격을 지니지 않는 새로운 문화 요소이다.

① ㄱ, ㄴ   ② ㄱ, ㄷ   ③ ㄴ, ㄷ
④ ㄴ, ㄹ   ⑤ ㄷ, ㄹ

316

밑줄 친 ㉠에 관한 설명으로 옳은 것은?

> 15세기경 동남아시아로 퍼져 가던 중국계 이민자들이 말레이 지역에 처음 자리를 잡았을 때는 여성과 함께 이주할 수 없는 경우가 많았다고 한다. 그래서 이주한 남성들은 현지 여성과 혼인을 하였다. 이들은 가장(家長)으로서 집안에서는 중국식 문화를 유지했지만 언어와 음식 등은 말레이식을 받아들였다. 그 결과 새롭고 독특한 혼합 문화가 생겨났는데 이것은 현재 싱가포르 문화의 근간이 되는 ㉠'페라나칸 문화'이다. '페라나칸'은 말레이어로 '아이'를 뜻하는 '아나크(anak)'에서 유래한 말로 해외에서 이주한 남성과 현지 말레이 여성 사이에서 태어난 후손을 가리킨다.

① 강제적 문화 접변에 해당한다.
② 자극 전파에 따른 문화 변동의 결과이다.
③ 간접 전파에 따른 문화 병존에 해당한다.
④ 직접 전파에 따른 문화 융합에 해당한다.
⑤ 내재적 요인에 의해 새로운 문화 요소가 나타난 사례이다.

317

다음 자료에 관한 옳은 설명만을 <보기>에서 고른 것은? (단, A~C는 각각 문화 동화, 문화 병존, 문화 융합 중 하나임.)

- '문화의 다양성 보존에 이바지하는가?'에 관해 A는 '예', B는 ㉠이라고 응답한다.
- '외래문화 요소의 변형과 재구성이 나타나는가?'에 관해 B는 '예', C는 ㉡이라고 응답한다.
- '제3의 새로운 문화 요소가 형성되는가?'에 관해 A는 '아니요', C는 ㉢이라고 응답한다.
- ※ ㉠~㉢은 각각 '예'와 '아니요' 중 하나임.

| 보기 |
- ㄱ. ㉠, ㉡은 '예'이고, ㉢은 '아니요'이다.
- ㄴ. A의 사례로 한국에서 한의학과 양의학이 함께 존재하는 것을 들 수 있다.
- ㄷ. C는 외래문화가 기존 문화에 흡수되어 나타난 결과이다.
- ㄹ. 문화 사대주의가 지배적인 사회에서는 B보다 C가 나타날 가능성이 크다.

① ㄱ, ㄴ ② ㄱ, ㄷ ③ ㄴ, ㄷ
④ ㄴ, ㄹ ⑤ ㄷ, ㄹ

318 빈출

문화 접변의 양상 (가)~(다)에 관한 옳은 설명만을 <보기>에서 고른 것은? (단, (가)~(다)는 각각 문화 동화, 문화 병존, 문화 융합 중 하나임.)

(가) 튀르키예에는 중국의 만두와 유사한 '만트'라는 음식이 있다. 과거 튀르키예인이 중국인과 접촉하면서 중국의 만두가 전해졌는데 만두피 속에 자신들이 즐겨 먹는 치즈, 민트, 시금치 등을 넣고 요구르트를 끼얹어 먹으면서 오늘날의 만트가 된 것이다.
(나) 미국의 지배를 받았던 필리핀에서는 자신들의 고유어인 타갈로그어와 영어를 함께 사용한다.
(다) 아메리카 원주민은 백인 문화와 접촉하면서 자신들의 고유한 문화를 상실하여 지금은 원주민 고유문화를 발견하기 어렵다.

| 보기 |
- ㄱ. 온돌 침대, 김치 피자는 (가)의 사례에 해당한다.
- ㄴ. (가)와 (나)는 자기 문화의 정체성을 유지한다는 공통점이 있다.
- ㄷ. (나)는 (가), (다)와 달리 내재적 변동의 결과이다.
- ㄹ. 강제적 문화 접변은 (나) 또는 (다)와 같은 양상으로 귀결된다.

① ㄱ, ㄴ ② ㄱ, ㄷ ③ ㄴ, ㄷ
④ ㄴ, ㄹ ⑤ ㄷ, ㄹ

319

그림은 질문에 따라 문화 동화와 문화 융합을 분류한 것이다. (가)~(다)에 들어갈 수 있는 옳은 질문만을 <보기>에서 고른 것은?

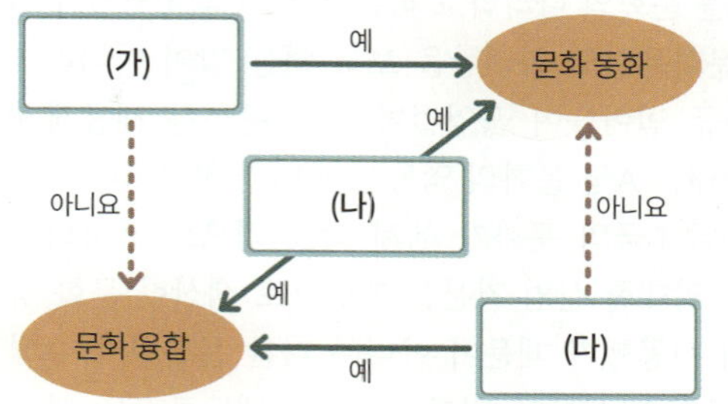

| 보기 |
- ㄱ. (가) - 외래문화가 변형되지 않고 정착되는 현상인가?
- ㄴ. (나) - 기존 문화의 정체성이 상실되는 현상인가?
- ㄷ. (다) - 제3의 새로운 문화를 형성하는 현상인가?
- ㄹ. (다) - 기존 문화와 외래문화가 나란히 존재하는 현상인가?

① ㄱ, ㄴ ② ㄱ, ㄷ ③ ㄴ, ㄷ
④ ㄴ, ㄹ ⑤ ㄷ, ㄹ

320

다음 자료에 관한 설명으로 옳은 것은?

< ○○국의 음식 문화 변동 양상에 관한 모둠 과제 우수 사례 >

- 1모둠: ○○국 내에 갑국 이주민 거주 지역에서나 볼 수 있던 갑국의 전통 음식 A가 전국적으로 유행함. 특히 ○○국 젊은 세대 사이에서 자극적인 맛으로 인기임.
- 2모둠: ○○국 음료 회사는 다이어트 열풍으로 을국의 무설탕 음료 B의 제조법에 자극받아 새로운 무열량 음료를 개발함. 젊은 층의 선호로 ○○국에서 전통 음료와 B 판매량을 추월함.
- 3모둠: ○○국 제과 회사가 만든 과자 C는 병국의 과자에 ○○국의 식재료를 넣은 새로운 과자임. 병국 유명인이 C가 병국 과자를 대체할 만큼 맛있다고 하자 ○○국보다 병국에서 많이 팔림.
- 4모둠: 정국의 디저트 D가 SNS를 통해 ○○국에 알려짐. 이후 ○○국 젊은이들이 인터넷에서 배운 조리법대로 D를 만들어 먹기 시작하며 D가 젊은 세대 문화로 스며듦.

① 1모둠과 달리 2모둠이 작성한 내용에는 자극 전파가 나타난다.
② 2모둠과 달리 1모둠이 작성한 내용에는 문화 병존이 나타난다.
③ 3모둠과 4모둠이 작성한 내용에 모두 문화 융합이 나타난다.
④ 3모둠이 작성한 내용에 문화 동화가, 4모둠이 작성한 내용에 간접 전파가 나타난다.
⑤ 4모둠과 달리 3모둠이 작성한 내용에는 자발적 문화 접변이 나타난다.

기출 문제

321

다음 사례에서 공통으로 도출할 수 있는 내용으로 가장 적절한 것은?

> • A국을 문화의 나라라고 하는 것은 A국의 역사가 남겨 놓은 문화유산의 화려함을 보고 하는 말이 아니라 다양한 문화를 받아들여 끊임없이 자기 문화를 새롭게 창조해 나가려는 A국 문화의 역동성에 대한 찬사이다.
> • 오늘날 B국의 문화가 세계 각 지역으로 전파되고 있는 것은 막대한 산업 자본을 기반으로 생산한 문화 상품 수출에 성공했기 때문이 아니라 다른 문화를 흡수해 자신의 문화를 새롭게 변화시키려는 태도로 그들의 문화가 현대의 생활양식에 적합한 형태로 변화했기 때문이다.

① 개별 문화의 특수성보다 세계 문화의 보편성을 중시해야 한다.
② 문화의 세계화는 다양한 문화의 공존과 균형을 이루어 내는 것이다.
③ 문화의 세계화는 전통적인 문화유산을 세계적인 것으로 만드는 행위이다.
④ 다른 문화에 대한 개방성을 바탕으로 한 전통문화의 창조적 계승이 중요하다.
⑤ 개별 문화를 나름의 특성과 존재 이유가 있는 역사적 산물로 이해해야 한다.

322

(가)에 들어갈 이 수업의 주제로 가장 적절한 것은?

> 수업 주제: _______________ (가)
>
> 발굴 30주년을 기념해 최근 출시된 백제 금동 대향로 미니어처 굿즈가 젊은 층에 인기이다. 국립 박물관 문화 재단에 따르면 지난해 전국 국립 박물관에서 판매된 굿즈 매출액은 149억 원을 기록하며 역대 최고치를 기록하였다. 지난해 가장 많이 팔린 굿즈는 반가 사유상 미니어처와 전주 주병 세트, 청자 잔 세트, 자개 텀블러 등 심미적이면서 실용성을 갖춘 것들이다. 김홍도의 그림 속 캐릭터를 현대적으로 재해석한 굿즈도 인기를 누리고 있다.

① 내부적 요인에 의한 문화 변동의 사례
② 한 사회의 문화 정체성을 상실한 사례
③ 전통문화를 창조적으로 재해석한 사례
④ 문화 변동의 양상 중 문화 동화의 사례
⑤ 전통문화를 원형 그대로 보존하여 유지한 사례

| 323~324 |

다음 자료를 보고 물음에 답하시오.

> 갑국에서는 A국 상인에 의해, 을국에서는 대중 매체를 통해 A국의 문화 요소(●)가 전달되었다. 그 결과 갑국과 을국에서 표와 같은 문화 변동이 나타났다.
>
> | 구분 | 변동 전 | 변동 후 |
> | --- | --- | --- |
> | 갑국 | ○ | ◉ |
> | 을국 | ★ | ★, ● |
>
> ※ ○, ★, ●, ◉은 모두 음식 문화 요소임.
> ※ ◉은 ●과 ○이 결합하여 창조된 제3의 문화 요소임.

323

갑국과 을국에서 나타난 문화 전파의 유형을 각각 쓰시오.

324

갑국과 을국에서 나타난 문화 접변의 유형을 각각 쓰고, 그 사례를 하나씩 서술하시오.

| 325~326 |

다음 글을 읽고 물음에 답하시오.

> ⊙이것은 문화 변동의 외재적 요인 중 하나이다. 서로 다른 문화 체계 간에 문화 요소와 관련된 추상적인 개념이나 아이디어가 전파되어 새로운 문화 요소의 발명이 이루어지는 현상을 말한다.

325

밑줄 친 ⊙에 해당하는 개념을 쓰시오.

326

밑줄 친 ⊙의 사례를 두 가지 서술하시오.

적중 1등급 문제

내신 1등급을 결정하는 고난도 문제를 수록하였습니다.

327

다음 자료에 관한 설명으로 옳은 것은? (단, A~C는 각각 문화 동화, 문화 병존, 문화 융합 중 하나임.)

질문 (가)~(다)에 관해 A~C가 각각 '예'와 '아니요' 중 하나로 답할 때 그 결과는 다음과 같다. 단, B의 사례로 우리나라에 차이나타운이 존재함으로써 한국 문화와 중국 문화가 함께 나타나는 현상을 들 수 있다.
- 질문 (가)에 관한 A, B의 답변은 C와 다르다.
- 질문 (나)에 관한 B, C의 답변은 A와 다르다.
- 질문 (다)에 관한 A, C의 답변은 B와 다르다.

① (다)는 '기존 문화 요소의 정체성이 유지되는가?'가 될 수 있다.
② A의 사례가 외형은 한옥이나 내부는 서양 성당인 성공회 강화 성당이라면, (가)는 '기존 문화의 정체성을 상실하는가?'가 될 수 있다.
③ C의 사례가 온돌을 활용한 보일러 장치라면, (나)는 '제3의 문화 요소가 나타나는가?'가 될 수 있다.
④ (가)가 '기존 문화 요소의 소멸이 나타나는가?'라면, (나)는 '문화적 다양성 증진에 이바지하는가?'가 될 수 있다.
⑤ A의 사례가 깨나 꿀을 넣는 한국식 호떡이라면, C는 A, B와 달리 강제적 문화 접변 때문에 나타난다.

328

다음 자료에 관한 옳은 설명만을 <보기>에서 고른 것은?

그림은 갑국과 을국의 시기별 문화 요소의 변동을 나타낸다. a~f는 모두 음식 문화에 해당하는 서로 다른 문화 요소이며, T 시기와 T+1 시기 사이에는 갑국과 을국의 내재적 변동 또는 갑국와 을국 상호 간 문화 전파만이 있었다. 제시된 문화 요소 이외에 다른 문화 요소는 존재하지 않고, 빗금 친 A 영역에 존재하는 문화 요소만이 문화 전파의 결과로 나타났다.

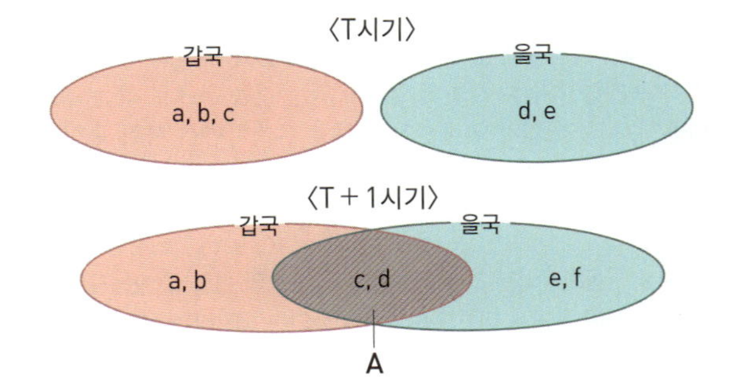

보기
ㄱ. T+1 시기에 갑국은 을국과 달리 문화 병존이 나타났다.
ㄴ. T 시기에 비해 T+1 시기에 갑국과 을국 간 문화적 동질성이 높아졌다.
ㄷ. T 시기와 T+1 시기 사이에 갑국과 을국 간 상호 전파된 문화 요소의 개수는 같다.
ㄹ. T 시기와 비교하여 T+1 시기에 을국에서 새롭게 나타난 문화 요소는 모두 외재적 요인에 의한 것이다.

① ㄱ, ㄴ   ② ㄱ, ㄷ   ③ ㄴ, ㄷ
④ ㄴ, ㄹ   ⑤ ㄷ, ㄹ

329

다음 자료에 관한 옳은 설명만을 <보기>에서 있는 대로 고른 것은? (단, A~C는 각각 문화 동화, 문화 병존, 문화 융합 중 하나임.)

〈문화 변동 카드 게임〉
- 게임 규칙: 갑과 을이 각각 4장의 카드 중 2장의 카드를 선택하여 각 카드를 통해 얻은 점수의 합이 큰 사람이 승자가 된다. 단, 먼저 카드를 선택한 사람은 자신이 선택한 두 카드 기호를 적은 후 다른 사람이 선택할 수 있도록 카드를 모두 내려놓는다.
- 각 카드에 부여된 점수: A~C 중 두 개에 해당하는 특징이 적혀 있는 카드는 2점, 한 개에만 해당하는 특징이 적혀 있는 카드는 1점이다.
- 카드 (가)~(라)의 특징

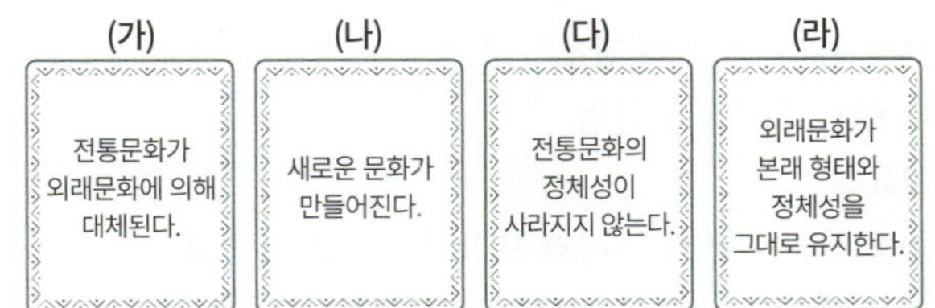

- 게임 결과: 갑은 (가)와 (라)를, 을은 (나)와 (다)를 선택하였다. 갑이 선택한 두 카드에는 A에 해당하는 특징이 없고 을이 선택한 두 카드에는 C에 해당하는 특징이 없다.

보기
ㄱ. 게임 결과 갑의 점수 합과 을의 점수 합은 같다.
ㄴ. (가)와 (다)를 통해 획득한 점수의 합은 3점이다.
ㄷ. A는 C와 달리 외래문화에 대한 재해석이 이루어져 나타난 결과이다.
ㄹ. (가)~(라) 중 B의 특징이 적혀 있는 카드가 C의 특징이 적혀 있는 카드보다 많다.

① ㄱ, ㄴ   ② ㄱ, ㄹ   ③ ㄴ, ㄹ
④ ㄱ, ㄴ, ㄷ   ⑤ ㄴ, ㄷ, ㄹ

08 문화 상대주의와 다문화 사회

1 문화 상대주의와 보편 윤리

1 문화적 차이가 나타나는 까닭

(1) 서로 다른 자연환경에 적응하는 과정에서 독특한 생활 방식을 형성함. 예 더운 지방과 추운 지방의 가옥 구조 차이

(2) 각 사회 구성원이 공유하는 인문환경에 따라 다른 사회와 구분되는 문화가 나타남. 예 종교적 가르침에 따라 돼지고기를 먹어서는 안 되는 서남아시아

(3) 각 문화는 그것이 형성된 배경과 가치 체계가 다른 경우가 많아 문화 간 우열을 가리기 어려움.

2 다양한 문화 이해 태도

자문화 중심주의	• 의미: 문화적 다양성과 특수성을 고려하지 않고 자기 문화만이 우월하다고 보는 태도 • 장점: 집단 내의 일체감을 강화해 사회 통합에 이바지, 전통문화 계승과 보존에 유리 • 한계: 국수주의로 이어져 국제적 고립 초래
문화 사대주의	• 의미: 다른 문화의 우수성을 내세워 다른 문화를 숭상하고 자기 문화를 낮게 평가하는 태도 • 장점: 자기 문화의 낙후성 개선, 선진 문물 수용 • 한계: 자기 문화의 정체성 상실 우려
문화 상대주의	• 의미: 문화 간 우열을 가리려는 태도를 경계하고 각 문화를 그 사회의 특수한 환경과 역사적 상황, 사회적 맥락에서 이해하려는 태도 • 장점: 문화 다양성 보존, 다문화 사회에 적합 • 한계: 극단적 문화 상대주의로 치우칠 경우 인류 보편적 가치 훼손 우려

> 자기 나라의 문화 등을 가장 뛰어난 것으로 믿고, 타국 등을 배척하는 극단적 태도

> 인류의 보편적 가치를 훼손하는 문화도 존중하고 인정해야 한다는 태도

3 보편 윤리를 바탕으로 문화를 성찰해야 하는 까닭

(1) 보편 윤리: 시대와 장소를 초월하여 모든 인간에게 타당하다고 인정되는 윤리 규범

(2) 필요성

① 인간의 기본적 권리와 보편적 가치를 존중할 수 있고, 극단적 문화 상대주의의 태도를 방지할 수 있음.

② 사회 구성원의 인간다운 삶을 침해하는 타 문화·자문화를 비판적으로 성찰할 수 있음. 예 이슬람 문화권의 명예 살인, 우리나라의 연고주의와 권위주의 등

> 어떤 사람이 공동체의 명예를 더럽혔다는 까닭으로 그 사람을 살해하는 관습

연고주의는 혈연, 학연, 지연 따위로 맺어진 관계를 중시하거나 우선시하는 태도이고, 권위주의는 어떤 일을 통솔하려고 힘을 내세우거나 이에 순종하는 태도임.

> **꼭 나오는 자료**   🔗 74쪽 357번 문제로 확인
>
> • 대명혼일도는 명나라 초기에 제작된 세계 지도이다. 중국을 중심에 두고 아프리카, 유럽, 인도, 한국, 일본 등을 주변에 배치하여 중국이 세계의 중심이라는 중화사상을 잘 보여 준다.
>
> • 한국어로 쓸 수 있는 단어나 문장을 애써 외국어로 표기하는 분위기가 우리 사회 전반에 굳어지고 있다. 외래어나 외국어를 사용하는 까닭에는 '우리말보다 세련된 느낌이 있어서'가 포함되었다.
>
> **자료 분석**   문화 이해 태도 중에 대명혼일도에는 자문화 중심주의, 한국 사회의 외국어 사용 현황에는 문화 사대주의가 나타난다고 할 수 있다.

2 문화적 다양성을 존중하는 다문화 사회

1 다문화 사회

(1) 의미: 다양한 인종, 종교, 언어 등 서로 다른 문화적 배경을 가진 사람들이 함께 어우러져 살아가는 사회

(2) 의의

문화적 다양성 증진 및 문화 발전 촉진	• 문화적 선택의 폭이 넓어져 일상생활이 풍요로워짐. • 문화 간 상호 작용을 통해 제3의 문화를 형성하기도 하면서 문화 발전의 계기가 됨.
경제 활성화 및 노동력 부족 해결	• 우수한 인력이 유입되어 경제 발전에 도움이 됨. • 저출생·고령화 현상으로 야기되는 노동력 부족 문제 해결에 기여할 수 있음.

2 다문화 사회에서 나타날 수 있는 갈등

> 이슬람교도는 할랄(halal) 방식으로 도축한 고기 등의 식품을 먹음.

문화적 차이에 따른 갈등	• 다른 가치관, 생활양식 등에 관한 지식과 이해가 부족하면 오해가 깊어져 사회적 갈등으로 이어질 수 있음. 예 이슬람 문화를 잘 모르는 사람이 무슬림 방식으로 도축되지 않은 음식을 억지로 권하면서 오해가 생길 수 있음.
편견과 차별에 따른 갈등	• 집단 간의 갈등을 일으켜 사회 통합을 저해함. • 혐오나 인종 차별처럼 보편적 인권을 침해하는 문제를 초래할 수 있음.
그 외	• 경제적 분야에서의 갈등 • 의사소통의 어려움에 따른 갈등

3 다문화 사회의 갈등을 해결하는 방안

개인적 차원	• 다른 문화를 이해하도록 노력해야 함. → 자기 문화를 기준으로 이주민이 동화되기를 강요하면 사회적 갈등은 증가할 수 있음. • 관용의 자세와 문화 상대주의적 태도를 함양해야 함. → 차이를 이유로 차별하는 것은 인간존엄성을 침해하는 인권 문제이며 민주 시민의 태도에도 어긋남. • 세계시민 의식을 함양해야 함.
사회적 차원	• 편견과 고정관념을 없애기 위해 다문화 교육을 강화해야 함. → 이주민의 사회 적응을 위한 언어 교육, 다른 문화를 이해할 수 있는 체험 행사 등 • 법과 제도적 지원을 확대해야 함. • 문화 다양성을 존중하는 사회 분위기를 위한 캠페인 시행

> 외국인 근로자의 고용 등에 관한 법률, 다문화 가족 지원법 등

> **꼭 나오는 자료**   🔗 76쪽 364번 문제로 확인
>
> **다문화 사회의 이민자 정책**   사회 통합에 유리하지만 소수 문화가 사라질 수 있음.
>
> • 동화주의: 이민자가 출신 국가의 언어적·문화적·사회적 특성을 완전히 포기하고 주류 사회의 일원이 되는 것을 목표로 하는 정책
>
> • 다문화주의: 이민자가 자신의 문화를 유지하면서 사회 구성원으로 살아갈 수 있게 소수자 집단의 문화 고유성을 인정해 공존을 추구하는 정책   - 문화 다양성을 증진하지만 문화 간 갈등이 발생할 수 있음.
>
> **자료 분석**   동화주의는 소수 문화를 주류 문화의 펄펄 끓는 용광로에 녹여 낸다고 하여 용광로 이론으로, 다문화주의는 국가라는 샐러드 볼 안에 각 문화의 고유한 맛이 나타난다고 하여 샐러드 볼 이론으로 불린다.

기본 기출 문제

핵심 주제를 파악할 수 있는 기출 문제를 수록하였습니다.

핵심 개념 문제

● 빈칸에 들어갈 알맞은 말을 쓰시오.

330 (   )은/는 각 문화를 그 사회의 특수한 환경, 역사적·사회적 맥락에서 이해하고자 한다.

331 (   )은/는 문화적 다양성과 특수성을 고려하지 않고 자기 문화만이 우월하다고 본다.

332 (   )은/는 다른 문화를 숭상하고 자기 문화를 낮게 평가하여 주체성과 자부심을 약화할 수 있다.

333 (   )은/는 시대와 장소를 초월하여 모든 인간에게 타당하다고 인정되는 윤리 규범을 말한다.

● 설명이 옳으면 ○표, 틀리면 ×표를 하시오.

334 각 사회는 서로 다른 자연환경에 적응하면서 독특한 생활 방식과 서로 다른 문화를 갖게 된다. (   )

335 문화적 차이는 각 집단이 서로 다른 환경에 적응하며 생활 방식을 형성하는 과정에서 나타난 것이므로, 문화 간 우열을 가리기 어렵다. (   )

336 모든 문화를 상대주의적 태도에서 존중해야 한다. (   )

● 다음 용어와 그 의미를 바르게 연결하시오.

337 연고주의 •

• ㉠ 어떠한 일을 통솔하려고 힘을 내세우거나 이에 순종함.

338 권위주의 •

• ㉡ 혈연, 학연, 지연 따위로 맺어진 관계를 우선시하는 태도

● ㉠, ㉡ 중 알맞은 것을 고르시오.

339 다문화 사회는 여러 문화가 공존하기 때문에 문화의 (㉠ 단일성, ㉡ 다양성) 증진에 이바지한다.

340 다문화 사회는 여러 산업 분야에 우수한 인력이 유입되어 (㉠ 경제, ㉡ 정치)를 활성화한다.

341 소수자 집단의 문화 다양성을 인정하고 다양한 문화의 공존을 추구하는 이민자 정책을 일컫는 말은 (㉠ 동화주의, ㉡ 다문화주의)이다.

342 편견을 없애기 위한 다문화 교육 강화는 (㉠ 개인, ㉡ 사회)적 차원의 방안이라고 할 수 있다.

343 다른 문화를 차별하지 않고 문화적 차이를 인정하는 (㉠ 순응, ㉡ 관용)의 자세가 필요하다.

344

★ 핵심 주제 **문화적 차이가 나타나는 까닭**

밑줄 친 질문의 답변으로 가장 적절한 것은?

> 의식주를 비롯하여 언어, 종교, 도덕 등을 포함하는 문화는 사회에 따라 다양하게 나타난다. 문화의 모습이 사회마다 다양하게 나타나는 까닭은 무엇일까?

① 서로 다른 자연환경과 인문환경으로 형성되기 때문
② 각 사회들의 문화는 시간의 흐름에도 변치 않기 때문
③ 새로운 삶의 방식이 더해지지 않고 전통을 유지하기 때문
④ 모든 사회의 구성원들이 동질적 사고와 행동을 하기 때문
⑤ 요소들이 각각 독립적으로 분리되어 서로 영향을 주지 않기 때문

| 345~346 |

다음 글을 읽고 물음에 답하시오.

> 자국을 세상의 중심으로 보면서 자기 문화를 최고로 여기는 문화 이해 태도는 (㉠)에 해당한다. 반면 다른 문화를 숭상하여 자기 문화를 낮게 평가하는 문화 이해 태도는 (㉡)에 해당한다. 이와 달리 자국의 문화와 가치뿐만 아니라 타국의 문화와 가치도 존중하는 문화 이해 태도는 (㉢)에 해당한다.

345

★ 핵심 주제 **다양한 문화 이해 태도**

㉠~㉢에 해당하는 용어로 가장 적절한 것은?

	㉠	㉡	㉢
①	문화 사대주의	문화 상대주의	자문화 중심주의
②	문화 사대주의	자문화 중심주의	문화 상대주의
③	문화 상대주의	자문화 중심주의	문화 사대주의
④	자문화 중심주의	문화 사대주의	문화 상대주의
⑤	자문화 중심주의	문화 상대주의	문화 사대주의

346

★ 핵심 주제 **다양한 문화 이해 태도**

㉠~㉢에 관한 설명으로 옳지 않은 것은?

① ㉠은 다른 문화를 차별하는 원인이 되어 갈등을 일으킬 수 있다.
② ㉡은 자국의 문화에 관한 주체성과 자부심을 약화시킬 수 있다.
③ ㉢은 세계화로 다양한 문화가 유입되는 오늘날 더욱 필요한 태도이다.
④ ㉠과 ㉡은 특정 문화를 기준으로 삼아 우열을 가린다.
⑤ ㉡은 ㉢과 달리 국수주의로 이어져 문화 발전을 저해할 수 있다.

● 바른답·알찬풀이 33쪽

347

밑줄 친 ㉠의 문화 이해 태도에 관한 설명으로 가장 적절한 것은?

> 자파테크족은 아마존강 유역에서 나체로 살았다. 이곳에 선교하러 온 ㉠유럽의 가톨릭 신부들은 이들이 미개하다고 생각하여 강제로 유럽식 의복을 입게 하였다. 하지만 자파테크족이 살던 아마존강 유역은 기온과 습도가 높아 옷을 입은 원주민 대부분이 피부병에 걸렸다. 그뿐만 아니라 원주민들이 나체로 살았을 때는 몸에 여러 장식을 하여 사회적 계층을 표시하였으나, 이들이 옷을 입게 되자 이러한 표식이 가려져 계층 체계가 붕괴하고 사회가 혼란해졌다.

① 유럽식 의복만이 우월하다면서 타 문화를 차별하고 있다.
② 다른 문화를 숭상하는 문화 사대주의적 문화 이해 태도를 보인다.
③ 아마존강 유역의 자연환경을 고려하여 타 문화를 이해하고자 한다.
④ 계층을 표시하는 자파테크족 의복 문화를 있는 그대로 바라보고 있다.
⑤ 문화적 다양성과 특수성을 고려하여 자파테크족 문화를 이해하고자 한다.

348

밑줄 친 ㉠에 해당하는 적절한 사례만을 <보기>에서 고른 것은?

> 각 사회의 문화를 그 고유의 맥락에서 이해하려는 열린 태도를 지녀야 하지만, 모든 문화를 상대주의적 태도에서 존중하고 따라야 하는 것은 아니다. ㉠문화 중에는 인권, 자유, 평등과 같은 보편적인 가치를 위협하는 경우도 있기 때문이다.

> **보기**
> ㄱ. 인간을 물건처럼 사고파는 노예제를 옹호하는 문화
> ㄴ. 가족의 명예를 훼손했다는 까닭으로 가해진 명예 살인 문화
> ㄷ. 죽은 이의 몸을 독수리에게 먹이는 조장 풍습을 가진 문화
> ㄹ. 결혼식 전날 신부와 신랑이 신혼집 앞에서 접시를 깨트리는 문화

① ㄱ, ㄴ   ② ㄱ, ㄷ   ③ ㄴ, ㄷ
④ ㄴ, ㄹ   ⑤ ㄷ, ㄹ

349

(가)에 들어갈 적절한 대답만을 <보기>에서 고른 것은?

> 교사: 다문화 사회로 변화하면서 긍정적인 영향도 있지만 사회 구성원의 인식이 이러한 변화를 따라가지 못해 갈등이 발생하기도 합니다. 다문화 사회에서 나타날 수 있는 갈등에는 어떠한 것이 있을까요?
> 학생: _______________(가)_______________ 이 있습니다.

> **보기**
> ㄱ. 종교적 차이에 따른 갈등
> ㄴ. 출신 국가 차이에 따른 갈등
> ㄷ. 원활한 의사소통에 따른 갈등
> ㄹ. 높은 다문화 수용성에 따른 갈등

① ㄱ, ㄴ   ② ㄱ, ㄷ   ③ ㄴ, ㄷ
④ ㄴ, ㄹ   ⑤ ㄷ, ㄹ

350

다음 글의 입장으로 가장 적절한 것은?

> 해외로 이주한 한인들은 타국에서 차별과 편견으로 인해 힘겨운 시간을 보냈다. 우리는 이러한 한인들의 삶을 돌이켜 보아 우리 사회의 이주민들을 차별해서는 안 된다. 그리고 이주민들의 문화를 존중하고 그들의 입장을 이해하여 그들과 조화롭게 살기 위해 노력해야 한다.

① 이주민이 겪는 차별을 피할 수 없는 것으로 보아야 한다.
② 이주민의 문화를 우리 문화에 흡수시켜 동화시켜야 한다.
③ 이주민의 문화를 존중할 때 갈등이 발생함을 알아야 한다.
④ 해외 이주 한인과 자국 이주민의 고통은 달리 보아야 한다.
⑤ 이주민이 겪는 고통에 관해 역지사지의 자세를 가져야 한다.

학교 시험에서 출제율이 높은 문제를 엄선하여 수록하였습니다.

실력 기출 문제

| 351~352 |

다음 글을 읽고 물음에 답하시오.

각 사회는 서로 다른 자연환경에 적응하는 과정에서 독특한 생활 방식을 형성하여 서로 다른 문화를 가지게 된다. 예를 들어 ______(가)______ 또한 각 사회 구성원이 공유하는 인문환경에 따라 다른 사회와 구분되는 문화가 나타나기도 한다. 예를 들어 ______(나)______

351

(가)에 들어갈 적절한 내용만을 <보기>에서 고른 것은?

┤ 보기 ├

ㄱ. 더운 지방에서는 개방적 가옥 구조가, 추운 지방에서는 폐쇄적 가옥 구조가 나타난다.

ㄴ. 산지 지역에서는 수산업에 종사하는 주민의 비중이 높고, 해안 지역에서는 농사를 짓는 주민의 비중이 높다.

ㄷ. 계절풍의 영향으로 여름철 기온이 높고 강수량이 풍부한 지역에서는 밀농사가 발달하여 밀을 주식으로 한다.

ㄹ. 열대 우림 지역에서는 가볍고 얇은 옷차림을 하고, 건조 기후 지역에서는 긴 옷을 입어 모래바람을 막고 햇빛을 가린다.

① ㄱ, ㄴ　　② ㄱ, ㄹ　　③ ㄴ, ㄷ
④ ㄴ, ㄹ　　⑤ ㄷ, ㄹ

352

(나)에 들어갈 적절한 내용만을 <보기>에서 고른 것은?

┤ 보기 ├

ㄱ. 남부 아시아는 다른 지역과 달리 한자를 공통으로 사용한다.

ㄴ. 크리스트교 분포 지역에서는 십자가와 종탑 등이 나타나고, 이슬람교 분포 지역에서는 모스크가 나타난다.

ㄷ. 산업이 발달한 지역에서는 저층 건물이 나타나고, 발달 수준이 낮은 지역에서는 밀집한 고층 건물이 나타난다.

ㄹ. 서남아시아 사람들은 종교적 가르침에 따라 돼지고기를 안 먹지만, 남태평양 사람들은 중요한 행사에 돼지고기를 먹는다.

① ㄱ, ㄴ　　② ㄱ, ㄷ　　③ ㄴ, ㄷ
④ ㄴ, ㄹ　　⑤ ㄷ, ㄹ

| 353~355 |

다음 글을 읽고 물음에 답하시오.

갑: 티베트의 전통 인사법은 모자를 벗고 혀를 내미는 것이라고 합니다. 메롱 하고 놀리는 게 인사라니 너무 미개한 풍습이 아닌가 싶어요. 우리처럼 머리 숙여 인사하는 풍습이 제일 품위가 있지요.

을: 티베트의 전통 인사법은 자신이 뿔이 없고 혀가 있으니 괴물이 아니라는 것을 보이기 위한 것으로 상대방을 해치지 않는다는 의미를 담고 있다고 합니다. 문화는 다 나름의 가치를 지닌다고 생각해요.

병: 우리나라 인사법보다 프랑스식 볼 뽀뽀인 비즈(bise)가 더 근사해 보여요. 예술의 나라인 프랑스 인사니까 최고라고 할 수 있을 것 같아요.

353 빈출

갑, 을, 병이 지닌 문화 이해 태도로 가장 적절한 것은?

	갑	을	병
①	문화 사대주의	문화 상대주의	자문화 중심주의
②	문화 사대주의	자문화 중심주의	문화 상대주의
③	문화 상대주의	자문화 중심주의	문화 사대주의
④	자문화 중심주의	문화 사대주의	문화 상대주의
⑤	자문화 중심주의	문화 상대주의	문화 사대주의

354

갑, 병이 지닌 문화 이해 태도에 관한 설명으로 옳지 <u>않은</u> 것은?

① 갑의 태도는 국수주의로 흐를 가능성이 크다.
② 병의 태도는 자기 문화의 정체성을 상실할 우려가 크다.
③ 병은 갑과 달리 타 문화를 차별하여 갈등을 일으킬 수 있다.
④ 갑과 병은 문화적 다양성과 특수성을 인정하지 않고 있다.
⑤ 갑과 병은 문화를 평가하는 절대적인 기준이 있다고 본다.

355

을의 입장에서 긍정의 대답을 할 질문으로 가장 적절한 것은?

① 다양한 문화를 평가하는 절대적인 기준이 있어야 하는가?
② 우월한 문화를 숭상하여 우월한 문화를 도입해야 하는가?
③ 수준이 낮은 자국의 문화를 열등한 것으로 인식해야 하는가?
④ 자국의 문화에 관한 주체성과 자부심을 최우선시해야 하는가?
⑤ 서로 다른 문화를 있는 그대로 인정하는 태도를 지녀야 하는가?

356

갑, 을이 지닌 문화 이해 태도에 관한 설명으로 옳은 것은?

> 갑: A국에서는 욕조에 물을 받아 온 가족이 순서대로 이용
> 한다고 합니다. 우리는 매번 물을 새로 받아서 목욕을
> 하는데 A국은 한번 받은 물로 온 가족이 목욕을 하다니
> 미개하다고 볼 수밖에 없군요.
> 을: 그렇지 않습니다. 물 데우기에 취약한 난방 문화를 가
> 진 A국에서 따뜻한 물을 효율적으로 이용하기 위해 생
> 겨난 문화로 보아야 합니다.

① 갑은 타 문화를 숭상하여 자기 문화를 낮게 평가하고 있다.
② 갑의 태도는 자국의 문화 정체성을 약화시킬 우려가 있다.
③ 을은 문화 간 우위와 열등함을 가리려는 태도를 지니고
  있다.
④ 을은 문화를 그것이 생겨난 사회적 맥락에서 이해하고자
  한다.
⑤ 갑과 을의 태도는 타 문화를 차별하는 원인이 되어 갈등
  을 야기한다.

357 빈출

(가), (나)에 나타난 문화 이해 태도에 관한 설명으로 옳지 <u>않은</u> 것은?

> (가) 대명혼일도는 명나라 초기에 제작된 지도이다. 중국을
> 지도의 중심에 두고 아프리카, 유럽, 인도, 한국, 일본
> 등을 주변에 배치하여 중국이 세계의 중심이라는 중화
> 사상을 보여 준다.
> (나) 한국어로 쓸 수 있는 단어나 문장을 애써 외국어로 표
> 기하는 분위기가 우리 사회 전반에 굳어지고 있다. 젊
> 은 세대가 많은 지역에서는 영어로 표기된 간판과 메뉴
> 판을 사용하는 상점을 어렵지 않게 찾을 수 있다. 미국
> 인 A는 "한국의 아파트 이름은 사전에서 '좋은 의미'를
> 검색해 연결한 기차 같다."라고 말하였다.

① (가)에는 자국의 문화에 관한 자부심이 과도하게 드러난다.
② (가)에는 자문화 중심주의, (나)에는 문화 사대주의가 나타
  난다.
③ (나)와 같은 태도는 국수주의로 이어져 자기 문화의 발전
  가능성을 저해할 수 있다.
④ (나)에서는 과거 한자를 숭상하여 한글을 멸시한 경우와
  같은 태도를 살펴볼 수 있다.
⑤ (가)와 (나) 모두 문화 간 우열을 가리려는 태도가 드러난다.

358

다음 글의 필자가 지닌 문화 이해 태도에 관한 설명으로 옳은 것은?

> 몽골의 마유주는 말의 젖을 가죽으로 만든 자루에 넣어 숙
> 성시켜 만든 것으로 몽골인들이 물처럼 즐겨 마시는 술의
> 일종이다. 그런데 마유주는 발효되어 시큼한 향과 맛이 나
> 는 데다가 가죽 냄새도 배어 있어 서양의 한 경제 전문지에
> 서 세계 10대 혐오 음식으로 선정할 정도로 부정적인 평가
> 를 받기도 하였다. 하지만 마유주는 물이 귀하고 음식이 상
> 하기 쉬운 환경에서 유목 생활을 하는 몽골인들 나름의 생
> 존 방식으로 바라보아야 한다.

① 문화 간 우열을 가리려고 한다.
② 자국의 문화만이 우월하다고 본다.
③ 다른 문화의 전통을 과도하게 숭상한다.
④ 문화적 다양성과 특수성을 고려하지 않는다.
⑤ 타 문화를 해당 문화의 맥락에서 이해하고자 한다.

359

다음과 같은 문화 이해 태도가 가지는 문제점으로 가장 적절한 것은?

> 전족은 송나라 때 시작되어 명·청 시대에 유행했던 것으로,
> 여성의 발을 천으로 꽁꽁 동여매어 성장을 멈추게 하는 풍
> 습이었다. 전족하면 발끝으로 종종거리며 걸어야 하였고,
> 등뼈가 기형적으로 튀어나와 서 있는 자세도 이상해졌다.
> 하지만 이러한 모습이 인기 있는 여성상이었다고 한다. 전
> 족은 그 사회의 독특한 환경과 역사적 배경에서 형성된 것
> 이므로 그 가치를 인정하고 존중해야 한다.

① 문화 상대주의 태도에서 벗어나 있다.
② 보편적 가치인 인권 존중을 위배한다.
③ 타 문화가 열등하다고 평가하게 된다.
④ 문화적 다양성과 특수성을 인정하지 않는다.
⑤ 그 사회의 사회적·역사적 배경을 고려하지 못한다.

360

(가)에 들어갈 학생의 대답으로 가장 적절한 것은?

> 교사: 우리는 보편 윤리의 관점에서 인간존엄성의 훼손을 용인하는 다른 나라의 극단적인 문화를 성찰해 보아야 합니다. 그렇다면 타 문화뿐만 아니라 자문화도 보편 윤리 차원에서 성찰해 보아야 하는 까닭은 무엇일까요?
>
> 학생: ________________ (가) ________________ 때문입니다.

① 다양한 문화적 관행을 인정하는 기회가 되기
② 보편 윤리적 가치가 항상 옳다고 볼 수는 없기
③ 문화적 관습에 어긋나는 사례를 살펴볼 수 없기
④ 자문화에 관한 주체성과 자부심을 고양할 수 있기
⑤ 보편 윤리에 어긋나는 자문화의 문제점을 개선할 수 있기

361

(가)에 들어갈 내용으로 가장 적절한 것은?

> 우리 사회에서 혈연, 학연, 지연 등으로 맺어진 관계를 중시하거나 우선시하는 태도인 연고주의의 모습이 나타나는 경우가 있다. 이는 공동체와 인간관계를 소중히 여기는 전통문화의 특성이 반영된 것으로, 이러한 문화는 사람들이 서로 도움을 주고받으며 정서적 유대감을 형성할 수 있다는 장점이 있다. 그러나 가까운 인간관계를 중시하는 연고주의가 지나치면 ________ (가) ________ 는 문제점이 있다.

① 보편 윤리적 가치가 항상 옳다고 볼 수 없다
② 문화적 관습에 어긋나는 사례를 살펴볼 수 있다
③ 자문화에 관한 주체성과 자부심을 고양할 수 있다
④ 다양한 문화적 관행을 인정하는 기회가 될 수 있다
⑤ 보편 윤리에 어긋나는 문화적 관행을 정당화할 수 있다

362

밑줄 친 ㉠에 해당하는 적절한 내용만을 <보기>에서 고른 것은?

> 세계화의 영향으로 인구 이동이 활발해지면서 다른 문화권에 속한 사람들 간의 접촉이 빈번해지고 있다. 그 결과 다양한 인종, 종교, 언어 등 서로 다른 문화적 배경을 가진 사람들이 함께 어우러져 살아가는 사회로 변화하였는데, 이를 다문화 사회라고 한다. ㉠다문화 사회로의 변화는 여러 긍정적인 영향을 미치고 있다.

> ┤ 보기 ├
> ㄱ. 문화의 다양성이 증진되어 문화 발전을 촉진한다.
> ㄴ. 노동력 부족 문제를 해소하여 경제를 활성화한다.
> ㄷ. 저출생·고령화 현상으로 인한 인구 증가에 기여한다.
> ㄹ. 주류 문화에 동화됨으로써 사회적 안정에 이바지한다.

① ㄱ, ㄴ　　　② ㄱ, ㄷ　　　③ ㄴ, ㄷ
④ ㄴ, ㄹ　　　⑤ ㄷ, ㄹ

363

갑의 입장에서 <문제 상황> 속 A에게 제시할 조언으로 가장 적절한 것은?

> 갑: 다른 문화권에 속한 사람들 간의 만남에서 다른 가치관, 생활양식 등에 관한 지식의 부족으로 오해가 생겨 갈등이 이어질 수 있다. 오해를 풀기 위해서는 다른 문화의 생활양식에 대한 이해가 필요하다.
>
> 〈문제 상황〉
>
> A는 중동에서 온 직장 동료 B와의 회식 자리에서 닭갈비 음식을 권하였다. 대표적인 한국 음식을 소개해 주고 싶었기 때문이다. 그러나 무슬림인 B는 적극적으로 사양하면서 끝까지 먹기를 거부했다. A는 자신의 친절을 거절당한 것 같아서 몹시 언짢은 마음이 되었다.

① 음식에 관한 개인의 취향을 존중해 주어야 한다는 점을 알아야 한다.
② 이슬람교도는 할랄 방식으로 도축한 닭고기만 먹는다는 것을 알아야 한다.
③ 친해지고 싶은 마음을 표현하는 것이 상대에게 부담이 된다는 것을 알아야 한다.
④ 이슬람교도는 직장 동료와의 회식 자리에서는 조용하게 식사만 한다는 것을 알아야 한다.
⑤ 대표적인 한국 음식이라고 해서 상대방의 의사와 상관없이 소개해 주는 것은 실례임을 알아야 한다.

 **기출 문제**

| 364~365 |

다음 글을 읽고 물음에 답하시오.

> 갑: 이민자가 출신 국가의 언어적·문화적·사회적 특성을 완전히 포기하고 주류 사회의 일원이 되는 것을 목표로 하는 이민자 정책을 시행해야 한다.
> 을: 이민자가 자신의 문화를 유지하면서 사회 구성원으로 살아갈 수 있게 소수자 집단의 문화 고유성을 인정하고 다양한 문화의 공존을 추구하는 이민자 정책을 시행해야 한다.

364 빈출

갑, 을의 입장으로 적절한 것만을 <보기>에서 고른 것은?

> | 보기 |
> ㄱ. 갑: 이민자 문화의 정체성과 고유성을 인정해야 한다.
> ㄴ. 갑: 주류 사회 문화에 이민자 문화를 편입시켜야 한다.
> ㄷ. 을: 다양한 문화가 공존하면 문화적 역동성이 증진된다.
> ㄹ. 갑과 을: 주류 사회 문화와 이민자 문화의 구분 없이 대등하게 공존해야 한다.

① ㄱ, ㄴ   ② ㄱ, ㄷ   ③ ㄴ, ㄷ
④ ㄴ, ㄹ   ⑤ ㄷ, ㄹ

365

을의 입장에서 갑의 입장에 관해 제기할 수 있는 비판으로 가장 적절한 것은?

① 이민자가 주류 사회 문화에 동화되어야 함을 모르고 있다.
② 주류 문화와 이민자의 비주류 문화 간의 구분이 필요함을 모르고 있다.
③ 이민자가 출신 국가의 언어적·문화적 특성을 완전히 포기해야 함을 모르고 있다.
④ 다양한 문화가 대등하게 공존할 때 사회 통합이 이루어진다는 것을 모르고 있다.
⑤ 이민자는 주류 사회의 구성원이 되는 것을 목표로 주류 문화에 편입되어야 함을 모르고 있다.

 **1등급을 향한 서답형 문제**

| 366~367 |

다음 글을 읽고 물음에 답하시오.

> (가) (㉠)은/는 시대와 장소를 초월하여 모든 인간에게 타당하다고 인정되는 윤리 규범이다. 인간존엄성, 생명 존중, 자유와 평등 등의 도덕적 가치를 추구해야 한다고 본다.
> (나) ○○ 지역의 탈레반 지도자는 방송에서 여자는 집에 있어야 한다고 거듭 말하였고, 그의 부하들은 학교를 폭파하기 시작하였다. 언젠가 탈레반 대변인이 여자들은 학교에 가거나 서양 방식을 배워서는 안 된다고 말하였다.

366

㉠에 해당하는 용어를 쓰시오.

367

㉠ 관점에서 (나)의 문화 이해 태도를 비판하는 내용을 서술하시오.

| 368~369 |

다음 글을 읽고 물음에 답하시오.

> 다문화 사회의 흐름 속에서 새로운 기회를 찾아 다른 나라로 이주하는 사람이 증가하였다. 다문화 사회의 이민자 정책으로는 동화주의와 다문화주의가 대표적이다. 동화주의는 주류 문화의 펄펄 끓는 (㉠)에 소수 문화를 녹여 내어 주류 문화에 적응하도록 하는 정책이다. 다문화주의는 국가라는 (㉡) 안에서 각 문화의 고유한 맛이 나타날 수 있도록 다양한 인종과 문화가 함께 어울리는 문화를 만들자는 입장이다.

368

㉠, ㉡에 해당하는 용어를 쓰시오.

369

㉠, ㉡의 용어를 활용하여 동화주의와 다문화주의의 특징을 각각 서술하시오.

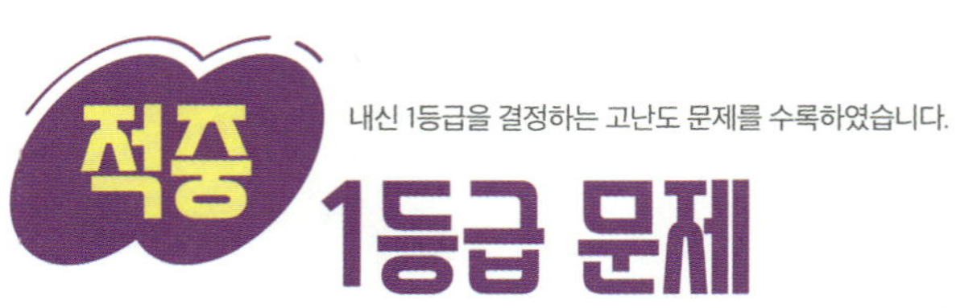

| 370~371 |

다음 글을 읽고 물음에 답하시오.

> A는 자신의 생활양식을 가장 좋은 것으로 보고, 다른 것을 나쁘거나 열등한 것으로 보는 태도이다. 이 태도가 지나치면 민족적, 인종적 우월주의로 변질되어 갈등을 초래할 수 있다. 한편, B는 각각의 문화는 그 사회의 요구에 의해서만 판단될 수 있고, 절대적 판단 기준을 가질 수 없다고 보는 태도이다. 이에 따르면 특정한 문화는 그 사회의 필요에 의해 나타난 것이므로 존중받을 가치가 있다고 본다.

370

문화 이해 태도인 A, B에 관한 설명으로 옳지 **않은** 것은?

① A는 자국의 문화만을 우수하다고 믿고 고수하게 될 수 있다.
② A는 다른 문화를 무비판적으로 동경하고 수용하게 될 수 있다.
③ B는 각 문화가 가지는 고유한 가치를 인정해야 한다고 본다.
④ B는 A와 달리 문화의 우열을 평가할 수 없다고 본다.
⑤ A와 B는 모두 문화적 차이가 존재한다고 본다.

371

A의 입장에 비해 B의 입장이 갖는 상대적 특징을 그림의 ㉠~㉤ 중에서 고른 것은?

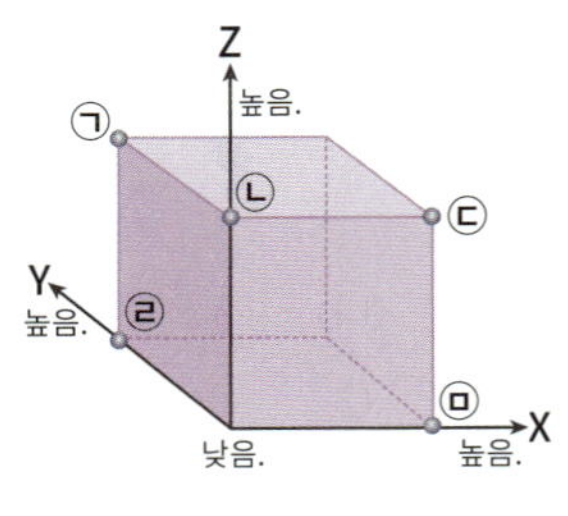

① ㉠　　② ㉡　　③ ㉢　　④ ㉣　　⑤ ㉤

372

밑줄 친 ㉠, ㉡에 해당하는 적절한 내용만을 <보기>에서 있는 대로 고른 것은?

> 다문화 사회에 나타나는 갈등을 해결하고 문화적 다양성을 존중하는 사회를 만들기 위한 노력이 필요하다. 이러한 노력은 ㉠ 개인적 차원과 ㉡ 사회적 차원으로 나누어 살펴볼 수 있다.

| 보기 |

ㄱ. ㉠: 문화적 다양성이 존중될 수 있도록 법과 제도적 지원을 확대한다.
ㄴ. ㉠: 각각의 문화를 그 사회의 특수한 상황과 맥락을 고려하여 이해하려는 자세를 함양한다.
ㄷ. ㉡: 문화적 차이를 인정하는 관용의 자세를 지닌다.
ㄹ. ㉡: 타 문화에 대한 편견과 고정 관념을 해소하기 위한 다문화 교육을 강화한다.

① ㄱ, ㄴ　　② ㄱ, ㄷ　　③ ㄴ, ㄹ
④ ㄱ, ㄴ, ㄷ　　⑤ ㄴ, ㄷ, ㄹ

373

표는 어느 다문화 사회의 이민자 정책에 관한 한 학생의 응답지이다. 응답이 모두 옳다고 할 때, (가), (나)에 들어갈 옳은 질문만을 <보기>에서 있는 대로 고른 것은?

질문	응답	
	예	아니요
이민자는 주류 문화로 편입되어야 하는가?	✔	
주류 문화와 비주류 문화 간의 구분이 없어야 하는가?		✔
(가)	✔	
(나)		✔

| 보기 |

ㄱ. (가): 이민자는 출신 국가의 문화적 정체성을 포기해야 하는가?
ㄴ. (가): 이민자들의 문화가 지닌 각각의 고유성을 인정해야 하는가?
ㄷ. (나): 이민자는 주류 사회의 문화를 받아들여 주류 사회에 완전히 동화되어야 하는가?

① ㄱ　　② ㄴ　　③ ㄱ, ㄴ
④ ㄴ, ㄷ　　⑤ ㄱ, ㄴ, ㄷ

단원 마무리 문제

06 다양한 문화권의 특징과 삶의 방식

374

(가)~(다) 음식 문화가 나타나는 지역을 지도의 A~C에서 고른 것은?

> (가) 점성이 큰 품종으로는 밥을 지어 먹거나, 죽이나 떡을 만들어 먹기도 하며, 점성이 작은 품종으로는 쌀국수나 볶음밥을 만들어 먹는다.
>
> (나) 밀가루로 빵, 난, 피자를 만들어 먹는다. 잘 부풀어 오르지 않는 품종으로는 파스타를 만들어 먹는데, 그중 스파게티는 면으로 만든 것이다.
>
> (다) 옥수수가루로 반죽한 토르티야에 여러 가지 재료를 넣어 만든 타코를 먹거나, 가루로 요리하기 어려운 품종은 통조림이나 팝콘으로도 만들어 먹는다.

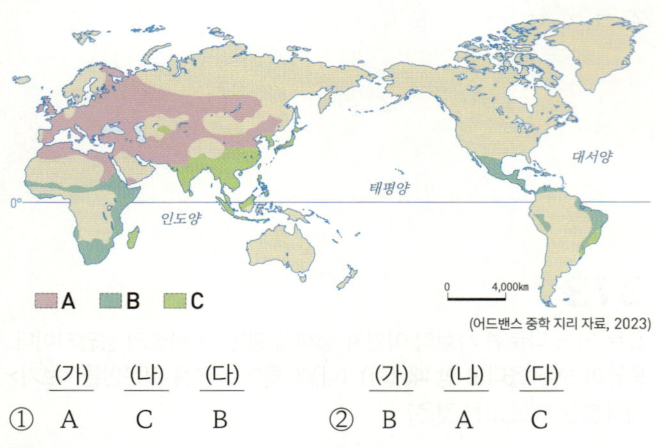

	(가)	(나)	(다)			(가)	(나)	(다)
①	A	C	B		②	B	A	C
③	B	C	A		④	C	A	B
⑤	C	B	A					

375

다음은 학생이 정리한 노트의 일부이다. ㉠~㉤ 중 적절하지 <u>않은</u> 내용을 고른 것은?

〈문화권 형성에 영향을 주는 자연환경과 인문환경〉

구분	요소	사례
자연환경	기후	㉠ 저위도 지역에서는 요리에 향신료를 많이 사용한다.
	지형	㉡ 산지 지역에서는 돌을 이용하여 집을 짓는다.
인문환경	종교	㉢ 이슬람교 문화권에서는 돼지고기를 금기시한다.
	언어	㉣ 아랍어는 주로 건조 문화권에서 사용된다.
	산업	㉤ 농경 문화권에서는 주로 이동 생활을 한다.

① ㉠　　② ㉡　　③ ㉢　　④ ㉣　　⑤ ㉤

| 376~377 |

자료를 보고 물음에 답하시오.

> 지리적으로 가까워 서로 다른 문화권끼리 교류가 활발하면 두 문화권의 특성이 함께 나타나는 (㉠)을/를 볼 수 있다. 튀르키예의 이스탄불은 서쪽의 (㉡) 문화권과 동쪽의 (㉢) 문화권 사이에 위치해 두 문화가 함께 나타난다.

376 단답형

㉠에 들어갈 용어를 쓰시오.

377 서술형

㉡, ㉢에 해당하는 문화권과 주로 믿는 종교를 각각 서술하시오.

378

다음 자료는 여행 상품 정보의 일부이다. (가)~(다) 여행을 체험할 수 있는 문화권을 지도의 A~C에서 고른 것은?

> (가) 순례 여행: 교황이 거주하는 바티칸 교황청을 방문하고, 에스파냐에 있는 성 야고보의 무덤을 향해 걷는 산티아고 길을 걷기에 참여한다.
>
> (나) 축제 여행: 안데스 산지에서 열리는 태양제에서 원주민 문화를 체험하고, 브라질에서 열리는 리우 카니발의 삼바 퍼레이드에 참여한다.
>
> (다) 식도락 여행: 드넓은 스텝에서 유목민과 함께 이동식 천막집에서 케밥을 먹고, 사하라 사막의 오아시스에서는 말린 대추야자를 먹는다.

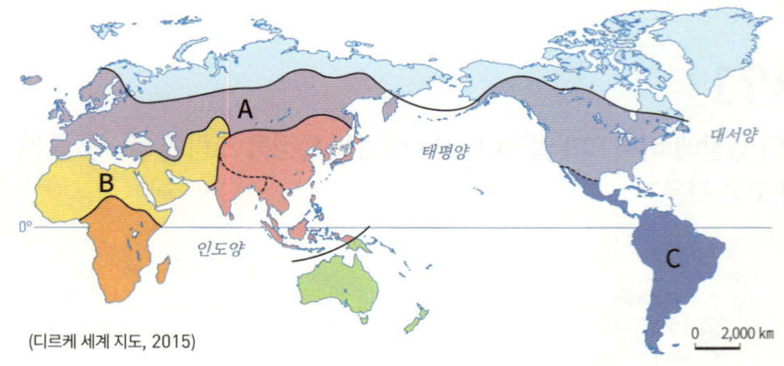

	(가)	(나)	(다)			(가)	(나)	(다)
①	A	B	C		②	A	C	B
③	B	A	C		④	B	C	A
⑤	C	A	B					

379

지도의 A~E 국가에서 열리는 축제로 옳은 것은?

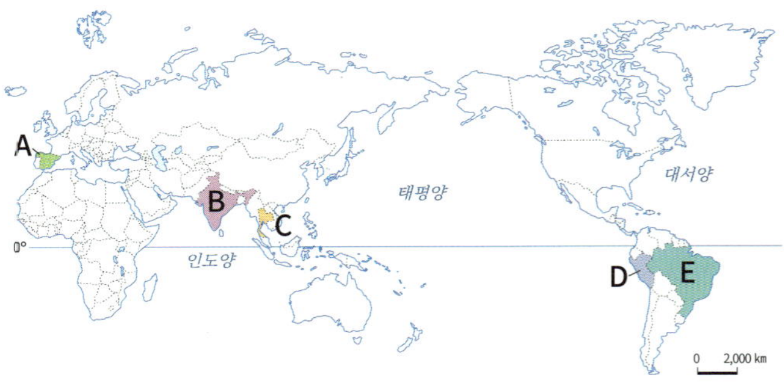

① A – 부처의 축복을 기원하기 위해 불상을 물로 씻는 데서 유래한 송끄란 축제가 열린다.
② B – 힌두교의 봄맞이 의식에서 시작된 홀리 축제에서 계급, 성별, 지위에 상관없이 동등하게 축제를 즐긴다.
③ C – 유럽, 아메리카, 아프리카 문화가 어우러져 탄생한 리우 카니발에서 삼바 리듬에 맞춰 행진한다.
④ D – 지역 특산물인 토마토 값 폭락에 분노한 농민들이 토마토를 던진 것에서 기원한 토마토 축제가 열린다.
⑤ E – 잉카 제국의 수도에서 태양신에게 감사하며 풍년을 기원하는 태양제가 열린다.

380

다음은 다큐멘터리 촬영 계획의 일부이다. 이 촬영지가 있는 문화권을 지도의 A~E에서 고른 것은?

- 힌두교 사원, 다양한 신들의 모습을 정교하게 표현하다.
- 출가하여 승려가 되는 공덕을 쌓는 불교 신자를 찾는다.
- 퍼와 나시 고렝의 본고장, 쌀로 만든 전통 요리를 전수한다.

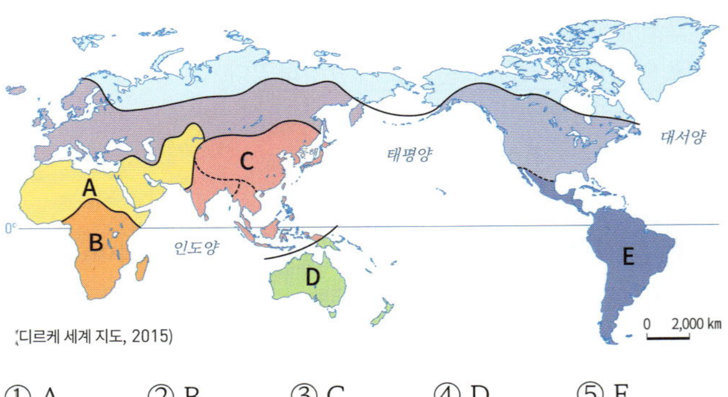

(디르케 세계 지도, 2015)

① A　　② B　　③ C　　④ D　　⑤ E

381

지도의 A~F 문화권에 관한 설명으로 옳지 <u>않은</u> 것은?

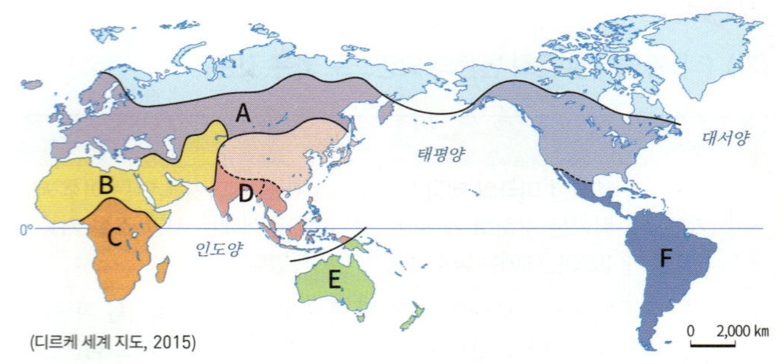

(디르케 세계 지도, 2015)

① A는 E, F의 문화 요소에 영향을 주었다.
② B와 C의 경계 형성에는 사하라 사막의 영향이 크다.
③ D는 B보다 총인구에서 차지하는 이슬람교 신자의 비율이 낮다.
④ E는 F보다 가톨릭교 신자의 비율이 낮다.
⑤ F는 C보다 종족 경계와 국경의 불일치에 의한 분쟁이 잦다.

| 382~383 |

다음 글을 읽고 물음에 답하시오.

아메리카 문화권은 (㉠)을/를 기준으로 북쪽의 (㉡) 문화권, 남쪽의 (㉢) 문화권으로 구분할 수 있다. 유럽인이 아메리카 대륙으로 진출하면서 ㉣유럽 사회의 언어, 종교 등의 문화 요소가 전파되어 원주민의 문화가 사라질 위기에 처했고, 현재는 원주민의 문화를 보존하려는 다양한 노력이 이루어지고 있다. 또한 아메리카 문화권에서는 여러 기후대가 나타나 다양한 농축산물이 생산되며, 세계 여러 지역에서 이주자가 몰려들어 다양한 문화가 나타난다.

382　단답형

㉠~㉢에 들어갈 용어를 각각 쓰시오.

383　서술형

㉡, ㉢ 문화권의 특징을 ㉣을 토대로 서술하시오.

07 문화 변동의 양상과 전통문화

384

(가), (나)에 들어갈 문화 변동의 요인으로 옳은 것은?

요인	사례
(가)	1851년 미국의 제임스 킹이 실린더식 세탁기를 만든 이후 세탁기는 꾸준히 개량되었다. 1930년대에는 시간 조절 기능, 1950년대에는 탈수 기능이 추가되었다.
(나)	영국에서 시작된 크리켓은 공을 배트로 쳐서 득점을 겨루는 경기이다. 크리켓은 영국이 제국주의 시절 식민지로 삼은 오스트레일리아, 뉴질랜드, 인도, 파키스탄, 남아프리카 공화국 등의 지역으로 직접 전해져 큰 인기를 끌었다.

	(가)	(나)		(가)	(나)
①	발명	발견	②	발명	자극 전파
③	발명	직접 전파	④	자극 전파	간접 전파
⑤	자극 전파	발명			

385

<자료1>의 사례 (가)~(라)를 <자료2>의 A~D에 해당하는 문화 변동 요인과 바르게 연결한 것은? (단, A~D는 각각 발견, 발명, 간접 전파, 직접 전파 중 하나임.)

〈자료1〉
(가) 영국의 로버트 훅은 현미경을 통해 세포의 존재를 알게 되었다.
(나) 라이트 형제는 세계 최초로 동력 비행기를 제작하였다.
(다) 다른 나라 청소년들이 인터넷을 통해서 케이팝을 즐겨 듣게 되었다.
(라) 고려 후기에 문익점은 원나라에서 목화씨를 들여와 재배에 성공하였다.

〈자료2〉

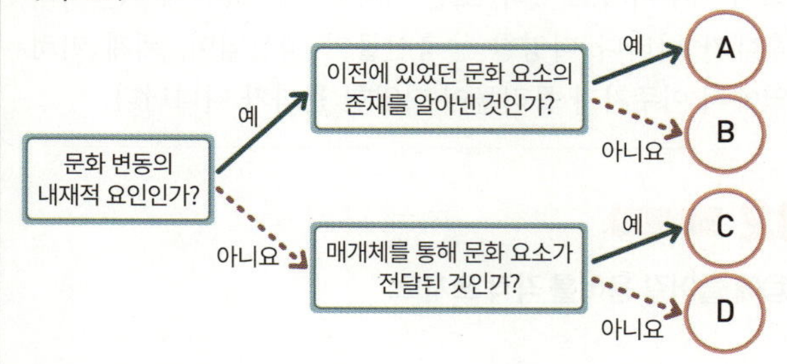

	(가)	(나)	(다)	(라)
①	A	B	C	D
②	A	C	D	B
③	B	A	C	D
④	C	D	B	A
⑤	D	C	A	B

386

문화 변동의 요인 A~E에 관한 설명으로 옳은 것은? (단, A~E는 각각 발견, 발명, 간접 전파, 자극 전파, 직접 전파 중 하나임.)

- ⊙ '기존에 존재하였지만 알려지지 않았던 것을 찾아내었는가?'라는 질문을 통해 A와 B를 구분할 수 있다.
- ⓒ '누리 소통망(SNS), 서적을 통해 문화 요소가 전달되어 정착되었는가?'라는 질문을 통해 C와 D를 구분할 수 있다.
- ⓒ '다른 사회의 문화 요소에서 아이디어를 얻어 새로운 문화 요소를 만들어 냈는가?'라는 질문을 통해 D와 E를 구분할 수 있다.
- ② '다른 사회의 문화 체계와의 교류를 통해 문화 변동을 초래하였는가?'라는 질문을 통해 A와 E를 구분할 수 없다.
- ⊙에 대해 A, ⓒ에 대해 C, ⓒ에 대해 D는 모두 '예'라고 응답하며, ②에 대해 A, E는 모두 _____(가)_____ 라고 응답한다.

① A는 발견, B는 발명이다.
② B는 '선교사에 의한 종교 전파'를 사례로 들 수 있다.
③ C는 D와 달리 문화 변동의 외재적 요인에 해당한다.
④ D는 E와 달리 한 사회의 문화 요소를 다양하게 한다.
⑤ (가)에는 '예'가 적절하다.

387

다음 글에 관한 설명으로 옳은 것은?

갑국은 ⊙ 을국에서 개발하여 사용하고 있는 불에 구운 흙 벽돌에 착안하여 잘 깨지지 않는 도자기를 만들어 냈다. 이후 을국의 ⓒ 도자기 제조 기술은 ⓒ 갑국 사람들에 의해 이웃 나라인 병국으로 건너가 널리 쓰이게 되었다. 그런데 그곳에서 ② 병국의 뛰어난 회화 기법이 가미되어 독특하고 아름다운 도자기 문화로 재탄생하였다.

① ⊙은 자극 전파의 사례이다.
② ⓒ은 발견의 사례이다.
③ ⓒ은 직접 전파로 인한 강제적 문화 접변의 결과이다.
④ ②은 문화 변동의 결과로서 문화 병존에 해당한다.
⑤ 갑국~병국에서는 모두 외재적 요인에 의한 문화 변동이 나타났다.

388

다음 자료에 관한 옳은 설명만을 <보기>에서 고른 것은?

그림은 갑국과 교류한 A국~C국에서 나타난 문화 변동 양상을 나타낸다.

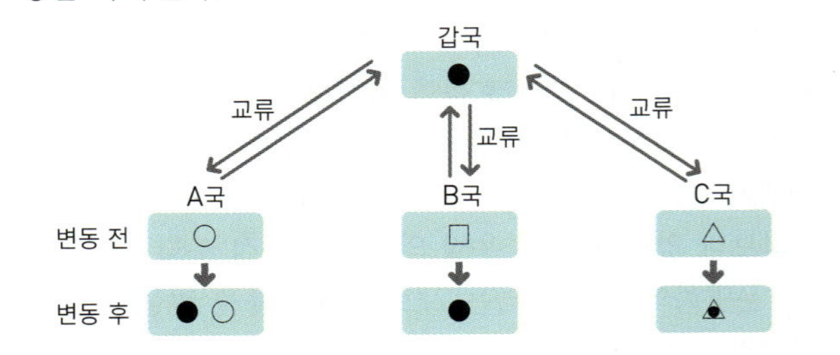

┤ 보기 ├
ㄱ. A국에서는 문화 동화가 나타났다.
ㄴ. B국에서는 문화 병존이 나타났다.
ㄷ. C국에서는 문화 융합이 나타났다.
ㄹ. B국에서는 A국, C국에서와 달리 자기 문화의 정체성이 상실되었다.

① ㄱ, ㄴ　　　　② ㄱ, ㄷ　　　　③ ㄴ, ㄷ
④ ㄴ, ㄹ　　　　⑤ ㄷ, ㄹ

389

표는 문화 접변의 결과 A~C를 비교한 것이다. 이에 관한 옳은 설명만을 <보기>에서 고른 것은? (단, A~C는 각각 문화 동화, 문화 병존, 문화 융합 중 하나임.)

비교 대상	'예'로 응답하는 질문	'아니요'로 응답하는 질문
A와 B	A는 B와 달리 새로운 문화 요소가 만들어지는가?	(가)
B와 C	(나)	B는 C와 달리 전통문화 요소가 정체성을 유지하는가?

┤ 보기 ├
ㄱ. A는 B와 달리 외래문화 요소의 정체성이 유지된다.
ㄴ. C는 B와 달리 자기 문화에 대한 자부심이 약할 때 나타나기 쉽다.
ㄷ. (가)에는 'B는 A와 달리 외래문화 요소에 대한 주체적인 재해석과 재구성의 결과인가?'가 들어갈 수 있다.
ㄹ. (나)에는 'C는 B와 달리 기존 문화 요소와 외래문화 요소가 모두 정체성을 유지하는가?'가 들어갈 수 있다.

① ㄱ, ㄴ　　　　② ㄱ, ㄷ　　　　③ ㄴ, ㄷ
④ ㄴ, ㄹ　　　　⑤ ㄷ, ㄹ

390

다음 사례에 나타난 문화 변동에 관한 옳은 설명만을 <보기>에서 고른 것은?

• 갑국의 한 사업가는 을국의 전통 음식인 A를 직접 수입하여 자국민에게 판매하면서 큰 인기를 얻자, A에 갑국 고유의 소스를 가미한 B를 만들어 판매하였다. 그는 을국에도 B를 만드는 공장을 세우고 을국에서 B를 생산하여 판매하였다. 현재 A와 B는 갑국과 을국 국민 모두가 즐기는 음식이 되었다.
• 병국의 한 유명한 요리사는 병국 고유의 음식인 C에서 아이디어를 얻어 새로운 음식 D를 만들었고, 이는 병국에서 인기를 끌게 되었다. 병국을 여행 중이었던 정국의 한 요리사는 D에서 아이디어를 얻어 자국에는 없던 새로운 음식 E를 만들어 정국에 판매하면서 정국 국민의 큰 호응을 얻게 되었다.

┤ 보기 ├
ㄱ. 갑국에서는 을국과 달리 문화 병존이 나타났다.
ㄴ. 갑국과 을국 모두 직접 전파에 의한 문화 변동이 나타났다.
ㄷ. 병국에서는 내재적 요인에 의한 문화 변동이 나타났다.
ㄹ. 병국과 정국에서는 모두 자극 전파가 나타났다.

① ㄱ, ㄴ　　　　② ㄱ, ㄷ　　　　③ ㄴ, ㄷ
④ ㄴ, ㄹ　　　　⑤ ㄷ, ㄹ

| 391~392 |

다음 글을 읽고 물음에 답하시오.

시대와 환경의 변화에 따라 문화는 끊임없이 변동한다. 반면 한 사회에서 세대 간 전승을 통해 과거로부터 현재까지 이어져 내려오면서 그 가치를 인정받고 있는 고유한 문화가 있다. 이를 (㉠)(이)라고 한다. 한국의 (㉠)에는 한복, 김치와 불고기, 한옥과 온돌, 한글 등이 있다.

391 ✏서술형

㉠의 의의를 두 가지 서술하시오.

392 ✏서술형

㉠을 창조적으로 계승하고 발전시키기 위한 방안을 한 가지만 서술하시오.

 08 문화 상대주의와 다문화 사회

| 393~395 |

다음 글을 읽고 물음에 답하시오.

> 갑: 우리나라 가수가 전 세계적으로 유명한 것은 당연한 일입니다. 우리나라의 대중음악은 수준이 매우 낮은 다른 나라들의 대중음악보다 훨씬 뛰어납니다.
> 을: 하지만 노래의 멜로디나 가사 모두 ○○국의 대중음악이 훨씬 더 우수합니다. 우리나라의 대중음악은 ○○국의 이러한 우수성을 절대 따라갈 수 없다고 봅니다.
> 병: 각국의 대중음악은 해당 국가의 정서나 문화적 맥락 속에서 이해해야 합니다. 따라서 우리나라와 ○○국의 대중음악 중에서 무엇이 더 나은지는 가릴 수 없다고 생각합니다.

393 〔단답형〕

갑, 을, 병이 지닌 문화 이해 태도를 쓰시오.

394 〔서술형〕

갑, 을, 병 중 바람직한 문화 이해 태도를 지닌 사람은 누구인지 쓰고, 그 까닭을 서술하시오.

395

갑, 을, 병 중 적어도 두 사람 이상이 부정의 대답을 할 질문을 <보기>에서 있는 대로 고른 것은?

> **⎯| 보기 |⎯**
> ㄱ. 각 문화의 고유한 가치를 인정해야 하는가?
> ㄴ. 자문화보다 타 문화가 우월하다고 보아야 하는가?
> ㄷ. 자문화만이 우수하다고 보고 이를 고수해야 하는가?
> ㄹ. 문화 간 우열을 가리는 절대적인 기준이 존재하는가?

① ㄱ, ㄴ   ② ㄱ, ㄷ   ③ ㄴ, ㄹ
④ ㄱ, ㄴ, ㄷ   ⑤ ㄴ, ㄷ, ㄹ

396

밑줄 친 ㉠이 지닌 문화 이해 태도의 문제점으로 가장 적절한 것은?

> ㉠19세기 서양인의 침략주의 근성을 도덕적으로 정당화한 것은 문명화된 서양인이 나서서 서양인이 아닌 사람을 문명화해야 한다는 사명감과 의무감이었다. 가난하고 지적으로 열등하며 세계사의 흐름에 뒤처져 있는 비서구 지역의 야만인을 교화해야 한다는 도덕적 확신이 그 배경이었다. 19세기 중엽을 지나면서 서양인은 자기 문명이 비서양의 나라보다 앞서 있다는 우월 의식에 인종적 우월감을 더하여 '문명화의 사명'이라는 새로운 도덕률을 만들어 냈다. 서양의 나라가 비서양의 나라를 지배하는 것은 자연의 법칙에 따른 자연스러운 일일 뿐만 아니라 도덕적으로도 당연한 일로 생각되었다.

① 타 문화를 숭상하여 자문화를 멸시할 수 있다.
② 자문화에 관한 주체성과 자부심을 약화시킬 수 있다.
③ 자문화를 낮게 평가하여 자문화의 발전을 저해할 수 있다.
④ 자문화만을 고수하고 타 문화를 차별하여 갈등을 야기할 수 있다.
⑤ 문화 간 교류가 활발해지는 과정에서 타 문화에 대한 혐오를 일으킬 수 있다.

397

다음 글의 필자가 지닌 문화 이해 태도에 관한 설명으로 옳지 **않은** 것은?

> 베트남에서 볼 수 있는 독특한 모습 중 하나가 강가의 무덤이다. 여름철 장마와 홍수로 인한 훼손 우려로 강가에 무덤을 만들면 안 된다고 생각하는 우리에게 이러한 모습은 매우 낯설다. 하지만 1년 중 여름이 긴 베트남에서는 시원하고 경치가 좋은 강가가 오히려 좋은 무덤 자리로 인식된다. 그러므로 강가의 무덤은 고인이 편안한 휴식을 취하길 바라는 베트남 사람들의 입장에서 이해되어야 한다.

① 문화의 우열을 평가할 수 없다고 본다.
② 문화적 다양성을 고양시켜야 한다고 본다.
③ 자문화에 관한 자부심을 상실할 수 있게 한다.
④ 타 문화에 관한 맥락적인 이해가 중요하다고 본다.
⑤ 문화 간 교류가 활발하게 이루어질 수 있도록 한다.

398

(가)의 입장에서 (나)의 밑줄 친 ㉠을 성찰하고자 할 때, 그 내용으로 가장 적절한 것은?

> (가) 각 사회의 문화를 그 고유의 맥락에서 이해하려는 열린 태도는 지녀야 하지만, 모든 문화를 상대주의적 태도에서 존중하고 따라야 하는 것은 아니다. 문화 중에는 인권, 자유, 평등과 같은 보편적인 가치를 위협하는 경우도 있기 때문이다.
>
> (나) 싱가포르는 매질을 하는 형벌인 ㉠태형 제도가 있다. 태형은 과거 영국이 자국의 식민지였던 싱가포르에 도입한 형벌로, 싱가포르는 엄격한 사회 질서 유지와 범죄 예방 효과를 까닭으로 이를 여전히 집행하고 있다.

① 식민지 시절의 잔재이므로 개선되어야 할 문화이다.
② 인권 침해라는 측면에서 볼 때 개선되어야 할 문화이다.
③ 범죄 예방 효과가 없기 때문에 개선되어야 할 문화이다.
④ 공동체의 결속력을 강화시키므로 존중되어야 할 문화이다.
⑤ 문화적 맥락과 특수성을 고려할 때 존중되어야 할 문화이다.

399

다음 사례들이 공통적으로 야기할 수 있는 문제점으로 가장 적절한 것은?

> • 피부색을 까닭으로 문화 수준을 평가하거나 특정 종교를 가졌다는 까닭으로 차별 대우하는 사례
> • 이슬람 문화를 잘 모르는 사람이 이슬람교도에게 무슬림 방식으로 도축되지 않은 소고기나 닭고기를 억지로 권하면서 오해가 생긴 사례

① 혐오나 인종 차별 행위가 급속도로 감소하게 될 수 있다.
② 우리나라 다문화 수용성 지수가 너무 많이 높아질 수 있다.
③ 문화적 차이에 따른 편견과 차별로 사회적 갈등이 발생할 수 있다.
④ 문화의 다양성이 과도하게 증진되어 사회 통합을 저해할 수 있다.
⑤ 여러 문화가 주류 문화에 편입되어 하나의 문화만 남을 수 있다.

다음 글을 읽고 물음에 답하시오.

> 갑: 이주민들에게 자신들의 민족적 정체성을 버리고 우리 문화만을 배우라고 강요할 수는 없다. 샐러드 볼처럼 여러 문화가 평화롭게 공존해야 문화적 갈등을 해결할 수 있다.
>
> 을: 서로 다른 여러 금속을 용광로에 넣으면 모두 녹아서 하나가 된다. 이처럼 다양한 이주민들의 문화를 우리 문화라는 용광로 속에 완전히 녹여야 문화적 갈등을 해결할 수 있다.

400

갑, 을의 입장에 관한 옳은 설명만을 <보기>에서 고른 것은?

| 보기 |

ㄱ. 갑은 을에 비해 문화 병존을 중시한다.
ㄴ. 을은 갑에 비해 문화적 동질성을 강조한다.
ㄷ. 을은 갑에 비해 문화적 다양성 확보에 유리하다.
ㄹ. 갑과 을 모두 자문화 중심주의적 태도를 보인다.

① ㄱ, ㄴ   ② ㄱ, ㄷ   ③ ㄴ, ㄷ
④ ㄴ, ㄹ   ⑤ ㄷ, ㄹ

401

갑의 입장에 비해 을의 입장이 갖는 상대적 특징을 그림의 ㉠~㉢ 중에서 고른 것은?

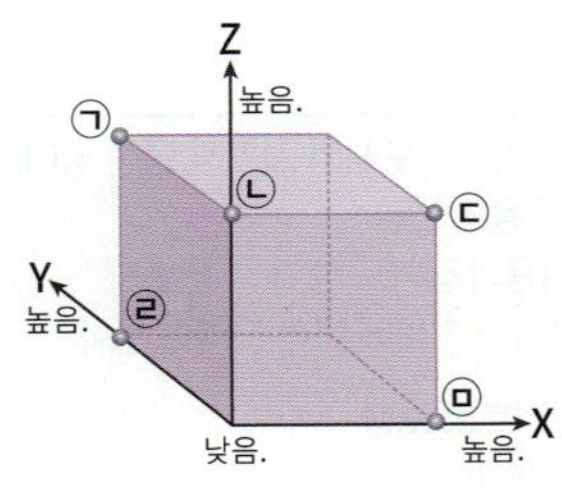

> • X: 문화 상대주의적 태도를 지지하는 정도
> • Y: 이민자가 주류 문화로 완전히 편입되어야 한다고 보는 정도
> • Z: 이민자가 출신 국가의 문화적 정체성을 포기해야 한다고 보는 정도

① ㉠   ② ㉡   ③ ㉢   ④ ㉣   ⑤ ㉤

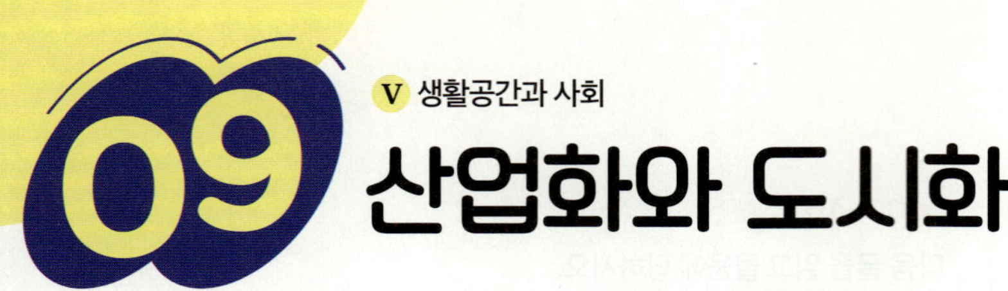

산업화와 도시화

1 산업화와 도시화에 따른 변화

1 산업화와 도시화

(1) 산업화

의미	농업 중심에서 광공업 및 서비스업 중심으로 변화
원인	18세기 산업 혁명을 계기로 생산 활동이 분업화·기계화
영향	생산력 증대, 생활 수준 향상 → 인구 급격히 증가

(2) 도시화

의미	전체 인구 중 도시에 거주하는 인구 비율이 증가하고 도시적 생활양식이 확산되는 현상
원인	산업화와 산업 구조 고도화로 일자리가 많은 도시로 촌락의 인구가 이동 └ 이촌향도 현상 ┘
영향	도시 내 지역별 접근성과 지대 차이로 도시 내부 지역 분화, 집약적 토지 이용, 대도시권 형성 등 └ 상업·업무, 주거, 공업 지역 등

꼭 나오는 자료

🔗 85쪽 415번 문제로 확인

※ 읍·면·동 포함

▲ 산업별 인구 비율과 도시 인구 비율의 변화

자료 분석 산업화와 도시화로 농림어업 종사자 비율이 감소하고 서비스업 종사자 비율이 증가하였으며, 도시 인구 비율이 지속적으로 증가하였다.

(3) 세계와 우리나라의 산업화와 도시화

세계		• 대부분의 국가에서 산업화와 도시화가 진전 • 3차 산업 비중이 가장 높음, 세계 인구의 50% 이상이 도시에 거주
우리 나라	1960년대	• 1차 산업 종사자 비율 60% 이상 • 2차 산업 종사자 비율 10% 미만
	현재	• 2·3차 산업 종사자 비율 약 95% • 전체 인구의 90% 이상이 도시에 거주

2 생활공간의 변화

거주 공간의 변화	• 제조업과 서비스업 등 산업 활동 활발 → 도시의 시가지 면적 확대, 농경지가 주거·상업·업무 지구로 용도 변경 └ 고층 건물과 아파트 등 • 도시 공간의 수직적 확장, 토지 이용의 집약도 증가 • 도시 내 지역별 접근성과 지대 차이 → 기능에 따라 지역이 분화
생태 환경의 변화	• 녹지 공간 감소: 아스팔트와 콘크리트로 포장 • 인위적인 개발: 하천 직강화 또는 복개 • 동식물의 생태환경에 부정적 영향 └ 주택과 산업 시설, 자동차 등에서 오염 물질 배출

3 생활양식의 변화

직업 분화	• 기계화·분업화 → 직업의 세분화·전문화 • 새로운 기술과 산업이 등장 → 새로운 직업 출현 및 직업 수 증가
도시성 확산	• 도시성: 도시에 거주하는 사람들이 가지는 특징적인 사고 및 행동 양식 • 효율성과 합리성을 추구하고 익명성을 띠는 도시적 생활양식의 보편화 └ 특정한 목적 의식을 가지고 모인 수단적인 인간관계 • 2차적 인간관계를 형성하는 도시인의 사고와 행동 양식이 교외나 촌락으로 확산
생활 수준 향상	• 상품과 서비스의 공급량 증가, 주민 소득 증대 • 대중교통 수단 발달, 상업·여가 시설 확충으로 생활이 편리해짐.
개인주의적 가치관 확산	• 핵가족과 1인 가구로 가족 형태 변화 • 주민 간 이질성 증대, 공동체보다 개인이 강조되는 경향 심화 → 개인 간 경쟁이 치열해지고 개인의 가치와 성취를 중시하는 태도 확산

2 산업화와 도시화로 나타난 문제와 해결 방안

1 문제점

주택 및 교통 문제	• 주택 부족, 집값 상승, 소득 수준에 따라 주거지 분리 • 교통 체증, 교통사고·소음·주차난 문제 발생
환경 문제	산업 시설과 가정에서 다양한 오염 물질 배출 → 하천과 지하수 오염, 대기질 악화, 도시 내 생물종 다양성 감소, 열섬 현상
노동 문제	• 실업: 생계유지와 자아실현이 어려워짐, 인적 자원 낭비, 빈부 격차 심화, 범죄 증가 문제 발생 └ 도시 지역의 기온이 주변 지역에 비해 높아지는 현상 • 노사 갈등: 노동자와 사용자 간 이해관계 충돌 • 인간 소외 현상: 기계화·분업화 과정에서 인간성과 인간다운 삶 상실
타인에 대한 무관심과 이기주의	• 타인과 소통 및 교류 감소 → 공동체 의식 약화 • 서로 무관심해지는 경향, 사회나 타인의 이익보다 자신의 이익만을 추구
촌락의 쇠퇴	• 생활 여건 악화와 지역 격차: 빈집이 늘어나고 의료와 교육 등 생활 기반 시설 부족 • 지역 공동체 쇠퇴: 생산 가능 인구 감소 → 휴경지 증가, 경제 활동 위축 └ 15~64세의 청장년층 인구

2 해결 방안

지역적 및 국가적 차원	• 주택 및 교통 문제: 주택과 대중교통 체계 정비, 기반 시설 확충, 도시 재개발 및 재생 사업 추진 등 • 환경 문제: 친환경 도시 개발, 녹지 공간 확충과 생태환경 복원, 오염 물질 배출 규제 • 노동 문제: 직업 교육과 취업 정보 제공 확대, 사회 복지 제도 강화, 노사 간 소통과 협력 유도 • 타인에 대한 무관심과 이기주의: 공동체 문화, 연대 의식 강화 • 촌락의 쇠퇴: 국토의 균형 발전 추구, 산업·행정 등 각종 기능 분산, 지속가능한 성장 정책 시행 예 혁신 도시
개인적 차원	친환경적 생활 방식 실천, 이웃에 관심을 갖고 더불어 살아가려는 태도

기본 기출 문제

핵심 주제를 파악할 수 있는 기출 문제를 수록하였습니다.

핵심 개념 문제

● 빈칸에 들어갈 알맞은 말을 쓰시오.

402 도시 내 지역별 접근성과 (　　　) 차이로 인해 기능에 따라 지역이 분화된다.

403 (　　　)은/는 효율성과 합리성을 추구하고 익명성을 띠는 도시적 생활양식이다.

404 도시의 (　　　) 문제에는 인구 밀집으로 인한 주택 부족, 집값 상승, 소득 수준에 따른 거주지의 분리 등이 있다.

405 (　　　) 문제를 해결하기 위한 방안으로 직업 교육과 취업 정보 제공 확대, 노사 간 소통과 협력 유도 등이 있다.

● 다음 내용이 옳으면 ○표, 틀리면 ×표를 하시오.

406 이촌향도는 산업화와 산업 구조 고도화로 일자리가 많은 도시로 촌락의 인구가 이동하는 현상이다. (　　)

407 핵가족과 1인 가구 중심으로 가족 형태가 변화하고, 개인 간 경쟁이 치열해지면서 공동체가 개인보다 강조되는 경향이 심화되고 있다. (　　)

408 도시 교통 문제의 지역적 및 국가적 차원의 해결 방안으로는 친환경 도시 개발, 녹지 공간 확충과 생태 환경 복원, 오염 물질 배출 규제 등이 있다. (　　)

● 산업화와 도시화로 나타난 문제와 그 해결 방안을 바르게 연결하시오.

409 노동 문제 •　　• ㉠ 대중교통 체계 정비

410 교통 문제 •　　• ㉡ 직업 교육, 취업 정보 제공

● ㉠, ㉡ 중 알맞은 것을 고르시오.

411 (㉠ 도시화, ㉡ 산업화)는 산업 구조가 농업 중심에서 광공업 및 서비스업 중심으로 변화하는 것이다.

412 제조업과 서비스업 등 산업 활동이 활발해지면서 도시의 (㉠ 농경지, ㉡ 시가지) 면적이 확대되고, 도시 공간이 수직적으로 확장되고 있다.

413 우리나라의 1960년대 산업별 인구 구성은 (㉠ 1차, ㉡ 3차) 산업 종사자 비율이 60% 이상, 2차 산업 종사자 비율이 10% 미만이었다.

414

㉠으로 인해 나타나는 현상에 관한 설명으로 옳은 것은?

> 생산 활동이 분업화·기계화되면서 광공업과 서비스업 중심의 산업 구조로 변화하는 과정을 (　㉠　)(이)라고 한다.

① 농경지 면적이 증가한다.
② 산업 구조가 고도화된다.
③ 도시 인구 비율이 감소한다.
④ 1차 산업 종사자 비율이 증가한다.
⑤ 도시보다 촌락의 일자리가 전문화·다양화된다.

415

그래프는 우리나라의 도시화율 변화를 나타낸 것이다. 1960년에 비해 2022년의 상대적 특징을 그림의 A~E에서 고른 것은?

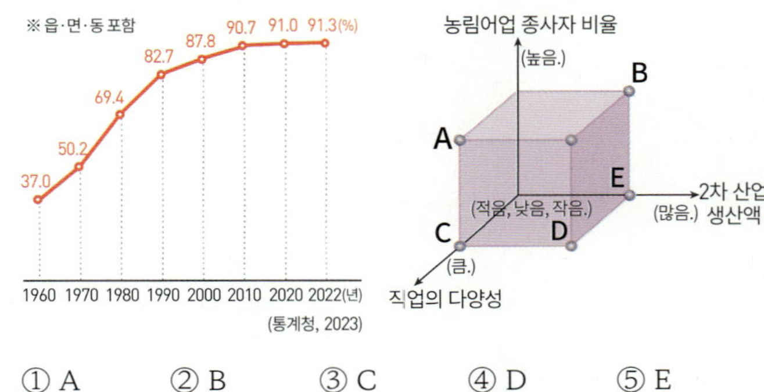

① A　　② B　　③ C　　④ D　　⑤ E

416

밑줄 친 ㉠, ㉡에 관한 옳은 설명만을 <보기>에서 고른 것은?

> 서울의 ㉠ 강남구와 서초구 일대는 1960년대부터 산업화·도시화로 ㉡ 한강 이북의 도심이 과밀화되고 제3 한강교 (한남 대교)와 경부 고속 국도가 건설되면서 1970년대 이후 새로운 택지 및 업무 지구 등으로 개발된 곳이다.

┤ 보기 ├

ㄱ. ㉠은 서울의 대표적인 공업 지역이다.
ㄴ. ㉡은 상업·업무 지역이다.
ㄷ. ㉠은 ㉡보다 도시 개발의 역사가 이르다.
ㄹ. ㉡은 ㉠보다 아파트에 거주하는 인구가 적다.

① ㄱ, ㄴ　　② ㄱ, ㄷ　　③ ㄴ, ㄷ
④ ㄴ, ㄹ　　⑤ ㄷ, ㄹ

기본 기출 문제

417
★ 핵심 주제 생활공간의 변화

사진은 어느 지역의 시기별 모습을 나타낸 것이다. 1980년~2022년의 상대적 특성 변화로 옳은 것은?

<1980년>   <2022년>

① 녹지 면적이 감소했다.
② 갯벌의 면적이 증가했다.
③ 농경지 면적이 증가했다.
④ 지표 포장 면적이 감소했다.
⑤ 동식물의 서식지가 증가했다.

418
★ 핵심 주제 생활양식의 변화

㉠에 들어갈 내용으로 가장 적절한 것은?

〈산업화와 도시화로 인한 생활양식의 변화 사례〉
• (㉠): 대가족에서 핵가족과 1인 가구로 가족의 형태가 변화하고, 도시 내 소득 수준과 직업 구성 등에서 주민 간 이질성이 증대된다. 사회 전반적으로 공동체보다 개인이 강조되는 경향이 심화되며, 개인 간 경쟁이 치열해지고 개인의 가치와 성취를 중시하는 태도가 확산된다.

① 직업 분화   ② 도시성 확산
③ 생활 수준 향상   ④ 2차적 인간관계의 확산
⑤ 개인주의적 가치관 확산

419
★ 핵심 주제 산업화와 도시화로 인한 문제점

밑줄 친 ㉠~㉤에 관한 설명으로 옳은 것은?

한정된 공간에 인구가 밀집하면 ㉠주택이 부족해지고 집값이 상승하며, 소득 수준에 따라 주거 지역이 분리되기도 한다. 자동차 증가로 교통량이 늘어나 ㉡교통 체증이 심화될 뿐만 아니라 ㉢교통사고, 소음 발생, 주차난 등의 문제도 발생한다. 또한 산업 시설과 가정 등에서 오폐수, 쓰레기, 배기가스, 미세 먼지 등 다양한 오염 물질을 배출하면서 ㉣하천과 지하수가 오염되고 ㉤대기질이 악화된다.

① ㉠은 도시보다 촌락에서 주로 나타나는 문제이다.
② ㉡으로 상품의 유통 비용이 감소한다.
③ ㉢은 자동차 증가로 교통량이 증가하여 발생한다.
④ ㉣로 인해 도시 내 생물종 다양성이 증가한다.
⑤ ㉤으로 인해 호흡기 질환 환자가 감소한다.

420
★ 핵심 주제 산업화와 도시화로 인한 문제점

㉠, ㉡에 들어갈 내용으로 적절한 것은?

• (㉠)의 해결 방안: 지역 간 발전 격차를 해소할 수 있도록 산업·행정 등 각종 기능 분산이 필요하다. 또한 생활 여건을 개선하고 일자리를 창출하는 등 지속가능한 성장을 위한 정책을 수립하고 시행해야 한다.
• (㉡)의 해결 방안: 실업자를 위한 직업 교육과 취업 정보 제공을 확대하고, 소외 계층을 위한 사회 복지 제도를 강화해야 한다. 국가는 개인의 권리를 보장할 수 있도록 제도를 개선하고 노사 간 소통과 협력을 유도해야 한다.

	㉠	㉡
①	노동 문제	촌락의 쇠퇴
②	노동 문제	타인에 대한 무관심
③	촌락의 쇠퇴	노동 문제
④	촌락의 쇠퇴	타인에 대한 무관심
⑤	타인에 대한 무관심	노동 문제

실력 기출 문제

학교 시험에서 출제율이 높은 문제를 엄선하여 수록하였습니다.

421

그래프는 두 시기의 우리나라 산업별 종사자 현황과 도시 인구 비율을 나타낸 것이다. (가)와 비교한 (나)의 상대적 특성만을 <보기>에서 고른 것은? (단, (가), (나)는 각각 1980년, 2022년 중 하나임.)

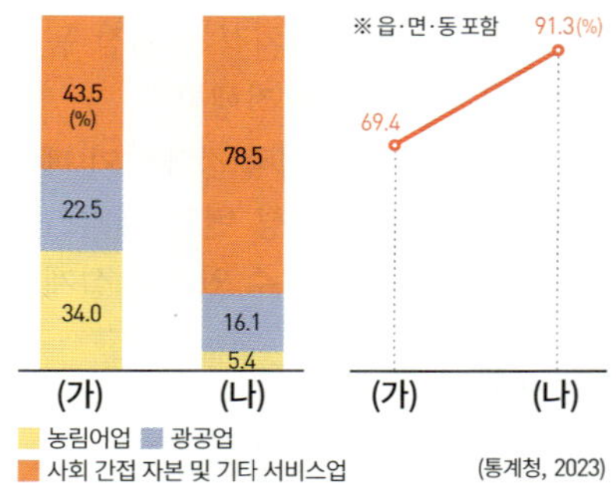

| 보기 |

ㄱ. 농가 수가 많다.
ㄴ. 공동체 의식이 강하다.
ㄷ. 3차 산업의 비율이 높다.
ㄹ. 직업의 분화 정도가 높다.

① ㄱ, ㄴ ② ㄱ, ㄷ ③ ㄴ, ㄷ
④ ㄴ, ㄹ ⑤ ㄷ, ㄹ

422 빈출

지도는 어느 지역의 토지 이용 변화를 나타낸 것이다. (가) 시기와 비교한 (나) 시기의 상대적 특성으로 옳은 것은?

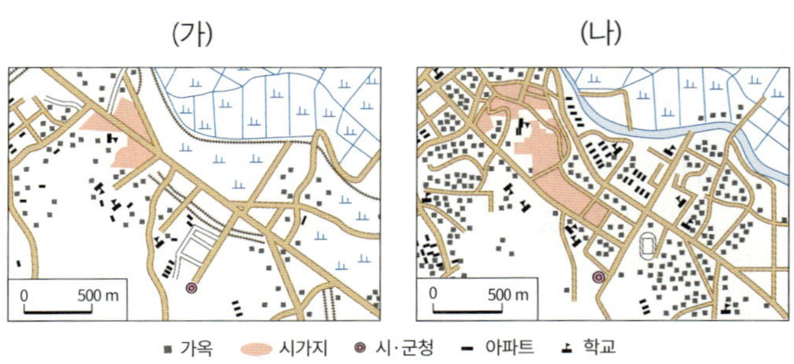

① 녹지 면적이 넓다. ② 인구 밀도가 낮다.
③ 평균 지가가 높다. ④ 농경지 면적이 넓다.
⑤ 도로의 총 길이가 짧다.

423

지도는 서울의 확장 과정을 나타낸 것이다. 이에 관한 설명으로 옳은 것은?

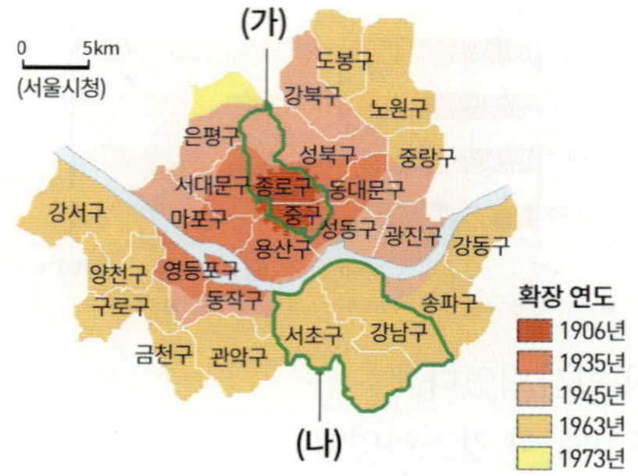

① (가)는 1970년 이후 주거 기능이 강화되었다.
② (나)는 1970년 이후 토지 이용 집약도가 증가하였다.
③ (가)는 (나)보다 아파트 거주 인구가 많다.
④ (나)는 (가)보다 시가지의 형성 시기가 이르다.
⑤ 1906~1973년 서울의 거주 공간은 축소되었다.

424 빈출

그래프는 강우 시 하천 수위 변화를 나타낸 것이다. (가)와 비교한 (나)의 상대적 특성만을 <보기>에서 고른 것은? (단, (가), (나)는 각각 도시화 이전, 도시화 이후 중 하나임.)

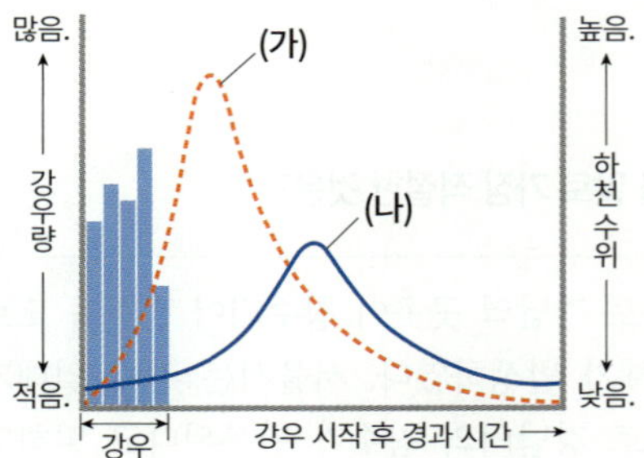

| 보기 |

ㄱ. 유량 변동이 크다.
ㄴ. 지하 유출량이 많다.
ㄷ. 저지대 침수 위험성이 높다.
ㄹ. 최고 수위 도달 시간이 느리다.

① ㄱ, ㄴ ② ㄱ, ㄷ ③ ㄴ, ㄷ
④ ㄴ, ㄹ ⑤ ㄷ, ㄹ

425

그래프는 우리나라 세대 구성의 변화를 나타낸 것이다. 1990~2020년 생활양식의 변화로 옳은 것은?

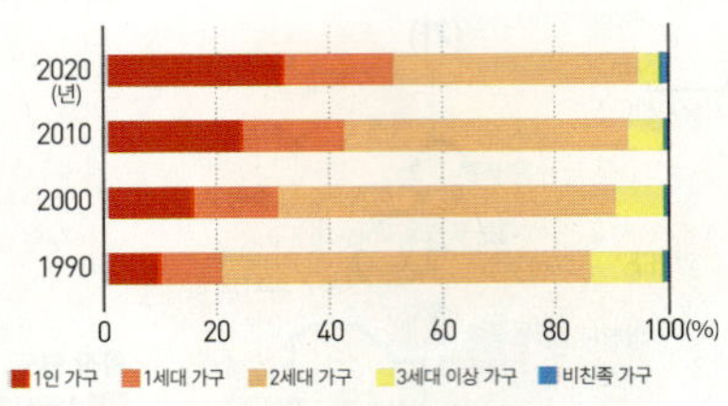

① 도시성이 확산되었다.
② 1인 가구 비율이 감소하였다.
③ 평균 가구원 수가 증가하였다.
④ 공동체적 가치관이 확산되었다.
⑤ 가족 형태가 대가족 중심으로 변화하였다.

426

표는 두 시기의 주요 국토 개발을 정리한 것이다. (가) 시기와 비교한 (나) 시기의 상대적 특성으로 옳지 <u>않은</u> 것은? (단, (가), (나)는 각각 1970년대, 2000년대 중 하나임.)

(가)	(나)
• 경부 고속 국도 개통 • 개발 제한 구역 지정 • 울산 석유 화학 단지 준공	• 인천 국제공항 개항 • 경부 고속 철도 개통 • 수도권 제2기 신도시 개발

① 무역량이 많다.
② 상품의 유통량이 많다.
③ 지역 간 접근성이 높다.
④ 1차 산업 종사자가 많다.
⑤ 1인당 국내 총생산이 많다.

427

(가)에 들어갈 말로 가장 적절한 것은?

집중 호우로 강남역 곳곳이 침수되어 정전과 도로 축대 붕괴 등 피해가 발생하였다. 서울시는 강남 일대가 '항아리 지형'이므로 강남역의 침수가 반복된다고 말하였다. 강남역은 주변 지역보다 10m 정도 낮아 고지대에서 내려오는 물이 고일 수밖에 없다. 빗물이 땅으로 흡수되지 못하고 도로를 따라 흐르거나 고이는 까닭은 강남역 주변의 ___(가)___ 때문이다.

① 공원과 녹지가 많기
② 도로 포장률이 높기
③ 지표 투수성이 높기
④ 빗물 저류 시설이 많기
⑤ 빗물을 흡수하는 땅이 늘었기

428

(가)에 들어갈 말로 가장 적절한 것은?

<주제: ___(가)___>
• 시니어 디지털 금융 교육 강사: 디지털화되는 금융 분야에서 노년층이 소외되지 않도록 디지털 기기와 스마트폰 활용 방법, 금융과 보안 관련 내용을 교육한다.
• 탄소 배출권 중개인: 배출권 거래 가격, 거래 시 사업 프로젝트의 성공 가능성, 법적·정치적 문제점 등을 분석하여 최적의 가격과 시점에 거래를 진행한다.
• 메타버스 배리어 프리 설계사: 시각 장애인이 메타버스의 식당에서 음식을 주문할 때 음성 번역 서비스를 제공하여 메타버스 환경에 쉽게 접근할 수 있도록 설계한다.

① 소득 증대와 생활 수준 향상
② 서비스업의 다양화와 생산성 약화
③ 기계화와 분업화로 인한 인간 소외
④ 개인 간 경쟁과 개인 성취 중시 태도
⑤ 생활양식 변화와 새로운 직업의 등장

429 빈출

밑줄 친 ㉠의 생활공간 변화에 관한 옳은 설명만을 <보기>에서 고른 것은?

지금 ㉠팽이부리마을이 있는 자리는 원래 땅보다 갯벌이 더 넓은 바닷가였다. 이곳은 바다가 메워지면서 공장 굴뚝과 판잣집들만 빼곡히 들어찬 공장 지대가 되었다. 이후 일자리를 찾아 올라온 이농민들은 이 마을 판자촌에 둥지를 틀었다. 판잣집이라도 얻을 돈이 있는 사람은 다행이었지만, 그나마 전셋돈마저 없는 사람들은 시궁창 위에도 다락집을 짓고, 기찻길 바로 옆에도 집을 지었다.

| 보기 |
ㄱ. 간척 사업으로 갯벌이 감소하였다.
ㄴ. 어업에 종사하는 주민 비율이 증가하였다.
ㄷ. 주택 문제와 같은 도시 문제가 발생하였다.
ㄹ. 공단 조성으로 인구의 유출이 유입보다 많아졌다.

① ㄱ, ㄴ
② ㄱ, ㄷ
③ ㄴ, ㄷ
④ ㄴ, ㄹ
⑤ ㄷ, ㄹ

430

(가), (나)에 해당하는 산업화와 도시화에 따른 문제점으로 가장 적절한 것은?

> (가) 노동의 주체인 인간이 기계의 부속품처럼 전락하여 노동의 성과로 얻는 만족감이나 성취감이 줄어드는 인간 소외 현상이 나타난다.
>
> (나) 자동차나 에어컨 실외기 등에서 나오는 인공열, 콘크리트와 아스팔트가 내뿜는 열 등으로 도시 지역의 기온이 주변 지역에 비해 높아지는 열섬 현상이 나타난다.

	(가)	(나)
①	교통 문제	환경 문제
②	노동 문제	교통 문제
③	노동 문제	환경 문제
④	타인에 관한 무관심	교통 문제
⑤	타인에 관한 무관심	주택 문제

431 빈출

자료에 관한 설명으로 옳은 것은?

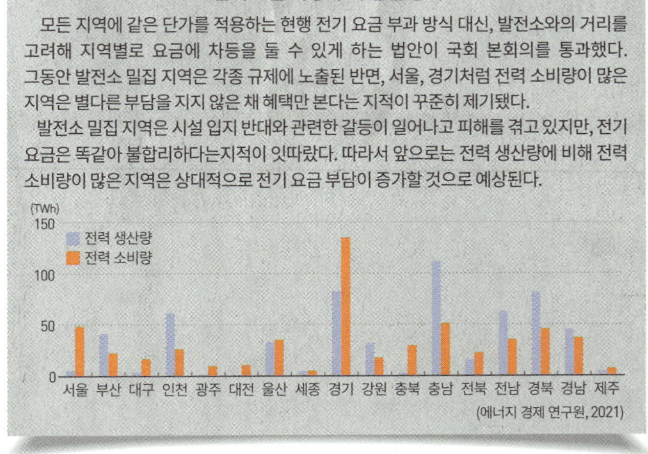

① 서울은 전력 생산량에 비해 전력 소비량이 적다.
② 대구는 부산보다 발전소 시설 입지로 인한 갈등이 많다.
③ 발전으로 인한 대기 오염 물질 배출량이 가장 많은 지역은 울산이다.
④ 이 법안이 시행될 경우 상대적으로 광주는 전기 요금 단가가 하락할 수 있다.
⑤ 전력 생산지와 전력 소비지의 불일치로 지역 간 환경 불평등이 발생할 수 있다.

432

자료에서 파악할 수 있는 도시화로 인한 문제점과 해결 방안으로 가장 적절한 것은?

> 경기 오산의 궐동천은 도시화로 수질이 오염되고 생태계가 훼손된 곳이었다. 시민, 민간 단체, 기업은 하천 관리에 주도적으로 참여하여 수질 개선 시설을 설치하고 하천 주변에 식생을 조성하였고, 궐동천은 생태 하천으로 거듭났다.

	문제점	해결 방안
①	교통 문제	생태환경 복원
②	주택 문제	낙후된 정주 환경 개선
③	환경 문제	생태환경 복원
④	환경 문제	대중교통 수단 확충
⑤	환경 문제	낙후된 정주 환경 개선

433 빈출

밑줄 친 ㉠~㉣에 관한 옳은 설명만을 <보기>에서 고른 것은?

> 〈2024년 ○○시 도시 문제 포럼〉
>
> 1. 장소: ○○시민회관
> 2. 토의 주제
>   • ㉠노후 경유차 감축 조례 제정 논의
>   • ㉡도시 재개발 사업 운영을 위한 과제
>   • 지역 내 ㉢대중교통 이용 현황과 활성화 방안
> 3. 자유 토론: ㉣지역 주민들 간의 소통 장려를 위한 시민 활동 모색

| 보기 |

ㄱ. ㉠은 개인적 차원에서 실행 가능한 방안이다.
ㄴ. ㉡은 주거 환경을 개선하기 위한 방안이다.
ㄷ. ㉢은 쓰레기 문제를 개선하기 위한 방안이다.
ㄹ. ㉣은 공동체의 결속력을 강화하기 위한 방안이다.

① ㄱ, ㄴ	② ㄱ, ㄷ	③ ㄴ, ㄷ
④ ㄴ, ㄹ	⑤ ㄷ, ㄹ	

실력 기출 문제

434

다음은 두 도시 재생의 사례를 나타낸 것이다. (가)와 비교한 (나)의 상대적 특성으로 옳은 것만을 <보기>에서 있는 대로 고른 것은?

(가) 대구 동구 신암동 일대는 오래되고 낡은 주거지가 밀집하였지만, 최근 주변 지역의 개발로 유동 인구가 늘면서 신암 뉴타운 사업이 진행되고 있다. 이 사업이 마무리되면 아파트 약 8,700가구가 들어선다. 이 지역은 고속 철도 동대구역, 대구 지하철 1호선과 가까워 인구가 늘면서 지역에 활력이 생길 것으로 기대된다.

(나) 부산 영도구 대평동은 국내 최초의 조선소가 들어선 곳이다. 선박을 수리할 때 나는 소리 때문에 '깡깡이 마을'로도 불린다. 한 때 조선업의 불황으로 지역이 쇠락했지만, 예술가의 주도로 마을이 변하고 있다. 낡은 건물을 고쳐 생활 문화 센터와 마을 공작소 등의 거점 시설을 조성하였고, 다양한 주민 참여 프로그램을 만들었다.

| 보기 |

ㄱ. 토지 이용의 집약도가 높다.
ㄴ. 원거주민의 재정착률이 높다.
ㄷ. 개발 과정에서 투입된 자본의 규모가 크다.

① ㄱ   ② ㄴ   ③ ㄱ, ㄴ
④ ㄴ, ㄷ   ⑤ ㄱ, ㄴ, ㄷ

435

밑줄 친 ㉠~㉤에 관한 설명으로 적절하지 <u>않은</u> 것은?

〈산업화와 도시화에 따른 문제점〉

• 주택 및 교통 문제: 주택 부족, 집값 상승, ㉠ 주거 불평등, 교통 체증 등
• 환경 문제: 하천과 지하수 오염, 대기질 악화, ㉡ 열섬 현상 등의 발생
• 노동 문제: 실업, ㉢ 노사 갈등 등
• ㉣ 타인에 대한 무관심과 이기주의: 사회에 대한 무관심, 자신만의 이익 추구 등
• 촌락의 쇠퇴: 생활 기반 시설 부족, ㉤ 경제활동 위축 등

① ㉠의 해결을 위해 선호하는 기반 시설을 분산하여 확충한다.
② ㉡은 지표 포장 면적 증가와 인공열 발생이 주요 원인이다.
③ ㉢은 산업 구조 변화와 생산의 자동화로 일자리를 갖지 못해 발생한다.
④ ㉣의 해결을 위해 공동체 문화를 조성하고 연대 의식을 강화한다.
⑤ ㉤은 생산 가능 인구 감소로 인한 노동력이 부족이 주요 원인이다.

✎ 1등급을 향한 서답형 문제

| 436~437 |

자료를 보고 물음에 답하시오.

(㉠)은/는 자동차나 에어컨 실외기 등에서 나오는 인공열, 콘크리트와 아스팔트가 내뿜는 열 등으로 도시 지역의 기온이 주변 지역에 비해 높아지는 현상이다.

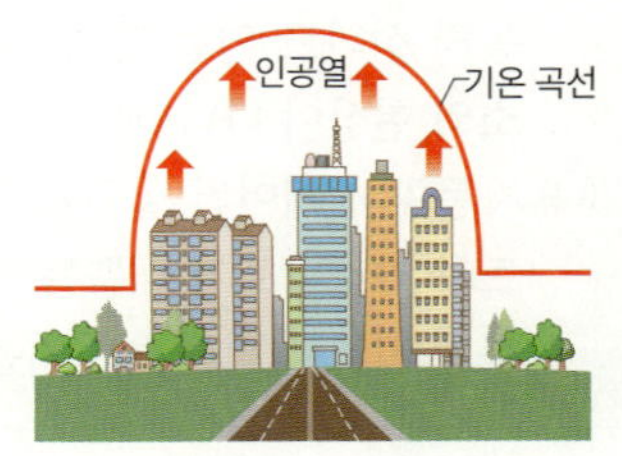

436

㉠에 들어갈 도시 내 환경 문제를 쓰시오.

437

㉠을 해결하기 위한 대책을 <u>두 가지</u> 서술하시오.

| 438~439 |

자료를 보고 물음에 답하시오. (단, (가)~(다)는 각각 논밭, 대지, 임야 중 하나임.)

〈우리나라 국토 용도별 이용 면적 변화〉

	〈1977년〉	〈2022년〉
(가)	65,660km²	→ 63,427km²
(나)	22,144km²	→ 18,487km²
(다)	1,760km²	→ 3,342km²
도로	1,612km²	→ 3,453km²

(국토 교통부, 각 연도)

438

(가)~(다)에 해당하는 용도를 각각 쓰시오.

439

1977년과 비교한 2022년의 농경지 면적, 도시적 토지 이용, 지표의 포장 면적의 변화 특징을 서술하시오.

적중 1등급 문제

내신 1등급을 결정하는 고난도 문제를 수록하였습니다.

440

그래프는 우리나라의 산업별 종사자와 도시 인구 변화를 나타낸 것이다. 1960년과 비교한 2022년의 상대적 특성으로 옳은 것만을 <보기>에서 고른 것은?

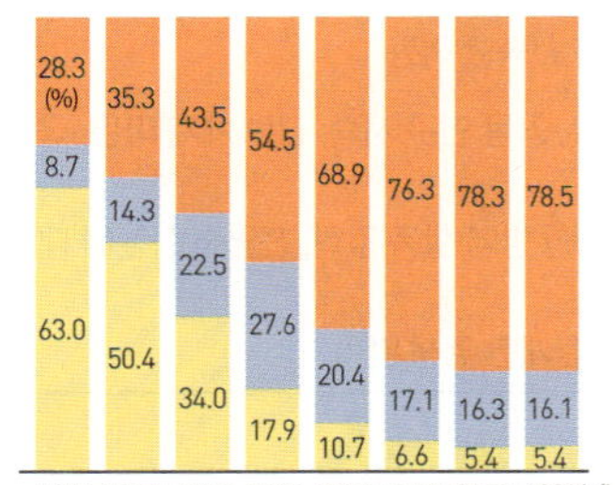
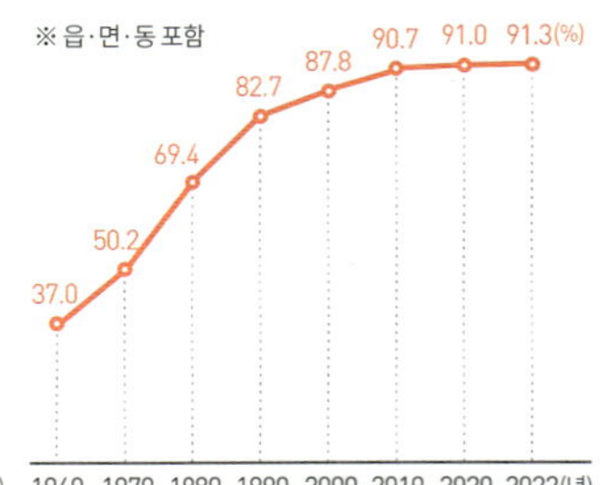

┤ 보기 ├
ㄱ. 도시 인구 비율이 낮다.
ㄴ. 이촌향도 현상이 활발하다.
ㄷ. 서비스업의 분화 정도가 높다.
ㄹ. 아파트 거주 인구 비율이 높다.

① ㄱ, ㄴ   ② ㄱ, ㄷ   ③ ㄴ, ㄷ
④ ㄴ, ㄹ   ⑤ ㄷ, ㄹ

441

사진은 우리나라 ○○ 지역의 시기별 모습을 나타낸 것이다. 1977 ~ 2022년의 상대적 특성 변화로 옳지 <u>않은</u> 것은?

<1977년>
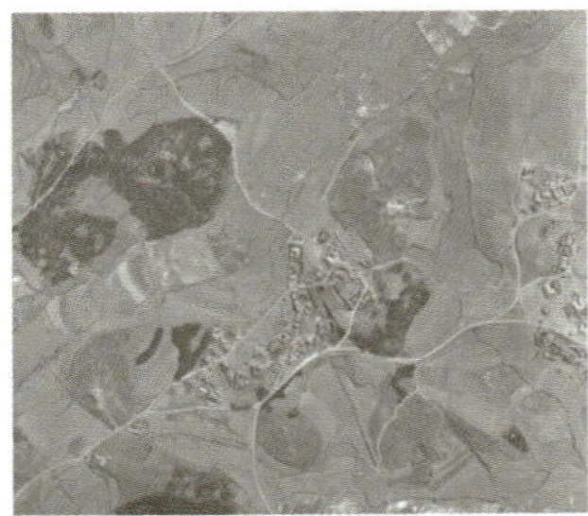

<2022년>

① 도로의 통행량이 증가하였다.
② 건물의 평균 층수가 높아졌다.
③ 농업적 토지 이용이 증가하였다.
④ 상업지의 평균 지가가 상승하였다.
⑤ 단위 면적당 가구 수가 증가하였다.

442

(가) 시기와 비교한 (나) 시기 생활양식의 상대적 특징만을 <보기>에서 고른 것은?

(가) 오늘은 아침 일찍부터 추월이네 벼를 수확하기 위해 이웃들과 함께 품앗이를 하러 갔다. 저녁에는 7남매, 부모님, 할머니가 모두 둘러앉아 저녁을 먹었다. 저녁을 조금 먹고 밤에 마을 사람들이 모이는 잔치에 갔다.

(나) 아침에 광역 버스를 한 시간 넘게 타고 회사에 도착했다. 버스에서 드라마를 2배속으로 보는 재미가 있다. 퇴근 후 애플리케이션을 통해 가입한 영화 동호회에 참석하러 복합 쇼핑몰에 가서 저녁을 먹었다.

┤ 보기 ├
ㄱ. 1인 가구 비율이 높다.
ㄴ. 2차적 인간관계를 맺는 비율이 높다.
ㄷ. 상업·여가 시설 이용의 편의성이 낮다.
ㄹ. 지역 내 직업 구성에서 주민 간 동질성이 높다.

① ㄱ, ㄴ   ② ㄱ, ㄷ   ③ ㄴ, ㄷ
④ ㄴ, ㄹ   ⑤ ㄷ, ㄹ

443

㉠에 들어갈 내용으로 가장 적절한 것은?

혁신 도시는 (㉠) 문제의 해결을 목적으로, 성장 거점 지역에 조성하는 미래형 도시이다. 이전된 공공 기관과 기업, 대학, 연구소 등이 긴밀하게 협력할 수 있는 최적의 혁신 여건 속에서 지역의 새로운 성장 동력을 창출할 것으로 예상된다. 2023년을 기준으로 각자의 특화 분야를 가진 총 10개의 혁신 도시가 조성되었으며, 2개의 혁신 도시가 추가로 조성될 예정이다.

① 도시 주거 공간 부족
② 개인주의적 가치관 확산
③ 세대 간 차이에 따른 갈등
④ 지역 격차와 지역 공동체 쇠퇴
⑤ 노동자와 사용자 간의 이해관계 충돌

10 교통·통신 및 과학기술의 발달

1 생활공간과 생활양식의 변화

1 교통·통신 및 과학기술의 발달

(1) 교통 발달: 철도, 자동차, 비행기 등 새롭고 더 빠른 교통수단 등장

(2) 통신 발달: 인공위성, 인터넷과 같은 새로운 통신 기술 발달

(3) 과학기술 발달

① 정보화: 지식과 정보가 중요한 자원이 되어 사회 전반의 큰 변화 등장
　　사물 인터넷, 빅데이터, 클라우드, 인공지능 등

② 제4차 산업 혁명: 지능 정보 기술이 다양한 산업 및 서비스 분야에 융합 → 사회·경제 전반에 혁신적인 변화

2 생활공간의 변화

일상생활 범위의 확대	• 접근성 향상: 통근과 쇼핑 등 일상생활 범위 확대 • 교외화 현상: 주거지, 공장 등의 교외 이전 ── 도시적 경관의 확산 • 대도시권 형성: 광역 교통망이 발달한 대도시의 기능과 영향력이 주변 도시로 확대
경제활동 범위의 확대	• 상품과 노동력이 국경을 넘나들며 이동 • 인터넷, 스마트폰의 대중화 → 국내외 전자 상거래와 금융 거래 증가 → 상품 구입과 해외 투자의 편리성 증대 • 공간적 분업: 기업의 본사, 연구소, 생산 공장 등이 세계 곳곳에 분산되어 입지
여가 공간의 확대	• 신속한 장거리 이동, 인터넷을 통해 국내외 정보 수집 가능 → 국내외 여행 증가 • 대중 매체를 통해 세계 여러 지역과 상호 작용 활발, 다양한 문화 경험
생태환경의 변화	교통망과 통신 시설을 건설하는 과정에서 생태계 파괴 및 동식물 서식 환경 악화

3 생활양식의 변화

근무 환경의 변화	• 인터넷을 이용하여 원격 및 재택근무 가능, 대면 접촉의 중요성 감소 → 출퇴근 거리·시간 감소 • 기업은 거점 오피스 운영, 선택적 시간 근무, 주 4일제 근무 등을 도입 → 일과 삶의 균형 지원
생활의 편리성 증대	• 로봇과 인공지능, 사물 인터넷의 대중화 → 생활의 안전성과 편의성 및 에너지 활용의 효율성 증가 • 빅데이터: 일상생활, 정책 개발, 기업 활동에 도움
다양한 인간관계	• 다양한 매체를 통해 가상 공간에서의 교류 확대 • 불특정 다수와 정보 교환 및 가치관 공유
정치 참여의 기회 확대	동영상 공유 플랫폼, 인터넷 개인 방송, 누리 소통망 등을 통해 여론 조성과 연대 형성 → 개인의 정치적 의견 표출 가능 → 전자 민주주의의 실현 가능

2 문제점과 해결 방안

1 지역 격차 확대

원인	접근성이 높은 지역과 낮은 지역 간 인구와 기능 밀집 차이 → 경제활동 활성화 차이로 확대 → 빨대 효과 발생

새로운 교통수단의 개통으로 주변 도시의 인구와 경제력이 대도시로 유입되는 현상

해결 방안	• 낙후 지역에 교통망 확충 • 공공 기관 이전, 산업 단지 조성 등 지역 잠재력을 높일 수 있는 생활 여건 개선, 지역 균형 발전 방안 마련

⑩ 혁신 도시 건설

2 전염병 확산

원인	교통 발달 → 세계 각지로 사람들의 신속한 이동
해결 방안	• 세계 각국: 전염병 관련 정보 공유, 공동 연구 지속, 경보 체계 마련, 국제 사회 연대 강화 • 정부: 공항과 항만 등에서 상시적인 방역 활동 강화, 전염병 확산에 대비하여 대응 방안 사전에 마련 • 개인: 전염병 관련 대처 요령 파악, 개인 위생 관리

3 생태환경 파괴

원인	• 선박과 항공기를 통한 사람과 물자의 이동 활발 → 해외 유입 동식물 → 생태환경 교란 • 교통수단의 화석 연료 사용 → 환경 오염 물질 배출
해결 방안	• 생태 교란종의 국경 이동 통제 및 조기 발견에 신속 대응 • 오염 물질 배출 규제, 친환경 대체 연료 개발 • 관광지는 관광객 수 제한과 입장료 부과, 관광객은 공정 여행 → 지역 주민과 관광객이 공존하기 위한 노력 필요

오버투어리즘 해결 방안

4 디지털 중독과 사생활 침해, 정보 격차

원인	• 높은 디지털 기기 의존, 개인 정보 유출, 사이버 폭력 • 경제적·사회적·지역적·신체적 여건 차이 → 정보 접근성과 이용 격차
해결 방안	• 디지털 중독 예방 프로그램, 개인 정보 보호, 정보 윤리 실천 • 디지털 소외 계층의 서비스 접근성 향상을 위한 기술 개발 및 제품 제공, 정보 격차 해소 교육

> **꼭 나오는 자료** 　　　　　　　 ⬢ 98쪽 476번 문제로 확인
>
> | 접근
유무선 정보 기기 보유 여부 | 역량
PC 및 모바일 기기 이용 능력 | 활용
인터넷 서비스 이용 다양성 등 |
> |---|---|---|
> | 96.7 99.5 95.1 95.7 | 75.2 92.9 54.5 70.6 | 82.0 96.4 72.6 78.8 |
>
> ※ 일반 국민의 수준을 100으로 놓았을 때의 기준을 의미함. 　(단위: %)
> ■ 장애인　■ 저소득층　■ 고령층　■ 농어민
>
> (과학기술 정보 통신부·한국 지능 정보 사회 진흥원, 2023)
>
> **자료 분석** 　정보 취약 계층은 일반 국민보다 정보 접근, 정보 이용 및 활용 수준이 낮다.

5 노동 시장 양극화

원인	미래 사회에서 요구하는 직무 역량 차이 → 실업 발생, 빈부 격차 확대
해결 방안	• 미래 유망 직업이나 기술을 예측하여 필요한 노동력 양성, 기존 노동력의 재취업을 위한 직업 훈련 지원 • 사회 보장 시스템 개편, 교육을 통해 창의적 인재 육성 → 사회 변화에 유연하게 대응

기본 기출 문제

핵심 주제를 파악할 수 있는 기출 문제를 수록하였습니다.

핵심 개념 문제

● 빈칸에 들어갈 알맞은 말을 쓰시오.

444 (　　　)은/는 사물 인터넷, 빅데이터, 클라우드, 인공지능 등 지능 정보 기술이 다양한 산업 및 서비스 분야에 융합되는 변화이다.

445 광역 교통망이 발달한 대도시의 기능과 영향력이 주변 도시로 확대되면서 (　　　)이/가 형성된다.

446 동영상 공유 플랫폼, 인터넷 개인 방송, 누리 소통망 등을 통해 개인의 정치적 의견 표출이 가능해지면서 (　　　)의 실현 가능성이 높아졌다.

● 다음 내용이 옳으면 ○표, 틀리면 ×표를 하시오.

447 인터넷을 이용한 원격 근무가 가능해지면서 대면 접촉과 장소의 중요성이 높아지고 출퇴근 이동 거리와 시간이 증가하고 있다. (　　　)

448 공간적 분업은 기업의 본사, 연구소, 생산 공장 등이 세계 곳곳에 분산되어 입지하는 것이다. (　　　)

449 생태환경 파괴 문제를 해결하기 위해 관광지에서는 관광객 수를 제한하고, 관광객은 공정 여행을 실천해야 한다. (　　　)

● 교통·통신 및 과학기술의 발달에 따른 문제점과 원인을 바르게 연결하시오.

450 전염병 확산 ·　　　· ㉠ 직무 역량 차이

451 노동 시장 양극화 ·　　　· ㉡ 교통 발달

● ㉠, ㉡ 중 알맞은 것을 고르시오.

452 높은 디지털 기기 의존으로 인한 문제를 해결하기 위해 (㉠ 디지털 중독 예방 프로그램, ㉡ 개인 정보 보호)이/가 필요하다.

453 신속한 장거리 이동이 가능해지고 인터넷을 통해 국내외 각지의 정보 수집이 가능해지면서 국내외 여행이 증가하는 (㉠ 생태환경의 변화, ㉡ 여가 공간의 확대)가 나타났다.

454

㉠에 관한 설명으로 가장 적절한 것은?

> 기술 변화로부터 시작된 (㉠)은/는 다보스 포럼으로 불리는 세계 경제 포럼(WEF)에서 처음으로 논의되었다. 세계 경제 포럼에서는 사물 인터넷, 공유 경제와 클라우드 소싱, 로봇, 자율 주행, 인공지능, 3D 프린팅 등을 (㉠)의 주요 기술로 제시하였다.

① 제3차 산업 혁명이다.
② 20세기 후반부터 진행되고 있다.
③ 새롭고 더 빠른 교통수단의 등장을 의미한다.
④ 컴퓨터와 인터넷 기반의 지식 정보 혁명이다.
⑤ 지능 정보 기술이 다양한 산업 분야에 융합된다.

455

(가)에 들어갈 학생의 답변으로 가장 적절한 것은?

> 교사: 고속 도로, 도시 철도, 고속 철도 등 광역 교통망이 발달하면서 나타날 수 있는 변화에는 무엇이 있는지 발표해 볼까요?
> 학생: ＿＿＿＿＿＿＿ (가) ＿＿＿＿＿＿＿

① 여가 활동의 공간적 제약이 커집니다.
② 기업 활동의 공간적 범위가 축소됩니다.
③ 출퇴근 가능 지역의 범위가 확대됩니다.
④ 교외화로 대도시의 영향력이 축소됩니다.
⑤ 상품과 노동력의 지역 간 이동 시간이 증가합니다.

456

㉠에 들어갈 내용으로 가장 적절한 것은?

> 〈교통·통신 발달에 따른 (㉠)의 변화〉
> 새로운 교통로를 건설하는 과정에서 녹지 공간이 감소하고 동식물의 서식처가 파괴되기도 하는데, 이 때문에 야생 동물이 시가지에 출몰하거나 찻길 사고를 당하는 일이 증가하였다.

① 생태환경　　　　② 도시 기능
③ 여가 공간　　　　④ 경제활동 범위
⑤ 일상생활 범위

● 바른답·알찬풀이 42쪽

457

그래프는 일상생활 필수 매체의 변화를 나타낸 것이다. 2012~2021년의 생활양식의 변화로 옳은 것은?

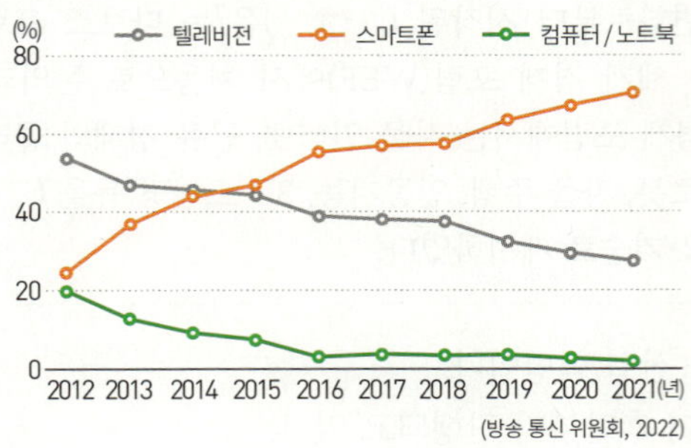

① 원격 근무의 빈도가 낮아졌다.
② 온라인 쇼핑 이용 빈도가 높아졌다.
③ 전자 민주주의의 참여 기회가 축소되었다.
④ 불특정 다수와의 인간관계에 제약이 커졌다.
⑤ 업무 환경에서 대면과 장소의 중요성이 높아졌다.

458

㉠에 들어갈 내용으로 가장 적절한 것은?

> 1817년 인도의 풍토병이던 콜레라가 해상 경로를 통해 동남아시아, 중국, 일본으로 확산되었고 조선에는 4년 후인 1821년에 전파되었다. 코로나바이러스감염증-19는 2019년 12월 중국 우한시에서 처음 보고되었는데, 한 달 후인 2020년 1월에 국내 최초로 인천 국제공항에서 확진자가 발생하였다. 이를 통해 교통 발달에 따른 (㉠)의 차이를 파악할 수 있다.

① 지역 격차
② 정보 격차
③ 전염병 확산
④ 생태환경 파괴
⑤ 노동 시장 양극화

459

그래프는 디지털 소외 계층의 디지털 정보화 역량 수준을 나타낸 것이다. 이를 통해 파악할 수 있는 정보 사회의 문제점으로 적절한 것만을 <보기>에서 고른 것은?

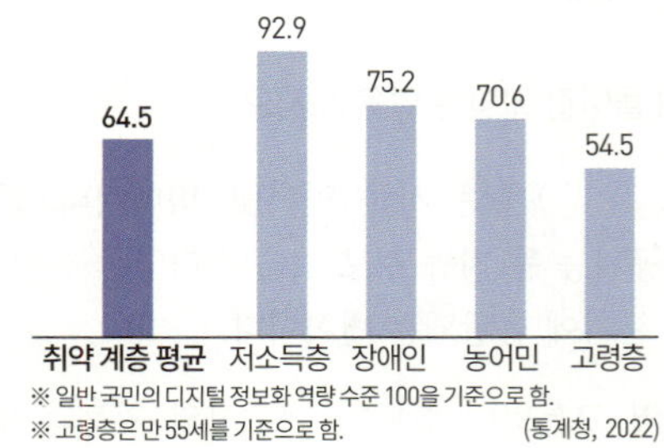

> **보기**
> ㄱ. 정보 기술 발달로 인한 노동 시장의 축소
> ㄴ. 정보 격차에 따른 경제적·사회적 격차 확대
> ㄷ. 정보 활용 역량에 따른 정보 기기 이용의 어려움
> ㄹ. 디지털 역량 수준에 따른 도시의 성장 잠재력 차이

① ㄱ, ㄴ
② ㄱ, ㄷ
③ ㄴ, ㄷ
④ ㄴ, ㄹ
⑤ ㄷ, ㄹ

460

다음 글에 나타난 문제의 해결 방안으로 가장 적절한 것은?

> 제4차 산업 혁명으로 단순 생산직·사무직·관리직 일자리는 감소하지만 과학·수학·정보통신기술 분야 일자리는 증가할 전망이다. 미래 사회에서 요구하는 직무 역량이 부족한 노동자는 일자리를 잃게 되고, 이는 실업 증가와 빈부 격차 확대 등으로 이어져 개인적·사회적 측면에서 부정적 영향이 나타날 수 있다

① 낙후 지역에 교통망을 확충한다.
② 개인 정보 보호 정책을 강화한다.
③ 재취업을 위한 직업 훈련을 지원한다.
④ 허위 정보 유포를 방지하는 제도를 마련한다.
⑤ 디지털 소외 계층을 위한 정보 기술을 개발한다.

실력 기출 문제

학교 시험에서 출제율이 높은 문제를 엄선하여 수록하였습니다.

461 빈출

다음 글에 나타난 생활공간의 변화로 가장 적절한 것은?

1948년 런던 올림픽에 출전한 우리나라 대표팀은 서울에서 출발하여 일본, 타이, 인도 등을 거쳐 18일이 걸려서야 런던에 도착하였다. 2012년 런던 올림픽에 출전한 우리나라 대표팀은 서울에서 출발하여 직항 비행기로 약 12시간 만에 런던에 도착하였다.

① 지역 간 접근성이 향상되었다.
② 동식물의 서식 환경이 악화되었다.
③ 기업 활동의 공간적 범위가 축소되었다.
④ 국경 간 노동력의 이동이 불가능해졌다.
⑤ 뉴 미디어를 통한 쌍방향 소통이 가능하게 되었다.

462

그림에 표현된 사회에서 나타나는 생활양식의 변화로 적절하지 <u>않은</u> 것은?

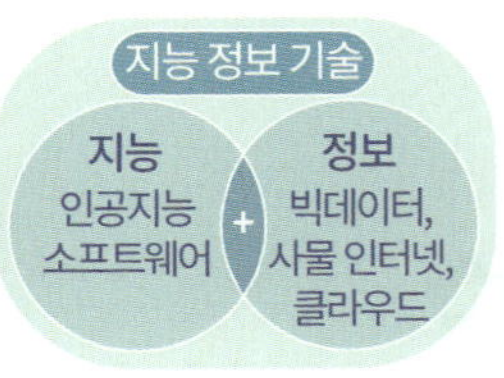

① 공유 경제 활성화
② 정치 참여 기회의 확대
③ 유연한 근무 환경 조성
④ 대면과 장소의 중요성 증가
⑤ 에너지 활용의 효율성 증가

463

밑줄 친 두 지역에 나타날 수 있는 변화에 관한 설명으로 가장 적절한 것은?

2018년 평창 동계 올림픽을 앞두고 개통한 고속 철도 강릉선으로 인해 서울 청량리에서 강릉까지의 소요 시간은 약 6시간에서 1시간 30분으로 단축되었다.

① 서울의 대학 병원 기능이 약화된다.
② 물류의 평균 이동 시간이 증가한다.
③ 여가를 즐길 수 있는 공간 범위가 축소된다.
④ 서울에서 강릉을 찾는 철도 이용객이 감소한다.
⑤ 강릉의 고속 철도 정차역에 새로운 상권이 형성된다.

464

지도는 수도권 통근 네트워크의 변화를 나타낸 것이다. 이에 관한 옳은 설명만을 <보기>에서 고른 것은?

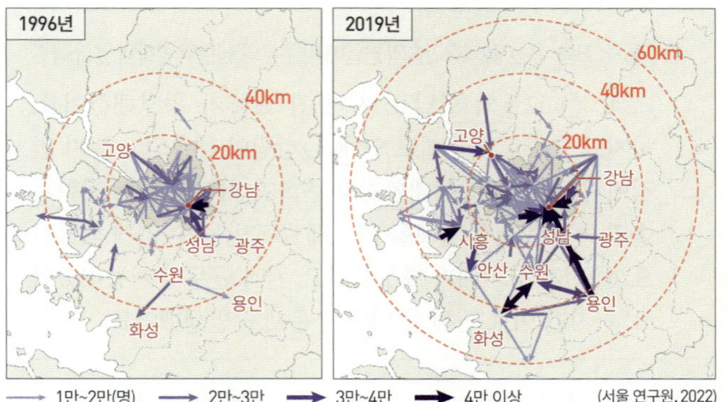

| 보기 |

ㄱ. 수도권의 도로 통행량은 증가하였다.
ㄴ. 서울 도시 기능의 영향권은 확대되었다.
ㄷ. 수도권 내 통근의 공간적 제약이 커졌다.
ㄹ. 수원에서 다른 도시로의 통근 인구는 감소하였다.

① ㄱ, ㄴ 　② ㄱ, ㄷ 　③ ㄴ, ㄷ
④ ㄴ, ㄹ 　⑤ ㄷ, ㄹ

465

다음은 어느 학생이 쓴 일기이다. 밑줄 친 ㉠~㉣에 관한 설명으로 옳은 것은?

2022년 ○월 ○일
예전에는 보령에서 안면도 영목항까지 90분이 넘게 걸렸는데, ㉠새로 개통한 보령 해저 터널을 통과하니 10여 분 만에 도착했다. 영목항의 한 식당 사장님은 ㉡해저 터널 개통 이후 지역 상인들이 장사할 맛이 난다고 하셨다. 하지만 ㉢지역 주민들이 피해를 입기도 한다는 말씀에 마음이 무겁기도 했다. 여행 중 먹지 못해 아쉬웠던 요리인 게국지를 집으로 돌아오는 길에 ㉣인터넷을 통해 주문했다.

① ㉠으로 인해 보령-안면도 영목항 간 접근성이 낮아졌다.
② ㉡을 통해 교통 발달이 영목항 일대의 지역 경제 침체에 영향을 주었음을 알 수 있다.
③ ㉢의 사례로 관광객들의 쓰레기 무단 투기 증가를 들 수 있다.
④ ㉡과 ㉢을 통해 영목항을 방문하는 관광객 수가 감소했음을 알 수 있다.
⑤ ㉣의 등장으로 소비자의 상품 구입에 관한 시공간적 제약이 강화되었다.

466

자료는 학생이 생성형 인공 지능과 대화한 내용의 일부이다. 밑줄 친 ㉠~㉤에 관한 설명으로 옳지 <u>않은</u> 것은?

> I♡통사: 교통·통신 및 과학기술의 발달에 따른 우리 생활의 변화를 알려 줘.
>
> ㄴ AI: ㉠교통의 발달로 지역 간 교류가 활발해졌어요. 하지만 교통로의 건설로 인해 ㉡산림이 훼손되고 녹지 면적이 감소하여 ㉢생태환경의 변화가 나타났어요. 과학기술의 발달로 많은 정보를 빠르게 주고받을 수 있게 되었어요. ㉣전자 상거래가 활성화되고, 원격 근무가 가능해졌어요. 하지만 이로 인해 ㉤다양한 문제도 발생했어요.

① ㉠으로 인해 개인의 여가생활 범위가 확대되었다.
② ㉡으로 인해 산사태의 발생 위험이 증가하였다.
③ ㉢의 사례로 '야생 동물의 이동 통로 단절'을 들 수 있다.
④ ㉣로 인해 소비 활동의 공간적 제약이 강화되었다.
⑤ ㉤의 사례로 '계층 간 정보 격차 발생'을 들 수 있다.

467

(가)에 들어갈 내용으로 가장 적절한 것은?

> 〈 워케이션으로 인한 ____(가)____ 〉
>
> 정보 기술(IT) 업계에서 일(work)과 휴가(vacation)의 합성어인 워케이션이 새로운 근무 형태로 주목받고 있다. 이것은 단순한 재택근무나 원격 근무를 넘어 일과 관광을 병행할 수 있는 새로운 근무 방식이다. 한국 관광 공사는 이것의 생산 유발 효과가 약 4조 5천억 원이며, 고용 유발 효과는 2만 7천여 명이라고 발표하였다.

① 생활의 편리성 증대   ② 정보 기술의 대중화
③ 다양한 인간관계 형성   ④ 근무 환경 변화와 영향
⑤ 정치 참여의 기회 확대

468

(가)에 들어갈 내용으로 가장 적절한 것은?

> 〈 ____(가)____ 을/를 줄이기 위한 기술 〉
>
> 야생 동물의 움직임을 탐지하는 센서와 인공 지능 기술이 적용된 폐회로 텔레비전(CCTV)을 결합해 운전자에게 전광판으로 야생 동물의 출현을 알려준다.

① 도시 팽창   ② 지역 격차
③ 생태 서식지 단절   ④ 외래 생물종 유입
⑤ 오염 물질 배출 증가

469

그래프는 인터넷 쇼핑 시장 규모의 변화를 나타낸 것이다. 이에 관한 옳은 추론만을 <보기>에서 있는 대로 고른 것은?

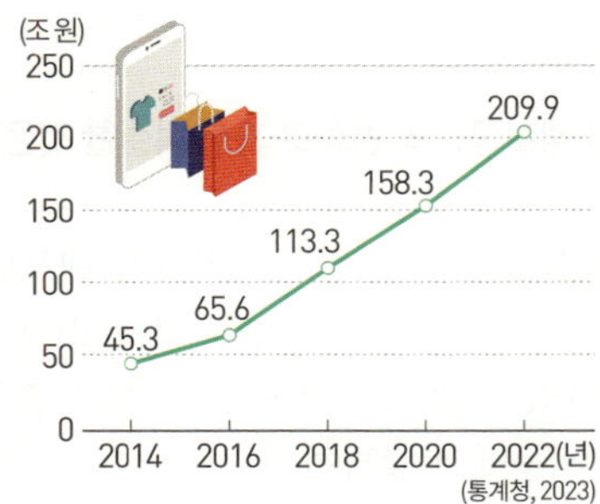

> ┤ 보기 ├
> ㄱ. 택배 산업의 성장이 동반되었을 것이다.
> ㄴ. 상품을 구매할 때 시공간의 제약이 커졌을 것이다.
> ㄷ. 배달 서비스를 도입하는 골목 상점이 증가했을 것이다.

① ㄱ   ② ㄴ   ③ ㄱ, ㄷ
④ ㄴ, ㄷ   ⑤ ㄱ, ㄴ, ㄷ

470 빈출

자료를 바탕으로 예상할 수 있는 지역의 변화로 적절한 것만을 <보기>에서 고른 것은?

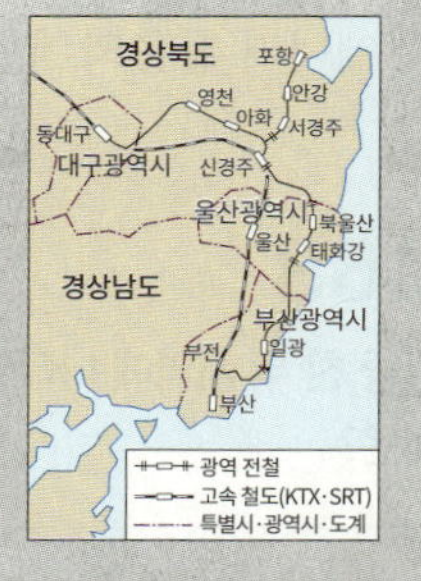

> ┤ 보기 ├
> ㄱ. 대도시 기능의 영향력이 약화될 것이다.
> ㄴ. 광역 전철역 주변의 상권이 활성화될 것이다.
> ㄷ. 광역 전철 이용 주민들의 통근권이 확대될 것이다.
> ㄹ. 지역 간 이동 시 소요되는 평균 시간이 늘어날 것이다.

① ㄱ, ㄴ   ② ㄱ, ㄷ   ③ ㄴ, ㄷ
④ ㄴ, ㄹ   ⑤ ㄷ, ㄹ

471 빈출

(가), (나) 사례에 나타난 생활양식의 특징에 관한 설명으로 적절한 것만을 <보기>에서 고른 것은?

(가) 갑은 장기 입원 중인 학생으로 교사의 실시간 원격 수업을 수강한다. 학습 수준을 고려한 수준별 쌍방향 수업을 통해 갑은 학업을 지속하고 있다.
(나) 을은 누리 소통망(SNS)에 국가 정책에 관한 자신의 견해를 담은 게시글을 올렸다. 어떤 누리꾼이 게시글에 반박 댓글을 달자, 을은 재반박하는 댓글을 달았다.

| 보기 |

ㄱ. (가)는 대면적 인간관계가 강화되는 모습이 나타난다.
ㄴ. (가)는 학습권 보장을 위해 과학기술이 활용된 사례에 해당한다.
ㄷ. (나)는 정치 참여 방법의 다양성이 감소하는 사례에 해당한다.
ㄹ. (가)와 (나)는 모두 쌍방향적인 의사소통 과정이 나타난다.

① ㄱ, ㄴ ② ㄱ, ㄷ ③ ㄴ, ㄷ
④ ㄴ, ㄹ ⑤ ㄷ, ㄹ

472

다음 글에 나타난 교통·통신 및 과학기술의 발달에 따른 문제점으로 옳은 것은?

2022년 외식업체에서 설치한 키오스크 대수가 2019년보다 약 15배 증가하였다. 2015년 국내 최초로 디지털 키오스크를 도입한 ○○를 비롯한 햄버거 프랜차이즈의 키오스크 도입률은 70% 이상이다. 경제학과 교수 A는 "키오스크는 비용을 아끼는 측면도 크지만 종업원 교육에 드는 시간, 고용 불확실성, 대인 업무에서 발생할 수 있는 갈등 측면까지 고려할 때 효용이 높다."라고 분석하였다.

① 디지털 중독 ② 사이버 범죄
③ 정보 격차 발생 ④ 지역 격차 확대
⑤ 노동 시장의 양극화

473

(가)에 들어갈 내용으로 가장 적절한 것은?

1987년 유네스코 세계 유산에 등재된 베네치아는 넘쳐나는 관광객으로 오버투어리즘에 시달려 왔다. 베네치아 인구는 5만여 명에 불과한데, 2022년에만 약 320만 명의 관광객이 이곳을 찾았다. 유네스코는 성명을 통해 베네치아가 기후변화와 대규모 관광 등의 영향으로 돌이킬 수 없는 피해를 입었다며 세계 유산 위험 목록에 베네치아의 등재를 권고하였다. 베네치아 시의회는 ________(가)________을/를 추진할 예정이다.

① 낙후 지역의 교통망 확충
② 대중교통 이용을 권장하는 정책
③ 관광객 수를 제한하고 입장료 부과
④ 디지털 소외 계층을 위한 기술 개발
⑤ 기존 노동력의 재취업을 위한 직업 훈련

474

(가), (나) 사례에 해당하는 교통·통신 및 과학기술의 발달에 따른 문제점으로 가장 적절한 것은?

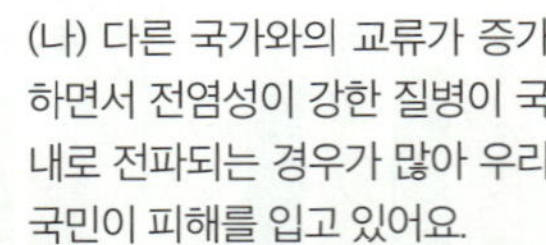

	(가)	(나)
①	전염병 확산	생태환경 파괴
②	전염병 확산	지역 격차 확대
③	생태환경 파괴	전염병 확산
④	생태환경 파괴	지역 격차 확대
⑤	지역 격차 확대	전염병 확산

475 빈출

(가)에 들어갈 내용으로 가장 적절한 것은?

> <주제: ___________(가)___________>
>
> [사례 1] ○○시에서는 디지털 환경에서 만들어진 정보를 토대로 심야 전용 버스 노선을 구축했다. 약 30억 건의 심야 시간 통화 자료와 약 500만 건의 심야 택시 승하차 기록 등 정보를 분석하여 가장 많이 이동하는 경로를 노선으로 만들었다.
>
> [사례 2] 국토 교통부에서는 실제와 거의 동일한 모습의 3차원 통합 지도 서비스인 브이월드를 개발하였다. 브이월드는 국가가 보유하고 있는 영상 지도, 지적도, 토지 대장 등 방대한 양의 디지털화된 공간 정보 및 행정 정보를 활용하여 만들어졌다.

① 전자 민주주의 실현 방안
② 정보 윤리 교육의 필요성
③ 정보 격차 문제 해결 방안
④ 전자 상거래의 발달과 변화
⑤ 공간 정보 빅데이터의 활용

476

그래프는 일반 국민과 정보 취약 계층의 항목별 정보화 지수를 나타낸 것이다. 이에 관한 분석으로 옳은 것은?

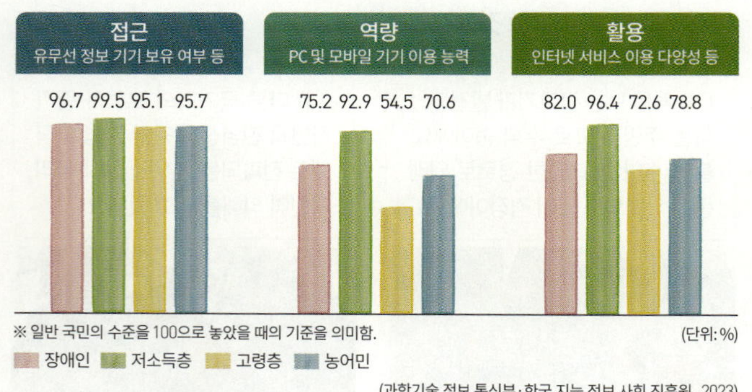

(과학기술 정보 통신부·한국 지능 정보 사회 진흥원, 2023)

① 정보 활용 교육이 가장 필요한 계층은 장애인이다.
② 접근 수준은 정보 취약 계층 중 농어민이 가장 높다.
③ 역량 수준은 정보 취약 계층 중 저소득층이 가장 높다.
④ 정보 활용 수준은 정보 접근 수준보다 취약 계층 간 차이가 작다.
⑤ 정보 취약 계층은 정보 접근 수준이 정보 이용 역량보다 대체로 낮다.

● 바른답·알찬풀이 43쪽

1등급을 향한 서답형 문제

| 477~478 |

지도를 보고 물음에 답하시오. (단, A, B는 각각 1980년, 2020년 중 하나임.)

<수도권 철도 노선의 변화>

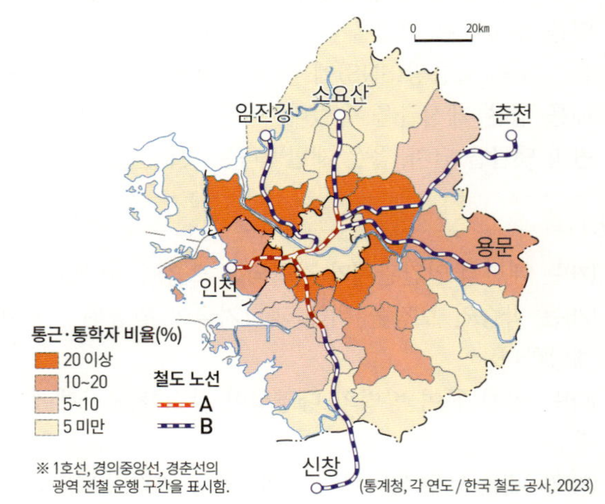

477

A, B 시기를 각각 쓰시오.

478

A 시기와 비교하여 B 시기의 통근·통학권 범위의 변화 특징을 원인과 함께 서술하시오.

| 479~480 |

다음 글을 읽고 물음에 답하시오.

> 경제 협력 개발 기구(OECD)는 <2022년 한국 경제 보고서>에서 우리나라 사회에 '황금 티켓 신드롬'이 만연하다고 지적하였다. 명문대 진학, 대기업이나 공공 기관 취업 등 낮은 확률의 황금 티켓을 손에 쥐기 위하여 모든 노력을 쏟아 붓고 있다는 것이다. 보고서는 명문대에 관한 집착이 교육 제도를 왜곡시켰고, 정규직과 비정규직으로 나누어진 _______(가)_______ 문제가 청년 고용과 혼인율·출생률을 떨어뜨렸다고 분석하였다.

479

(가)에 해당하는 교통·통신 및 과학기술 발달의 문제점을 쓰시오.

480

(가) 문제를 해결하기 위한 방안을 <u>두 가지</u> 서술하시오.

481

지도는 제4차 국가 철도망 구축 계획(2021~2030년) 사업 완료 이후 강릉에서의 이동 시간 변화를 나타낸 것이다. 사업 시행 후 예상되는 변화로 적절하지 <u>않은</u> 것은?

① 철도 총길이가 늘어날 것이다.
② 강릉과 포항 간의 접근성이 향상될 것이다.
③ 지역 간 이동 시 공간적 제약이 커질 것이다.
④ 철도 건설로 인해 삼림 훼손 면적이 늘어날 것이다.
⑤ 강릉 주민들의 일상적인 생활 범위가 확대될 것이다.

482

그래프를 활용한 탐구 주제로 가장 적절한 것은?

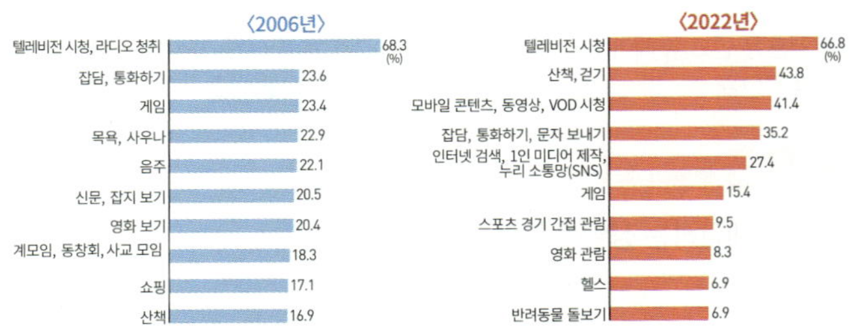

▲ 시기별 가장 많이 하는 여가 활동 상위 10개

① 교통 발달과 여가 생활의 확대
② 통신 기술 발달과 여가 생활 변화
③ 다양한 인간관계와 여가 공간 변화
④ 공유 플랫폼의 발달과 여가 공간 확대
⑤ 근무 환경 변화와 여가 생활의 기회 확대

483

㉠, ㉡에 해당하는 교통·통신 및 과학기술의 발달에 따른 문제점으로 가장 적절한 것은?

• 국가 간의 교류가 증가하면서 (㉠) 범위가 넓어지고 전파 속도가 빨라졌다. 다른 지역에서 발생한 말라리아, 뎅기열과 같은 풍토병이 국내로 유입되어 우리의 건강을 위협하고 있다.
• 교통·통신 시설과 교통수단을 운영하는 과정에서 오염 물질이 배출되어 대기 오염, 해양 오염 등이 발생하고, 다른 나라와 교류하는 과정에서 외래종이 유입되어 (㉡) 문제가 나타나기도 한다.

	㉠	㉡
①	전염병 확산	생태환경 교란
②	전염병 확산	녹지 공간 감소
③	생태환경 교란	전염병 확산
④	생태환경 교란	녹지 공간 감소
⑤	녹지 공간 감소	생태환경 교란

484

그래프는 사회적 취약 계층별 정보화 수준을 나타낸 것이다. 이를 통해 파악할 수 있는 문제점에 관한 해결 방안으로 적절한 것만을 <보기>에서 있는 대로 고른 것은?

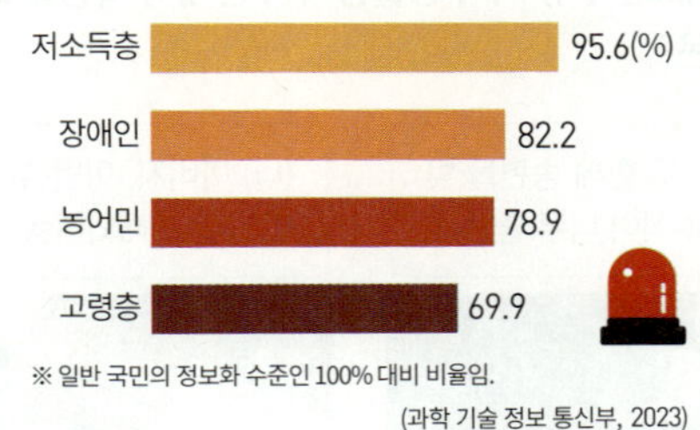

┤ 보기 ├
ㄱ. 디지털 환경에 관한 접근성을 높인다.
ㄴ. 악성 댓글 작성자에 관한 처벌을 강화한다.
ㄷ. 개인 정보 보호를 위한 제도적 장치를 마련한다.
ㄹ. 정보 취약 계층을 대상으로 한 정보 활용 교육을 강화한다.

① ㄱ, ㄷ   ② ㄱ, ㄹ   ③ ㄴ, ㄷ
④ ㄱ, ㄴ, ㄹ   ⑤ ㄴ, ㄷ, ㄹ

단원 마무리 문제

09 산업화와 도시화

485

그래프는 두 시기의 우리나라 도시 및 촌락 인구와 산업별 종사자 현황을 나타낸 것이다. 1970년과 비교한 2020년의 상대적 특성만을 <보기>에서 있는 대로 고른 것은?

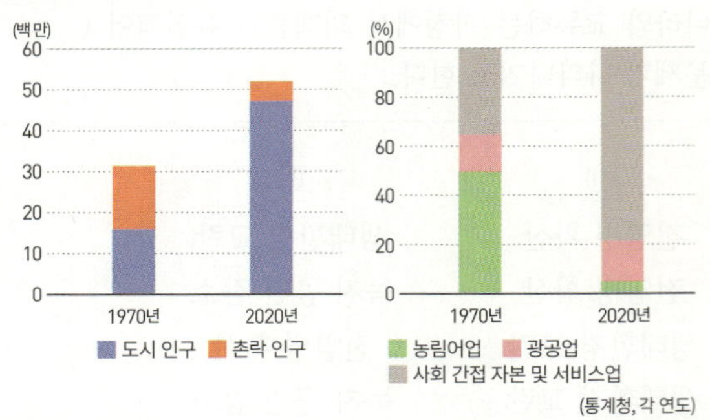

▲ 우리나라 도시 및 촌락 인구　　▲ 우리나라 산업별 종사자

| 보기 |

ㄱ. 직업이 다양하다.
ㄴ. 도시 인구 비율이 낮다.
ㄷ. 토지 이용이 집약적이다.
ㄹ. 1차 산업 종사자의 비율이 높다.

① ㄱ, ㄴ　　② ㄱ, ㄷ　　③ ㄴ, ㄷ
④ ㄴ, ㄹ　　⑤ ㄷ, ㄹ

486

(가) 시기와 비교한 (나) 시기 생활양식의 상대적 특징을 그림의 A ~ E 에서 고른 것은?

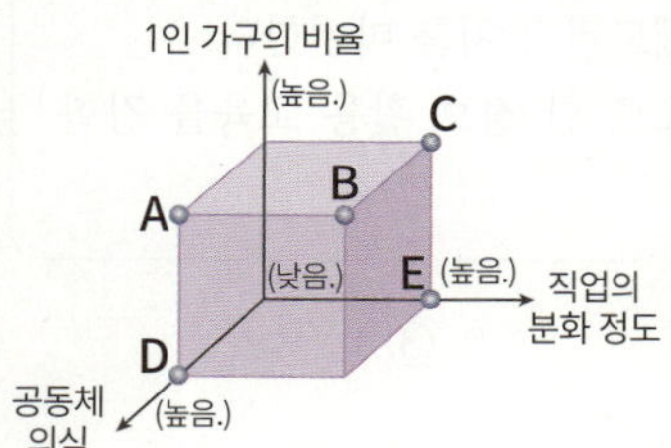

① A
② B
③ C
④ D
⑤ E

487

그래프는 우리나라 ○○시의 용도별 토지 면적 비율 변화를 나타낸 것이다. 이 지역의 변화 모습으로 옳은 것은?

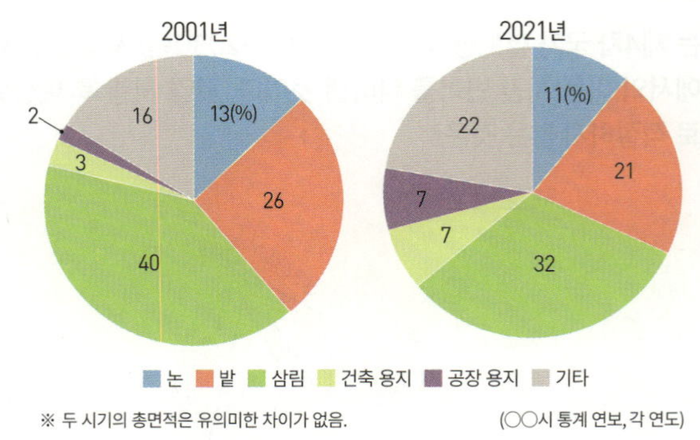

※ 두 시기의 총면적은 유의미한 차이가 없음.　　(○○시 통계 연보, 각 연도)

① 경지 면적이 증가하였다.
② 아파트 거주 비율이 높아졌다.
③ 지역 내 인구 밀도가 낮아졌다.
④ 자동차 등록 대수가 감소하였다.
⑤ 상업 지역의 평균 지가가 낮아졌다.

| **488~489** |

그래프를 보고 물음에 답하시오.

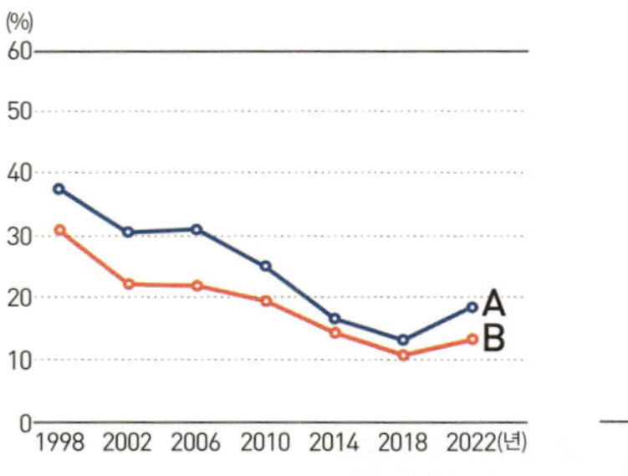
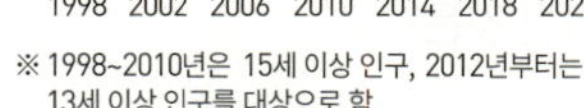

※ 1998~2010년은 15세 이상 인구, 2012년부터는 13세 이상 인구를 대상으로 함.

▲ '결혼은 반드시 해야 한다'에 관한 긍정적 응답률

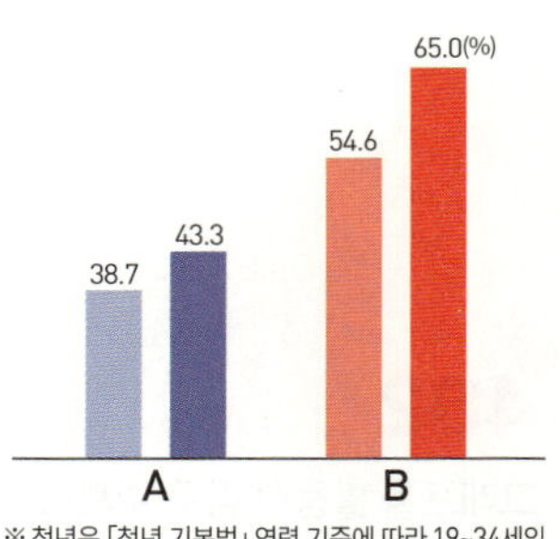

※ 청년은 「청년 기본법」 연령 기준에 따라 19~34세임.

▲ '결혼 후 자녀를 가질 필요가 없다'에 관한 긍정적 응답률

488 　단답형

A, B에 해당하는 성별을 각각 쓰시오.

489 　서술형

그래프를 통해 파악할 수 있는 생활양식의 변화 특징과 그 영향을 서술하시오.

490

지도의 A, B 지역에 관한 설명으로 옳은 것은?

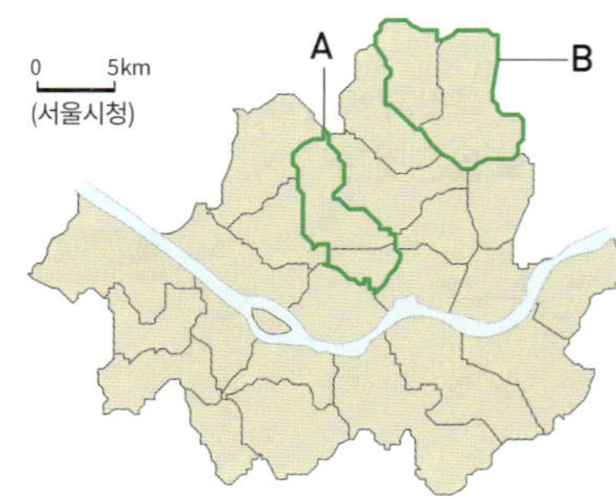

① A에는 대규모 아파트 단지가 입지하여 거주 인구가 많다.
② B에는 업무와 상업 기능이 집중되어 있다.
③ A는 B보다 접근성과 지대가 높다.
④ B는 A보다 시가지의 형성 시기가 이르다.
⑤ A는 주거 지역, B는 도심이 있는 지역이다.

491

표는 두 시기의 주요 국토 개발을 정리한 것이다. (가) 시기와 비교한 (나) 시기의 상대적 특성만을 <보기>에서 고른 것은? (단, (가), (나)는 각각 1990년대, 2010년대 중 하나임.)

(가)	(나)
• 세종특별자치시 출범 • 도시 재생 활성화 및 지원에 관한 특별법 제정 • 수도권 3기 신도시 개발 • 스마트 시티 국가 시범 도시 지정	• 대덕 연구 단지 준공 • 경제 협력 개발 기구(OECD) 가입 • 산아 제한 인구 정책 공식 폐지 • 금융 및 부동산 실명제 도입

| 보기 |
ㄱ. 농가 수가 많다.
ㄴ. 유소년층 인구 비율이 높다.
ㄷ. 아파트 거주 인구 비율이 높다.
ㄹ. 정보 통신 서비스업 사업체 수가 많다.

① ㄱ, ㄴ　　　② ㄱ, ㄷ　　　③ ㄴ, ㄷ
④ ㄴ, ㄹ　　　⑤ ㄷ, ㄹ

492

(가)에 들어갈 내용으로 가장 적절한 것은?

• 주제: 소설 《난장이가 쏘아 올린 작은 공》에서 볼 수 있는 사회적 문제인 ___________ (가)
• 소설 내용: 우리 집이, 이웃집들이, 온 동네의 집들이 보이지 않았다. 방죽도 없어지고, 벽돌 공장의 굴뚝도 없어지고, 언덕길도 없어졌다. 난장이와 난장이의 부인, 난장이의 두 아들, 그리고 난장이의 딸이 살아간 흔적은 거기에 없었다. 넓은 공터만 남았다.
• 분석: 이 구절은 재개발로 마을 사람들이 모여 살던 생활 공간이 사라지는 모습을 표현하고 있다. 주인공은 이러한 변화를 허탈하게 바라본다.

① 촌락의 쇠퇴
② 실업과 생계유지
③ 개인주의적 가치관의 확산
④ 세대 간 차이로 나타난 갈등
⑤ 소득 격차에 따른 주거 불평등

| 493~494 |

다음 글을 읽고 물음에 답하시오.

늘 혼자가 편한 진아는 전화 상담실에서 기계처럼 일하고, 대부분의 시간을 이어폰을 꽂은 채 휴대 전화만 들여다 본다. 신입 사원 수진은 진아에게 먼저 말을 걸며 친해지려 노력하지만 진아는 마음을 열 생각이 없다. 그러던 어느 날, 출퇴근길에 맨날 말을 걸던 옆집 남자가 아무도 모르게 혼자 죽었다는 걸 알게 되면서 진아의 마음이 복잡해진다.

– 영화 <혼자 사는 사람들> 줄거리 –

493　단답형

윗글에서 찾을 수 있는 산업화·도시화의 문제점을 쓰시오.

494　서술형

윗글에 나타난 문제점을 해결하기 위한 방안을 <u>두 가지</u> 서술하시오.

495

(가), (나)에 들어갈 내용으로 가장 적절한 것은?

> 자연 상태에서는 비가 와도 빗물이 대부분 땅속에 흡수되어 하천 유량이 금방 불어나지 않는다. 그러나 도시에서는 폭우 시 빗물이 빠르게 하천으로 흘러 들어가 침수 피해가 발생하기 쉽다. 2022년 8월에는 서울에 기록적인 폭우가 내려 지대가 낮은 곳에서 심각한 침수 피해가 발생하였다. 도시 지역의 침수 원인은 다양하지만, 그중 서울의 ___(가)___ 가 첫 번째 원인으로 지목되었다. 그리고 이를 해결하기 위한 방안으로는 ___(나)___ 가 제안되었다.

	(가)	(나)
①	공업 지역 확대	녹지 면적 확대
②	공업 지역 확대	도심 하천 복개
③	불투수 면적 증가	녹지 면적 확대
④	불투수 면적 증가	지표면 인공 포장 확대
⑤	자동차 통행량 증가	도심 하천 복개

| 496~497 |

지도를 보고 물음에 답하시오.

〈우리나라 (㉠)의 위치와 특화 분야〉

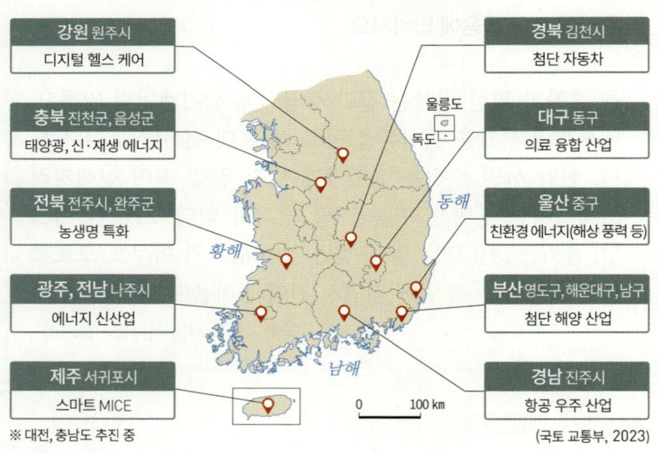

496 【단답형】

㉠에 들어갈 말을 쓰시오.

497 【서술형】

㉠의 추진 목적을 쓰고, 추진 효과를 <u>두 가지</u> 서술하시오.

---

10 교통·통신 및 과학기술의 발달

498

지도는 서울로의 통근·통학자 비율과 철도 노선 변화를 나타낸 것이다. 이에 관한 설명으로 옳은 것은?

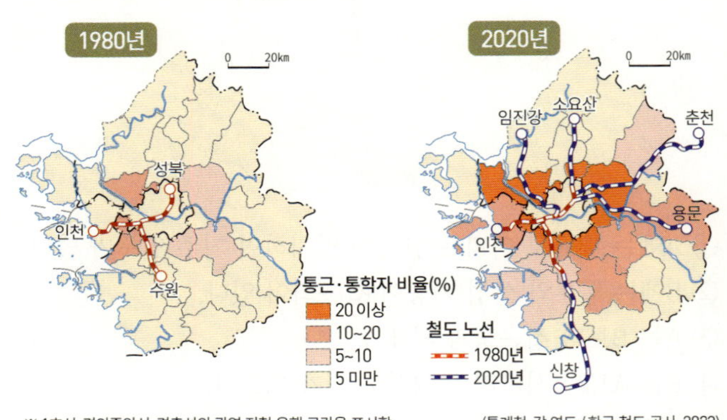

※ 1호선, 경의중앙선, 경춘선의 광역 전철 운행 구간을 표시함.　(통계청, 각 연도 / 한국 철도 공사, 2023)

① 서울의 종합 병원 기능이 약화되었을 것이다.
② 수도권 내 통근·통학 비율이 감소하였을 것이다.
③ 서울에서 멀수록 통근·통학자의 비율이 높을 것이다.
④ 수도권 내 여가 생활의 공간적 제약이 커졌을 것이다.
⑤ 수도권의 광역 전철 운행 구간은 비수도권으로 연장되었다.

499

밑줄 친 ㉠~㉤에 관한 설명으로 옳은 것은?

> 과학기술의 발달은 우리의 생활공간에 큰 변화를 가져왔다. 정보화와 제4차 산업 혁명으로 생활공간이 가상 공간까지 확장하였고, ㉠사물 인터넷(IoT), ㉡증강 현실 기술(AR), ㉢확장 가상 세계(metaverse), ㉣빅데이터(big data) ㉤지리 정보 시스템(GIS) 등의 기술이 다양한 분야에 큰 도움이 되고 있다.

① ㉠ - 디지털 환경에서 생성되는 대규모의 정보이다.
② ㉡ - 가상과 현실의 상호 작용으로 사회·경제·문화 활동이 벌어진다.
③ ㉢ - 눈으로 보는 현실 세계에 가상 물체를 겹쳐 보여 준다.
④ ㉣ - 사물에 감지기를 부착하여 실시간으로 데이터를 주고 받는다.
⑤ ㉤ - 공간 정보를 수치화하여 컴퓨터에 입력·분석·처리한다.

500

그래프는 온라인 쇼핑 거래액 변화를 나타낸 것이다. 이에 관한 분석 및 추론으로 옳지 <u>않은</u> 것은?

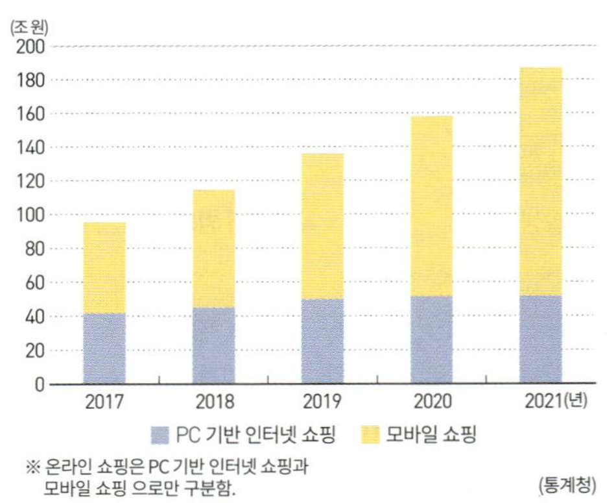

① 택배 산업의 성장을 동반하였을 것이다.
② 무점포 업체의 사업체 수는 증가하였을 것이다.
③ 상품 구매의 시공간적 제약이 작아졌을 것이다.
④ 2021년에는 모바일 쇼핑 거래액이 PC 기반 쇼핑 거래액보다 많다.
⑤ 온라인 쇼핑 거래액에서 PC 기반 인터넷 쇼핑이 차지하는 비율은 2021년이 2017년보다 높다.

| 501~502 |

자료를 보고 물음에 답하시오.

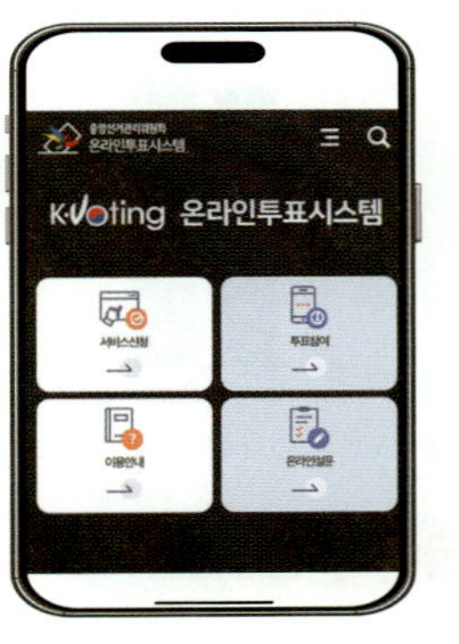

통신 발달과 정보화로 인터넷 상에서 선거 운동을 하거나 정치적 입장을 표현하는 등 정치 참여의 기회가 확대되어 (㉠)이/가 실현되었다. 예를 들어, ㉡ 중앙 선거 관리 위원회 온라인 투표 시스템은 컴퓨터와 스마트폰 등을 이용하여 투표 및 개표를 할 수 있다.

501 단답형

㉠에 들어갈 용어를 쓰시오.

502 서술형

밑줄 친 ㉡의 긍정적인 영향을 <u>두 가지</u> 서술하시오.

503

자료를 통해 추론할 수 있는 사회의 일반적인 변화 내용으로 가장 적절한 것은?

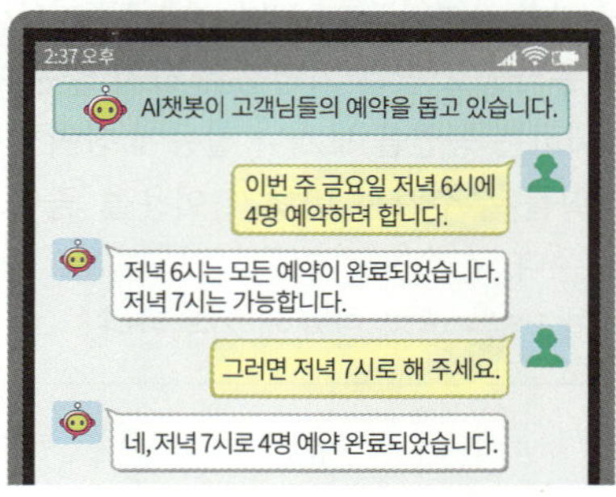

① 가상 공간에서 인간관계를 맺는 빈도가 증가할 것이다.
② 재택근무 축소로 가정과 직장의 분리가 뚜렷해질 것이다.
③ 개인 정보 유출에 의한 사생활 침해 빈도가 감소할 것이다.
④ 시공간의 제약으로 전자 상거래 관련 업종이 쇠퇴할 것이다.
⑤ 익명성을 활용한 사이버 범죄의 발생 가능성이 낮아질 것이다.

504

다음 자료에서 파악할 수 있는 교통 발달에 따른 문제점으로 가장 적절한 것은?

2018년 평창 동계 올림픽을 앞두고 개통한 고속철도 강릉선으로 평창군에도 많은 변화가 나타났다. 평창의 지역 축제는 방문객이 많이 늘었고, 고속 철도 정차역 부근은 관광객이 많아져 상권이 성장하였다. 그러나 노선이 통과하지 않는 평창군 남부 지역은 주민들이 쇼핑 등의 목적으로 접근성이 개선된 다른 지역으로 빠져나가 지역 상권이 크게 위축되었다.

① 오버투어리즘으로 자연환경 훼손
② 접근성 차이로 인한 지역 격차의 발생
③ 노동 시장 양극화로 인한 빈부 격차 확대
④ 도시 기능 집중으로 인한 교통 혼잡 문제
⑤ 교통수단 오염 물질로 인한 생태환경 악화

● 바른답·알찬풀이 46쪽

505

⊙, ⓒ에 들어갈 내용으로 가장 적절한 것은?

< (⊙) 실천으로 (ⓒ)에 도움주기>
- 멸종 위기 동식물로 만든 기념품은 사지 않는다.
- 동물을 학대하는 공연을 보거나 활동에 참여하지 않는다.
- 지구 온난화를 부추기는 비행기 이용을 줄이고, 전기와 물을 아껴 쓴다.
- 여행 경비의 1%는 현지 단체에 기부한다.

	⊙	ⓒ
①	공정 여행	생태환경 보존
②	공정 여행	전염병 확산 방지
③	봉사 여행	생태환경 보존
④	봉사 여행	지역 격차 해소
⑤	생태 여행	전염병 확산 방지

| 506~507 |

다음 글을 읽고 물음에 답하시오.

<과학기술 발달에 따른 ___(가)___ 문제>

최근 배달, 택시 예약 등의 애플리케이션이나 누리 소통망(SNS)과 같은 플랫폼을 매개로 하여 일하는 플랫폼 노동자들이 늘어나고 있다. 지능 정보 기술을 활용한 플랫폼 기업과 관련 기술을 가진 계층은 고수익을 올릴 수 있다. 반면 플랫폼 노동자들은 비정규직으로 단기 계약, 시간제 근무 등으로 고용 계약을 맺는 일이 많아 소득과 일자리가 불안정해지거나 근무 조건이 열악할 수 있어 여러 우려를 낳고 있다.

506 　단답형

(가)에 들어갈 내용을 쓰시오.

507 　서술형

(가) 문제의 해결 방안을 <u>두 가지</u> 서술하시오.

508

자료에 관한 옳은 설명만을 <보기>에서 고른 것은?

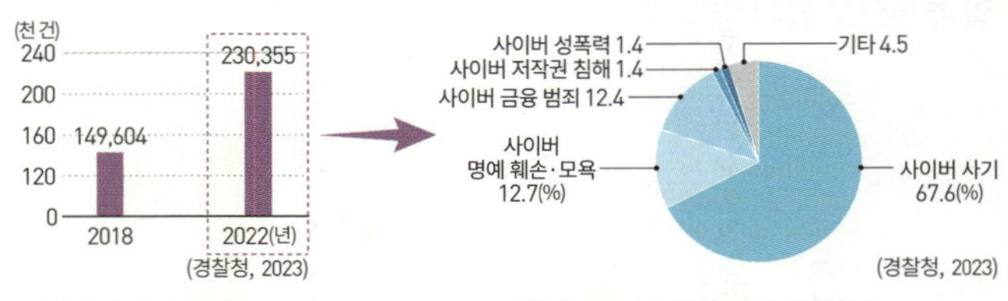

| 보기 |

ㄱ. 가상 공간의 익명성으로 사이버 범죄가 증가하고 있다.
ㄴ. 개인 정보 유출로 사생활 침해 피해의 비율이 가장 높다.
ㄷ. 범죄 피해 예방을 위해 보안 프로그램 및 관련 법과 제도를 강화해야 한다.
ㄹ. 사이버 범죄 중 발생 비율이 가장 높은 유형은 디지털 기기의 지나친 의존으로 발생한다.

① ㄱ, ㄴ　　② ㄱ, ㄷ　　③ ㄴ, ㄷ
④ ㄴ, ㄹ　　⑤ ㄷ, ㄹ

| 509~510 |

그래프를 보고 물음에 답하시오.

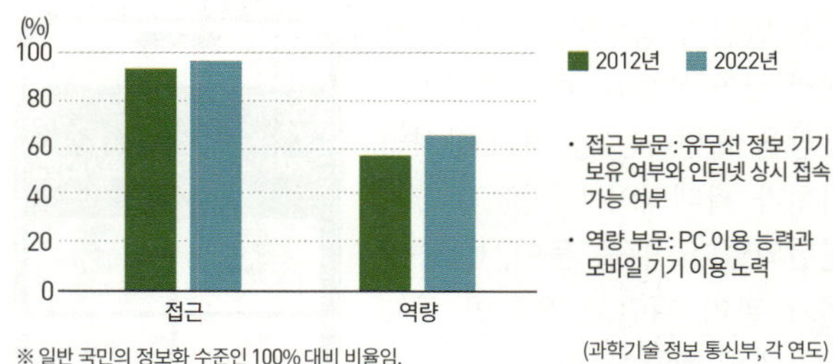

509 　단답형

그래프를 통해 파악할 수 있는 과학기술 발달에 따른 문제점을 쓰시오.

510 　서술형

정보화 수준의 접근 부문과 역량 부문 수준의 차이와 까닭을 쓰고, 이를 해결하기 위한 방안을 각각 <u>두 가지</u> 서술하시오.

기출 분석 문제집

1등급 만들기

빠른답 체크

Speed Check

통합사회1 510제

◀ 이곳을 열면 정답을 바로 확인할 수 있습니다.

04 자연과 인간의 관계

139 이분법 140 도구 141 전일론
142 내재적 가치 143 × 144 ○
145 ㉡ 146 ㉠ 147 ㉠ 148 ㉡
149 ㉠ 150 ⑤ 151 ② 152 ③
153 ① 154 ④ 155 ⑤ 156 ①
157 ④ 158 ⑤ 159 ④ 160 ④
161 ③ 162 ④ 163 ④ 164 ④
165 ⑤ 166 ③ 167 ① 168 ⑤
169 ③ 170 ④ 171 ①
172 ㉠ 이분법 ㉡ 전일론 173 해설 참조
174 슬로 시티 175 해설 참조
176 ⑤ 177 ④ 178 ④ 179 ②

05 환경 문제의 발생과 해결을 위한 노력

180 사막화 181 해양 오염
182 람사르 협약 183 생태시민
184 국제 비정부 기구 185 ○ 186 ×
187 ㉠ 188 ㉡ 189 ㉡ 190 ㉡
191 ① 192 ② 193 ② 194 ②
195 ② 196 ② 197 ① 198 ④
199 ③ 200 ⑤ 201 ⑤ 202 ⑤
203 ② 204 ④ 205 ⑤ 206 ④
207 ④ 208 ④ 209 ④ 210 ⑤
211 ② 212 ④ 213 ⑤
214 시민 사회 215 해설 참조
216 ㉠ 생태 전환적 사고 ㉡ 생태시민
217 해설 참조 218 ⑤ 219 ①
220 ④ 221 ③

Ⅲ 단원 마무리 문제

222 ③ 223 ⑤ 224 ①
225 한대 기후(툰드라 기후) 지역
226 해설 참조 227 ②
228 ㉠ U자곡의 침수 ㉡ 석회암의 용식
229 해설 참조 230 ③
231 기후변화(또는 지구 온난화)
232 해설 참조 233 ② 234 ⑤
235 ② 236 해설 참조
237 안전권 238 ④ 239 ①
240 해설 참조 241 ⑤
242 전일론 243 해설 참조 244 ④
245 ⑤ 246 ④ 247 ① 248 ④
249 몬트리올 의정서 250 해설 참조
251 ④ 252 파리 협정
253 해설 참조

06 다양한 문화권의 특징과 삶의 방식

254 문화 255 오세아니아
256 에스파냐 257 × 258 ○ 259 ×
260 ㉠ 261 ㉡ 262 ④ 263 ③

264 ① 265 ④ 266 ⑤ 267 ②
268 ② 269 ④ 270 ① 271 ④
272 ① 273 ① 274 ② 275 ①
276 ① 277 ② 278 ① 279 ④
280 ① 281 ⑤ 282 ④ 283 ⑤
284 ③ 285 문화권
286 A-크리스트교, B-이슬람교, C-힌두교, D-불교
287 해설 참조 288 해설 참조
289 ④ 290 ① 291 ⑤ 292 ④

07 문화 변동의 양상과 전통문화

293 발명, 발견 294 자극 전파
295 ㉢ 296 ㉡ 297 ㉢ 298 ㉡
299 ㉡ 300 ㄱ 301 ㄴ 302 ①
303 ③ 304 ④ 305 ③ 306 ②
307 ① 308 ⑤ 309 ④ 310 ③
311 ⑤ 312 ③ 313 ② 314 ④
315 ③ 316 ④ 317 ④ 318 ①
319 ② 320 ① 321 ④ 322 ③
323 갑국: 직접 전파, 을국: 간접 전파
324 해설 참조 325 자극 전파
326 해설 참조 327 ② 328 ③
329 ④

08 문화 상대주의와 다문화 사회

330 문화 상대주의 331 자문화 중심주의
332 문화 사대주의 333 보편 윤리
334 ○ 335 ○ 336 × 337 ㉡
338 ㉠ 339 ㉡ 340 ㉠ 341 ㉡
342 ㉡ 343 ㉡ 344 ① 345 ④
346 ③ 347 ① 348 ③ 349 ①
350 ③ 351 ② 352 ④ 353 ⑤
354 ③ 355 ⑤ 356 ④ 357 ③
358 ⑤ 359 ② 360 ⑤ 361 ②
362 ① 363 ② 364 ③ 365 ④
366 보편 윤리 367 해설 참조
368 ㉠ 용광로 ㉡ 샐러드 볼 369 해설 참조
370 ② 371 ④ 372 ③ 373 ①

Ⅳ 단원 마무리 문제

374 ④ 375 ⑤ 376 점이 지대
377 해설 참조 378 ②
379 ② 380 ③ 381 ⑤
382 ㉠ 리오그란데강 ㉡ 앵글로아메리카 ㉢ 라틴 아
메리카 383 해설 참조 384 ③
385 ① 386 ② 387 ① 388 ⑤
389 ⑤ 390 ③ 391 해설 참조
392 해설 참조
393 갑: 자문화 중심주의. 을: 문화 사대주의, 병: 문화
상대주의 394 해설 참조 395 ④
396 ④ 397 ③ 398 ③ 399 ③
400 ① 401 ①

09 산업화와 도시화

402 지대 403 도시성 404 주택
405 노동 406 ○ 407 × 408 ×
409 ㉡ 410 ㉠ 411 ㉡ 412 ㉡
413 ③ 414 ④ 415 ④ 416 ④
417 ① 418 ② 419 ③ 420 ③
421 ⑤ 422 ③ 423 ② 424 ④
425 ① 426 ③ 427 ② 428 ③
429 ② 430 ③ 431 ③ 432 ③
433 ④ 434 ③ 435 ③
436 열섬 현상 437 해설 참조
438 (가) 임야 (나) 논밭 (다) 대지
439 해설 참조 440 ⑤ 441 ③
442 ① 443 ④

10 교통·통신 및 과학기술의 발달

444 제4차 산업 혁명 445 대도시권
446 전자 민주주의 447 × 448 ○
449 ○ 450 ㉡ 451 ㉠ 452 ㉠
453 ㉡ 454 ⑤ 455 ③ 456 ①
457 ② 458 ③ 459 ③ 460 ③
461 ① 462 ④ 463 ④ 464 ①
465 ③ 466 ④ 467 ④ 468 ③
469 ③ 470 ③ 471 ④ 472 ③
473 ③ 474 ③ 475 ⑤ 476 ③
477 A - 1980년, B - 2020년
478 해설 참조
479 노동 시장의 양극화 480 해설 참조
481 ③ 482 ② 483 ① 484 ②

Ⅴ 단원 마무리 문제

485 ② 486 ③ 487 ②
488 A - 남자, B - 여자 489 해설 참조
490 ③ 491 ① 492 ⑤
493 개인주의적 가치관 확산 494 해설 참조
495 ③ 496 혁신 도시
497 해설 참조 498 ⑤ 499 ⑤
500 ⑤ 501 전자 민주주의
502 해설 참조 503 ① 504 ②
505 ① 506 노동 시장 양극화
507 해설 참조 508 ②
509 정보 격차 510 해설 참조

빠른답 체크 후 틀린 문제는
바른답·알찬풀이에서 꼭 확인하세요.

빠른답 체크

Speed Check

통합사회1 510제

빠른답 체크 후 틀린 문제는
바른답·알찬풀이에서 꼭 확인하세요.

비록

아무도 과거로 돌아가

새 출발을 할 순 없지만

누구나

지금 시작해

새 엔딩을 만들 수 있다.

- 레오나르도 다빈치 -

01 통합적 관점과 행복

001 시간 **002** 공간 **003** 통합
004 최고선 **005** × **006** ○ **007** ×
008 ⓒ **009** ⊙ **010** ⓒ **011** ⊙
012 ⓒ **013** ④ **014** ③ **015** ①
016 ④ **017** ② **018** ④ **019** ④
020 ① **021** ③ **022** ③ **023** ⑤
024 ⑤ **025** ③ **026** ⑤ **027** ④
028 ④ **029** ⑤ **030** ① **031** ④
032 ② **033** ③ **034** ④
035 ⊙ 항산 ⓒ 항심 **036** 해설 참조
037 민주주의 **038** 해설 참조
039 ④ **040** ④ **041** ⑤ **042** ①

Ⅰ~Ⅱ단원 마무리 문제

043 ② **044** ② **045** ② **046** ③
047 ④ **048** ① **049** 해설 참조
050 ② **051** ③ **052** 해설 참조

02 자연환경과 인간 생활

053 플랜테이션 **054** 계절풍
055 고산 **056** 화산 **057** × **058** ○
059 ○ **060** ⓒ **061** ⊙ **062** ⊙
063 ⊙ **064** ⓒ **065** ② **066** ③
067 ② **068** ⑤ **069** ④ **070** ⑤
071 ④ **072** ④ **073** ① **074** ③
075 ③ **076** ③ **077** ⑤ **078** ③
079 ③ **080** ⑤ **081** ② **082** ③
083 ③ **084** ③ **085** ③ **086** ④
087 ④ **088** ⓒ 열대 우림 ⓒ 열대 고산
089 해설 참조 **090** ⊙ 산지 ⓒ 해안
091 해설 참조 **092** ① **093** ⑤
094 ③ **095** ①

03 안전하고 쾌적하게 살아갈 권리

096 지구 온난화 **097** 해수면
098 환태평양 **099** 환경권 **100** ×
101 × **102** ○ **103** ⓒ **104** ⊙
105 ⓒ **106** ⓒ **107** ⓒ **108** ⓒ
109 ① **110** ① **111** ② **112** ③
113 ② **114** ② **115** ④ **116** ②
117 ② **118** ① **119** ③ **120** ②
121 ⑤ **122** ③ **123** ④ **124** ②
125 ④ **126** ② **127** ② **128** ③
129 ② **130** ② **131** 북극 항로
132 해설 참조 **133** 안전권, 환경권
134 해설 참조 **135** ① **136** ③
137 ② **138** ③

기출 분석 문제집

1등급 만들기

2022 개정

∗ 2025년 상반기 출간 예정

- **수학** 공통수학1, 공통수학2, 대수, 확률과 통계∗, 미적분Ⅰ∗
- **사회** 통합사회1, 통합사회2∗, 한국사1, 한국사2∗,
  세계시민과 지리, 사회와 문화, 세계사, 현대사회와 윤리
- **과학** 통합과학1, 통합과학2

2015 개정

- **국어** 문학, 독서
- **수학** 수학Ⅰ, 수학Ⅱ, 확률과 통계, 미적분, 기하Ⅰ
- **사회** 한국지리, 세계지리, 생활과 윤리, 윤리와 사상, 사회·문화,
  정치와 법, 경제, 세계사, 동아시아사
- **과학** 물리학Ⅰ, 화학Ⅰ, 생명과학Ⅰ, 지구과학Ⅰ,
  물리학Ⅱ, 화학Ⅱ, 생명과학Ⅱ, 지구과학Ⅱ

Mirae N 에듀

2022 개정
교육과정에서는

1등급
만들기 가

더 중요합니다.

각양각색의 학교 시험에서도
꼭 출제되는 유형이 있습니다.
『1등급 만들기』는 고빈출 유형을 분석하여,
1등급을 만드는 비결을 전수합니다.

1200개 학교의 고빈출 유형을
치밀하게 분석했습니다.

정리하기 어려운 개념과 문제를
단계별로 제시했습니다.

1등급을 가르는 고난도 유형까지
시험 직전 실전력을 점검할 수 있습니다.

기출 분석 문제집
1등급 만들기

수학 공통수학1, 공통수학2, 대수,
확률과 통계*, 미적분 I *

사회 통합사회1, 통합사회2*, 한국사1, 한국사2*,
세계시민과 지리, 사회와 문화, 세계사,
현대사회와 윤리

과학 통합과학1, 통합과학2

*2025년 상반기 출간 예정

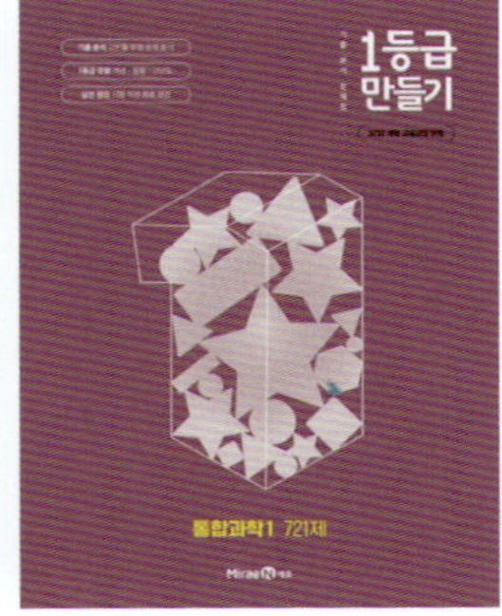

고등 도서 안내

문학 입문서

손쉬운

작품 이해에서 문제 해결까지
손쉬운 비법을 담은 문학 입문서

현대 문학, 고전 문학

비주얼 개념서

룩 LOOK

이미지 연상으로 필수 개념을 쉽게 익히는
비주얼 개념서

국어　문법
영어　분석독해

수학 개념 기본서

수학중심

개념과 유형을 한 번에 잡는 강력한
개념 기본서

수학Ⅰ, 수학Ⅱ, 확률과 통계, 미적분, 기하

수학 문제 기본서

유형중심

체계적인 유형별 학습으로 실전에서 강력한
문제 기본서

수학Ⅰ, 수학Ⅱ, 확률과 통계, 미적분

사회·과학 필수 기본서

개념 학습과 유형 학습으로 내신과 수능을 잡는
필수 기본서

[2022 개정]
사회　통합사회1, 통합사회2*, 한국사1, 한국사2*
과학　통합과학1, 통합과학2, 물리학*, 화학*, 생명과학*,
　　　지구과학*

*2025년 상반기 출간 예정

[2015 개정]
사회　한국지리, 사회·문화, 생활과 윤리, 윤리와 사상
과학　물리학Ⅰ, 화학Ⅰ, 생명과학Ⅰ, 지구과학Ⅰ

기출 분석 문제집

완벽한 기출 문제 분석으로 시험에 대비하는 1등급 문제집

[2022 개정]
수학　공통수학1, 공통수학2, 대수, 확률과 통계*, 미적분Ⅰ*
사회　통합사회1, 통합사회2*, 한국사1, 한국사2*,
　　　세계시민과 지리, 사회와 문화, 세계사, 현대사회와 윤리
과학　통합과학1, 통합과학2

*2025년 상반기 출간 예정

[2015 개정]
국어　문학, 독서
수학　수학Ⅰ, 수학Ⅱ, 확률과 통계, 미적분, 기하
사회　한국지리, 세계지리, 생활과 윤리, 윤리와 사상,
　　　사회·문화, 정치와 법, 경제, 세계사, 동아시아사
과학　물리학Ⅰ, 화학Ⅰ, 생명과학Ⅰ, 지구과학Ⅰ,
　　　물리학Ⅱ, 화학Ⅱ, 생명과학Ⅱ, 지구과학Ⅱ

기 출 분 석 문 제 집
1등급 만들기
통합사회1
510제
바른답·알찬풀이
Mirae N 에듀

바른답 · 알찬풀이

Study Point

1. 1등급 자료 분석
까다롭고 어려운 자료에 대한 분석과 첨삭 설명을 제시하였습니다.

2. 1등급 정리 노트
고빈출 핵심 개념을 다시 한 번 정리하였습니다.

3. 선택지 더 보기
시험에 출제될 수 있는 유사 선택지를 추가로 제시하였습니다.

기 출 분 석 문 제 집

1등급 만들기

통합사회 1
510제

바른답・알찬풀이

Mirae N 에듀

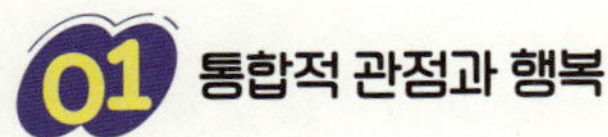

01 통합적 관점과 행복

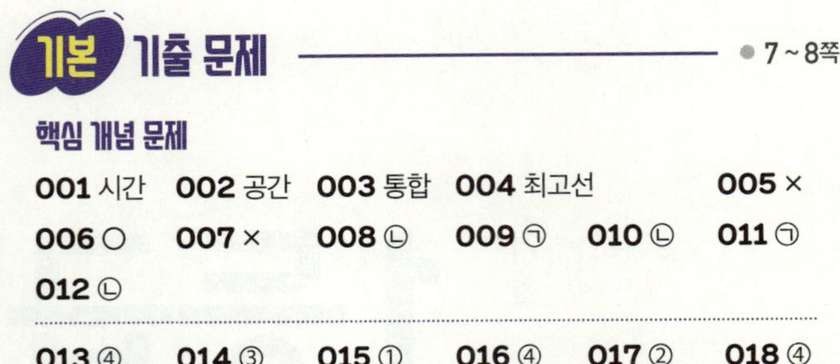

● 7~8쪽

핵심 개념 문제

001 시간	**002** 공간	**003** 통합	**004** 최고선		**005** ×
006 ○	**007** ×	**008** ㉡	**009** ㉠	**010** ㉡	**011** ㉠
012 ㉡					

013 ④	**014** ③	**015** ①	**016** ④	**017** ②	**018** ④
019 ④	**020** ①				

013

제시문은 사회적 관점에 관해 설명하고 있다. 사회적 관점은 사회 현상이 나타난 배경을 사회 구조와 사회 제도적 측면에서 살펴보고 개선해야 할 문제를 파악하여 해결책을 모색하고자 한다. 따라서 ㉠~㉢은 사회적 관점과 관련된 내용이 들어가야 한다.

바로잡기 ②는 공간적 관점, ⑤는 윤리적 관점에 관한 설명이다. ③ 사회 구조와 사회 제도는 사회 구성원의 삶을 변화시키는 중요한 원인이 된다.

014

제시문의 핵심 질문과 밀접한 관점은 공간적 관점이다. 공간적 관점은 장소와 지역 및 공간적 상호 작용에 중점을 두고 사회 현상을 살펴보는 것을 의미한다. 공간적 상호 작용은 사람과 물건, 정보, 자원 등이 한 장소에서 다른 장소로 이동하거나 멀리 떨어진 지역들이 서로 영향을 주고받는 것을 의미한다.

바로잡기 ① 언어, 종교 등은 인문환경의 요소, ② 지형, 기후 등은 자연환경의 요소이다. ④ 시간의 흐름에 따라 자료를 다각도로 수집하여 미래의 방향을 예측하고자 하는 것은 시간적 관점이다. ⑤ 도덕적 가치와 도덕규범에 따라 사회 현상을 평가하는 것은 윤리적 관점이다.

015

㉠에 해당하는 용어는 통합적 관점이다. 통합적 관점은 역사적 배경과 시대적 맥락, 장소와 지역 및 공간적 상호 작용, 사회 구조와 사회 제도의 영향력, 도덕적 가치와 윤리적 규범을 함께 고려한 인간과 세상에 대한 균형 잡힌 시각을 의미한다.

016

제시된 이야기에서 사람들은 코끼리는 하나이지만 코끼리의 일부만 만져 보고 코끼리가 무, 키, 밧줄과 같다고 대답하였다. 이를 통해 진리를 알기 위해서는 현상의 일부만을 보고 판단을 내리는 것이 아니라 현상의 다양한 측면을 종합하여 전체를 살필 수 있어야 한다는 교훈을 얻을 수 있다.

017

감염병 대응 방안을 통합적 관점으로 분석할 때, ㉠에는 시간적 관점, ㉡에는 사회적 관점, ㉢에는 공간적 관점, ㉣에는 윤리적 관점이 들어가는 것이 적절하다.

018

지속된 전쟁으로 혼란스러웠던 헬레니즘 시대에는 마음의 평온함이, 신이 모든 것의 중심이었던 중세 시대에는 신의 구원이, 인간의 권리를 강조하였던 근대 시대에는 자유와 평등의 보장이 행복의 중요한 기준이었다.

019

고대 중국인들은 어릴 때부터 자신이 어떤 집단의 구성원인 것, 특히 가족의 구성원이라는 점을 중요하게 생각하도록 교육받아 화목한 인간관계를 맺고 평범하게 사는 것을 행복의 기준이라고 생각했다. 반면 고대 그리스인에게 행복은 아무런 제약이 없는 상태에서 자기 능력을 최대한 발휘하여 개인의 자율성을 실현하는 것이었다.

020

행복한 삶을 실현하기 위한 조건에는 질 높은 정주 환경, 경제적 안정, 민주주의 발전, 도덕적 실천이 있다.

바로잡기 ㄷ. 시민들이 정부 정책에 비판적인 의견을 냄으로써 민주주의가 발전할 수 있고, 이는 행복한 삶의 실현으로 이어질 수 있다. ㄹ. 생계유지를 통한 경제적 안정은 모든 사회 구성원에게 보장되어야 한다.

● 9~12쪽

021 ③	**022** ③	**023** ⑤	**024** ⑤	**025** ④	**026** ⑤
027 ④	**028** ④	**029** ⑤	**030** ①	**031** ③	**032** ②
033 ③	**034** ④				

1등급을 향한 서답형 문제

035 ㉠ 항산 ㉡ 항심　**036** **예시답안** 행복한 삶을 실현하기 위한 조건 중 '경제적 안정'과 가장 밀접하다. 왜냐하면 국민들이 고정적인 생업, 즉 항산이 보장되지 않으면 도덕적으로 살 수 없다는 맹자의 주장을 통해 경제적 안정이 행복한 삶 실현에 중요한 조건임을 알 수 있기 때문이다.

037 민주주의　**038** **예시답안** 민주주의 지수 순위가 높은 국가는 민주적 법, 제도, 문화 등이 시민의 권익을 보장하고 증진하기 때문에 시민들은 각자가 원하는 삶의 방식을 자유롭게 추구할 수 있어 행복도를 높일 수 있다.

021

(가)는 시간적 관점, (나)는 윤리적 관점이다. ㄴ. 시간적 관점의 핵심 질문은 '과거부터 현재까지 특정 현상이나 문제가 어떻게 변화해 왔는가?'가 적절하다. ㄷ. 윤리적 관점은 개인의 도덕적 삶과 정의로운 사회를 이루는 데 도움이 된다.

바로잡기 ㄱ. 사회 구조와 사회 제도의 영향력을 중시하는 것, ㄹ. 정책 마련 관련 정부와 시민 사회의 역할에 대한 질문은 사회적 관점에 해당한다.

022

교사가 제시한 관점은 사회적 관점이다. 사회적 관점으로 공정 여행에 관해 탐구해 보자는 교사의 질문에 가장 적절하게 답변한 학생은 공정 여행을 장려하기 위한 지방 자치 단체의 정책을 조사한다는 병이다.

바로잡기 ①은 시간적, ②는 공간적, ④, ⑤는 윤리적 관점에 해당한다.

023

(가)는 시간적 관점, (나)는 사회적 관점, (다)는 윤리적 관점, (라)는 공간적 관점과 밀접하게 관련되어 있다. ⑤ 공간적 상호 작용에 중점을 두고 인간과 세상을 이해하고자 한다는 내용은 공간적 관점에 해당한다.

바로잡기 ①은 사회적 관점, ②는 윤리적 관점, ③은 공간적 관점, ④는 시간적 관점에 해당한다.

024

윤리적 관점에서 탐구할 수 있는 활동으로는 '친환경 불꽃 축제로 전환하기 위한 바람직한 시민 의식 알아보기'가 적절하다.

바로잡기 ①은 공간적 관점, ②는 시간적 관점, ③은 사회적 관점, ④는 시간적 관점에 해당한다.

025

통합적 관점이 필요한 까닭은 ㄷ. 복잡하고 불확실한 현대의 사회 현상을 정확히 이해하고 ㄴ. 사회문제에 관한 근본적인 해결책을 찾을 수 있기 때문이다.

바로잡기 ㄱ. 통합적 관점은 사회문제의 다각적인 측면을 고려한다.

026

우리나라의 고령화 현상은 다양한 측면이 복잡하게 얽혀 발생하는 문제이다. 따라서 우리나라의 고령화 현상을 분석할 때에는 한 가지 관점에서 문제를 바라보는 것이 아니라 통합적 관점을 적용하여 시간적 관점, 공간적 관점, 사회적 관점, 윤리적 관점을 종합적으로 고려할 필요가 있다.

027

역사적 배경과 시대적 맥락에 초점을 두는 시간적 관점을 통해 ㄴ. 세계 기아 인구의 증가 추이를 살펴볼 수 있다. 도덕적 가치와 도덕규범을 바탕으로 하는 윤리적 관점을 통해 ㄹ. 세계 기아 문제 해결을 위해 세계시민 의식 함양을 제시할 수 있다.

바로잡기 ㄱ은 사회적 관점, ㄷ은 공간적 관점에 해당한다.

028

통합적 관점을 바탕으로 폐마스크 문제를 탐구할 때, 시간적 관점에서는 ㄱ. 폐마스크로 인한 동물의 피해 증가 시점, 공간적 관점에서는 ㄴ. 폐마스크로 동물의 피해가 집중된 지역, 사회적 관점에서는 ㄷ. 폐마스크의 무단 투기 방지를 위해 필요한 정책을 탐구하는 것이 적절하다.

바로잡기 ㄹ. 윤리적 관점에서는 폐마스크를 제대로 수거하기 위한 바람직한 방법, 시민 의식 등을 알아볼 필요가 있다. 폐마스크를 제대로 수거하지 않는 구조적 원인은 무엇인지에 대한 탐구는 사회적 관점에 해당한다.

029

제시문의 사상가는 아리스토텔레스이다. 고대 그리스의 사상가 아리스토텔레스는 행복이 다른 것을 위한 수단이 아닌 궁극적인 목적이며, 사람들이 인생 전체를 통해 달성하고자 하는 가장 좋은 것, 즉 최고선이라고 주장하였다. 또한 행복은 인간만이 지닌 특별한 기능인 이성을 탁월하게 발휘한 정신의 활동이라고 보았다.

바로잡기 아리스토텔레스에 따르면, ㄱ. 최고선으로서의 행복은 어떤 다른 목적을 위한 수단이 아닌 궁극적인 목적이고, ㄴ. 행복은 인간만이 지닌 특별한 기능인 이성을 발휘한 정신의 활동이다.

030

행복은 일반적으로 삶에서 충분한 만족감이나 즐거움을 느끼는 상태를 의미한다. 강연자는 사람들이 중요하게 생각해 온 행복의 기준은 시대나 지역에 따라 달라질 수 있다고 주장한다.

1등급 정리 노트	시대와 지역에 따른 행복의 기준
시대적 상황	• 헬레니즘 시대: 고통 없이 마음의 평온을 누리는 것 • 서양 중세: 신의 구원을 받아 천국에 가는 것 • 서양 근대: 자유와 평등을 보장받는 것
지역적 여건	• 고대 중국: 조화로운 인간관계를 유지하는 것 • 고대 그리스: 개인의 자율성을 발휘하는 것

031

갑은 고대 중국의 사상가 노자, 을은 헬레니즘 시대의 사상가 에피쿠로스이다. 두 사상가 모두 소박하고 절제하는 삶 속에서 행복을 누릴 수 있음을 주장한다. 에피쿠로스는 소극적 쾌락주의를 강조하였는데, 이는 쾌락을 적극적으로 추구할 때 오히려 고통을 야기할 수 있으므로 고통을 없애는 방식이 쾌락을 얻는 데 더 효과적이라는 것이다.

032

제시문의 사상가는 에피쿠로스이다. 에피쿠로스는 육체적인 쾌락보다 정신적인 쾌락을 추구하며, 고통이 없고 마음의 혼란으로부터 자유로울 때 행복할 수 있다고 보았다.

바로잡기 ①, ③, ④, ⑤ 에피쿠로스가 부정의 대답을 할 질문이다.

033

제시문의 사상가는 《택리지》를 쓴 이중환이다. 이중환은 지리, 생리, 인심, 산수, 이 네 가지 조건을 모두 만족해야 살기 좋은 곳이라고 보았다. 이중환에 따르면, ㄴ. 생리와 같은 경제적 이익은 주거지 선정 시 고려해야 할 요소이고, ㄷ. 좋은 정주 환경이 되려면 여러 조건을 충족해야 한다.

바로잡기 ㄱ. 지리는 인문환경이 아니라 자연환경의 요소에 해당한다. ㄹ. 인심과 같은 거주민들과의 교류도 주거지 선정 시 고려할 요소이다.

034

제시문의 (나)는 단기적으로는 소득과 행복이 정(+)의 상관관계를 보이지만 장기적으로는 소득이 일정 수준이 넘으면 더 이상 소득 증가로 인해 행복감이 증가하지 않는다고 본다. 따라서 소득 증가 자체가 목적이 되어서는 안 되고, 사람들을 더 행복하게 만드는 요인들에 관심을 기울일 필요가 있다고 본다.

바로잡기 ① (가)는 소득과 행복은 정(+)의 상관관계를 보인다고 본다. ② (가)는 경제 성장이 국민의 행복에 미치는 영향이 크다고 본다. ③ (나)는 소득과 행복이 무관하지 않다고 본다. ⑤ (가)와 (나) 모두 소득 수준은 행복에 영향을 주는 요인이라고 본다.

035

맹자는 일반 백성이 고정적인 생업[항산]이 없으면 흔들림 없는 도덕적인 마음[항심]도 없어진다고 강조하며, 통치자는 백성의 경제적 안정에 우선적으로 관심을 기울여야 한다고 보았다.

036

맹자의 주장과 가장 밀접한 행복한 삶을 실현하기 위한 우선적인 조건으로 '경제적 안정'을 들 수 있다. 맹자는 백성들이 경제적으로 안정되지 못하면 도덕적인 삶을 살아갈 수 없다고 보았기 때문이다.

채점 기준	수준
행복한 삶의 실현 조건으로 '경제적 안정'을 선택한 후, 맹자의 핵심 주장인 항산, 항심과 연결하여 바르게 서술한 경우	상
행복한 삶의 실현 조건으로 '경제적 안정'을 선택한 후, 맹자의 핵심 주장과 연결하여 서술한 경우	중
행복한 삶의 실현 조건으로 '경제적 안정'만 쓴 경우	하

037

제시문의 표는 세계 민주주의 지수 순위와 세계 행복 지수 순위이다. 민주주의 지수 순위가 높은 국가는 대체로 행복 지수에서도 높은 순위에 있음을 알 수 있다.

038

민주주의 순위 지수가 높은 국가가 대체로 행복 지수에서도 높은 순위에 있는 것은 민주적 법, 제도, 문화 등이 갖춰진 민주주의 국가에서는 각자가 원하는 삶의 방식을 자유롭게 추구하며 행복도를 높일 수 있기 때문이다.

채점 기준	수준
민주적 법, 제도, 문화가 미치는 영향을 시민의 권익 및 행복한 삶 실현과 연결 지어 바르게 서술한 경우	상
민주적 법, 제도, 문화가 미치는 영향을 행복한 삶 실현과 연결 지어 서술한 경우	중
민주주의 발전과 행복한 삶 실현을 연결 지었으나 그 서술이 미진한 경우	하

● 13쪽

039 ②　　**040** ④　　**041** ⑤　　**042** ①

039 인간, 사회, 환경을 바라보는 다양한 관점

1등급 자료 분석　사회적 관점, 공간적 관점, 윤리적 관점

※ 인간, 사회, 환경을 바라보는 다양한 관점에 대한 설명이 맞으면 '예', 틀리면 '아니요'에 ✔표시하시오.　시간적 관점, 공간적 관점, 사회적 관점, 윤리적 관점

[설명 1] 사회적 관점은 사회 현상을 시대적 맥락 속에서 이해한다.
　시간적 관점　　　　예 ✔　아니요 □ … ㉠

[설명 2] 공간적 관점은 사회 구조와 사회 제도의 영향력을 강조한다.
　사회적 관점　　　　예 □　아니요 ✔ … ㉡

[설명 3] 윤리적 관점은 사회 현상을 도덕적 가치에 따라 평가한다.
　윤리적 관점　　　　예 □　아니요 ✔ … ㉢

[설명 2]의 공간적 관점은 사회 구조와 사회 제도의 영향력을 강조하는 것이 아니라 위치와 장소 등과 같은 공간적 맥락에서 사회 현상을 이해하고자 하므로 '아니요'가 적절하다.

바로잡기 [설명 1]에서 사회 현상을 시대적 맥락 속에서 이해하는 것은 사회적 관점이 아닌 시간적 관점이므로 '아니요'가 적절하다. [설명 3]에서 윤리적 관점은 사회 현상을 도덕적 가치에 따라 평가하므로 '예'가 적절하다.

040 통합적 관점의 적용

1등급 자료 분석　인공지능(AI) 저작권 쟁점

인공지능(AI)을 통해 양산되는 시, 음악, 극본, 그림 등 다양한 유형의 창작물은 인간이 수행한 결과와 구분할 수 없을 정도로 놀라운 수준을 보여 준다.
이와 동시에 창작물을 둘러싼 인공지능 저작권 쟁점이 새롭게 등장하였는
　인공지능 저작권 쟁점은 기존에 인간이 창작한 창작물에 부여했던 저작권을 인공지능이 창작한 창작물에도 부여해야 하는지와 관련된다.
데, 이 문제를 해소할 법적·제도적 장치가 없어 인공지능 산업 활성화와 권리자 보호 등을 두고 논란이 발생하고 있다.

오늘날 인공지능의 창작물에 관한 저작권을 인정해야 하는지의 여부가 쟁점으로 떠오르고 있다. 이는 통합적 관점이 적용되어야 하는 현대 사회의 복잡한 문제이다.

바로잡기 ㄴ. 공간적 관점에서는 '인공지능 저작권을 인정하는 나라는 어디이며, 그 근거는 무엇인가?'와 같은 탐구 질문이 적절하다.

041 행복의 의미

1등급 자료 분석　아리스토텔레스의 행복

○○에게
요즘 자네가 행복에 이르는 방법에 대해 고민하고 있다고 들었네. 행복은 인간의 영혼 중에서 이성과 관련된 능력을 탁월하게 발휘하는 것을 의미한다
　인간만이 가진 기능: 이성
네. 따라서 이성을 통해 도덕적 행위가 무엇인지를 파악하고 이를 반복적으로 실천한다면 좋은 품성을 기를 수 있을 걸세. 그러면 인간 행위의 최종 목
　도덕적 행동의 습관화 강조　　　　　　최고선
적인 행복에 다가갈 수 있다네.
　아리스토텔레스는 삶의 궁극적인 목적을 행복으로 보고, 이러한 행복은 인간의 영혼 중 인간에게만 있는 이성의 능력을 탁월하게 발휘하는 활동이라고 보았다. 이를 위해 습관을 통해 좋은 품성을 길러야 한다고 주장하였다.

가상 편지의 저자는 고대 그리스 사상가 아리스토텔레스이다. 아리스토텔레스는 좋은 품성은 도덕적 행위가 무엇인지 알고 반복적으로 실천할 때 형성될 수 있다고 보았다.

선택지 더 보기

⑥ 행복은 다른 목적을 달성하기 위한 수단이다. (×)
⑦ 행복은 인생 전체를 통해 달성하고자 하는 가장 좋은 것이다. (○)
⑧ 부, 명예 등과 같은 세속적 가치를 추구할 때 행복을 실현할 수 있다. (×)

042 행복한 삶을 실현하기 위한 조건

1등급 자료 분석 민주주의 발전, 경제적 안정

(가) A 국은 ○○국으로부터 독립하였으나 권위주의 정권이 수립되어 국민
　　　　　　　　　　　　　　　　　　　　　　　민주주의 발전 방해
들을 과도하게 통제하고 있다. 이로 인해 정치 과정에 참여할 방법이 없
어진 국민들은 무력감과 고통에 시달리고 있다.
　　　시민의 정치 참여 불가
(나) B 국의 세대별 행복 지수를 분석한 결과, 청년층과 노년층의 점수가 낮
게 나타났다. 이에 대한 주요 원인으로 청년층은 심각한 취업난으로 인
한 경제적 어려움을, 노년층은 부족한 생활비와 미흡한 복지 정책을 손
꼽았다.　　　　　　　　　　　　경제적 불안정

행복한 삶을 실현하기 위한 조건으로 (가)에서는 민주주의 실현, (나)에서는 경제적 안정이 필요함을 알 수 있다. (가)의 시민들이 고통스러운 까닭은 시민의 정치 참여가 보장되지 않기 때문이다. (나)의 청년층과 노년층의 행복도가 낮은 까닭은 경제적 안정이 보장되지 않았기 때문이다.

바로잡기 (가)에 따르면 국가의 주권이 회복되었다고 해도 시민의 정치 참여가 보장되지 않으면 행복한 삶을 실현할 수 없다. 따라서 국가의 주권 회복이 행복을 보장하는 유일한 조건이라고 볼 수 없다.

🍎 단원 마무리 문제 ● 14~15쪽

Q1 통합적 관점과 행복

043 ② **044** ② **045** ② **046** ③ **047** ④ **048** ①
049 예시 답안 공자는 비록 부유하지 않더라도 도덕적이고 의롭게 살아갈 때 행복할 수 있다고 강조하였다.
050 ② **051** ③ **052 예시 답안** 이중환은 지리, 생리, 인심, 산수 이 네 가지 모두 만족해야 살기 좋은 곳이라고 하였는데, 이를 통해 질 높은 정주 환경을 조성할 때 행복한 삶을 실현할 수 있음을 알 수 있다.

043

(가)는 공간적 관점, (나)는 사회적 관점이다. 공간적 관점은 자연환경과 인문환경이 인간과 사회에 미치는 영향을 분석한다.

바로잡기 ①, ③은 시간적 관점, ④는 윤리적 관점이다. ⑤ 정책적 측면에서 해결책을 모색하고자 하는 것은 사회적 관점에만 해당하는 내용이다.

044

㉠에는 인간, 사회, 환경을 바라보는 다양한 관점 중 윤리적 관점이 나타나 있다. 윤리적 관점에서 이루어질 수 있는 활동으로는 ㄱ. 보편적 가치를 존중하는 자율 주행 기술 설계하기, ㄹ. 자율 주행 자동차로 발생할 수 있는 도덕적 문제 성찰하기가 적합하다.

바로잡기 ㄴ은 공간적 관점, ㄷ은 시간적·공간적 관점에서 이루어질 수 있는 활동이다.

045

제시문은 통합적 관점을 필요성을 주장하고 있다. 통합적 관점에 따르면 현대의 사회 현상은 시공간적으로 다양한 요인이 서로 영향을 주고받으며 나타나기 때문에 복잡하고 불확실하여, 어느 한 가지 관점으로만 바라보려는 시도는 사회문제의 복잡성을 고려하지 못한다.

046

시간적 관점에 관한 내용은 산업 혁명 이후 온실가스 농도가 증가하면서 지구의 평균 기온이 빠르게 상승하고 있다는 것이다.

바로잡기 ①은 윤리적, ②는 사회적, ④, ⑤는 공간적 관점에 해당한다.

047

제시문의 사상가는 아리스토텔레스이다. 아리스토텔레스는 행복한 삶을 실현하기 위해 이성을 탁월하게 발휘하고 좋은 습관을 형성해야 한다고 보았다.

바로잡기 ② 서양 중세의 행복관이다. ⑤ 욕심을 버리고 자연의 순리에 따르는 삶을 강조한 것은 동양의 노자이다.

048

제시문의 (가)는 시대에 따라, (나)는 지역에 따라 행복의 기준이 달라질 수 있다고 본다.

바로잡기 ㄴ. (나)는 자연환경이 행복의 기준에 영향을 줄 수 있다고 본다. ㄷ. 행복의 기준을 공간적 관점에서 본 것은 (가)가 아니라 (나)이다.

049

고대 중국에서는 내면의 즐거움과 만족하는 삶의 자세를 행복의 요소로 강조하였다. 고대 중국의 사상가 공자는 부유하지 않더라도 배우고 익히는 데서 얻는 즐거움을 누리고 도덕적으로 사는 것이 중요하다고 보았다.

채점 기준	수준
공자의 행복 실현을 위한 태도로 물질적 풍요로움이 아니라 도덕적이고 의로운 삶을 중시했다고 서술한 경우	상
물질적 풍요로움이 행복의 기준이 아니라고만 서술한 경우	하

050

질 높은 정주 환경, 민주주의 발전은 행복한 삶을 실현하기 위한 중요한 조건이다.

바로잡기 ㉡ 국민의 소득 수준은 삶의 질과 밀접한 관계를 지니며, ㉣ 도덕적 실천도 개인과 공동체의 행복도를 높이는 데 기여한다.

051

제시문의 사상가는 맹자이다. 맹자는 통치자가 백성들의 생업을 안정적으로 보장해 주어야 백성들이 도덕적으로 살아갈 수 있다고 주장하였다. 따라서 맹자는 행복한 삶의 조건과 관련하여 국가가 사회 구성원 모두의 경제적 안정을 도모해야 한다고 주장할 것이다.

052

이중환은 좋은 땅[지리], 경제 활동이 유리한 여건[생리], 좋은 인심과 풍속[인심], 풍류를 즐길 만한 자연 경관[산수] 이 네 가지 모두 만족해야 살기 좋은 곳이라고 하였는데, 이를 통해 질 높은 정주 환경을 조성할 때 행복한 삶을 실현할 수 있음을 알 수 있다.

채점 기준	수준
이중환이 주장한 네 가지 요소를 질 높은 정주 환경을 조성하기 위한 조건으로 언급하여 바르게 서술한 경우	상
질 높은 정주 환경을 조성하기 위한 조건으로 여러 가지 요소를 고려해야 한다고 서술한 경우	중
행복한 삶을 실현하기 위해서 질 높은 정주 환경을 조성해야 한다고만 서술한 경우	하

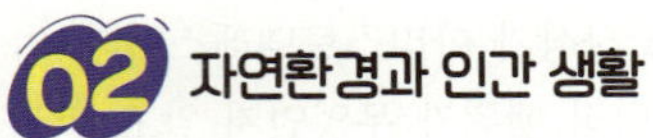

02 자연환경과 인간 생활

● 17 ~ 18쪽

핵심 개념 문제

053 플랜테이션　　**054** 계절풍　　**055** 고산
056 화산　　**057** ×　**058** ○　**059** ○　**060** ㉡
061 ㉠　**062** ㉠　**063** ㉠　**064** ㉡

065 ②　**066** ③　**067** ②　**068** ⑤　**069** ④　**070** ⑤
071 ④

065

제시된 글의 ㉠은 이동식 화전 농업으로 카사바, 얌 등의 농작물을 재배하며, 강수량이 많은 기후 지역이므로, 열대 기후 지역이다. 지도의 B는 콩고 민주 공화국의 키상가니로 열대 기후 지역이다.

바로잡기 ① A는 러시아의 모스크바로 냉대 기후 지역이다. ③ C는 중국의 난징으로 온대 기후 지역이다. ④ D는 미국 알래스카의 배로로 한대 기후 지역이다. ⑤ E는 아르헨티나의 부에노스아이레스로 온대 기후 지역이다.

066

지도의 (가)는 남부 아시아의 갠지스강, (나)는 동부 아시아의 창장강이다. 갠지스강과 창장강은 계절풍 기후 지역에 속하므로 계절에 따른 강수량의 차이로 인해 하천 유량 변동이 심해 수위 변화가 크며, 주변에 비옥한 평야가 발달하였다.

바로잡기 ㄷ. 하류에는 지하자원이 많이 매장되어 있지 않으며, 하천 퇴적물이 쌓여 형성된 비옥한 평야인 삼각주가 있다.

067

아랍 에미리트의 두바이는 건조 기후 지역에 위치한다. 건조 기후 지역은 강한 햇볕과 모래바람을 막기 위해 온몸을 감싸는 헐렁한 옷을 입는다.

바로잡기 ① 열대 기후 지역의 전통 가옥, ③ 냉대 기후 지역의 전통 가옥, ④ 열대 기후 지역의 전통 음식, ⑤ 온대 기후 중 서안 해양성 기후 지역의 생활 모습에 해당한다.

068

지도의 A 기후 지역은 서부 유럽, 동부 아시아, 미국의 남서부, 브라질 남동부 등 중위도 지역에 분포하는 온대 기후 지역이다. 온대 기후 지역은 기온이 온난하고 계절의 변화가 뚜렷하다.

바로잡기 ①은 냉대 기후 지역, ②는 열대 기후 지역, ③은 건조 기후 지역, ④는 한대 기후 지역에 해당한다.

069

제시된 글에서 고위도에 분포, 대륙의 영향으로 기온의 연교차가 큰 기후, 침엽수림대인 타이가 분포 등을 통해 ㉠은 냉대 기후 지역임을 알 수 있다.

바로잡기 ① 열대 기후는 저위도에 분포하며 기온의 연교차가 작다. ② 건조 기후는 강수량이 적어 수목이 자라지 않는다. ③ 온대 기후는 중위도에 분포하며 온대림이 넓게 분포한다. ⑤ 한대 기후는 연평균 기온이 낮아 수목이 자라지 않는다.

070

제시된 지형은 해발 고도가 높고 경사가 급한 산지 지형으로 인간이 거주하기에 불리하다.

바로잡기 ① 평야 지형이나 해안 지형, ② 해안 지형, ③ 평야 지형이나 해안 지형에 해당한다. ④ 연중 기온이 온화한 열대 고산 기후가 나타나 고산 도시가 분포하는 곳은 저위도의 열대 기후 지역에 위치한 산지 지역이므로, 안데스 산맥이 이에 해당하며, 나머지 세 산맥에는 기온이 낮아 고산 도시가 발달하기 어렵다.

071

(가)는 종유석, 석순, 석주 등이 발달하는 석회 동굴이 있는 카르스트 지형, (나)는 용암과 가스가 분출한 분화구를 볼 수 있는 화산 지형, (다)는 U자곡이 침수되어 형성된 피오르가 있는 빙하 지형이다. 카르스트 지형은 석회암의 용식, 화산 지형은 화산 활동, 빙하 지형은 빙하의 침식 작용과 퇴적 작용으로 형성된다.

실력 기출 문제 ● 19 ~ 22쪽

072 ④	073 ①	074 ③	075 ③	076 ③	077 ⑤
078 ③	079 ③	080 ⑤	081 ②	082 ③	083 ③
084 ③	085 ③	086 ④	087 ④		

1등급을 향한 서답형 문제

088 ㉡ 열대 우림 ㉢ 열대 고산   **089** **예시 답안** 싱가포르는 해발 고도가 낮은 지역, 키토는 해발 고도가 높은 지역에 위치하기 때문이다.

090 ㉠ 산지 ㉡ 해안

091 **예시 답안** ㉠은 높은 해발 고도와 큰 낙차, ㉡은 큰 조차이다.

072

제시문은 아프리카 마다가스카르의 바오바브나무를 활용한 생활 문화를 나타낸 것이다. 기후 환경의 영향으로 지역마다 다른 식생은 인간의 생활 토대가 된다.

바로잡기 ① 열대 기후 지역에서는 지면의 열기와 습기를 피하기 위한 고상 가옥이 발달한다. ② 기후의 영향을 받은 음식 문화로는 열대 기후 지역에서는 음식이 상하지 않도록 향신료를 많이 넣거나 볶아 먹는다. ③ 식생은 기후 경관에 해당하지만, 제시문에 관광 산업 관련 설명이 없다. ⑤ 제시문에 원주민의 생물종 다양성 보존 노력 관련 설명이 없다.

073

㉠은 계절풍의 영향을 받는 기후 지역의 전통 생활 모습에 해당한다. 계절풍 기후 지역은 벼농사가 발달하여 쌀을 주식으로 한다.

바로잡기 ② 이동식 화전 농업은 열대 우림 기후 지역의 전통 농업 방식이다. ③ 초원에서 양과 염소를 기르는 유목은 스텝 기후 지역의 생활 모습이다. ④

서늘한 기후에 잘 자라는 밀, 감자 등은 온대 및 냉대 기후 지역에서 활발하게 재배한다. ⑤ 가축 사육과 작물 재배가 결합된 혼합 농업은 유럽의 서안 해양성 기후 지역의 생활 모습이다.

074

제시된 자료는 러시아 북극해 연안의 순록 유목, 미국 알래스카의 지면에서 띄운 구조물 설치 공법과 관련된 툰드라 기후를 활용한 주민 생활을 나타낸 것이다. 툰드라 기후 지역은 짧은 여름에 땅이 녹아 풀과 이끼가 자라는 한대 기후 지역이다.

바로잡기 ① 스텝 기후는 사막 기후와 함께 건조 기후에 해당한다. ② 사바나 기후는 열대 우림 기후와 함께 열대 기후에 해당한다. ④ 열대 고산 기후는 열대 기후 지역의 고산 지대에 위치한다. ⑤ 온대 겨울 건조 기후는 계절풍의 영향을 받는 대륙 동안에 위치한 온대 기후에 해당한다.

075

지도의 A는 한대 기후 지역, B는 냉대 기후 지역, C는 온대 기후 지역, D는 건조 기후 지역, E는 열대 기후 지역이다. 온대 기후 지역(C)은 편서풍의 영향을 주로 받는 대륙 서안과 계절풍의 영향을 주로 받는 대륙 동안의 계절별 기온 차이가 크다. 대륙 서안에는 주로 서안 해양성 기후와 지중해성 기후, 대륙 동안에는 주로 온대 겨울 건조 기후와 온난 습윤 기후가 주로 나타난다.

바로잡기 ① 한대 기후 지역(A)은 기온 차이에 따라 툰드라 기후 지역과 빙설 기후 지역으로 구분된다. 강수량의 차이에 따라 사막 기후 지역과 스텝 기후 지역으로 구분되는 것은 건조 기후 지역이다. ② 냉대 기후 지역(B)은 타이가(침엽수림대)가 형성되어 있다. 우림과 사바나가 형성되어 있는 것은 열대 기후 지역이다. ④ 건조 기후 지역(D)에는 기온이 높은 계절이 나타난다. 연중 대부분 기온이 겨울인 것은 한대 기후 지역이다.

076

(가)는 건조 기후 지역의 전통 가옥인 이동식 가옥, (나)는 열대 기후 지역의 전통 가옥인 고상 가옥이다. 이동식 가옥은 조립과 분해가 쉬워 유목 생활에 적합하다. 열대 기후 지역의 고상 가옥은 통풍이 잘되는 개방적 구조로 지면에서 바닥을 띄운 가옥이다. 지도의 A는 핀란드의 냉대 기후 지역, B는 몽골의 건조 기후 지역, C는 인도네시아의 열대 기후 지역이다.

바로잡기 냉대 기후 지역(A)에서는 침엽수림이 넓게 분포해 나무를 쉽게 구할 수 있으므로, 통나무집이 발달한다.

077

지도의 A는 아프리카의 저위도 지역, 동남 및 남부 아시아, 오스트레일리아 북부, 중앙아메리카, 남아메리카 저위도 지역에 분포하는 열대 기후 지역이다. 열대 기후 지역은 연중 기온이 높고 강수량이 많은 기후에 해당한다. 전통 가옥으로 습기와 해충의 피해를 차단하기 위한 고상 가옥이 있고, 플랜테이션 농업으로 커피, 카카오 등을 재배한다.

바로잡기 ㄱ. 한대 기후 지역의 전통 농목업 방식이다. ㄴ. 건조 기후 지역의 전통 의복이다.

078

㉠은 사우디아라비아의 수도 리야드이며, 강한 햇볕에 적응한 전

통 의복이 있고 대추야자를 즐겨 먹는다. ⓒ은 베트남의 수도 하노이이며, 얇은 천으로 통풍이 잘 되는 의복을 입고 쌀국수인 퍼를 즐겨 먹는다. 하노이는 리야드보다 연 강수량이 많고, 기온의 일교차가 작으며, 단위 면적당 식생의 밀도가 높다.

바로잡기 ㄴ. 건조 기후가 나타나는 리야드는 상대적으로 고위도에 위치하고 상대 습도가 낮아 기온의 일교차가 크다.

079

지도의 A는 냉대 기후 지역인 러시아의 모스크바, B는 한대 기후 지역인 러시아의 야말반도, C는 냉대 기후 지역인 캐나다의 중부 내륙, D는 열대 기후 지역인 케냐, E는 열대 기후 지역인 인도네시아의 보르네오섬이다. 냉대 기후 지역에는 타이가라고 불리는 침엽수림대가 넓게 분포한다.

바로잡기 ① 열대 기후 지역, ② 건조 기후 지역, ④ 건조 기후 지역, ⑤ 건조 기후 지역에 해당하는 내용이다.

080

자료의 (가)는 열대 우림 기후 지역에 해당하는 인도네시아의 수마트라섬, (나)는 사막 기후 지역에 해당하는 중국의 타커라마간 사막이다. 지도의 A는 러시아의 북극해 연안, B는 중국의 타커라마간 사막, C는 인도네시아의 수마트라섬이다.

바로잡기 A는 한대 기후 지역에 해당한다.

081

(가)는 해발 고도가 낮고 편평한 평야 지역, (나)는 육지와 바다가 만나는 해안 지역, (다)는 해발 고도가 높고 경사가 급한 산지 지역이다. (나) 해안 지역은 (다) 산지 지역보다 항구 발달과 대규모의 산업 단지 조성에 유리하다.

바로잡기 ① (가) 평야 지역은 (나) 해안 지역보다 항구 발달에 불리하다. ③ (다) 산지 지역은 (가) 평야 지역보다 인간 생활과 취락 발달에 불리하다. ④ 양식업은 주로 (나) 해안 지역에서 발달한다. ⑤ (가) 평야 지역은 하천의 중류 및 하류, (다) 산지 지역은 하천의 상류 지역에 해당한다.

082

메소포타미아의 평야를 지나 페르시아만으로 유입하는 하천은 유프라테스강이다. 메소포타미아는 세계 4대 문명(나일강 유역의 이집트 문명, 유프라테스강 및 티그리스강 유역의 메소포타미아 문명, 인더스강유역의 인더스 문명, 황허강 유역의 황허 문명)의 발상지 중 하나이다. 지도의 A는 나이저강, B는 콩고강, C는 유프라테스강, D는 갠지스강, E는 황허강이다.

바로잡기 ① A는 건조 기후 지역을 지나 기니만으로 유입한다. ② B는 열대 기후 지역을 지나 기니만으로 유입한다. ④ D는 열대 기후 지역을 지나 벵골만으로 유입한다. ⑤ E는 건조 기후 지역과 냉대 기후 지역을 지나 황해로 유입하며 세계 4대 문명의 발상지가 있다.

083

갯벌 해안에 간척 사업으로 인공섬을 조성한 사례로는 인천의 송도 신도시가 있다. 사막에 스프링클러 시설이 설치되어 대규모 관개 농업이 이루어지는 사례로는 서남아시아 지역이 있다. 두 사례 모두 자연환경의 제약을 극복한 지역 개발이다.

바로잡기 ① 갯벌 해안의 양식업이나 관광 산업, 사막의 유목이나 오아시스 농업이 해당한다. ② 해안 지역의 전통 산업은 어업 등이 있다. ④ 아름다운 지형 경관을 활용한 관광 산업의 사례는 갯벌 해안의 갯벌 체험, 사막의 낙타 체험이 있다. ⑤ 간척 사업과 관개 농업으로 생태 환경이 훼손되고 지형 환경 이용의 범위는 확대된다.

084

지도의 A는 적도 부근의 고산 지대에 위치한 에콰도르의 수도 키토이다. 키토는 열대 고산 기후에 해당한다.

바로잡기 ① 안데스산맥에 위치한다. 로키산맥은 북아메리카에 위치한다. ② 산지 지역에 해당한다. ④ 열대 고산 기후는 일 년 내내 우리나라의 봄과 같은 온화한 기후가 나타난다. 여름이 짧고, 겨울은 길고 추운 기후는 냉대 및 한대 기후이다. ⑤ 저위도 지역은 기온의 연교차가 일교차보다 작다.

085

㉠은 아이슬란드의 간헐천이 해당하는 화산 지형, ㉡은 슬로베니아의 석회 동굴이 해당하는 카르스트 지형이다. 화산 지형은 용암과 화산 가스가 분출하여 형성되는 지형으로 분화구, 간헐천, 온천 등이 있으며, 카르스트 지형은 석회암이 오랜 시간 빗물이나 지하수에 녹아서 형성되는 지형이다.

바로잡기 빙하 지형은 빙하의 침식 작용과 퇴적 작용으로 형성되는 지형으로 피오르가 있다.

1등급 정리 노트 독특한 지형 경관이 나타나는 지역	
카르스트 지형	• 석회암이 빗물이나 지하수에 의해 녹아서 형성 • 탑 카르스트, 석회 동굴(종유석, 석순 석주 등) 등
화산 지형	• 용암과 화산 가스가 분출하여 형성되는 지형 • 분화구, 간헐천 등
빙하 지형	• 빙하의 침식 및 퇴적 작용으로 형성되는 지형 • 피오르(U자곡에 바닷물이 들어온 좁고 긴 만) 등

086

자료는 일본의 후지산을 그린 그림이다. 원뿔 모양의 후지산은 용암과 화산 쇄설물이 번갈아 쌓여 형성된 화산이다.

바로잡기 ① 하천 퇴적 지형으로 삼각주 등이 있다. ② 빙하 침식 지형으로 U자곡, 피오르 등이 있다. ③ 카르스트 지형으로 석회 동굴 등이 있다. ⑤ 일본의 화산은 지각판이 충돌하는 곳에 형성되었다.

087

㉠산맥은 잉카 제국의 고산 도시 쿠스코가 있는 안데스산맥, ㉡산맥은 최고봉인 에베레스트산과 차마고도 교역로가 있는 히말라야산맥이다. 지도의 A는 히말라야산맥, B는 로키산맥, C는 안데스산맥이다.

바로잡기 로키산맥(B)은 북아메리카의 미국과 캐나다에 걸쳐 있다.

088

싱가포르는 연중 기온이 높고 강수량이 많은 열대 우림 기후 지역
이며, 에콰도르의 키토는 연중 온화한 열대 고산 기후가 나타난다.

089

싱가포르는 해발 고도가 낮은 해안 지역, 키토는 해발 고도가 높
은 안데스산맥의 고산 지역에 위치한다.

채점 기준	수준
싱가포르와 키토의 해발 고도를 모두 바르게 서술한 경우	상
한 지역의 해발 고도만 바르게 서술한 경우	하

090

㉠은 수력 발전에 유리한 산지 지역, ㉡은 조력 발전에 유리한 해
안 지역이다.

091

㉠ 산지 지역은 해발 고도가 높고 경사가 급해 낙차가 크기 때문
에 수력 발전 개발에 유리하다. ㉡ 해안 지역의 조차가 큰 곳은
조력 발전 개발에 유리하다.

채점 기준	수준
산지 지역과 해안 지역 모두 해당 에너지 개발에 유리한 까닭을 바르게 서술한 경우	상
두 지역 중 한 지역만 바르게 서술한 경우	하

적중 1등급 문제   ● 23쪽

092 ①   **093** ⑤   **094** ③   **095** ①

092 온대 기후 지역의 인간 생활

1등급 자료 분석	온대 기후 경관 그림

▲ 모네, 「웨스트민스터 다리 밑 템스
강」 연중 비가 자주 내리는 지역의
강 주변 풍경을 묘사하였다.
서안 해양성 기후 특징

▲ 고흐, 「노란 하늘과 태양 아래의 올리
브나무들」 여름이 덥고 건조한 지역
에서 자라는 올리브나무를 그렸다.
지중해성 기후의 특징

제시된 그림은 온대 기후 지역의 경관을 그린 두 화가의 작품이
다. (가)는 연중 비가 자주 내리는 영국 런던의 템스강 주변 풍경이
고, (나)는 여름이 덥고 건조한 프랑스 남부 프로방스 지역의 풍경
이다. (가)는 서안 해양성 기후 지역, (나)는 지중해성 기후 지역에
해당한다. (가) 서안 해양성 기후 지역은 곡물 재배와 가축 사육이
함께 이루어지는 혼합 농업이 활발하다.

바로잡기 ② (나) 지중해성 기후 지역에서는 수목 농업이 활발하다. 벼농사는
열대 및 온대 기후 중 계절풍의 영향을 받는 지역에서 활발하다. ③ (가) 서안
해양성 기후 지역은 (나) 지중해성 기후 지역보다 강수량의 계절 차이가 작다.
④ (가) 서안 해양성 기후 지역과 (나) 지중해성 기후 지역은 모두 온대 기후 지
역에 해당한다. ⑤ (가) 서안 해양성 기후 지역과 (나) 지중해성 기후 지역은 대
륙 서안에 위치하여 계절풍의 영향을 적게 받는다.

선택지 더 보기		
⑥ (가)에서는 수목 농업이 활발하다.	(×)	
⑦ (가)와 (나)는 모두 온대 기후 지역에 해당한다.	(○)	
⑧ (가)는 (나)보다 여름 강수 비율이 높다.	(○)	

093 기후와 인간 생활

1등급 자료 분석	세계의 주요 기후 지역

지도의 A는 건조 기후 지역인 나미비아 해안, B는 한대 기후 지역
인 러시아의 야말반도, C는 온대 기후 지역인 중국의 난징, D는
냉대 기후 지역인 캐나다의 위니펙, E는 열대 기후 지역인 브라질
의 마나우스이다. 열대 기후 지역(E)은 연중 기온이 높고 강수량이
많은 기후로 지면의 열기와 습기에 대비한 고상 가옥이 나타난다.

바로잡기 ① 건조 기후 지역(A)은 수목이 자라지 않는다. 침엽수림이 넓게 분
포하는 타이가 지역은 냉대 기후 지역이다. ② 한대 기후 지역(B)의 전통 가옥
은 임시 가옥인 이글루와 고상 가옥(열이 지면에 전달되어 땅이 녹아 건물이
붕괴되는 것을 막기 위함.)이 있다. 흙집은 나무를 구하기 어려운 건조 기후 지
역의 전통 가옥이다. ③ 대륙 동안의 온대 기후 지역(C)은 계절풍의 영향으로
벼농사가 활발하다. 물과 풀을 찾아 옮겨 다니는 유목은 건조 기후 지역에서
발달하였다. ④ 냉대 기후 지역(D)은 침엽수림이 넓게 나타난다. 커피를 플랜
테이션으로 재배하는 곳은 열대 기후 지역이다.

선택지 더 보기		
⑥ A는 E보다 수목 밀도가 높다.	(×)	
⑦ B는 C보다 개방적인 전통 가옥 구조가 발달하였다.	(×)	
⑧ D에서는 쌀을 주식으로 한다.	(×)	

1등급 자료 분석   산지 지역 분포 국가

- (㉠)의 블루마운틴: 태평양 해안을 따라 뻗어 있는 그레이트디바이딩 <u>오스트레일리아</u>
산맥에 위치한 관광지이다. 이 산맥은 산업 발전의 원동력이였던 석탄이
많이 매장되어 있다. <u>오스트레일리아 동부에 석탄 산지가 있다.</u>
- (㉡)의 쿠스코: 적도 부근 고산 지대에 연중 봄과 같은 기후가 나타나 <u>열대 고산 기후</u>
는 곳에 형성된 고산 도시이다. 이곳 사람들은 감자나 옥수수를 재배하거 <u>안데스 산지에 주로 형성되어 있다.</u>
나 라마, 알파카 등을 기른다.
<u>일교차가 커서 라마, 알파카의 털을 이용해 만든 판초를 즐겨 입는다.</u>

㉠은 태평양 해안을 따라 뻗어 있으며, 석탄이 많이 매장되어 있
는 그레이트디바이딩산맥이 있는 오스트레일리아이다. ㉡은 열
대 고산 기후 지역에 위치한 고산 도시인 쿠스코가 있으며, 안데
스산맥이 위치한 페루이다. 필리핀(A)은 서부 태평양에 위치한
섬나라이다. 캐나다(C)에는 로키산맥이 위치한다.

095 평야 지역과 인간 생활

1등급 자료 분석   하천 주변의 평야 지역에 나타난 고대 문명

지도에 표시된 지역은 아프리카의 나일강, 서남아시아의 유프라
테스-티그리스강, 남부 아시아의 인더스강, 중국의 황허강 주변
지역이다. 네 하천 주변 지역은 고대 문명의 발상지인 이집트 문
명, 메소포타미아 문명, 인더스 문명, 황허 문명이 있다.

바로잡기   ㄴ. 습도가 높아 주로 고상 가옥에 거주하는 지역은 열대 기후 지역
이다. 네 지역은 모두 강수량이 적은 기후 지역에 위치한다. ㄷ. 벼농사가 발달
하여 쌀을 주식으로 하는 지역은 계절풍이 부는 동아시아, 동남 및 남부 아시
아 지역이다.

03 안전하고 쾌적하게 살아갈 권리

기본 기출 문제

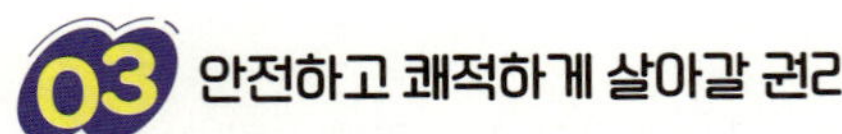

              ● 25 ~ 26쪽

핵심 개념 문제

096 지구 온난화   **097** 해수면   **098** 환태평양
099 환경권   **100** ×   **101** ×   **102** ○   **103** ㉡
104 ㉠   **105** ㉢   **106** ㉡   **107** ㉡   **108** ㉡

109 ①   **110** ①   **111** ②   **112** ③   **113** ③   **114** ②
115 ④

109

㉠은 장기간에 걸쳐 기후의 평균 상태가 변화하는 기후변화이다.
산업 혁명 이후 화석 에너지 자원의 사용량 증가로 온실가스 배출
량이 증가하여 지구 평균 기온이 상승하였으며, 인간 생활에 피해
를 주는 측면이 더 크다.

바로잡기   ㄷ. 지구 대기의 온실가스 증가로 인해 발생한다. ㄹ. 산업 혁명 이후
지구의 평균 기온이 상승하고 있다.

110

북극권에 있는 그린란드의 빙하가 녹으면서 가려져 있던 땅이 드
러나 자원 개발의 활기를 띠는 것은 지구 온난화로 평균 기온이
상승했기 때문이다.

바로잡기   ② 지구 온난화로 빙하가 녹으면서 해수면이 상승하면 해안 저지대
가 침수될 수 있다. ③ 기후변화로 인해 자연재해 빈도가 증가한다. ④ 열대림
파괴, 환경 오염 등으로 발생한다. ⑤ 재생 에너지는 화석 에너지에 비해 온실
가스 배출량이 적은 친환경 에너지이다.

111

온실 효과로 지구의 평균 기온이 높아지는 지구 온난화가 가속화
되면 기상 이변이 증가하고, 해수면 상승으로 인한 저지대 침수로
기후 난민이 증가할 것이다. 또한 동식물의 서식지 변화로 멸종
위기종이 증가하며, 식량 생산 변화로 어려움을 겪는 국가가 발생
할 것이다.

바로잡기   ② 북극 해빙이 녹아 해빙의 범위가 축소되고, 이로 인해 북극 항로
를 이용할 수 있는 기간이 길어질 것이다.

112

(가)의 필리핀의 화산재 피해는 지형과 관련된 자연재해, (나)의 미
국 폭설 피해는 기후와 관련된 재해의 사례이다. 화산 활동은 용
암과 화산 가스, 화산재 등이 분출하는 현상이며, 폭설은 한 번에
많은 눈이 내리는 현상이다. 인간 활동과 관련된 자연재해에는 해
안 침식, 땅 꺼짐(싱크홀) 등이 있다.

113

제시된 글의 재해는 해안가 일대의 각종 건설 공사가 이루어지고
구조물들이 들어서면서 일어나는 해안 침식에 관한 설명이다. 해

안 침식은 인공 구조물로 인해 해안에 모래 공급이 부족해진 상황에서 해수면 상승으로 해안 침식이 일어나 해안 도로 유실 및 시설물 훼손 피해가 발생하게 된다.

바로잡기 ①, ② 땅 꺼짐(싱크홀)에 관한 설명이다. ④ 홍수 피해를 막기 위한 노력이다. ⑤ 산사태에 관한 설명이다.

114

자료는 헌법 제34조, 제35조 조항으로, 안전하고 쾌적한 환경에서 생활할 시민의 권리를 보장하기 위해 국가가 제정한 것이다. 국민의 안전권과 환경권을 보장하기 위한 국가의 적극적인 역할의 결과이다.

바로잡기 ㄴ. 재해 피해를 입은 국민은 국가를 상대로 피해 복구와 보상 신청을 할 수 있다. ㄹ. 국가의 역할에 해당한다.

115

㉠은 안전권과 환경권 보장을 위한 시민의 노력이다. 시민은 안전 교육과 환경 교육에 적극적으로 참여함으로써 안전권과 환경권을 보장받을 수 있다.

바로잡기 ①, ②, ③, ⑤는 국가의 역할이다.

실력 기출 문제 ● 27 ~ 30쪽

116 ②	117 ②	118 ①	119 ③	120 ②	121 ⑤
122 ③	123 ④	124 ②	125 ④	126 ②	127 ②
128 ③	129 ②	130 ②			

1등급을 향한 서답형 문제

131 북극 항로　　　132 예시 답안 기후변화(또는 지구 온난화)로 북극 빙하가 녹았기 때문이다.　　　133 안전권, 환경권

134 예시 답안 국가는 재난 지역 선포, 피해 복구 지원 및 보상 등의 정책을 마련한다.

116

㉠으로 인해 1979~2021년 북극권 빙하가 감소하였으므로, ㉠은 지구 온난화이다. 지구 온난화로 지구 평균 기온이 상승하면 우리나라에서는 단풍 시기가 늦어질 것이다.

바로잡기 ① 겨울이 짧아질 것이다. ③ 서리가 내리는 날이 감소할 것이다. ④ 난대림의 분포 지역이 북쪽으로 확대되어 면적이 넓어질 것이다. ⑤ 해수 온도의 상승으로 한류성 어족의 어획량이 감소할 것이다.

117

우리나라 자연재해 피해액 비율이 가장 높은 (가)는 호우, 두 번째로 높은 (나)는 태풍, 세 번째로 높은 (다)는 대설이다. 열대성 저기압인 (나) 태풍은 강풍과 집중 호우를 동반하여 풍수해를 일으킨다.

바로잡기 ① (가) 호우는 많은 비가 내리는 현상이다. ③ (다) 대설은 겨울에 강한 북서풍이 불거나 저기압이 통과할 때 주로 발생한다. 집중 호우 시 발생

하는 것은 홍수, 산사태 등이 있다. ④ (다) 대설은 (가) 호우보다 침수 피해가 적다. 대설은 주로 시설물 붕괴 피해를 유발한다. ⑤ (나) 태풍은 주로 여름과 가을, (다) 대설은 주로 겨울에 발생한다.

1등급 정리 노트　기후 관련 자연재해

홍수	많은 강수로 하천 등이 범람, 집중 호우 시 주로 발생
가뭄	진행 속도 느리지만 피해 범위가 넓게 나타남.
태풍	저위도 해상에서 발생하여 중위도로 이동하는 열대 저기압, 강풍과 집중 호우를 동반한 풍수해 일으킴.
폭설	한 번에 많은 눈이 내리는 현상

118

방글라데시는 갠지스강과 브라마푸트라강이 합류하는 대하천의 하류 지역에 위치하여 홍수가 자주 발생하므로, ㉠은 홍수이다. 홍수는 기후적 요인으로 발생하는 자연재해이다.

바로잡기 ② 땅 꺼짐(싱크홀), ③ 가뭄, ④ 해안 침식, ⑤ 산사태에 해당한다.

119

지구 온난화는 이산화 탄소 등 온실가스 배출량 증가가 주요 원인이며, 기온 상승으로 빙하가 감소하여 해수면 상승을 유발한다. 해수면이 상승하면 해안 저지대의 침수 위험성이 높아진다.

바로잡기 ㄱ. 대기 오염 물질이 빗물과 결합한 것은 산성비이다. ㄹ. 온실가스 감축을 위한 국제 협약은 파리 협정이다. 런던 협약은 폐기물의 해양 투기에 따른 해양 오염을 방지한다.

120

오스트레일리아 대보초 해안의 산호초가 백화 현상으로 사라지는 것은 지구 온난화로 인한 수온 상승이 주된 요인이므로, ㉠은 지구 온난화이다. 지구 온난화가 심화되면 한반도의 침엽수림 분포 면적이 축소될 것이다.

바로잡기 ① 해빙으로 북극해의 해수 염도는 낮아질 것이다. ③ 서부 유럽의 겨울철 지속 기간은 짧아질 것이다. ④ 로키산맥에 분포하는 만년설의 범위는 축소될 것이다. ⑤ 해수면 상승으로 남태평양 해안 저지대의 침수 위험이 증가할 것이다.

121

제시문은 두 자연재해의 피해에 관한 설명이다. (가)는 열대성 저기압이 통과하면서 풍수해를 일으키는 태풍이다. (나)는 짧은 시간 동안 많은 양의 눈이 내리는 대설이다. (가) 태풍은 (나) 대설보다 해일과 홍수로 인한 저지대 침수 피해가 크다. (가) 태풍과 (나) 대설은 모두 기후적 요인에 의한 자연재해이다.

바로잡기 ㄱ. (가) 태풍은 우리나라에서 주로 여름과 가을에 자주 발생한다. (나) 대설은 겨울에 자주 발생한다. ㄴ. (나) 대설은 겨울철 강한 북서풍이나 저기압이 한반도를 지날 때 잘 발생한다. 저위도에서 발생해서 중위도로 이동하는 것은 태풍이다.

122

제시문은 아마존강 유역의 도로 건설과 자원 채굴로 인한 열대림 파괴를 나타낸 것이다. 열대림 파괴로 인해 토양 침식이 심화되면

서 토사 유출량이 증가하였다.

바로잡기 ① 열대 우림은 감소하였다. ② 열대림을 농경지로 개간하면서 식량 생산량은 증가하였다. ④ 동식물의 서식지가 감소하면서 생물종 다양성도 감소하였다. ⑤ 대기 중 이산화 탄소 농도가 증가하였다.

123

인간 활동으로 인해 발생하는 자연재해의 대표적인 사례로 해안 침식과 땅 꺼짐(싱크홀)이 있다. ㉠ 해안 침식은 해안 퇴적물의 침식으로 해안선이 후퇴하는 현상으로 인공 구조물로 인해 해안에 모래 공급이 부족해지면서 해수면 상승과 해안 침식으로 발생한다. 이로 인해 해안 도로 유실 및 시설물 훼손 피해가 나타난다. ㉡ 땅 꺼짐(싱크홀)은 땅이 가라앉아 지면에 구멍이 생기는 현상으로 상·하수관 손상에 따른 누수, 대규모 공사 후 다짐 불량, 굴착 공사 부실 등으로 인해 지반이 약화되어 발생한다.

바로잡기 무분별한 산지 개발로 인해 발생하는 자연재해는 산사태이다. 산사태는 집중 호우나 지진으로 토양층이 순식간에 흘러 내려가는 현상이다.

124

제시된 자료는 유럽에서 기상 이변으로 인한 피해를 나타낸 것이다. ㉠은 프랑스 알프스 산지에 눈이 내리지 않아 스키장 운영이 중단되었으므로, ㉠은 이상 고온이다. ㉡은 영국에서 기온이 40도까지 오른 폭염이다. 이상 고온과 폭염은 모두 기상 이변에 해당한다.

바로잡기 ①, ④ 지진과 화산 활동은 지형 관련 자연재해이다. ③ 지구 온난화로 인해 발생한다. ⑤ 지구 온난화로 생물종 다양성 감소 등의 생태계 변화가 나타난다.

125

그림은 해안 저지대의 침수로 어려움을 겪고 있는 투발루 장관의 수중 연설을 나타낸 것이다. 저지대 침수는 지구 온난화로 인한 해수면 상승에 따른 피해이다.

바로잡기 ① 생태계 변화는 지구 온난화로 인한 동물 서식지가 변화가 있다. ② 열대림 파괴는 지구 온난화의 원인 중 하나이다. ③ 기상 이변은 기후변화에 따른 기온 상승과 강수량 변동이다. 기상 이변으로 태풍, 홍수, 가뭄, 폭설 등의 자연재해 빈도와 규모 증가에 따른 피해가 발생한다. ⑤ 북극권 항로는 저위도에 위치한 투발루와 직접적인 관련성이 적다.

126

㉠은 튀르키예에서 발생한 지진이다. 지진은 땅이 갈라지고 흔들리는 현상으로 환태평양 조산대와 알프스·히말라야 조산대에서 잘 발생하며, 짧은 시간에 인명과 재산에 큰 피해를 준다. 지진은 지각판의 경계 부근에서 주로 발생하고, 건축물과 도로 등이 붕괴되는 피해가 발생한다.

바로잡기 ㄴ. 화산 활동에 관한 설명이다. ㄹ. 홍수 피해의 대책에 해당한다.

127

자료는 자연재해 대응 국민 행동 요령을 나타낸 것이다. (가)는 강풍과 저지대 침수 대비 요령이므로 태풍, (나)는 야외 활동 자제하고 냉방이 필요한 폭염, (다)는 빙판길 사고와 시설물 붕괴가 우려되는 폭설이다.

128

㉠은 태풍이다. 태풍은 집중 호우와 강풍을 동반한 풍수해를 일으킨다. 태풍의 피해를 줄이기 위해서는 사전 예방으로 재해 경보 체계를 구축하고, 집중 호우로 인한 홍수에 대비하기 위해 빗물 저류 시설을 확대하며, 재해 대피 훈련에 적극적으로 참여한다. 사후 처리로 정부는 재난 지역을 선포하고 복구를 지원한다.

바로잡기 ③ 내진 설계는 지진 피해에 관한 대책이다.

129

㉠은 흔들림에 대비해 가방으로 머리를 보호하고 대피하므로, 지진 대비 훈련이다. ㉡은 제설 작업을 요청하므로, 폭설 안전 조치 요청이다. ㉠ 지진이 해저에서 발생하면 해안에서는 해일 피해가 발생할 수 있다. ㉠ 지진과 ㉡ 폭설의 사후 대응 방안으로는 정부의 특별 재난 지역 선포가 있다.

바로잡기 ㄴ. 폭설 대비 방안으로는 제설 장비 확보가 있다. 하천 제방 보수는 홍수에 관한 대책이다. ㄷ. ㉠ 지진은 지형적 요인, ㉡ 폭설은 기후적 요인으로 발생한다.

130

제시된 글은 파키스탄의 폭우로 인한 홍수 피해에 관한 것이며, 이로 인해 보장되어야 할 권리는 안전권과 환경권이다.

바로잡기 가뭄은 장기간 비가 오지 않는 현상이며, 폭설은 짧은 기간에 많은 눈이 내리는 현상이다. 주거권은 모든 사람이 인간다운 생활을 영위하기 위하여 최소한의 기준을 충족시키는 적절한 주거지 및 정주 환경에 거주할 수 있는 권리이다. 잊힐 권리는 인터넷 상에 있는 자신과 관련된 각종 정보의 삭제를 요구할 수 있는 권리이다.

131

북극 항로는 북극해를 지나 대서양과 태평양을 잇는 해운 항로로 북극해 해빙이 녹으면서 이용 가능 일수가 증가하였다.

132

북극 항로는 기후변화(또는 지구 온난화)로 북극해의 해빙이 녹았기 때문에 운항 기간이 늘어났다.

채점 기준	수준
기후변화를 포함하여 바르게 서술한 경우	상
북극 빙하가 녹았다고만 서술한 경우	하

133

시민이 안전하고 쾌적한 환경에서 살아갈 권리는 안전권과 환경권이다. 안전권은 국민이 각종 위험으로부터 안전을 보호받을 권리이며, 환경권은 인간다운 건강하고 쾌적한 환경 속에서 생존할 수 있는 권리이다.

134

국가가 자연재해에 사후 대응하는 정책으로는 재난 지역 선포, 피해 복구 지원 및 보상 등이 있다.

채점 기준	수준
국가의 사후 대응 정책 두 가지를 모두 바르게 서술한 경우	상
국가의 사후 대응 정책을 한 가지만 바르게 서술한 경우	하

적중 1등급 문제
● 31쪽

135 ①　　**136** ③　　**137** ②　　**138** ③

135 기후변화의 영향

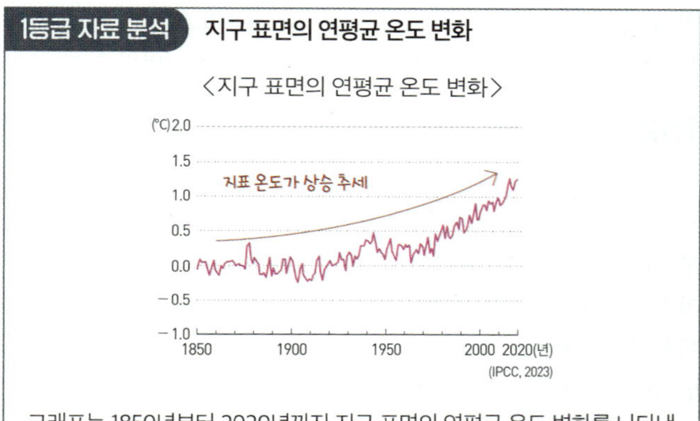

그래프는 1850년부터 2020년까지 지구 표면의 연평균 온도 변화를 나타낸 것이다. 2001~2020년 지구 표면 온도는 1850~1900년보다 약 0.99℃ 더 높아졌다. <u>최근의 온도 상승은 인간 활동과 관련이 깊다.</u>

제시된 자료는 지구 표면의 연평균 온도 변화를 나타낸 것이다. 2001~2020년 지구 표면 온도는 1850~1900년에 비해 약 0.99℃ 더 높아진 것을 통해 지구 온난화 문제를 파악할 수 있다. 지구 온난화는 이산화 탄소 등 온실가스 배출량 증가로 심화되며, 빙하 감소로 인한 해수면 상승과 저지대 침수가 발생한다. 국제 사회는 문제 해결을 위해 온실가스를 감축하는 파리 협약을 체결하였다.

바로잡기 ① 지구 온난화로 북극해 해빙이 녹아 북극 항로의 운항 가능 일수를 증가시킨다.

선택지 더 보기

⑥ 고산 지대의 빙하 면적이 확대된다.　　　(×)
⑦ 열대림 파괴로 인해 가속화된다.　　　(○)
⑧ 산호초의 백화 현상이 심화된다.　　　(○)

136 자연재해

자연재해	행동 요령
(가) - 지진	• 진동이 멈추면 가스와 전기를 끄고 밖으로 이동한다. • 낙하물이 없는 넓은 공간으로 대피한다.
(나) - 대설	• 노후 가옥, 비닐하우스 등이 무너지지 않도록 한다. • 자동차로 외출 시 체인이나 염화칼슘 등을 휴대한다.
(다) - 태풍	• 유리문, 간판 등 강풍에 날아갈 시설물은 고정시킨다. • 예상 경로와 도달 시간을 파악하고 시설물 안전을 정비한다.

표는 세 자연재해의 발생 시 행동 요령이다. (가)는 진동이 멈추면 밖으로 대피하는 지진, (나)는 시설물 붕괴 예방과 빙판길에 대처하는 대설, (다)는 강풍 피해에 대비하고 시설물을 점검하는 태풍이다. (다) 태풍은 집중 호우를 동반하여 침수 피해를 가져온다.

바로잡기 ① (가) 지진은 지각판의 경계 부근에서 잘 발달한다. 저위도 해상에서 발생하여 우리나라로 이동하는 것은 열대성 저기압인 태풍이다. ② (나) 대설의 대책으로 제설 작업이 있다. 내진 설계는 지진의 대책이다. ④ (가) 지진은 지형적 요인, (나) 대설은 기후적 요인에 의해 발생한다. ⑤ 우리나라에서 (나) 대설은 주로 겨울, (다) 태풍은 주로 여름과 가을에 발생한다.

선택지 더 보기

⑥ (가)는 진행 속도는 느리지만 피해 범위가 넓다.　　　(×)
⑦ (가)는 (다)보다 우리나라에서 피해액이 많다.　　　(×)
⑧ (가)와 (나)는 모두 시설물 붕괴 피해를 유발한다.　　　(○)

137 화산 활동

지형적 요인에 따른 자연 재해
2018년 ⊙ 화산 폭발과 ⓒ 지진 해일(쓰나미)로 400여 명의 목숨을 앗아간
지진 때문에 해저에 지각 변동이 생겨서 일어나는 해일로, 해안 근처의 얕은 곳에서 파도의 높이가 급격히 높아지고 특히 좁은 만의 깊숙한 곳에 큰 피해를 준다.
인도네시아 아낙 크라카타우 화산이 이틀 연속 폭발하며 3km 높이로 ⓒ 화
항공기 운항에 지장을 준다.
산재와 용암을 분출했다. 화산재는 용암과 함께 빠른 속도로 흘러내려 수많은 인명과 재산 피해를 불러올 수 있기 때문에 ② 화산 반경 5km 이내에는
국민의 안전권을 지키기 위한 국가의 노력
접근 금지 조치가 내려졌다. 인도네시아는 태평양을 둘러싸고 있는 ⑩ 환태평양 조산대에 포함되어 지진이나 화산 활동이 빈번하다. 불의 고리라고 불린다.

제시된 글은 인도네시아에서 발생한 화산 폭발과 지진 해일로 인한 피해에 관한 것이다. ⊙ 화산 폭발은 용암과 화산 가스, 화산재 등이 분출하는 현상으로 지형적 요인에 의해 발생한다. ⓒ 화산재가 대기 중에 분출하면 항공기 운항에 지장을 준다. ② 화산 주변 접근 금지 조치는 국민의 안전권을 보장하기 위한 것이다. ⑩ 환태평양 조산대는 지각판이 서로 충돌하는 지역으로 지각판의 움직임이 활발해 지진과 화산 활동이 활발하다.

바로잡기 ② ⓒ 지진 해일(쓰나미)로 인한 피해는 주로 해안에서 발생하므로, 해안에서 대피 교육이 필요하다.

1등급 자료 분석 안전권과 환경권 보장을 위한 제도

- (㉠) 제35조 모든 국민은 건강하고 쾌적한 환경에서 생활할 권리를
  헌법
  가지며, 국가와 국민은 환경 보전을 위하여 노력하여야 한다.
  국민의 환경 보전의 의무 또한 있다.   - 국민의 환경권 보장
- (㉡) 제66조 …… 재난의 원활한 복구를 위하여 필요하면 대통령령
  재난 및 안전 관리 기본법
  으로 정하는 바에 따라 그 비용의 전부 또는 일부를 국고에서 부담하거나
  지방 자치 단체, 그 밖의 재난 관리 책임자에게 보조할 수 있다.
                                    - 국민의 재산을 보호하기 위한 법률

제시된 글은 시민의 안전권과 환경권을 보장하기 위해 국가에서 제정한 것으로, ㉠은 헌법, ㉡은 재난 및 안전 관리 기본법이다. ㉡의 제66조에서는 재난 관리에 관한 국가와 지방 자치 단체의 책무를 강조하고 있다.

바로잡기 ㄱ. 헌법 제35조는 환경 보전을 위한 국가와 국민의 노력을 명시하고 있다. ㄹ. ㉠ 헌법은 ㉡ 재난 및 안전 관리 기본법 제정의 바탕이 된다.

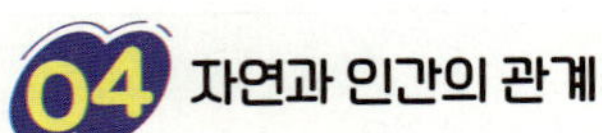

04 자연과 인간의 관계

기본 기출 문제
● 33 ~ 34쪽

핵심 개념 문제

139 이분법	**140** 도구	**141** 전일론
142 내재적 가치	**143** × **144** ○	**145** ㉡ **146** ㉠
147 ㉠ **148** ㉡	**149** ㉠	

150 ⑤	**151** ②	**152** ③	**153** ③	**154** ④	**155** ⑤
156 ①	**157** ④				

150

인간 중심주의가 자연의 도구적 가치를 강조하는 반면, 생태 중심주의는 자연의 내재적 가치를 강조한다.

바로잡기 ①, ②는 생태 중심주의, ③, ④는 인간 중심주의에 관한 설명이다.

151

인간 중심주의는 자연에 관한 탐구와 개발을 촉진하는 사상적 기반이 되어 과학기술의 발달과 경제 성장을 이루어 인간의 삶을 풍요롭게 하였다는 의의를 지닌다. 생태 중심주의는 인간이 생태계의 구성원으로서 생태계를 보전해야 할 의무가 있다는 점을 일깨움으로써 환경 문제를 해결하는 데 도움을 준다는 의의를 지닌다.

152

인간 중심주의는 인간이 자연을 함부로 이용한 결과, 환경 오염, 자원 고갈, 생태계 파괴 등과 같은 환경 위기를 초래했다는 한계를 지닌다. 생태 중심주의는 생태계 보전을 지나치게 강조할 경우 자연에 대한 인간의 개입을 허용하지 않으며, 환경 문제 해결을 위해 자연 개발을 중단해야 한다고 주장한다는 점에서 비현실적 입장이라는 한계를 지닌다.

153

인간 중심주의는 인간과 자연을 둘로 나누어서 바라보는 이분법적 세계관을 취한다. 이와 달리 전일론적 관점에 따르면 자연은 인간, 동물, 식물, 환경 등 다양한 구성원이 유기적으로 연결되어 있는 생태계이다.

154

생태 중심주의는 인간은 자연으로부터 독립된 존재가 아니라 다른 생명체와 마찬가지로 자연의 한 구성원일 뿐이라고 본다.

155

(가)는 인간 중심주의, (나)는 생태 중심주의 입장이다. 생태 중심주의는 인간 중심주의와 달리 자연은 내재적 가치를 지닌다고 본다.

156

인간과 자연이 공존하기 위해서는 ㄱ. 생태 공동체 의식을 정립하

고, ㄴ. 인간과 자연이 공생할 수 있는 지속가능한 개발과 보존을 위해 노력해야 한다.

바로잡기 ㄷ. 현세대의 생존뿐만 아니라 미래 세대의 복지도 고려해야 한다. ㄹ. 인간의 필요와 욕구 충족만을 우선시하지 말고 자연과의 공존을 위한 방안을 마련해야 한다.

157

생태 도시, 슬로 시티, 생태 관광은 공통적으로 인간과 자연이 공생할 수 있는 지속가능한 개발과 보존을 위해 노력하고 있는 사례이다.

실력 기출 문제 ● 35~38쪽

158 ⑤	**159** ④	**160** ⑤	**161** ③	**162** ③	**163** ④
164 ④	**165** ⑤	**166** ③	**167** ①	**168** ⑤	**169** ③
170 ④	**171** ①				

1등급을 향한 서답형 문제

172 ㉠ 이분법 ㉡ 전일론 **173** 예시 답안 인간 중심주의를 지나치게 중시할 경우 인간 중심주의에 따른 각종 정책이나 의사 결정으로 인해 자원이 고갈되고 환경이 오염되는 등 자연의 위기를 초래할 수 있다는 문제가 있다. 또한 생태 중심주의를 지나치게 중시할 경우 모든 자연 개발을 중단해야 한다는 주장으로 이어져 인간의 기본적인 삶이 유지되지 못할 수도 있다는 문제가 있다. **174** 슬로 시티

175 예시 답안 생태 공동체 의식을 정립하여 자연친화적인 삶을 살고 미래 세대의 생존과 복지, 동식물을 포함한 생태계 전체의 보존까지도 함께 고려해야 한다.

158

갑은 베이컨, 을은 데카르트이다. 두 사상가는 공통적으로 인간 중심주의 관점에서 자연의 도구적 가치를 강조한다. 자연 전체를 유기적으로 연결되어 있는 생태계로 보아야 한다는 주장은 생태 중심주의에 해당한다.

159

제시문의 사상가는 생태 중심주의를 강조한 레오폴드이다. 레오폴드는 대지 윤리를 주장하며, 생태계 전체를 하나의 유기체로 보고 공동체의 범위를 인간에서 동물, 식물, 무생물을 포함한 대지까지 확대하였다. 그는 대지를 지배와 이용의 대상이나 경제적 유용성의 관점에서만 바라보아서는 안 된다고 보았다.

160

갑은 인간 중심주의, 을은 생태 중심주의 관점을 보여 준다. 자연 전체를 하나로 보는 전일론적 관점은 생태 중심주의 관점을 지닌 을에게만 해당된다.

161

(가)는 인간 중심주의, (나)는 생태 중심주의 자연관을 보여 준다.

생태 중심주의에서는 생태계를 단순히 경제적 유용성의 관점에서 바라보아서는 안 되며, 윤리적·심미적으로 무엇이 옳은가의 관점도 검토해야 한다고 본다.

162

케이블카 설치에 관해 갑은 생태 중심주의 입장에서 반대, 을은 인간 중심주의 입장에서 찬성하고 있다. 을은 인간 중심주의 입장에서 자연은 인간의 이익을 위한 도구적 가치를 지닌다고 본다.

바로잡기 ② 갑도 케이블카 설치로 인해 경제적 이익은 얻을 수 있다고 본다. ⑤ 갑과 을 모두 케이블카 설치로 자연환경이 훼손될 수 있다고 본다.

163

오늘날 환경 문제의 근본적인 원인은 인간 중심주의 관점에서 찾을 수 있다. 이는 인간 중심주의가 자연에 대한 인간의 지배와 착취를 정당화하고, 자연을 인간의 필요를 충족하기 위한 수단으로만 취급하여 자원이 고갈되고 환경이 오염되는 등 자연의 위기를 초래하였다고 보기 때문이다.

164

시애틀 추장은 생태 중심주의의 관점에서 인간 중심주의 관점에 반대하며 인간은 대지의 일부분이라고 강조하고 있다. 따라서 인간은 다른 존재보다 우월한 존재가 아니며, 대지의 일부로 자연과 유기적 관계임을 인식해야 한다고 볼 것이다.

165

제시문은 생태 중심주의 관점을 보여 준다. 생태 중심주의는 생태계 전체의 균형과 안정을 고려한다.

바로잡기 ①, ②, ③, ④ 인간 중심주의에 해당하는 내용이다.

166

갑은 레오폴드, 을은 베이컨이다. 레오폴드는 생태 중심주의 관점에서 생태계 전체의 조화와 균형을 중시하고, 베이컨은 인간은 자연으로부터 독립된 존재이며 인간은 자연의 정복자가 되어 자연을 개발해야 한다고 본다.

바로잡기 ① 인간이 자연의 정복자이자 지배자가 되어야 한다고 보는 입장은 인간 중심주의이다. ② 생태 중심주의는 개별 생명체의 존속보다 생태계 전체의 균형이 더 중요하다고 본다. ④ 자연의 모든 존재는 생명 공동체의 평등한 구성원이라고 보는 입장은 생태 중심주의이다. ⑤ 생태계 전체를 도덕적으로 고려해야 한다고 보는 것은 레오폴드에게만 해당한다.

1등급 정리 노트	이분법적 세계관과 전일론적 관점
이분법적 세계관	• 자연과 인간을 둘로 나누어서 바라봄. • 인간은 자연으로부터 독립된 자연보다 우월한 존재
전일론적 관점	• 자연은 다양한 구성원이 유기적으로 연결된 생태계 • 인간은 다른 생명체와 같이 자연의 한 구성원임.

167

생태 중심주의 입장의 레오폴드는 긍정, 인간 중심주의 입장의 베이컨은 부정의 답변을 할 질문은 '인간을 포함한 자연 전체는 하

나의 살아있는 유기체인가?'이다.

바로잡기 ②, ③, ④ 레오폴드는 부정, 베이컨은 긍정의 대답을 할 질문이다. ⑤는 레오폴드와 베이컨 모두 부정의 대답을 할 질문이다. 레오폴드도 모든 자연 개발을 중단하라고 주장하지는 않는다.

168

유교, 도가, 불교 사상이 공통적으로 강조하는 자연관은 인간과 자연의 상호 의존성을 인식하고 인간과 자연의 상생을 추구해야 한다는 것이다. 동양의 자연관은 인간과 자연의 조화를 중시한다.

169

인간과 자연은 서로 대립하거나 한쪽을 파괴하지 않고도 조화롭게 공존할 수 있다. 이러한 조화를 위한 노력에는 생태 공동체 의식 함양, 지속가능한 발전 실천, 생태 도시나 슬로 시티 실현 등이 있다.

바로잡기 네 번째 진술. 인간과 자연이 공존하기 위해서는 인간은 자연과 분리된 존재가 아니라 공존의 관계임을 인식해야 한다.

170

인간과 자연은 어느 한쪽만 중시하기보다는 유기적 관계로 조화와 공존을 이루어가는 것이 바람직하다. 개인적 차원의 노력으로는 환경친화적인 가치관의 함양이 적절하다. 갯벌 복원 사업이나 멸종 위기종 복원 사업 등은 사회적 차원의 노력에 해당한다.

171

생태 통로는 도로가 놓임으로써 야생 동물의 서식지가 단절되어 발생하는 야생 동물 교통사고를 막기 위한 것이다. 이는 인간에게 필요한 도로 건설과 야생 동물의 보호 간의 조화를 이루는 개발의 사례로 볼 수 있다.

172

인간 중심주의는 이분법적 세계관을 취하고, 생태 중심주의는 전일론적 관점을 취한다.

173

인간 중심주의를 지나치게 중시할 경우 인간 중심주의에 따른 각종 정책이나 의사 결정으로 인해 자원이 고갈되고 환경이 오염되는 등 자연의 위기를 초래할 수 있다는 문제가 있다. 또한 생태 중심주의를 지나치게 중시할 경우 모든 자연 개발을 중단해야 한다는 주장으로 이어져 인간의 기본적인 삶이 유지되지 못할 수도 있다는 문제가 있다.

채점 기준	수준
인간 중심주의와 생태 중심주의의 문제를 제시하고 그 내용을 바르게 서술한 경우	상
인간 중심주의와 생태 중심주의의 문제를 제시했지만 그 내용을 미진하게 서술한 경우	중
인간 중심주의와 생태 중심주의 중 어느 한쪽 관점의 문제만 서술한 경우	하

174

슬로 시티는 지역이 원래 가지고 있던 자연환경, 문화 등을 지키면서 지역민이 주체가 되는 지역 문화·지역 경제 살리기 운동을 뜻한다.

175

자연 파괴를 최소화하기 위한 개인적 차원의 노력으로는 자연친화적인 삶을 살고 미래 세대의 생존과 복지, 동식물을 포함한 생태계 전체의 보존까지도 함께 고려하는 생태 공동체 의식의 정립이 있다.

채점 기준	수준
자연 파괴를 최소화하기 위한 개인적 차원의 노력으로 생태 공동체 의식과 그 내용을 구체적으로 서술한 경우	상
자연 파괴를 최소화하기 위한 개인적 차원의 노력으로 생태 공동체 의식을 정립해야 한다고 서술한 경우	중
자연 파괴를 최소화하기 위한 개인적 차원의 노력으로 자연친화적인 삶을 살아야 한다고만 서술한 경우	하

적중 1등급 문제 ●39쪽

176 ⑤　　**177** ④　　**178** ②　　**179** ②

176 자연을 바라보는 인간의 관점

1등급 자료 분석　인간 중심주의, 생태 중심주의

갑: 인간은 자연과 구별되는 우월한 존재로, 자신의 이익과 행복 증진을 위 (이분법적 세계관) 해 자연을 수단으로 이용할 수 있다. 따라서 자연의 가치는 인간의 필요 에 따라 평가되어야 한다. (도구적 가치)

을: 인간은 자연으로부터 독립된 존재가 아니라 자연의 한 구성원이며, 자연 (전일론적 관점) 안의 모든 것은 평등하다. 따라서 인간은 자연 그 자체의 가치를 존중해 야 한다. (내재적 가치)

갑은 인간 중심주의, 을은 생태 중심주의 입장을 보여 준다. 생태 중심주의 입장에서 인간 중심주의 입장에 관해 제기할 수 있는 비판은 자연은 인간의 이익과 무관하게 가치를 지닐 수 있음을 간과하고 있다는 것이다.

177 자연을 바라보는 인간의 관점 적용

1등급 자료 분석

<문제 상황>　산악 열차를 설치하자는 주민들은 인간 중심주의 입장을 따르고 있다.
○○군 군수인 A는 관광객 유치를 위해 ○○군 내 위치한 ◇◇산 산악 열차를 설치하자는 지역 주민들의 요구와, 환경 보호를 위해 산악 열차 설치를 반대하는 시민 단체의 주장 사이에서 어느 쪽의 의견을 수용할지 고민하고 있다.　산악 열차 설치에 반대하는 시민 단체들은 생태 중심주의 입장을 따르고 있다.

인간 중심주의 입장의 갑은 산악 열차 설치로 기대되는 경제적 이득과 주민의 복지를 우선적으로 고려하라고 조언할 것이다. 반면 생태 중심주의 입장의 을은 자연의 도구적 가치보다 내재적 가치를 중시하고, 산악 열차 설치로 인한 환경 파괴를 고려하라고 조언할 것이다.

178 인간과 자연의 관계

> **1등급 자료 분석** 　생태 중심주의
>
> "토양에서 식물이 자라고 동물은 그 식물을 먹고 그들의 배설물은 다시 토양의 영양분이 되는 것처럼, 여러 고리로 연결된 자연은 하나의 유기체입니다. 인간도 자연의 평범한 구성원 중 하나로서 자연 속 다른 존재들과 유기적 관계를 맺으며 살아갑니다." <u>강연자는 생태 중심주의 입장을 보이고 있다.</u>

강연자는 인간과 자연의 유기적 관계를 제시하고 있다. 이에 따르면 인간을 포함한 자연 전체의 조화와 균형을 고려해야 한다.

바로잡기 ㄱ, ㄷ. 인간 중심주의 관점을 보여 준다.

> **선택지 더 보기**
>
> ㄹ. 자연은 인간의 필요와 무관하게 그 자체로 가치를 지닌다. 　(○)
> ㅁ. 인간과 자연은 이분법적으로 구분된 존재이다. 　(×)
> ㅂ. 인간을 포함한 자연 전체를 하나로 보아야 한다. 　(○)

179 자연과 인간의 바람직한 관계

> **1등급 자료 분석** 　인간과 자연의 공존을 위한 노력

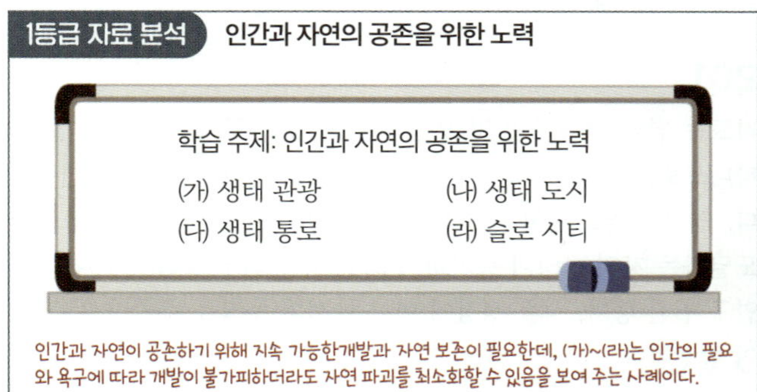

인간과 자연이 공존하기 위해 지속 가능한개발과 자연 보존이 필요한데, (가)~(라)는 인간의 필요와 욕구에 따라 개발이 불가피하더라도 자연 파괴를 최소화할 수 있음을 보여 주는 사례이다.

(가) 생태 관광은 자연환경·고유문화의 보전, 생태적으로 양호한 지역에 대한 관찰과 학습, 지속가능한 관광 활동 등을 포괄하는 관광이다. (나) 생태 도시는 자전거와 전차 위주의 친환경 교통 체계를 갖춘 도시를 말한다. (다) 생태 통로는 야생 동물의 서식 환경이 단절되는 것을 막고 야생 동물의 교통사고를 방지하기 위해 설치된 것이다. (라) 슬로 시티는 지역이 원래 가지고 있던 자연환경, 문화 등을 지키면서 지역민이 주체가 되는 지역 문화·지역 경제 살리기 운동이다.

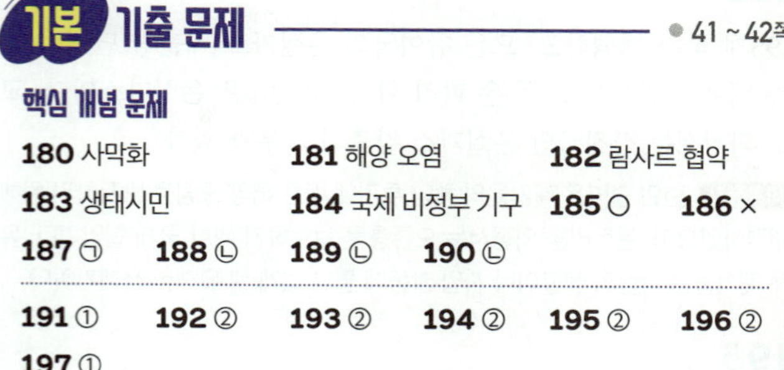

기본 기출 문제 ● 41~42쪽

핵심 개념 문제

180 사막화	**181** 해양 오염	**182** 람사르 협약
183 생태시민	**184** 국제 비정부 기구 **185** ○	**186** ×
187 ㉠ 　**188** ㉡	**189** ㉡ 　**190** ㉠	
191 ① 　**192** ②	**193** ② 　**194** ②	**195** ② 　**196** ②
197 ①		

191

㉠ 환경 문제는 산업 혁명으로 인한 생산력 향상과 인구의 급격한 증가, 자원의 소비량과 오염 물질의 배출량 증가, 자연환경의 훼손 등으로 발생한다. 환경 문제는 자연의 자정 능력의 한계를 넘어설 정도로 심각하며, 지역과 국가, 전 지구에 영향을 미칠 만큼 피해 범위가 넓다. 또한 미래 세대의 생존까지 위협할 만큼 피해가 크고 복구에 시간이 오래 걸리며 비용이 많이 든다.

바로잡기 ① 원인이 다양하고 전 지구적으로 발생하는 경우가 많아 책임 소재를 명확히 구분하기 어렵다.

192

제시된 글은 화석 에너지 소비 증가로 대기 오염 물질 배출량이 증가하면서 발생하며, 산성비, 미세먼지, 스모그 등의 문제가 있는 대기 오염에 관한 설명이다.

바로잡기 ① 사막 주변 지역이 사막으로 변하는 현상이다. ③ 선박에서 유출되는 원유, 바다로 버려지는 쓰레기와 오폐수 등으로 발생한다. ④ 열대 기후 지역에서 무분별한 벌채와 개간 등으로 발생한다. ⑤ 태양의 자외선을 막아주는 오존층이 파괴되는 현상이다.

193

자료는 어느 환경 문제의 원인 물질에 관한 것이다. ㉠의 원인 물질이 염화 플루오린화 탄소(CFCs)이므로, ㉠은 오존층 파괴 문제이다. 오존층 파괴로 지표면에 도달하는 자외선 양의 증가하여 각종 피부 질환과 백내장 등 안구 질환이 증가하고, 식물 성장에 영향을 끼쳐 농작물 수확량이 감소한다.

바로잡기 ① 토양이 황폐화되면 식량 생산량이 감소한다. ③은 해양 오염, ④는 열대림 파괴, ⑤는 스모그에 관한 설명이다.

194

제시된 자료는 국경을 넘어 장거리를 이동하는 대기 오염 물질의 감축 및 통제하는 제네바 협약이며, 건축물 부식, 삼림 파괴 등의 피해 완화할 수 있으므로, 산성비 문제를 해결하기 위한 국제 협약이다.

바로잡기 ① 사막화를 방지하기 위해 사막 방지 협약을 체결하였다. ③ 바젤 협약을 통해 유해 폐기물의 국가 간 이동을 규제하고 있다. ④ 오존층을 보

호하기 위해 국제 사회는 몬트리올 의정서를 채택하였다. ⑤ 온실가스 배출량
증가로 발생하며, 온실가스 감축을 위해 파리 협정이 체결되었다.

195

195개 국가 채택하고, 모든 참여국의 온실가스 배출량 단계적 감
축 의무가 있으므로, ㉠은 파리 협정이며, ㉡은 온실가스이다. 교
토 의정서는 선진국만 온실가스 감축의 의무가 있다.

바로잡기 런던 협약은 폐기물의 해양 투기에 따른 해양 오염을 방지하기 위해
채결하였으며, 몬트리올 의정서는 오존층을 보호하기 위한 국제 협약이다. 유
해 폐기물은 사람의 생활이나 사업 활동에 필요 없게 된 유해한 쓰레기이다.

196

㉠은 재활용과 재생 가능한 친환경 제품을 생산하고 친환경 매장
을 운영하므로, 기업이다.

바로잡기 ① 개인은 생태시민으로서 역할을 한다. ③ 정부는 환경 관련 법률
을 제정하고 정책을 시행한다. ④ 국제 기구는 환경 문제 해결을 위해 다양한
국제 협약을 체결하여 이행하는 국가 간 협의체이다. ⑤ 시민 단체는 공익을
위해 시민을 중심으로 자발적으로 결성한 비정부 조직으로 시민운동, 환경 보
호 캠페인 등을 전개한다.

197

제시된 글은 생태시민으로서 생태 전환적 사고를 통해 친환경적
인 생활 방식을 실천하는 개인의 역할에 관한 것이다. 친환경적
생활 방식의 실천 사례로는 사용하지 않는 조명을 끄고 전기 플러
그를 뽑기, 쓰레기 분리배출 생활화, 자전거나 대중교통 이용 등
이 있다.

바로잡기 ① 일회용 컵을 사용하면 제품 생산과 쓰레기 처리 과정에서 오염
물질이 배출된다.

실력 기출 문제 ● 43~46쪽

198 ④	199 ③	200 ⑤	201 ④	202 ⑤	203 ②
204 ④	205 ⑤	206 ④	207 ④	208 ④	209 ④
210 ⑤	211 ②	212 ④	213 ⑤		

1등급을 향한 서답형 문제

214 시민 사회　　**215** 예시 답안 지구 온난화는 온실가스 배출량
증가로 인해 심화되므로, 국제 사회는 탄소 배출량 감축을 위한 파리 협정
을 체결하였다.　　**216** ㉠ 생태 전환적 사고 ㉡ 생태시민
217 예시 답안 쓰레기를 분리하여 배출한다, 플로깅에 참여한다 등

198

지도의 A는 유럽, 동부 아시아, 미국 동부 등에서 발생하는 산성
비, B는 근해에서 발생하는 해양 오염이다. 국제 사회는 산성비
문제 해결을 위해 제네바 협약, 해양 오염을 방지하기 위해 런던
협약을 해결하였다.

바로잡기 ① 대기 오염 물질로 발생한다. ② 환경 문제는 책임 소재를 알기 어
렵고 피해 범위도 넓다. ③ 산성비에 관한 설명이다. 해양 오염은 선박에서 유
출되는 원유, 바다로 버려지는 쓰레기와 오폐수 등으로 발생하다. ⑤ 산성비
는 대기 오염, 해양 오염은 수질 오염에 해당한다.

199

(가)는 매연이 안개와 섞여 발생하는 스모그, (나)는 사막이나 황토
지대에서 발생한 가는 모래가 날아오는 황사이다.

바로잡기 ① 미세 먼지는 여러 가지 복합 성분을 가진 대기 중 부유 물질이다.

200

제시글은 의류 제품이 빠르게 소비되고 폐기되는 패스트 패션에
따른 의류 쓰레기로 인해 쓰레기 배출량이 증가하는 문제에 관한
내용이다.

바로잡기 ① 주로 유전이나 유조선에서 유출된다. ② 공장에서 폐수가 유출
되면 토양 오염과 수질 오염이 발생한다. ③ 화학 비료는 농경지에서 사용된
다. ④ 쓰레기 섬은 바다로 버려진 쓰레기가 해류를 따라 한 곳에 집적되어 섬
을 형성한 것이다.

201

자료는 남극 대륙 주변의 오존 농도가 낮아 구멍처럼 된 곳을 나
타내므로, 태양의 자외선을 막아주는 오존층이 파괴되는 현상이
다. 염화 플루오린화 탄소의 사용량 증가로 발생하며, 지표면에
도달하는 자외선 양이 증가하게 되면 각종 피부 질환과 백내장 등
안구 질환 증가, 식물 성장에 영향을 끼쳐 농작물 수확량 감소 등
이 발생한다.

바로잡기 ④ 산성비에 관한 설명으로, 산성비는 대기 오염 물질이 빗물과 결
합하여 내리는 현상이다.

202

㉠은 자외선 투과를 막는 오존의 농도가 감소하는 오존층 파괴이
다. ㉡은 건조, 반건조 등의 지역에서 기후변화 및 인간 활동으로
토지 황폐화가 나타나는 사막화이다. 사막화의 대표적 사례 지역
으로는 사헬 지대, 아랄해 주변 등이 있다.

바로잡기 ① 초미세 먼지는 자동차 및 공장 매연, 화력 발전소 배출 가스 등으
로 인해 발생한다. ② 지구 온난화에 관한 설명이다. 오존층 파괴의 주요 원인
물질은 염화 플루오린화 탄소이다. ③ 국제 사회는 오존층 보호를 위해 몬트
리올 의정서, 사막화 방지를 위해 사막화 방지 협약을 채택하였다. ④ 오존층
파괴에 관한 설명이다.

203

지도의 A는 사하라 사막 주변의 사헬 지대를 중심으로 발생하는
사막화, B는 아마존강 유역, 콩고강 유역을 중심으로 발생하는 열
대림 파괴이다. 사막화(A)는 장기간의 가뭄이나 과도한 방목과

개간 등으로 발생하며, 열대림 파괴(B)는 열대 기후 지역에서 무분별한 벌채와 개간 등으로 발생한다. 사막화(A)와 열대림 파괴(B)는 지표에 식생이 감소하면서 토양 침식을 심화시킨다.

바로잡기 ㄴ. 오존층 보호를 위한 국제 협약이다. 열대림 파괴(B) 문제 해결을 위해 국제 사회는 기후변화 협약을 체결하였다. ㄹ. 보르네오섬은 열대림 파괴(B) 지역, 아랄해 주변 지역은 사막화(A) 지역이다.

204

(가) 사막화는 토양 황폐화에 영향을 준다. (나) 무분별한 벌목으로 인해 발생하여 생물종 다양성 감소에 영향을 주는 환경 문제는 열대림 파괴이다. (다) 오존층 파괴는 염화 플루오린화 탄소의 증가, (마) 지구 온난화는 온실가스 배출량 증가로 인해 발생한다.

바로잡기 ④ 오존층 파괴는 지표면에 도달하는 자외선 양이 증가되어 각종 피부 질환과 안구 질환 발생이 증가한다. 미세 먼지는 대기 오염 물질 배출 등으로 발생한다.

205

제시된 자료는 쓰레기 무단 투기로 인한 해양 오염으로 쓰레기 섬이 발견된 내용이다. 쓰레기 섬은 육지에서 배출된 플라스틱 등의 쓰레기가 해양으로 유입되어 형성된다. 그러므로 ㉠은 해양 오염이다.

바로잡기 ① 지구 온난화의 영향으로 발생한다. ② 유전이나 유조선의 사고로 인해 원유가 유출되면 토양 오염과 해양 오염이 발생한다. ③ 대표적인 사례로 산성비가 있다. ④ 열대림 파괴 지역에서 나타나는 문제이다.

206

(가)는 열대림 파괴, (나)는 산성비, (다)는 사막화이다. A는 산성비 피해 지역, B는 사막화 피해 지역, C는 열대림 파괴 지역이다.

207

제시된 글은 환경 문제 해결을 위한 다양한 주체의 역할에 관한 것이다. 환경 문제 해결을 위해 정부는 환경 관련 법률을 제정하고 정책을 시행하며, 시민 사회는 환경 문제 해결 캠페인을 주도한다. 또한 기업은 친환경 제품을 생산하고, 개인은 친환경 제품을 소비한다.

바로잡기 ㄷ. 제품 포장 용기로 플라스틱 용기를 사용하면 환경 문제가 심화된다.

208

㉠은 환경 보호 캠페인을 진행하는 시민 단체, ㉡은 일회용 플라스틱 사용을 규제하는 정부이다. 정부는 환경 관련 법과 제도를 시행하며, 시민 단체는 정부의 환경 정책 결정과 시행 과정에 영향력을 행사할 수 있다. 시민 단체와 정부는 모두 국제 사회와 환경 문제 해결을 위해 협력한다.

바로잡기 ㄴ. 기업의 역할에 해당한다.

209

(가)는 습지를 보호하는 람사르 협약, (나)는 폐기물 및 기타 물질의 투기로 인한 해양 오염을 방지하는 런던 협약이다.

바로잡기 바젤 협약은 유해 폐기물의 국가 간 이동 규제하는 국제 협약이다.

1등급 정리 노트 　환경 관련 국제 협약

람사르 협약	습지 보호
런던 협약	폐기물의 해양 투기에 따른 해양 오염 방지
몬트리올 의정서	오존층 보호
바젤 협약	유해 폐기물의 국가 간 이동 규제
생물 다양성 협약	생물종 보존
사막화 방지 협약	사막화 방지
파리 협정	온실가스 감축

210

㉠은 환경 보호 캠페인을 추진하는 시민 사회, ㉡은 국가 간 협의를 통해 해양을 보호하는 국제 사회의 활동이다.

바로잡기 기업은 제품의 생산, 유통, 소비에 이르는 전 과정의 행위 주체로, 자원 재활용이나 기술 혁신을 통해 친환경적 제품을 개발하여 환경 오염을 최소화한다.

211

브라질 리우 환경 협약, 일본 교토 의정서, 프랑스 파리 협정은 모두 온실가스 감축을 목적으로 하므로, 지구 온난화 문제이다.

바로잡기 ①은 사막화 방지 협약, ③은 런던 협약, ④는 바젤 협약, ⑤는 생물 다양성 협약이다.

212

자료는 해양 쓰레기 문제를 해결한 환경 운동가의 활동에 관한 것이므로, ㉠은 해양 쓰레기이다.

바로잡기 ① 대기 오염 물질이 빗물과 결합하여 내리는 비이다. ② 여러 가지 복합 성분을 가진 대기 중 부유 물질이다. ③ 태양의 해로운 자외선을 막아주는 오존층이 파괴되는 현상이다. ⑤ 수온 상승으로 산호초가 하얗게 변해 가는 현상이다.

213

(가)는 친환경 제품을 소비하는 그린슈머를 실천하는 개인이며, (나)는 친환경 생산을 실천하는 기업이다.

바로잡기 ① 기업, ② 개인에 관한 설명이다. ③ 개인과 기업 모두 생태 전환적 사고가 필요하다. ④ (가)는 개인, (나)는 기업이다.

214

시민 사회는 정부의 친환경 정책 수립을 촉구하고, 기업의 오염 물질 배출을 감시하는 캠페인을 주도한다.

215

시민 사회는 탄소 배출 감축을 위한 활동을 전개하고 있으므로, 해결하고자 하는 환경 문제는 지구 온난화이며, 발생 원인은 온실가스 배출량 증가이다. 국제 사회는 탄소 배출량 감축을 위한 파리 협정을 체결하였다.

채점 기준	수준
지구 온난화의 발생 원인과 국제 사회의 노력을 모두 바르게 서술한 경우	상
지구 온난화의 발생 원인과 국제 사회의 노력 중 한 가지만 바르게 서술한 경우	하

216

생태시민은 생태 전환적 사고를 바탕으로 사고하는 사람으로 생태 감수성, 책임감을 바탕으로 환경과 인간의 공존과 지속가능한 삶을 위해 노력한다.

217

생태시민으로서 쓰레기를 분리하여 배출하고, 조깅을 하면서 쓰레기를 줍는 플로깅에 참여한다.

채점 기준	수준
쓰레기 문제 해결을 위한 실천 방안 두 가지를 모두 바르게 서술한 경우	상
쓰레기 문제 해결을 위한 실천 방안 중 한 가지만 바르게 서술한 경우	하

적중 1등급 문제 ●47쪽

218 ⑤　**219** ①　**220** ④　**221** ③

218 환경 문제 해결을 위한 국제 사회의 노력

1등급 자료 분석　환경 관련 국제 협약

제시된 자료는 염화 플루오린화 탄소의 생산과 규제로 오존층을 보존하는 내용이며, 오존층 보존을 위한 국제 협약인 ㉠은 몬트리올 의정서이다. 오존층을 보존함으로써 지구 생태계 및 동식물의 피해를 방지하기 위한 염화 플루오린화 탄소와 같은 오존층 파괴 물질의 사용 규제를 명시한다.

바로잡기 ① 폐기물의 해양 투기에 따른 해양 오염을 방지하기 위한 협약이다. ② 195개 국가가 온실가스 배출량을 단계적으로 감축하는 협정이다. ③

동·식물, 물새 서식처로서 국제적으로 중요한 습지를 보호하기 위한 국제 협약이다. ④ 대기 오염 물질의 장거리 이동에 관한 국제 협약으로, 산성비 문제 해결을 위해 국경을 넘어 이동하는 대기 오염 물질의 감축 및 통제를 목적으로 한다.

219 환경 문제 해결을 위한 정부의 노력

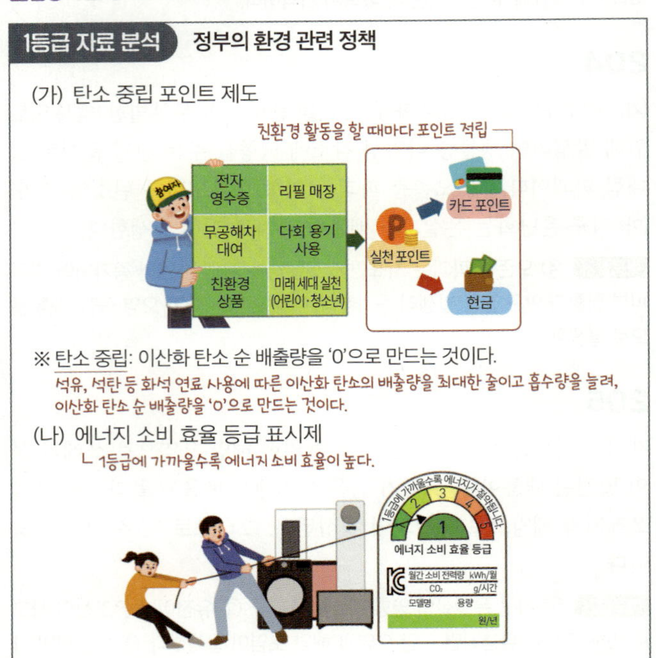

1등급 자료 분석　정부의 환경 관련 정책

(가), (나)는 환경 문제 해결을 위한 정부의 노력에 해당하는 사례이다. 탄소 중립 포인트 제도는 국민이 전자 영수증 발급, 다회용 컵 이용 등 다양한 친환경 활동을 할 때마다 포인트를 적립해 주는 제도이다. 에너지 소비 효율 등급 표시제는 제품의 에너지 소비 효율에 따라 1~5등급으로 구분하여 소비 효율을 표시해서 소비자들이 에너지 절약형 제품을 살 수 있도록 도움을 주는 제도이다.

바로잡기 ㄷ. (가), (나)는 모두 정부의 정책이다. ㄹ. (가), (나)는 모두 탄소 배출을 감축하여 지구 온난화 문제를 해결하기 위한 정책이다.

220 주요 환경 문제

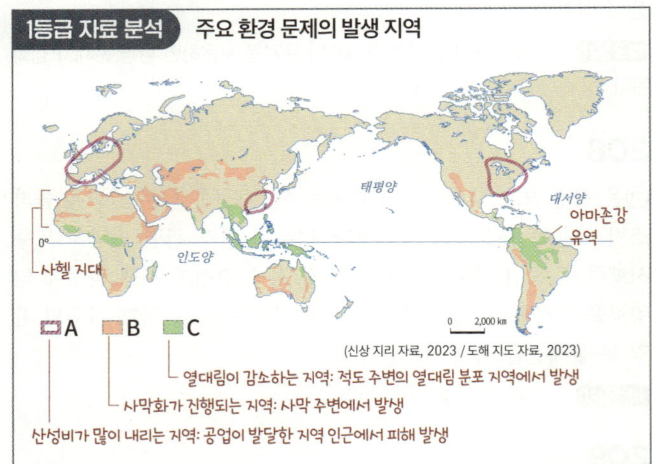

1등급 자료 분석　주요 환경 문제의 발생 지역

A는 유럽, 중국 남동부, 미국 북동부 지역에서 발생하는 산성비, B는 사하라 사막 남쪽의 가장자리인 사헬 지대, 서남아시아, 중앙

아시아, 오스트레일리아 내륙, 미국 서부, 아르헨티나 서부 등의 건조 또는 반건조 기후 지역에서 발생하는 사막화, C는 아프리카의 콩고강 유역, 동남아시아, 남아메리카의 아마존강 유역 등의 열대 기후 지역에서 발생하는 열대림 파괴이다. 사막화(B)는 건조 기후 지역, 열대림 파괴(C)는 열대 기후 지역에서 주로 발생하므로, 사막화는 열대림 파괴보다 강수량이 적은 지역에서 발생할 가능성이 크다.

바로잡기 ① 사막화와 열대림 파괴로 토양 침식이 발생한다. ② 산성비의 피해에 해당한다. ③ 사막화의 원인에 해당한다. ⑤ 산성비의 해결을 위해 제네바 협약, 사막화의 해결을 위해 사막화 방지 협약을 체결하였다.

선택지 더 보기

⑥ A의 대표적인 사례 지역으로 사헬 지대가 있다. (×)
⑦ B는 대기 오염 물질 배출량 증가가 주요 원인이다. (×)
⑧ C로 인해 생물종 다양성이 감소된다. (○)

---

221 환경 문제 해결

1등급 자료 분석 환경 문제 해결을 위한 개인의 노력

〈환경 문제 해결을 위한 (㉠)의 역할〉

제시된 자료는 친환경 생활을 실천하는 개인의 역할을 나타낸 것이므로, ㉠은 개인이다. 개인은 생태시민으로서의 자질을 함양하고, 생태 전환적 사고를 가지며, 친환경적인 생활 방식 실천함으로써 환경 문제 해결에 기여할 수 있다. 생태시민은 생태 감수성, 책임감을 바탕으로 환경과 인간의 공존과 지속가능한 삶을 위해 노력하는 사람이다.

바로잡기 ①, ② 정부의 역할에 해당한다. 정부는 환경 관련 법률을 제정하고 정책을 시행하며, 환경을 보호하고 훼손된 환경을 복원하기 위해 노력한다. ④ 기업의 역할에 해당한다. 기업은 제품의 생산, 유통, 소비에 이르는 전 과정의 행위 주체이다. ⑤ 시민 사회의 활동 사례이다. 시민 사회는 공익을 위해 시민을 중심으로 자발적으로 결성한 비정부 조직으로, 시민운동, 환경 보호 캠페인 등을 추진한다.

---

02 자연환경과 인간 생활

222 ③　　**223** ⑤　　**224** ①　　**225** 한대 기후(툰드라 기후) 지역
226 예시 답안 기후변화(지구 온난화)와 천연가스 개발로 삶의 변화가 나타나고 있으며, 이로 인한 순록 개체수 감소로 유목을 포기하고 도시로 이주하게 되었다.
227 ②　　**228** ㉠ U자곡의 침수 ㉡ 석회암의 용식
229 예시 답안 노르웨이의 피오르 지역에서는 풍부한 유량과 큰 낙차를 이용한 수력 발전, 아이슬란드의 화산 지대에서는 뜨거운 지하수를 이용한 지열 발전이 이루어진다.

03 안전하고 쾌적하게 살아갈 권리

230 ⑤　　**231** 기후변화(또는 지구 온난화)
232 예시 답안 기상 이변으로 자연재해의 빈도와 규모가 증가하여 작물 재배 지역에 피해가 발생하면 식량 생산량이 감소하여 식량 공급에 어려움을 겪게 되고 기근이 발생하게 된다.　　**233** ②　　**234** ⑤　　**235** ②
236 예시 답안 일본은 지각판의 경계 부근에 위치하여 지진이 자주 발생하며, 지진이 발생하면 주로 건물 붕괴 피해가 나타난다.
237 안전권

04 자연과 인간의 관계

238 ④　　**239** ①　　**240** 예시 답안 갑이 지닌 자연관은 인간 중심주의이다. 인간 중심주의의 의의는 자연에 대한 탐구와 개발을 촉진하여 과학기술의 발달과 경제 성장을 이루어 인간의 삶을 풍요롭게 하는 데 이바지했다는 것이다. 한편으로는 현대 사회의 환경 위기를 초래한 근본 원인이 되었다는 점에서 한계가 있다.
241 ⑤　　**242** 전일론　　**243** 예시 답안 상호 의존성에 바탕을 두고 생태계 전체에 관심을 가져야 한다고 보는 생태 중심주의는 인간이 생태계를 보존해야 할 의무가 있다는 점을 일깨워 준다는 점에서 시사하는 바가 크다.　　**244** ④　　**245** ⑤

05 환경 문제의 발생과 해결을 위한 노력

246 ②　　**247** ①　　**248** ④　　**249** 몬트리올 의정서
250 예시 답안 각종 피부 질환과 백내장 등 안구 질환이 증가하고, 식물 성장에도 영향을 끼쳐 농작물 수확량이 감소하기도 한다.
251 ④　　**252** 파리 협정　　**253** 예시 답안 빙하가 녹아 해수면이 상승하면서 해안 저지대가 침수 피해를 입고 있으며, 기상 이변이 발생하여 가뭄, 홍수, 태풍, 폭설 등의 자연재해 발생이 증가하고 있다.

222

(가)는 사막의 흙집이므로 건조 기후 지역, (나)는 타이가의 통나무집이므로 냉대 기후 지역에 해당한다. 지도의 A는 냉대 기후 지역, B는 건조 기후 지역, C는 열대 기후 지역이다.

바로잡기 열대 기후 지역의 전통 가옥은 통풍이 잘되는 개방적인 구조로, 지면에서 바닥을 띄운 고상 가옥이며, 빗물이 잘 흘러내리도록 한 급경사의 지붕이 특징이다.

223

제시된 자료는 다다미와 코타츠에 관한 것으로 대륙 동안에 위치한 일본의 전통문화에 관한 설명이다. 일본을 비롯한 대륙 동안의 온대 기후 지역에서는 계절풍의 영향으로 벼농사가 발달하였다.

바로잡기 ① 냉대 기후 지역의 식생이다. ② 열대 고산 기후 지역이다. ③ 건조 기후 지역의 전통 가옥이다. ④ 한대 기후 지역의 전통 음식이다.

224

지도의 A는 이집트 카이로로 건조 기후 지역, B는 콩고 민주 공화국의 키상가니로 열대 기후 지역, C는 러시아의 이르쿠츠크로 냉대 기후 지역, D는 미국 알래스카의 배로로 한대 기후 지역, E는 아르헨티나의 부에노스아이레스로 온대 기후 지역이다. 건조 기후 지역(A)은 열대 기후 지역(B)보다 강수량 대비 증발량이 많아 사막과 스텝이 나타난다.

바로잡기 ② 열대 기후 지역(B)은 냉대 기후 지역(C)보다 저위도에 위치하여 기온의 연교차가 작다. ③ 침엽수림이 분포하는 냉대 기후 지역(C)은 툰드라와 빙설이 분포하는 한대 기후 지역(D)보다 수목 밀도가 높다. ④ 한대 기후 지역(D)은 온대 기후 지역(E)보다 폐쇄적인 가옥 구조가 나타난다. ⑤ 온대 기후 지역(E)은 건조 기후 지역(A)보다 연 강수량이 많다.

225

제시문의 러시아 야말반도는 북극해 연안에 위치하며, 이곳에 사는 네네츠족은 툰드라 지역에서 순록 유목을 하며 생활하므로, 한대 기후 지역(툰드라 기후 지역)이다.

226

네네츠족은 기후변화(지구 온난화)와 천연가스 개발로 삶의 변화가 나타나고 있으며, 이로 인한 순록 개체수 감소로 유목을 포기하고 도시로 이주하게 되었다.

채점 기준	수준
네네츠족의 삶이 달라진 원인과 영향을 모두 바르게 서술한 경우	상
네네츠족의 삶이 달라진 원인과 영향 중 한 가지만 바르게 서술한 경우	하

227

지도의 A는 나일강, B는 히말라야산맥, C는 로키산맥, D는 안데스산맥, E는 아마존강이다. 나일강(A)의 하류는 건조 기후 지역에 해당하므로 하천수를 이용한 관개 농업이 활발하다. 히말라야산맥(B), 로키산맥(C), 안데스산맥(D)은 모두 판의 경계 부근에 위치하여 지각이 불안정하며, 지진이 활발하다.

바로잡기 ㄴ. 건조 기후 지역을 흐르는 나일강(A)은 열대 기후 지역을 흐르는 아마존강(E)보다 유량이 적다. ㄷ. 고위도에 위치한 로키산맥(C)에는 저위도에 위치한 안데스산맥(D)보다 열대 고산 기후가 넓게 나타나지 않으며, 고산 도시가 발달하지 않았다.

228

피오르는 빙하의 침식 작용으로 형성된 U자곡(빙식곡)에 해수면 상승으로 바닷물이 들어와 형성된 좁고 긴 만이다. 탑 카르스트는 석회암이 용식 작용을 받고 남아 탑처럼 솟아 있는 지형이다.

229

노르웨이의 피오르 지역에서는 풍부한 유량과 큰 낙차를 이용한 수력 발전, 아이슬란드의 화산 지대에서는 뜨거운 지하수를 이용한 지열 발전이 이루어진다.

채점 기준	수준
두 지역의 신·재생 에너지 개발 사례와 입지 조건을 모두 바르게 서술한 경우	상
두 지역의 신·재생 에너지 개발 사례만 서술하거나, 두 지역의 신·재생 에너지 입지 조건만 바르게 서술한 경우	중
한 지역의 신·재생 에너지 개발 사례만 서술하거나, 한 지역의 신·재생 에너지 입지 조건만 서술한 경우	하

230

우리나라 농가의 농작물 재배 가능 지역이 북쪽으로 이동하고 있으므로, ㉠은 지구 온난화이다. 지구 온난화가 지속될 경우 기온 상승으로 내륙 지방의 서리 일수는 감소하고, 해수면 상승으로 해안 도로의 침수 빈도는 증가한다. 또한 대도시에는 열대야 발생 일수가 증가한다. 동해안에는 난류성 어족의 어획 구역이 확대된다.

바로잡기 ⑤ 침엽수림은 상대적으로 기온이 낮은 곳에서 잘 자라는 식생이므로, 한라산 침엽수림의 분포 한계선은 높아진다.

231

기상 이변이 증가하고 자연재해의 빈도와 규모가 증가하는 것은 기후변화(지구 온난화) 때문이다.

232

기상 이변으로 식량 생산량이 감소하면 식량 공급에 어려움을 겪게 되고 기근이 발생한다.

채점 기준	수준
기상 이변으로 인한 피해를 기근 발생과 관련하여 바르게 서술한 경우	상
기상 이변으로 인한 피해만 서술한 경우	하

233

㉠은 기온 상승으로 열사병 환자가 급증하므로 폭염이다. ㉡은 건물 붕괴 및 파손 피해가 발생한 지진이다. ㉢은 침수 피해가 발생하였으므로 폭우이다. 지진이 해저에서 발생한 경우 지진 해일(쓰나미)을 동반하는 경우가 있다.

바로잡기 ① 한파에 관한 설명이다. 폭염은 냉방용 전력 소비량을 증가시킨다. ③ 지진 피해에 대비하기 위한 대책이다. ④ 농경지 침수 피해를 유발하는 자연재해는 폭우이다. ⑤ 폭염, 폭우는 기후적 요인, 지진은 지형적 요인에 의해 발생한다.

234

(가)는 염화 칼슘 살포, 제설 작업, 시설물 붕괴 대비이므로 대설이

다. (나)는 강풍 피해, 저지대 침수, 농작물 침수 피해 대비이므로
태풍이다. 대설과 태풍은 모두 기후적 요인에 의해 발생한다. 태
풍은 해안 저지대에 해일 피해를 유발하는 경우가 있다.

바로잡기 ㄱ. 태풍에 관한 설명이다. ㄴ. 태풍은 여름과 가을에 주로 발생한다.

235

제시문은 시민의 안전권과 환경권 보장하기 위한 국가의 적극적
인 역할에 관한 것이다. 헌법 제34조와 제35조는 시민의 안전권
과 환경권을 보장하기 위한 조항이다. 정부가 구축한 스마트 재난
관리 시스템의 사례로는 국민 재난 안전 포털 누리집이 있다.

바로잡기 ㄴ. 「자연재해 대책법」, 「재난 및 안전 관리 기본법」, 「국민 안전 교육
진흥 기본법」 등은 국가와 지방 자치 단체의 역할을 중심으로 규정하고 있다.
ㄹ. 특별 재난 지역 선포와 풍수해 보험 지원은 사후 처리적 성격이 강하다.

236

일본은 지각판의 경계 부근에 위치하여 지진이 자주 발생한다.

채점 기준	수준
㉠의 원인과 주요 피해를 모두 바르게 서술한 경우	상
㉠의 원인과 주요 피해 중 한 가지만 바르게 서술한 경우	하

237

자동 지진 속보 시스템을 마련하여 지진 발생 비상경보를 전파함
으로써 보장하고자 하는 시민의 권리는 안전권이다.

238

갑은 인간 중심주의를 주장한 데카르트, 을은 생명 중심주의를 주
장한 슈바이처이다. 데카르트는 인간만이 정신을 지닌 우월한 존
재로, 인간만이 도덕적 고려의 대상이라고 보았다. 반면 슈바이처
는 인간도 식물, 동물과 함께 생명 공동체의 일원이므로, 다른 생
명을 존중해야 한다고 보았다.

239

인간 중심주의자인 데카르트는 슈바이처에 비해 생명은 그 자체
로 신성하다고 보는 정도는 낮고, 인간만이 도덕적 고려의 대상이
라고 보는 정도는 높으며, 자연에 대한 인간의 정복이 정당하다고
보는 정도도 높다.

240

갑의 자연관은 인간 중심주의이다. 인간 중심주의는 자연에 대한
탐구와 개발을 촉진하여 과학기술의 발달과 경제 성장을 이루어
인간의 삶을 풍요롭게 하는 데 이바지하였다. 반면 현대 사회의
환경 위기를 초래한 근본 원인이 되었다는 점에서 한계가 있다.

채점 기준	수준
갑이 지닌 자연관인 인간 중심주의를 제시하고 그 의의와 한계를 바르게 서술한 경우	상
갑이 지닌 자연관인 인간 중심주의를 제시하였으나 그 의의와 한계를 미진하게 서술한 경우	중
갑이 지닌 자연관인 인간 중심주의만 쓴 경우	하

241

A는 생태 중심주의, B는 인간 중심주의이다. '자연의 가치는 인간
에게 얼마나 유용한가에 달려 있는가?'의 질문에 생태 중심주의
는 '아니요', 인간 중심주의는 '예'라고 대답할 것이므로 (가)에 들
어갈 질문으로 적절하다.

바로잡기 ①, ② 인간 중심주의인 B가 인간을 가장 가치 있는 존재로 여기고,
인간과 자연을 둘로 나누어 바라보며, 인간만을 도덕적 고려의 대상으로 본다.
③ 생태 중심주의인 A는 '아니요'가 적절하다. ④ '자연을 개발과 극복의 대상
으로 여기는가?'의 질문에 생태 중심주의는 '아니요', 인간 중심주의는 '예'라고
대답할 것이므로 (가)에 들어갈 수 있다.

242

생태 중심주의는 인간을 포함한 자연 전체를 단순히 부분들의 집
합이 아니라 각 부분이 밀접하게 연결·결합되어 하나의 독립적인
실체를 이룬다는 전일론적 관점을 취한다.

243

상호 의존성에 바탕을 두고 생태계 전체에 관심을 가져야 한다고
보는 생태 중심주의는 인간이 생태계를 보전해야 할 의무가 있다
는 점을 일깨워 준다는 점에서 시사하는 바가 크다.

채점 기준	수준
'이 관점'이 생태 중심주의임을 쓰고, 그 시사점을 바르게 서술한 경우	상
'이 관점'이 생태 중심주의임을 쓰고, 그 시사점을 서술한 경우	중
'이 관점'이 생태 중심주의라는 것만을 쓴 경우	하

244

농부 A의 무농약 자연 농법 실천 사례는 자연 생태계를 보전하면
서도 인간을 위한 먹거리를 만들어 낼 수 있음을 보여 줌으로써,
인간과 자연은 서로 대립하거나 한쪽을 파괴하지 않고도 조화롭
게 공존할 수 있음을 알려준다. 이에 인간과 자연의 바람직한 관
계는 자연과 인간이 유기적 관계를 맺고 서로 영향을 주고받는다
는 것이다.

245

현대 사회에서 풍수는 자연적인 것에 우선적 가치를 부여하면서
도 인간과 자연의 조화를 강조하는 한국인의 환경 사상으로 의미
가 있다. 풍수는 자연을 살아 있는 유기체로 보고 개발에 취약한
자연환경을 보호·관리해야 한다는 환경 관리 이론으로도 재평가
하여 활용할 수 있다.

246

지도의 A는 오스트레일리아 내륙, 중국 내륙, 등에서 발생하는 사
막화, B는 근해 지역의 해양 오염, C는 중국 남동부 지역의 산성
비, D는 동남아시아의 열대림 파괴 지역이다. 국제 사회는 사막화
를 막기 위해 사막화 방지 협약을 체결하였다. 열대림 파괴는 이
산화 탄소 농도를 증가시키므로, 지구 온난화를 심화시키는 원인
이다.

바로잡기 ㄴ. 사막화의 원인에 해당한다. 해양 오염은 선박에서 유출되는 원

유, 바다로 버려지는 쓰레기와 오폐수 등으로 발생한다. ㄷ. 오존층 파괴 문제
에 해당한다. 산성비로 인해 건축물 부식과 삼림 파괴가 발생한다.

247

사막화의 원인은 장기간의 가뭄이나 과도한 방목이다. 매연과 안
개의 결합으로 발생하는 환경 문제는 스모그이다.

바로잡기 ㄷ. 태풍 피해에 관한 설명이다. ㄹ. 황사는 중국 내륙의 사막이나 황
토 지대에 있는 가는 모래가 날아오는 현상이다.

248

(가)는 친환경 생산과 판매를 하는 기업, (나)는 친환경 정책을 추진
한 정부이다. (나) 정부는 (가) 기업의 활동을 지원하는 데 국가 예
산을 지출한다.

바로잡기 ①은 정부의 역할, ②는 시민 사회의 역할에 해당한다. ③ 환경 관
련법은 정부가 기업, 개인, 시민 사회의 의견을 수렴하여 제정한다.

249

오존층 파괴의 원인 물질인 염화 플루오린화 탄소의 규제를 위한
국제 협약은 몬트리올 의정서이다.

250

오존층 파괴는 각종 피부 및 안구 질환의 증가와 식물 성장에 영
향을 끼친다.

채점 기준	수준
오존층 파괴가 사람과 생태계에 주는 영향을 모두 바르게 서술한 경우	상
오존층 파괴가 사람과 생태계에 주는 영향 중 한 가지만 바르게 서술한 경우	하

251

제시된 자료의 그린피스의 용기 내 캠페인 활동, 세계 자연 기금
의 전등 끄기 행사, 청소년 기후 행동의 권리 찾기 선언 등은 모두
시민 사회의 활동이다. 시민 사회는 공익을 위해 시민을 중심으로
자발적으로 결성한 비정부 조직으로 시민운동, 환경 보호 캠페인
등을 추진한다. 정부가 환경 관련 정책과 제도를 수립하여 시행하
도록 촉구하고 구체적인 방안을 제시하며, 기업의 활동을 감시,
비판하면서 기업이 오염 물질 배출을 줄이거나 환경 보호 활동에
앞장서도록 유도한다. 시민이 환경 문제에 관한 관심과 환경 의식
을 바탕으로 문제 해결을 위한 실천에 참여하도록 다양한 시민운
동을 전개한다.

바로잡기 ④ 정부의 역할에 해당한다.

252

파리 협정은 지구 온난화에 대응하기 위해 195개 국가가 채택하
였으며, 선진국과 개발 도상국 모두 포함하여 참여국의 온실가스
배출량 단계적 감축을 의무로 한다.

253

㉠ 지구 온난화로 빙하가 녹아 해수면이 상승하면서 해안 저지대
가 침수 피해를 입고 있으며, 기상 이변과 자연재해 발생이 증가
하고 있다.

채점 기준	수준
지구 온난화로 인해 발생한 환경 문제 두 가지를 모두 바르게 서술한 경우	상
지구 온난화로 인해 발생한 환경 문제 중 한 가지만 바르게 서술한 경우	하

06 다양한 문화권의 특징과 삶의 방식

● 55~56쪽

핵심 개념 문제

254 문화	**255** 오세아니아	**256** 에스파냐	**257** ×
258 ○	**259** ×	**260** ㉠	**261** ㉡	**262** ㉠
263 ③	**264** ①	**265** ④	**266** ⑤	**267** ②	**268** ②
269 ④					

263

제시된 글은 문화와 문화권의 특성에 관한 것이다. ㉠ 문화는 의식주, 언어, 종교, 풍습 등의 요소로 구성된다. ㉡ 문화권은 유사한 문화적 특성이 나타나 주변의 다른 지역과 구별되는 공간 범위로, 경계에는 점이 지대가 나타난다. ㉢ 기후가 문화권 형성에 영향을 준 사례로 기후 지역별 주거 문화의 차이를 들 수 있다.

바로잡기 ㄹ. ㉢ 기후는 자연환경, ㉣ 산업은 인문환경에 해당한다.

264

제시된 글에 나타난 종교는 하느님을 유일신으로 섬기고 예수를 구원자로 믿으며, 성당이나 교회에서 예배를 드리는 종교이므로, ㉠은 크리스트교이다. 크리스트교는 건조 문화권에서 발생하여 유럽 문화권으로 전파된 후, 유럽 식민 지배의 영향으로 아메리카, 아프리카, 오세아니아 등으로 확산되었다.

바로잡기 ① 건조 문화권은 이슬람교 신자의 비율이 가장 높다.

265

자연환경이 의복, 음식, 주거 등의 생활양식에 준 영향으로는, 덥고 습한 곳에서 통풍이 잘 되는 옷을 입는 경우, 삼림 지역에서 통나무집을 짓는 경우, 초원 지역에서 가축의 가죽을 이용하여 집을 짓는 경우, 고위도 지역에서 저장 음식 문화가 발달한 경우 등이 있다.

바로잡기 ④ 쌀을 이용한 음식 문화는 습윤 지역에서 발달한다. 건조 기후 지역은 밀, 고기, 유제품 등의 음식 문화가 발달하였다.

266

지도의 A는 유럽 문화권, B는 건조 문화권, C는 남부 아시아 문화권, D는 앵글로아메리카 문화권, E는 라틴 아메리카 문화권이다. 라틴 아메리카 문화권(E)은 아메리카 원주민, 유럽계 백인, 아프리카계 흑인 등이 함께 살아가면서 다양한 문화를 형성하였다.

바로잡기 ① 동양 문화권에 관한 설명이다. 유럽 문화권은 혼합 농업과 수목 농업이 발달하였다. ② 앵글로아메리카 문화권과 오세아니아 문화권에 해당한다. 건조 문화권(B)은 아랍어, 페르시아어 등의 사용자 비율이 높다. ③ 크리스트교가 생활양식 전반에 영향을 준 곳은 유럽 문화권, 오세아니아 문화권, 아메리카 문화권 등이다. 남부 아시아 문화권(C)는 힌두교, 이슬람교, 불교 등의 문화가 나타난다. ④ 건조 문화권에 관한 설명이다. 앵글로아메리카 문화권(D)은 혼합 농업, 상업적 곡물 농업, 낙농업, 기업적 목축업 등이 발달하였다.

267

제시된 글은 열대 기후, 토속 종교의 영향과 부족 단위의 공동체 생활, 이동식 화전 농업, 플랜테이션 등이 나타나는 아프리카 문화권에 관한 설명이므로, ㉠은 아프리카 문화권이다.

바로잡기 ① 건조 문화권은 전통적으로 유목 생활, 오아시스 농업, 최근에는 관개 농업을 하며, 대부분 이슬람교를 믿는다. ③ 오세아니아 문화권은 영국을 중심으로 한 유럽 문화가 전파되어 인구 중 다수가 백인이며, 개신교의 비율이 높다. ④ 라틴 아메리카 문화권은 남부 유럽의 식민 지배로 에스파냐어와 포르투갈어를 주로 사용하며, 가톨릭교의 비율이 높다. ⑤ 앵글로아메리카 문화권은 북서 유럽의 식민 지배로 영어를 주로 사용하며, 개신교의 비율이 높다.

268

제시된 자료는 대평원과 밀 생산지, 빵, 파스타, 피자 등을 즐겨 먹는 문화가 나타나는 유럽 문화권에 관한 설명이므로, ㉠은 유럽 문화권이다. 유럽 문화권은 크리스트교가 생활양식 전반에 영향을 주었으며, 근대 자본주의와 민주주의가 시작되어 세계로 전파된 곳이다.

바로잡기 ① 남부 아시아 문화권에 관한 설명이다. ③ 남부 유럽 문화권, 라틴 아메리카 문화권이 해당한다. ④ 아프리카 문화권, ⑤ 오세아니아 문화권에 관한 설명이다.

269

자료에서 설명하는 국가는 영국과 프랑스의 식민 지배를 받아 영어와 프랑스어를 공용어로 사용하며, 퀘벡주는 프랑스 문화가 뚜렷한 캐나다이다. 지도의 A는 아프리카 문화권의 콩고 민주 공화국, B는 남부 아시아 문화권의 인도, C는 오세아니아 문화권의 오스트레일리아, D는 앵글로아메리카 문화권의 캐나다. E는 라틴 아메리카 문화권의 브라질이다.

실력 기출 문제

● 57~60쪽

270 ①	**271** ④	**272** ①	**273** ①	**274** ②	**275** ③
276 ①	**277** ②	**278** ④	**279** ③	**280** ①	**281** ⑤
282 ④	**283** ⑤	**284** ③			

1등급을 향한 서답형 문제

285 문화권   **286** A-크리스트교, B-이슬람교, C-힌두교, D-불교

287 **예시 답안** 이슬람교(B)에서는 돼지고기와 술을 금기시하고, 힌두교(C)에서는 쇠고기를 금기시한다.

288 **예시 답안** 연평균 기온이 매우 낮은 한대 기후가 나타나는 지역으로 농경에 불리한 자연환경이므로, 순록을 유목한다.

270

㉠은 유일신을 섬기고 성당과 교회 경관이 나타나는 크리스트교, ㉡은 유일신을 섬기고 쿠란의 율법에 따라 생활하는 이슬람교, ㉢은 석가모니의 가르침을 실천하는 불교, ㉣은 소를 신성시하는 힌두교이다. ㉡ 이슬람교 신자가 많은 건조 문화권에서는 돼지고

기와 술을 금기시한다.

바로잡기 ② 아메리카 문화권은 대부분 크리스트교를 믿는다. ⓒ 불교는 동양 문화권의 대표적인 문화 요소이다. ③ 크리스트교에 관한 설명이다. 남부 아시아 문화권에서 기원한 ⓔ 힌두교는 다른 문화권으로 넓게 확산되지 않았다. ④ ⓐ 크리스트교는 ⓒ 불교보다 아프리카 문화권에서 신자 수가 많다. 아프리카 문화권은 유럽 문화권의 영향으로 크리스트교 신자의 비율이 높다. ⑤ ⓐ 크리스트교와 ⓑ 이슬람교는 모두 기원지가 건조 문화권에 속한다.

271

지도의 (가)는 오세아니아 문화권의 오스트레일리아, (나)는 라틴 아메리카 문화권의 멕시코, (다)는 라틴 아메리카 문화권의 브라질이다. 오스트레일리아는 북서 유럽의 영향으로 영어를 주로 사용하며, 멕시코와 브라질은 남부 유럽의 영향으로 멕시코는 에스파냐어, 브라질은 포르투갈어를 주로 사용한다.

바로잡기 ① 라틴 아메리카 문화권은 원주민, 유럽계, 아프리카계 등의 혼혈인이 많다. ② (가) 오스트레일리아는 오세아니아 문화권, (다) 브라질은 라틴 아메리카 문화권에 위치한다. ③ (나) 멕시코는 에스파냐어, (다) 브라질은 포르투갈어를 공용어로 사용한다. ⑤ (가) 오스트레일리아는 북서 유럽의 영향으로 개신교 신자 비율이 높다.

272

문화권은 기본적인 생활양식과 다양한 문화 요소를 기준으로 나뉜다. 동양 문화권의 저위도 지역은 열대 기후 지역에 해당하므로, 통풍이 잘되는 옷을 입는다.

바로잡기 ② 유럽 문화권에서는 밀, 고기 등을 주식으로 한다. 쌀을 주식으로 하는 곳은 동양 문화권이다. ③ 통나무집은 냉대 기후 지역의 전통 가옥이다. 건조 문화권은 건조 기후 지역에 해당하므로, 유목 지역의 전통 가옥으로는 이동식 가옥이 있다. ④ 아랍어 사용자의 비율이 높은 곳은 건조 문화권이다. 아프리카 문화권은 유럽의 영향으로 주로 유럽 국가들의 언어를 공용어로 사용한다. ⑤ 라틴 아메리카 문화권은 남부 유럽의 영향으로 가톨릭교 신자의 비율이 높다.

273

⊙은 크리스트교 신자가 많은 국가, ⓒ은 이슬람교 신자가 많은 국가, ⓒ은 불교 신자가 많은 국가이다. 지도의 A는 유럽 문화권에 위치하며, 크리스트교 신자가 많은 포르투갈, B는 남부 아시아 문화권에 위치하며, 이슬람교 신자가 많은 파키스탄, C는 남부 아시아 문화권에 위하며, 불교 신자가 많은 스리랑카이다.

274

지도의 A는 유럽 문화권의 영국, 아프리카 문화권, 오세아니아 문화권, 앵글로아메리카 문화권에서 주로 사용하는 영어이다. B는 유럽 문화권의 에스파냐, 라틴 아메리카 문화권의 대다수 국가에서 사용하는 에스파냐어이다. C는 건조 문화권의 서남아시아와 북부 아프리카에서 주로 사용하는 아랍어이다.

275

지도의 A는 유럽 문화권, B는 아프리카 문화권, C는 동양 문화권, D는 오세아니아 문화권, E는 라틴 아메리카 문화권이다. 동양 문화권(C)은 계절풍의 영향으로 벼농사가 발달하였다.

바로잡기 ①, ⑤는 아프리카 문화권, ②는 건조 문화권, ④는 유럽 문화권에 관한 설명이다.

276

제시된 자료는 건조 기후 지역으로 대추야자를 즐겨 먹으며, 유목 문화가 발달한 지역이므로, ⊙은 건조 문화권이다. 건조 문화권은 대부분 이슬람교를 믿으며, 건조 기후 지역이므로 오아시스 농업, 관개 농업, 유목 등이 발달하였다. 전통 음식으로는 고기를 숯불에 구워 먹는 케밥이 있고, 전통 의복으로는 온몸을 감싸는 헐렁한 옷이 있다.

바로잡기 ① 건조 문화권 주민들은 전통적으로 양, 염소 등을 기르며 유목 생활을 했다. 돼지고기를 금기시하는 건조 문화권에서는 돼지를 거의 사육하지 않는다.

277

제시된 글은 건조 문화권, 동양 문화권, 유럽 문화권이 접하는 점이 지대이며, 카자흐스탄, 우즈베키스탄 등의 국가들이 위치한다. 또한 사막과 스텝이 넓게 나타나는 건조 기후 지역이므로, 건조 문화권에 속하는 중앙아시아 지역이다. 지도의 A는 유럽 문화권과 건조 문화권의 점이 지대인 에스파냐와 모로코의 경계 지역, B는 건조 문화권에 속하는 중앙아시아, C는 남부 아시아 문화권인 인도, D는 동양 문화권과 오세아니아 문화권의 점이 지대인 인도네시아와 오스트레일리아의 경계 지역, E는 앵글로아메리카 문화권인 캐나다이다.

278

⊙은 북극해 연안의 한대 기후 지역에 해당하며, 전통적으로 순록을 유목하거나 수렵 생활을 하였으므로, 북극 문화권이다.

바로잡기 ② 유럽 문화권은 크리스트교가 생활양식 전반에 영향을 주었으며, 근대 자본주의와 민주주의가 시작되어 세계로 전파된 지역이다. ③ 아프리카 문화권은 토속 종교의 영향으로 부족 단위의 공동체 생활을 하였고 언어와 종교가 다양하며, 전통적으로 이동식 화전 농업, 수렵 및 채집 생활을 하였다. ④ 오세아니아 문화권은 영국을 중심으로 한 유럽 문화가 전파되어 인구 중 다수가 백인이며, 개신교의 비율이 높다. ⑤ 앵글로아메리카 문화권은 북서 유럽의 식민 지배로 영어를 주로 사용하며, 개신교의 비율이 높다.

279

제시된 글은 원주민인 마오리족의 전통문화가 유지되고 있는 뉴질랜드의 사례이므로, ⊙은 오세아니아 문화권이다. 오세아니아 문화권은 영국을 중심으로 한 유럽 문화가 전파되어 영어를 주로 사용하며, 개신교 신자가 많다.

바로잡기 ①은 동부 아시아 문화권, ②는 라틴 아메리카 문화권, ④는 유럽 문화권과 앵글로아메리카 문화권, ⑤는 아프리카 문화권, 동남아시아 문화권, 라틴 아메리카 문화권에 해당한다.

280

지도의 A는 동부 아시아 문화권, B는 남부 아시아 문화권, C는 동남아시아 문화권이다. 동부 아시아 문화권은 유교와 불교의 영향을 받은 생활양식이 있고, 한자를 사용한다. 남부 아시아 문화권은 불교와 힌두교의 발상지이며, 다양한 언어와 종교가 분포한다.

동남아시아 문화권은 인도양과 태평양이 만나는 교통의 요지로, 다양한 문화가 혼재하며, 불교·이슬람교·크리스트교 등의 종교가 분포한다.

1등급 정리 노트	**동양 문화권**
동부 아시아	유교와 불교의 영향을 받은 생활양식, 한자 사용
동남아시아	인도양과 태평양이 만나는 교통의 요지, 다양한 문화 혼재, 불교·이슬람교·크리스트교 등의 종교 분포
남부 아시아	불교와 힌두교의 발상지, 다양한 언어와 종교

281

(가)는 안데스산맥의 고산 도시이며, 원주민의 비율이 높으므로, 에콰도르, 페루, 볼리비아 등에 위치한다. (나)는 과거 아스테카 문명이 번성했던 곳에 세워진 고산 도시이므로, 멕시코에 위치한다. (다)는 유럽 문화의 영향을 받아 형성된 탱고의 발상지이며, 대서양 연안에 위치한 항구 도시이므로, 아르헨티나에 위치한 부에노스아이레스이다. 따라서, 에콰도르, 페루, 볼리비아, 멕시코, 아르헨티나 등의 국가가 위치한 문화권은 라틴 아메리카 문화권이다. 지도에 A는 건조 문화권, B는 아프리카 문화권, C는 오세아니아 문화권, D는 앵글로아메리카 문화권, E는 라틴 아메리카 문화권이다.

1등급 정리 노트	**아메리카 문화권**
앵글로 아메리카	리오그란데강 북쪽 지역, 북서 유럽의 식민 지배 → 영어 사용, 개신교, 세계 경제의 중심지, 세계적인 농산물 수출 지역
라틴 아메리카	리오그란데강 남쪽 지역, 남부 유럽의 식민 지배 → 에스파냐어와 포르투갈어 사용, 가톨릭교, 원주민·백인·흑인이 함께 살아가면서 문화와 인종이 다양

282

자료는 멕시코와 베트남의 전통 음식을 설명한 것이다. 멕시코는 라틴 아메리카 문화권, 베트남은 동남아시아 문화권에 해당한다. 멕시코는 에스파냐, 베트남은 프랑스의 식민 지배를 받았으며 유럽 식민 지배의 영향을 받은 음식 문화가 나타난다. 멕시코는 크리스트교, 베트남은 불교 신자 비율이 높다.

바로잡기 ㄱ. 멕시코는 남부 유럽 국가인 에스파냐의 식민 지배를 받아 에스파냐어 사용자가 많다. ㄷ. ㉡ 베트남은 ㉠ 멕시코보다 계절풍의 영향을 많이 받으며, 벼농사가 발달하였다. 베트남은 쌀을 주식으로 하며, 멕시코는 옥수수를 주식으로 하는 음식 문화가 발달하였다.

283

(가)는 힌두교의 홀리 축제에 관한 설명이며, 해당 국가는 인도이다. (나)는 리우 카니발에 관한 설명이며, 해당 국가는 브라질이다. 지도의 A는 사우디아라비아, B는 인도, C는 오스트레일리아, D는 브라질이다.

바로잡기 사우디아라비아는 이슬람교, 오스트레일리아는 크리스트교 신자 비율이 높다.

284

커피 생산량이 많으며, 전통 음식으로 쌀국수(퍼), 전통 의복으로 아오자이가 있으므로, ㉠은 동남아시아에 위치한 베트남이다. 불교 신자가 많고, 쌀을 주식으로 하며, 수도 방콕을 중심으로 송끄란 축제가 열리므로, ㉡은 동남아시아에 위치한 타이이다. 따라서, ㉠, ㉡은 동남아시아 문화권에 위치한 국가이다. 지도의 A는 유럽 문화권, B는 건조 문화권, C는 동남아시아 문화권, D는 오세아니아 문화권, E는 라틴 아메리카 문화권이다.

285

크리스트교, 이슬람교, 힌두교, 불교 등 종교적 생활양식과 문화 경관 차이는 문화권을 구분하는 중요한 기준이 된다.

286

A는 유럽 문화권, 아메리카 문화권, 오세아니아 문화권, 아프리카 문화권에 주로 분포하는 크리스트교, B는 건조 문화권에 주로 분포하는 이슬람교, C는 남부 아시아 문화권에 주로 분포하는 힌두교, D는 동부 아시아 문화권, 동남아시아 문화권에 주로 분포하는 불교이다.

287

이슬람교(B)에서는 돼지고기와 술을 금기시하고, 힌두교(C)에서는 쇠고기를 금기시한다.

채점 기준	수준
종교가 음식문화를 제한하는 사례 두 가지를 모두 바르게 서술한 경우	상
종교가 음식문화를 제한하는 사례 한 가지만 바르게 서술한 경우	하

288

연평균 기온이 매우 낮은 한대 기후가 나타나는 지역으로 농경에 불리한 자연환경이므로, 순록을 유목한다.

채점 기준	수준
북극 문화권에 유목이 나타나는 까닭을 기후 요소와 기후 지역을 고려하여 바르게 서술한 경우	상
북극 문화권에 유목이 나타나는 까닭을 기후 요소와 기후 지역 중 한 가지만 고려하여 바르게 서술한 경우	하

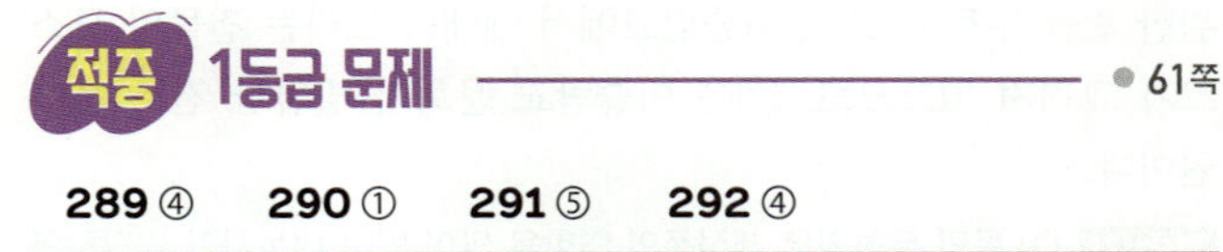

● 61쪽

289 ④ **290** ① **291** ⑤ **292** ④

1등급 자료 분석 종교 경관

(가)는 종탑과 십자가가 있는 성당이므로 크리스트교, (나)는 돔과 첨탑이 있는 사원이므로 이슬람교, (다)는 탑과 불상이 있는 사찰이므로 불교이다. (가) 크리스트교는 (나) 이슬람교보다 아프리카 문화권에서 신자 수가 많다. 아프리카 문화권은 유럽의 식민 지배의 영향으로 유럽의 언어와 종교의 영향을 많이 받았다.

바로잡기 ① 이슬람교에 관한 설명이다. (가) 크리스트교는 아메리카 문화권, 아프리카 문화권, 오세아니아 문화권으로 전파되었다. ②, ③ 크리스트교에 관한 설명이다. 불교는 동양 문화권에서 신자 수가 가장 많다. ⑤ (가) 크리스트교와 (나) 이슬람교는 건조 문화권, (다) 불교는 동양 문화권에서 기원하였다.

선택지 더 보기

⑥ (다)의 대표적인 성지는 건조 문화권에서 위치한다. (×)
⑦ (나)는 건조 아시아에서 돼지고기를 금기시하는 것과 관련이 깊다. (○)
⑧ 동남아시아 문화권에서 (가)의 신자 비율이 가장 높은 국가는 필리핀이다. (○)

290 건조 문화권의 특징

1등급 자료 분석 건조 문화권의 화폐에 담긴 문화

〈 (㉠) 문화권의 화폐 탐구 〉

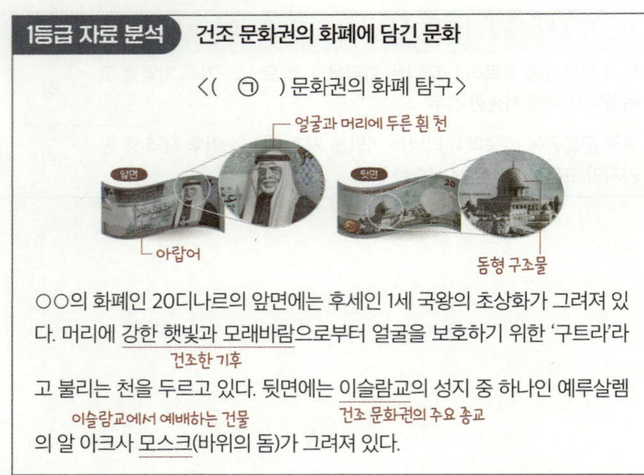

○○의 화폐인 20디나르의 앞면에는 후세인 1세 국왕의 초상화가 그려져 있다. 머리에 강한 햇빛과 모래바람으로부터 얼굴을 보호하기 위한 '구트라'라고 불리는 천을 두르고 있다. 뒷면에는 이슬람교의 성지 중 하나인 예루살렘의 알 아크사 모스크(바위의 돔)가 그려져 있다.

건조한 기후
이슬람교에서 예배하는 건물 *건조 문화권의 주요 종교*

자료의 화폐는 강한 햇빛과 모래바람으로부터 얼굴을 보호하기 위한 천을 두르고 있고, 이슬람교에서 예배를 드리는 건물인 모스크가 그려져 있으므로, ㉠은 이슬람교 문화가 발달한 건조 문화권이다.

바로잡기 ② 동양 문화권은 계절풍의 영향을 많이 받아 벼농사가 발달하였

다. ③ 아프리카 문화권은 토속 종교의 영향으로 부족 단위의 공동체 생활을 하였고 언어와 종교가 다양하며, 전통적으로 이동식 화전 농업, 수렵 및 채집 생활을 하였다. ④ 오세아니아 문화권은 영국을 중심으로 한 유럽 문화가 전파되어 인구 중 다수가 백인이며, 개신교의 비율이 높다. ⑤ 라틴 아메리카 문화권은 남부 유럽의 식민 지배로 에스파냐어와 포르투갈어를 주로 사용하며, 가톨릭교의 비율이 높다.

291 다양한 문화권의 특징

1등급 자료 분석 세계의 문화권

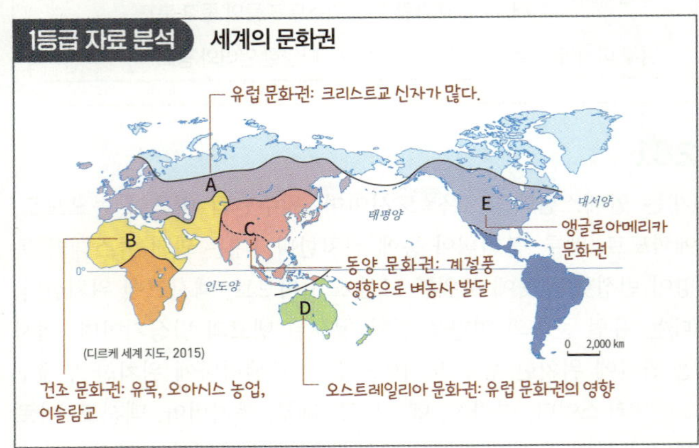

A는 유럽 문화권, B는 건조 문화권, C는 동양 문화권, D는 오세아니아 문화권, E는 앵글로아메리카 문화권이다. ⑤ 앵글로아메리카 문화권(E)은 국제 이주자가 유입하여 다양한 문화가 공존한다.

바로잡기 ① 앵글로아메리카 문화권과 오세아니아 문화권에 해당한다. 유럽 문화권(A)은 크리스트교의 종파인 개신교, 가톨릭교, 정교회(그리스 정교, 러시아 정교)가 함께 분포한다. ② 유럽 문화권(A)의 영향을 받아 형성된 문화권으로는 아메리카 문화권과 오세아니아 문화권이 있다. ③ 건조 문화권에 관한 설명이다. 동양 문화권(C)은 벼농사가 발달하였다. ④ 동양 문화권에 관한 설명이다. 오세아니아 문화권(D)에서는 기업적 목축업, 상업적 곡물 농업 등이 발달하였다.

선택지 더 보기

⑥ A는 D와 E 문화권의 형성에 영향을 주었다. (○)
⑦ B는 플랜테이션으로 커피, 카카오 등을 재배한다. (×)
⑧ D와 E는 개신교의 비율이 높다. (○)

292 주요 국가 문화권의 특징

1등급 자료 분석 주요 국가의 위치

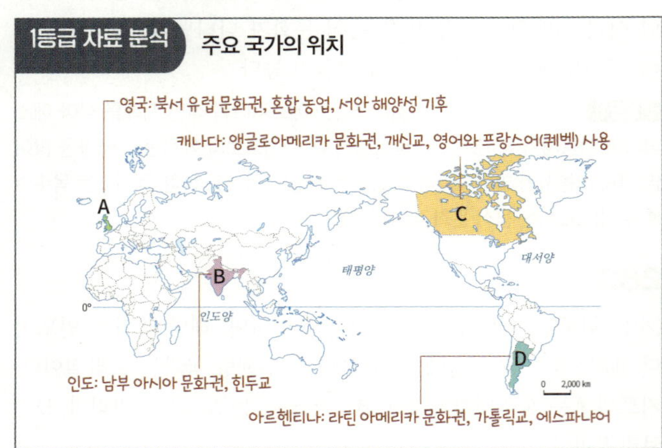

지도의 A는 유럽 문화권에 위치한 영국, B는 남부 아시아 문화권에 위치한 인도, C는 앵글로아메리카 문화권에 위치한 캐나다, D

는 라틴 아메리카 문화권에 위치한 아르헨티나이다. 인도(B)는 힌두교와 불교의 발상지이며, 두 종교의 주요 성지가 있다. 인도 내 신자 수는 힌두교, 이슬람교 순으로 많다. 아르헨티나(D)는 에스파냐 식민 통치의 영향으로 주민 대부분은 에스파냐어를 사용하고 가톨릭교를 믿는다.

바로잡기 ㄱ. 남부 유럽 문화권에 관한 설명이다. 남부 유럽 국가로는 이탈리아, 에스파냐, 포르투갈, 그리스 등이 있다. ㄷ. 라틴 아메리카 문화권에 위치한 멕시코에 관한 설명이다. 캐나다와 미국은 앵글로아메리카 문화권에 속한다.

07 문화 변동의 양상과 전통문화

기본 기출 문제 ● 63~64쪽

핵심 개념 문제

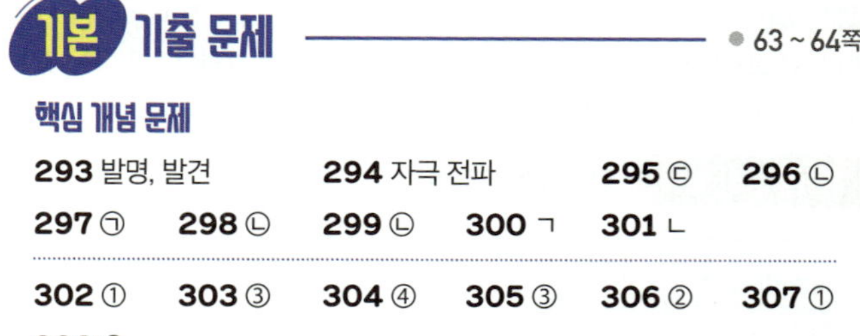

293 발명, 발견	**294** 자극 전파	**295** ⓒ	**296** ⓛ
297 ㉠	**298** ⓛ	**299** ⓛ	**300** ㄱ	**301** ㄴ

302 ①	**303** ③	**304** ④	**305** ③	**306** ②	**307** ①
308 ⑤					

302

(가)에서는 기계의 발명, (나)에서는 불의 발견, (다)에서는 유럽으로의 화약 전파가 문화 변동을 가져왔다. ㄱ. (가)는 발명, 즉 내재적 요인에 의한 문화 변동이다. ㄴ. (나)에서는 불의 발견에 의한 문화 변동이 나타났다.

바로잡기 ㄷ. (다)에서는 직접 전파에 의한 문화 변동이 나타났다. ㄹ. (나)와 달리 (다)의 문화 변동은 외재적 요인에 의한 것이다.

303

(가)에서는 A국과 B국 구성원 간의 직접적인 접촉을 통해 A국의 종교가 B국에 전파되었다. (나)에서 C국의 음식 문화는 D국에 매개체를 통해 간접적으로 전파되었다.

바로잡기 ① (가), (나) 모두 새로운 문화 요소를 발명한 것은 아니다. ② 한 사회의 내부에서 발생한 문화 변동 요인은 발명과 발견이다. (가), (나) 모두 문화 변동의 외재적 요인인 문화 전파에 의해 문화가 변동하였다. ④ (가)에서 A국의 종교가 B국에 강제적으로 이식되었다고 단정할 수 없다. (나)에서 D국 국민은 스스로 선택하여 C국의 음식 문화를 받아들였다. ⑤ 서로 다른 사회의 구성원 간 직접적인 접촉이 원인이 되어 나타난 문화 변동은 (가)이다.

304

문화 융합은 기존 문화 요소와 전파된 다른 사회의 문화 요소가 결합한 결과 이전의 두 문화와는 다른 새로운 문화가 나타나는 현상이다.

305

문화 동화는 기존 문화 요소가 외래문화 요소에 의해 대체되는 현상이다. 문화 융합은 접촉한 두 문화 요소가 결합하여 새로운 문화 요소를 만들어 내는 현상이다. 문화 병존은 기존 문화 요소와 외래문화 요소가 나란히 존재하는 현상이다. 따라서 (가)는 문화 동화, (나)는 문화 융합, (다)는 문화 병존이다.

306

갑국에서는 A국의 문자가 갑국의 문자를 대체하였고 을국에서는 을국의 문자와 A국의 문자가 함께 사용되고 있다. ㄱ. 외래문화 요소에 의해 기존 문화 요소가 대체되는 현상을 문화 동화라고 한다. ㄷ. 갑국과 을국 모두 A국에서 전파된 문화 요소로 인해 문화가 변동하였다.

바로잡기 ㄴ. 을국에서는 문화 병존이 나타났다. 문화 융합은 두 문화 요소가 결합하여 제3의 문화 요소가 만들어지는 현상이다. ㄹ. 갑국과 을국 모두 A국의 문자가 변형되지 않고 정착하였다.

307

제시문은 줄다리기라는 전통문화가 마을 주민들의 공동체 의식과 연대감을 형성하는 데 이바지함을 강조하고 있다. 전통문화는 사회 구성원 간에 유대를 강화하여 사회 통합에 이바지하는 기능이 있다.

308

전통문화를 창조적으로 계승하기 위해서는 변화된 시대에 맞게 전통문화를 재해석하여 새로운 문화 요소로 발전시키기 위한 노력, 외래문화를 비판적으로 수용함으로써 전통문화와 조화를 이루려는 노력 등이 필요하다. '한옥 꼬마등'은 시대의 변화에 맞게 전통문화를 재해석하고 재창조하고자 하는 노력이 전통문화를 창조적으로 계승할 수 있음을 보여 준다.

실력 기출 문제 ● 65~68쪽

309 ④	**310** ③	**311** ⑤	**312** ③	**313** ②	**314** ②
315 ②	**316** ④	**317** ④	**318** ①	**319** ②	**320** ①
321 ④	**322** ③				

1등급을 향한 서답형 문제

323 갑국: 직접 전파, 을국: 간접 전파 **324** **예시 답안** 갑국에서는 문화 융합, 을국에서는 문화 병존이 나타났다. 문화 융합의 사례로는 전통 한옥 양식과 서양 건축 양식이 결합한 성공회 강화 성당, 아프리카 흑인 음악과 유럽 백인 음악의 악기가 결합하여 탄생한 재즈 등을 들 수 있다. 문화 병존의 사례로는 중국에서 중국 동포가 중국의 문화와 함께 한국의 고유한 풍습을 유지하며 생활하는 모습 등을 들 수 있다.

325 자극 전파 **326** **예시 답안** 중국 한자의 영향을 받아 만들어진 이두, 북아메리카의 체로키족이 백인들과 접촉하면서 알파벳에서 자극받아 만든 체로키 문자

309

갑국의 문화 변동 요인은 드라마와 영화를 통한 외부 문화 요소의 전파이다. 을국의 문화 변동 요인은 교역을 통한 외부 문화 요소의 전파이다. ㄴ. 을국에서는 B국 상인들과 교역하는 과정에서 B국의 문화 요소가 전파되었는데 이는 직접 전파에 해당한다. ㄹ. 갑국과 을국에서 나타난 문화 변동의 요인은 문화 전파이다. 문화 전파는 한 사회의 문화 요소가 다른 사회로 전해져서 정착되는 현상이다.

바로잡기 ㄱ. 갑국에서는 간접 전파에 의해 문화 변동이 나타났다. ㄷ. 갑국과 을국 모두 문화 전파에 의해 문화 요소가 추가되었다.

310

(가)는 간접 전파, (나)는 직접 전파, (다)는 자극 전파이다. ③ 자극 전파는 다른 문화에서 추상적인 개념이나 아이디어가 전파되어 초래된다는 점에서 외재적 요인에 의한 문화 변동이다.

바로잡기 ① (가)는 인터넷이라는 매개체를 통한 간접 전파에 의해 발생한 문화 변동이다. ② (나)는 외래문화 요소에서 아이디어를 얻어 새로운 문화 요소를 만들어 낸 사례가 아니므로 자극 전파에 의한 문화 변동으로 볼 수 없다. ④ (나)는 사람들 간의 직접적인 접촉으로 발생한 문화 변동이다. ⑤ (나)와 (다) 모두 외재적 요인에 의한 문화 변동이다.

311

A는 발명, B는 자극 전파, C는 직접 전파이다. 따라서 (가)에는 발명과 자극 전파, (나)에는 자극 전파와 직접 전파에 모두 해당하는 내용이 들어가야 한다. ⑤ 자극 전파, 직접 전파는 모두 문화 변동의 외재적 요인이다.

바로잡기 ① 존재하지 않았던 기술이나 사물 등을 만들어 내는 것은 발명이다. ② 다른 사회의 문화로부터 아이디어를 얻어 자기 사회에 새로운 문화를 만들어 내는 것은 자극 전파이다. ③ 매개체가 없는 직접적인 문화 접촉과 교류로 문화가 변동하는 것은 직접 전파이다. ④ 발명은 내재적 요인, 자극 전파는 외재적 요인이다.

312

제시문을 통해 금속 활자의 발명과 증기 기관 원리의 발견이 문화 변동을 초래하는 요인이지만 항상 문화 변동을 유발하는 것은 아니라는 점을 파악할 수 있다. ③ 발명, 발견이 사회 구성원에게 수용되지 않으면 문화 변동을 유발할 수 없다.

313

제시된 문화 변동의 요인 중에서 외재적 요인은 직접 전파와 자극 전파이고 기존에 없었던 새로운 문화 요소를 창조하는 것은 발명과 자극 전파이다. 따라서 (가)는 자극 전파, (나)는 발명, (다)는 직접 전파, (라)는 발견이다. ② (다)는 직접 전파로 서로 다른 사회의 구성원 간 직접적인 접촉을 통해 문화 요소가 전달된 것이다.

바로잡기 ① (가)는 자극 전파, (나)는 발명이다. ③ 스티븐슨이 증기 기관을 고안해 낸 것은 발명의 사례이다. ④ 다른 문화로부터 매개체에 의해 간접적으로 문화 요소가 전달된 것은 간접 전파이다. ⑤ 발견과 발명 모두 문화 요소가 추가되므로 문화 요소의 다양성 강화에 이바지할 수 있다.

문화 전파의 유형 중 자극 전파는 다른 사회의 문화 요소에서 아이디어를 얻어 새로운 문화가 만들어지는 것으로 아이디어의 전파와 새로운 문화 요소의 등장이 복합된 형태이다. 자극 전파는 어떤 문화 요소가 다른 문화에 알려지면서 후자에게 새로운 문화가 만들어지도록 자극한 경우에 발생한다. 자극 전파의 대표적인 예로 북아메리카 체로키족의 문자를 들 수 있다. 체로키족은 백인들과 접촉하기 전까지는 고유의 문자를 가지지 못하였지만 부족의 한 사람이 백인들과 접촉하면서 알파벳에서 아이디어를 얻어 체로키 문자를 만들어 내었다.

314

(가)에는 자발적 문화 접변에 의한 문화 융합이, (나)에는 강제적 문화 접변에 의한 문화 동화와 외래문화에 대한 저항 운동이 나타나 있다. ㄷ. (나)에는 강제적 문화 접변이 나타났다.

바로잡기 ㄱ. (가)에는 자극 전파가 나타나지 않았다. 자극 전파는 다른 사회의 문화 요소에서 아이디어를 얻어 새로운 문화 요소의 발명이 일어나는 것이다. ㄴ. (가)에는 문화 융합, (나)에는 문화 동화가 나타났다.

의미	정복이나 식민 통치와 같이 강제성을 띤 외부 사회의 압력에 의해 일어나는 문화 접변
사례	일제 강점기 우리 민족에게 강제되었던 일본어 사용, 신사 참배, 일본식 성명 강요 등

315

제시문은 문화 융합의 사례이다. ㄱ. 고려의 상감 청자는 중국의 청자 문화와 고려의 공예 기술이 결합하여 새로운 제3의 문화가 만들어진 문화 융합의 사례이다. ㄷ. 중국은 청자의 발명으로, 고려는 문화 융합으로 인해 새로운 문화 요소가 추가되었다.

바로잡기 ㄴ. 제시문에는 물리적 강제력에 의해 문화를 수용하도록 강제한 내용은 나타나 있지 않다. ㄹ. 고려의 상감 청자는 중국 청자의 성격을 지닌 제3의 새로운 문화 요소에 해당한다.

316

중국인이 말레이 지역으로 이주하면서 나타난 문화 변동이므로 직접 전파에 해당하고 그 결과 양국의 문화 요소가 결합하여 새로운 문화가 나타났으므로 문화 융합에 해당한다.

바로잡기 ① 강제적 문화 접변은 정복 등과 같은 상황에서 물리적 강제력에 기초하여 지배적 상황에 있는 사회의 문화 요소가 피지배 사회에 강제적으로 이식되는 것인데, 제시문에는 그런 상황이 나타나 있지 않다. ②, ③ 직접 전파에 따른 문화 변동이 나타났다. ⑤ 새로운 제3의 문화가 나타났지만 외재적 요인인 직접 전파에 의한 변동이다.

317

문화의 다양성 보존에 이바지하지만 제3의 새로운 문화 요소가 형성되지 않는 A는 문화 병존이다. 외래문화 요소의 변형과 재구성이 나타나는 B는 문화 융합이다. 따라서 C는 문화 동화이다. ㄴ. 한국에서 한의학과 양의학이 함께 존재하는 것은 문화 병존의 사례이다. ㄹ. 문화 사대주의가 지배적인 사회에서 주로 나타날 가능성이 큰 것은 문화 동화이다.

[바로잡기] ㄱ. 문화 융합은 기존 문화 요소와 외래문화 요소의 정체성이 유지되면서 새로운 문화 요소가 만들어지는 현상으로 문화의 다양성 보존에 이바지하므로 ㉠은 '예'이다. 문화 동화는 외래문화 요소의 변형과 재구성이 나타나지 않고 제3의 새로운 문화 요소가 형성되지 않으므로 ㉡, ㉢은 모두 '아니요'이다. ㄷ. 문화 동화는 외래문화가 기존 문화에 흡수되어 나타난 것이 아니라 기존 문화가 외래문화에 흡수되거나 대체된 결과이다.

318

(가)는 문화 융합, (나)는 문화 병존, (다)는 문화 동화이다. ㄱ. 외부에서 전해진 문화 요소인 침대, 피자에 한국의 문화 요소인 온돌, 김치를 결합하여 온돌 침대, 김치 피자를 만들어 낸 것은 문화 융합의 사례에 해당한다. ㄴ. 문화 융합은 새롭게 만들어진 문화 요소 안에 기존의 자기 문화의 요소가 남아 있는 것이므로 자기 문화의 정체성이 유지된다. 문화 병존 역시 다른 사회의 문화 요소와 더불어 자기 문화 요소가 유지되는 것이므로 자기 문화의 정체성이 유지된다.

[바로잡기] ㄷ. (가)~(다) 모두 서로 다른 사회의 문화가 접촉하면서 나타난 변동 양상으로 외재적 변동의 결과이다. ㄹ. 강제적 문화 접변의 결과가 반드시 문화 동화나 문화 병존으로 나타나는 것은 아니다. 강제적 문화 접변을 겪더라도 다른 사회의 문화 요소가 전혀 남아 있지 않을 수도 있고 문화 융합이 나타날 수도 있다.

1등급 정리 노트 문화 병존, 문화 융합, 문화 동화의 공통점과 차이점

구분	문화 병존	문화 융합	문화 동화
문화 변동의 외재적 요인이다.	○	○	○
문화의 다양성 보존에 이바지한다.	○	○	
자기 문화의 정체성이 유지된다.	○	○	
이전과 다른 새로운 문화가 나타난다.		○	

319

ㄱ. 문화 융합과 달리 문화 동화는 외래문화가 변형되지 않고 정착되므로 (가)에는 해당 질문이 들어갈 수 있다. ㄷ. 문화 동화와 달리 문화 융합은 제3의 새로운 문화를 형성하는 현상이므로 (다)에는 해당 질문이 들어갈 수 있다.

[바로잡기] ㄴ. 문화 동화는 기존 문화의 정체성이 상실되므로 (나)에는 해당 질문이 들어갈 수 없다. ㄹ. 기존 문화와 외래문화가 나란히 존재하는 현상은 문화 병존이므로 (다)에는 해당 질문이 들어갈 수 없다.

320

1모둠이 작성한 내용에는 자극 전파가 나타나 있지 않다. 2모둠이 작성한 내용에서 ○○국 음료 회사가 을국의 무설탕 음료 B의 제조법에 자극받아 새로운 무열량 음료를 개발한 것은 자극 전파의 사례이다.

[바로잡기] ② 1모둠이 작성한 내용 중 '갑국의 전통 음식 A가 전국적으로 유행하였다.'라는 내용을 통해 문화 병존이 나타났음을 알 수 있다. 2모둠이 작성한 내용 중 '새로운 무열량 음료가 ○○국에서 전통 음료와 B의 판매량을 추월하

였다.'라는 내용을 통해 ○○국에 무설탕 음료 B가 전파되어 ○○국의 전통 음료와 공존하였음을 알 수 있다. ③ 4모둠이 작성한 내용에는 문화 융합이 나타나지 않는다. ④ C가 병국 과자를 대체한 것이 아니라 ○○국보다 병국에서 더 많이 팔리고 있는 것이기 때문에 3모둠이 작성한 내용에는 문화 동화가 나타나지 않는다. '정국의 디저트 D가 SNS를 통해 ○○국에 알려졌다.'라는 내용을 통해 4모둠이 작성한 내용에 간접 전파가 나타났음을 알 수 있다. ⑤ 3모둠과 4모둠이 작성한 내용에는 모두 자발적 문화 접변이 나타난다.

321

A국과 B국 모두 자기 문화의 발전을 위해 다양한 문화를 수용하면서 새롭게 변화하려고 노력하고 있다. ④ A국과 B국 모두 자기 전통문화를 유지하는 것을 넘어 다른 문화를 개방적으로 수용함으로써 자기의 전통문화를 창조적으로 발전시켜 나갔다.

322

제시된 자료는 우리나라의 전통문화를 현대적으로 재해석한 사례를 나타낸다. 따라서 (가)에는 '전통문화를 창조적으로 재해석한 사례'가 적절하다.

323

갑국에서는 A국 상인들에 의해 A국의 문화 요소가 직접 전파되었다. 을국에서는 매개체(대중 매체)를 통해 A국의 문화 요소가 전달, 즉 간접 전파되었다.

324

갑국에서는 문화 융합, 을국에서는 문화 병존이 나타났다.

채점 기준	수준
갑국과 을국에서 나타난 문화 접변의 유형과 그 사례를 모두 바르게 서술한 경우	상
갑국과 을국 중 한 국가에서 나타난 문화 접변의 유형과 그 사례를 모두 바르게 서술한 경우	중
갑국과 을국에서 나타난 문화 접변의 유형만을 바르게 쓴 경우	하

325

자극 전파는 다른 사회에서 전파된 문화 요소에 자극을 받아 새로운 발명이 일어나는 현상이다.

326

채점 기준	수준
자극 전파의 사례를 두 가지 모두 바르게 서술한 경우	상
자극 전파의 사례를 한 가지만 바르게 서술한 경우	하

327 ② **328** ③ **329** ④

---

327 문화 변동의 양상

1등급 자료 분석   문화 동화, 문화 병존, 문화 융합

질문 (가)~(다)에 관해 A~C가 각각 '예'와 '아니요' 중 하나로 답할 때 그 결과는 다음과 같다. 단, B의 사례로 우리나라에 차이나타운이 존재함으로써 한국 문화와 중국 문화가 함께 나타나는 현상을 들 수 있다.

B=문화 병존

- 질문 (가)에 관한 A, B의 답변은 C와 다르다.
- 질문 (나)에 관한 B, C의 답변은 A와 다르다.
- 질문 (다)에 관한 A, C의 답변은 B와 다르다.

문화 융합과 문화 동화가 같게 답하고 문화 병존은 다르게 답할 수 있는 질문이 들어가야 한다.

② 성공회 강화 성당은 문화 융합의 사례이므로 문화 융합과 문화 병존은 '기존 문화의 정체성을 상실하는가?'에 '아니요'라고 같은 답을 하게 된다. 따라서 해당 질문은 (가)가 될 수 있다.

바로잡기 ① '기존 문화 요소의 정체성이 유지되는가?'라는 질문에 문화 융합과 문화 동화의 답변은 다르므로 (다)가 될 수 없다. ③ 온돌을 활용한 보일러 장치는 문화 융합의 사례이다. '제3의 문화 요소가 나타나는가?'라는 질문에는 문화 융합만 '예'라고 답할 수 있으므로 해당 질문은 (나)가 될 수 없다. ④ (가)가 '기존 문화 요소의 소멸이 나타나는가?'이면 C는 문화 동화이다. 문화적 다양성 증진에 이바지하는 것은 문화 병존과 문화 융합이므로 (나)는 해당 질문이 될 수 없다. ⑤ A의 사례가 한국식 호떡이라면 A는 문화 융합, C는 문화 동화가 된다. 문화 동화가 반드시 강제적 문화 접변에 의해 나타나는 것은 아니다.

선택지 더 보기

⑥ A가 문화 동화라면, C의 사례로는 아메리카 원주민이 이주해 온 유럽인의 문화와 접촉하면서 자기 문화를 상실한 것을 들 수 있다.   (✕)

⑦ C의 사례가 중남미 지역 원주민의 전통이 이 지역을 정복했던 유럽 문화가 결합하여 나타난 메스티소 문화라면, A는 문화 동화이다.   (○)

---

328 문화 변동의 결과

1등급 자료 분석   문화 전파, 문화 병존

그림은 갑국과 을국의 시기별 문화 요소의 변동을 나타낸다. a~f는 모두 음식 문화에 해당하는 서로 다른 문화 요소이며, T 시기와 T+1 시기 사이에는 갑국과 을국의 내재적 변동 또는 갑국와 을국 상호 간 문화 전파만이 있었다.

발견 또는 발명   외재적 요인

제시된 문화 요소 이외에 다른 문화 요소는 존재하지 않고, 빗금 친 A 영역에 존재하는 문화 요소만이 문화 전파의 결과로 나타났다.

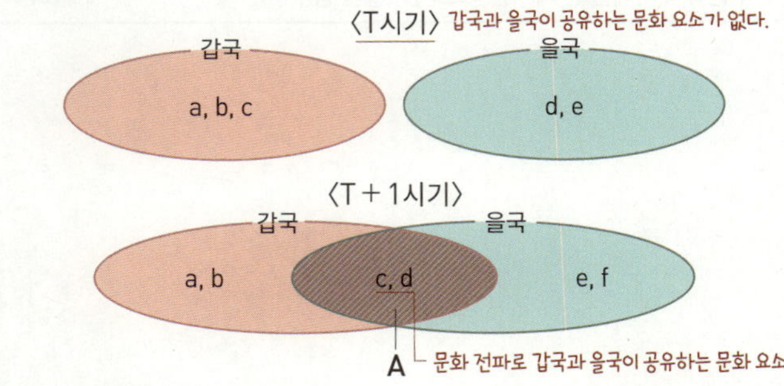

ㄴ. T 시기에는 갑국과 을국 간 공유하는 문화 요소가 없었지만 T+1 시기에는 c, d 요소를 공유하면서 두 국가 간 문화적 동질성이 높아졌다. ㄷ. 갑국에서 을국으로 전파된 문화 요소(c)와 을국에서 갑국으로 전파된 문화 요소(d)의 개수는 같다.

바로잡기 ㄱ. T+1 시기에 갑국에서는 자국의 문화 요소와 을국에서 전파된 문화 요소가 병존하고 있다. 을국에서도 자국의 문화 요소와 갑국에서 전파된 문화 요소가 병존하고 있다. ㄹ. 해당 시기에 내재적 변동과 상호 간 문화 전파 이외에 다른 문화 변동이 없었으므로 T+1 시기에 을국에 새롭게 나타난 c, f는 내재적 요인 또는 문화 전파에 의해 나타난 것이다. T+1 시기에 c는 문화 전파의 결과 영역에 존재하므로 외재적 요인(문화 전파)에 의해 을국에 나타난 것이고, f는 을국에만 존재하고 있으므로 내재적 요인(발견 또는 발명)에 의해 나타난 것이다.

---

329 문화 변동의 양상

1등급 자료 분석   문화 접변의 유형

〈문화 변동 카드 게임〉

- 게임 규칙: 갑과 을이 각각 4장의 카드 중 2장의 카드를 선택하여 각 카드를 통해 얻은 점수의 합이 큰 사람이 승자가 된다. 단, 먼저 카드를 선택한 사람은 자신이 선택한 두 카드 기호를 적은 후 다른 사람이 선택할 수 있도록 카드를 모두 내려놓는다.
- 각 카드에 부여된 점수: A~C 중 두 개에 해당하는 특징이 적혀 있는 카드는 2점, 한 개에만 해당하는 특징이 적혀 있는 카드는 1점이다.
- 카드 (가)~(라)의 특징

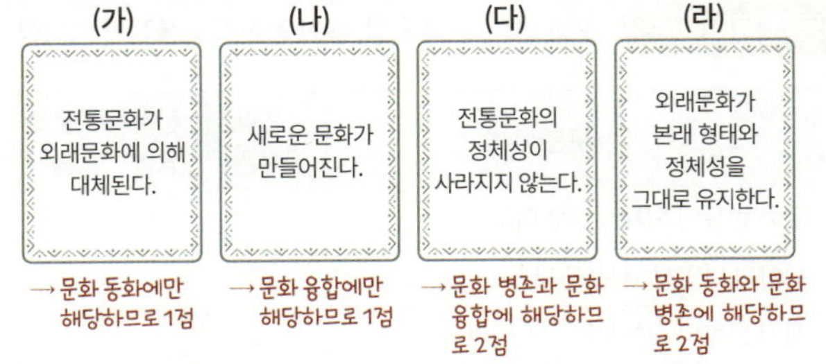

- 게임 결과: 갑은 (가)와 (라)를, 을은 (나)와 (다)를 선택하였다. 갑이 선택한 <u>3점</u>   <u>3점</u> 두 카드에는 A에 해당하는 특징이 없고 을이 선택한 두 카드에는 C에 해당 <u>문화 융합</u>   <u>문화 동화</u> 하는 특징이 없다.

→ 갑이 선택한 카드에는 A에 해당하는 특징이 없으므로 A는 문화 융합이고, 을이 선택한 카드에는 C에 해당하는 특징이 없으므로 C는 문화 동화이다. 따라서 B는 문화 병존이다.

ㄱ. 게임 결과 갑의 점수 합과 을의 점수 합은 각각 3점으로 같다. ㄴ. (가)가 1점, (다)가 2점이므로 (가)와 (다)를 통해 획득한 점수의 합은 3점이다. ㄷ. 문화 융합은 문화 동화와 달리 문화 수용자 집단이 외래문화를 재해석하고 재구성하여 기존 문화와 결합함으로써 나타난다.

바로잡기 ㄹ. 문화 병존의 특징이 적혀 있는 카드와 문화 동화의 특징이 적혀 있는 카드는 각각 2장으로 같다.

기본 기출 문제 ● 71 ~ 72쪽

핵심 개념 문제

330 문화 상대주의	**331** 자문화 중심주의	**332** 문화 사대주의	
333 보편 윤리	**334** ○	**335** ○	**336** ×	**337** ㉡
338 ㉠	**339** ㉡	**340** ㉠	**341** ㉡	**342** ㉡	**343** ㉡
344 ①	**345** ④	**346** ⑤	**347** ①	**348** ①	**349** ①
350 ⑤					

344

문화의 모습이 사회마다 다양하게 나타나는 까닭은 서로 다른 자연환경과 인문환경에 적응하는 과정에 사회마다 독특한 생활 방식을 형성하기 때문이다.

345

㉠ 자기 문화를 최고로 여기는 문화 이해 태도는 자문화 중심주의, ㉡ 다른 문화를 숭상하여 자기 문화를 낮게 평가하는 문화 이해 태도는 문화 사대주의이다. 이와 달리 ㉢ 자국의 문화뿐만 아니라 타국의 문화와 가치도 존중하는 문화 이해 태도는 문화 상대주의이다.

346

㉠ 자문화 중심주의에 관한 설명이다. 자문화 중심주의의 태도로 문화를 본다면 자기 민족이나 국가의 문화만을 우수한 것으로 믿고 고수하며 다른 민족이나 국가의 문화를 배척하는 국수주의로 이어져 자기 문화의 발전 가능성을 저해할 수 있다.

347

아마존강 유역에 선교하러 온 유럽의 가톨릭 신부들은 자문화 중심주의 입장에서 유럽식 의복만이 우월하다고 보면서 자파테크족에게 유럽식 의복을 강요하여 갈등을 일으키고 있다.

348

㉠은 극단적 문화 상대주의로 이어져 살인이나 폭력과 같이 인류가 보편적으로 받아들이기 어려운 문화까지도 허용하게 되는 문제가 발생할 수 있다. 노예제나 명예 살인은 인권과 같은 보편적인 가치를 위협하기 때문에 허용될 수 없는 문화이다.

바로잡기 ㄷ, ㄹ. 그 사회의 환경과 맥락의 측면을 고려하여 문화 상대주의적 입장에서 이해할 수 있는 문화적 관행이다.

349

다문화 사회에서 나타날 수 있는 갈등에는 언어, 종교, 출신 국가 등의 차이에서 오는 문화적 차이에 따른 갈등과 편견과 차별에 따른 갈등을 들 수 있다.

바로잡기 ㄷ, ㄹ. 원활한 의사소통과 높은 다문화 수용성은 갈등을 초래하기

보다는 갈등을 해소하는 데 도움이 된다.

350

제시문에 따르면 해외로 이주한 한인들이 타국에서 차별과 편견으로 인해 힘겨운 시간을 보냈음을 고려하여, 우리 사회의 이주민을 차별해서는 안 된다. 이주민이 겪는 고통에 관해 역지사지의 자세를 가져야 한다는 것이다.

실력 기출 문제 ● 73 ~ 76쪽

351 ②	**352** ④	**353** ⑤	**354** ③	**355** ⑤	**356** ④
357 ③	**358** ⑤	**359** ②	**360** ⑤	**361** ⑤	**362** ①
363 ②	**364** ③	**365** ④			

1등급을 향한 서답형 문제

366 보편 윤리 **367** 예시 답안 여성은 학교에 가거나 서양 방식을 배워서는 안 된다고 금지하는 ○○ 지역의 탈레반의 행동은 보편 윤리에 어긋난다. 여성의 교육받을 권리는 인간존엄성과 자유와 평등의 실현 측면에서 보편적으로 보장되어야 한다. 교육받을 권리가 탈레반의 문화적 관습으로 침해되어서는 안 되는 것이다.

368 ㉠ 용광로 ㉡ 샐러드 볼 **369** 예시 답안 동화주의는 이민자의 언어적·문화적·사회적 고유성을 주류 문화에 비유한 펄펄 끓는 용광로에 녹여 내어 완전히 주류 문화에 편입시켜야 한다고 본다. 반면 다문화주의는 국가라는 샐러드 볼 안에서 이민자의 문화들이 샐러드의 재료가 되어 고유한 특성을 유지하면서도 조화롭게 어울리도록 해야 한다고 본다.

351

(가)의 기후, 지형과 같은 자연환경에 적응하는 과정에서 독특한 문화가 형성된 예로는 기후에 따른 가옥 구조 차이, 기후에 따른 의복의 차이가 적절하다.

바로잡기 ㄴ. 지형의 차이에 따라 산지 지역에서는 임산물을 채취하는 주민의 비중이 높고 해안 지역에서는 수산업에 종사하는 주민의 비중이 높다. ㄷ. 기후의 차이에 따라 계절풍의 영향으로 여름철 기온이 높고 강수량이 풍부한 지역에서는 벼농사가 발달하여 쌀을 주식으로 한다.

352

(나)의 언어, 종교와 같은 인문환경에 따라 나타나는 다양한 문화의 예로는 종교의 차이에 따른 경관의 차이와 음식 문화의 차이를 들 수 있다.

바로잡기 ㄱ. 한자를 공통으로 사용하는 곳은 남부 아시아가 아닌 동부 아시아이다. ㄷ. 산업이 발달한 지역은 밀집한 고층 건물이, 산업 발달 수준이 낮은 지역에서는 저층 건물이 나타난다.

353

갑은 다른 문화보다 자국의 문화를 우월하다고 보는 자문화 중심주의, 을은 다른 문화를 그 사회의 특수한 환경에서 이해하려는 문화 상대주의, 병은 다른 문화를 숭상하는 문화 사대주의 태도를 지니고 있음을 알 수 있다.

354

갑은 자문화 중심주의를, 병은 문화 사대주의 태도를 취한다. 문화 사대주의 태도를 지닌 병뿐만 아니라 자문화 중심주의 태도를 지닌 갑도 다른 문화를 차별하여 갈등을 일으킬 가능성이 있다.

355

을은 문화 상대주의의 태도를 지니고 있다. 문화 상대주의의 입장에서 긍정의 대답을 할 질문은 '서로 다른 문화를 있는 그대로 인정하는 태도를 지녀야 하는가?'이다. 나머지 질문에 대해서는 부정의 대답을 할 것이다.

356

갑은 자문화 중심주의, 을은 문화 상대주의의 문화 이해 태도를 지니고 있다. 문화 상대주의의 태도는 문화를 그것이 생겨난 사회적 맥락에서 이해하고자 한다.

바로잡기 ①, ② 타 문화를 숭상하여 자기 문화를 낮게 평가하고, 이로 인해 자국의 문화 정체성을 약화시킬 우려가 있는 문화 이해 태도는 문화 사대주의이다.

357

(가)에는 자문화 중심주의, (나)에는 문화 사대주의의 문화 이해 태도가 나타난다. (나)가 아니라 (가)의 자문화 중심주의 태도가 국수주의로 이어져 자기 문화의 발전 가능성을 저해할 수 있다.

358

제시문의 필자는 몽골의 마유주 문화에 관해 몽골의 자연환경을 고려하여 몽골의 특수한 환경에서 이해하고자 하는 문화 상대주의적 태도를 보여 주고 있다.

바로잡기 ①, ④ 자문화 중심주의, 문화 사대주의에 해당한다. ② 자문화 중심주의, ③ 문화 사대주의에 해당한다.

359

제시문에는 문화의 특수성을 근거로 인류의 보편적 가치를 훼손하는 문화도 존중해야 한다는 태도인 극단적 문화 상대주의가 드러난다. 이러한 극단적 문화 상대주의의 문화 이해 태도는 보편적 가치인 인권 존중을 위배한다는 문제점을 지닌다. 문화 상대주의 태도가 극단적 문화 상대주의로 이어지지 않도록 주의해야 한다.

360

우리는 자문화를 당연한 것으로 생각하고 비판 없이 받아들이지만, 자문화도 보편 윤리에 어긋나는 측면이 있을 수 있음을 인식하고 이를 성찰할 때 자문화의 문제점을 개선할 수 있다.

361

비판적 성찰이 필요한 우리 사회 문화로는 연고주의를 들 수 있는데, 연고주의 문화는 공동체의 결속력을 강화하는 등 긍정적인 측면이 있다. 하지만 지나칠 경우 입학, 채용 등에서 개인의 능력이나 전문성보다 혈연, 지연, 학연 등의 개인적 배경 요소를 더 중요하게 여김으로써 사회 정의라는 보편 윤리에 어긋나게 된다.

362

다문화 사회로의 변화는 문화의 다양성이 증진되어 문화 발전을 촉진하고, 노동력 부족 문제를 해소하여 경제를 활성화한다는 긍정적인 영향을 가져왔다.

363

이슬람교도들은 무슬림 방식, 즉 할랄 방식으로 도축한 고기 등의 식품을 먹는다. 할랄은 이슬람교의 생활 전반에 걸쳐 허용된 것을 의미하는데, 이러한 문화적 차이를 이해할 때 불필요한 오해가 발생하지 않을 수 있다.

364

다문화 사회의 이민자 정책으로 갑은 동화주의, 을은 다문화주의를 지지하고 있다. ㄴ. 동화주의는 주류 사회 문화에 이민자 문화를 편입시켜야 한다고 보고, ㄷ. 다문화주의는 다양한 문화가 공존할 때 문화적 역동성이 증진된다고 본다.

바로잡기 ㄱ. 이민자 문화의 정체성과 고유성을 인정해야 한다고 보는 입장은 다문화주의를 지지하는 을이다. ㄹ. 주류 사회 문화와 이민자 문화가 대등하게 공존해야 한다고 보는 입장은 다문화주의를 지지하는 을만 해당한다.

1등급 정리 노트 **다문화 사회의 이민자 정책**

동화주의 (용광로 이론)	이민자가 출신 국가의 언어적·문화적·사회적 특성을 완전히 포기하고 주류 사회의 일원이 되는 것을 목표로 하는 정책
다문화주의 (샐러드 볼 이론)	이민자가 자신의 문화를 유지하면서 사회 구성원으로 살아갈 수 있게 소수자 집단의 문화 고유성을 인정해 공존을 추구하는 정책

365

다문화주의를 지지하는 을의 입장에서 동화주의를 지지하는 갑의 입장에 대해 제기할 수 있는 비판은 '다양한 문화가 대등하게 공존할 때 사회 통합이 이루어진다는 것을 모르고 있다.'가 가장 적절하다.

366

보편 윤리는 시대와 장소를 초월하여 모든 인간에게 타당하다고 인정되는 윤리 규범이다.

367

여성은 학교에 가거나 서양 방식을 배워서는 안 된다고 금지하는 ○○ 지역의 탈레반의 행동은 보편 윤리에 어긋난다. 여성의 교육받을 권리는 인간존엄성과 자유와 평등의 실현 측면에서 보편적으로 보장되어야 한다. 교육받을 권리가 탈레반의 문화적 관습으로 침해되어서는 안 되는 것이다.

채점 기준	수준
여성의 교육받을 권리는 인간존엄성, 자유, 평등의 측면에서 보편적으로 보장받아야 할 권리임을 구체적으로 서술한 경우	상
여성의 교육받을 권리는 보편 윤리의 관점에서 보장되어야 한다고만 서술한 경우	하

368

동화주의는 용광로, 다문화주의는 샐러드 볼에 비유된다.

369

동화주의는 소수 문화를 주류 문화의 펄펄 끓는 용광로에 녹여 낸다고 하여 용광로 이론으로, 다문화주의는 국가라는 샐러드 볼 안에 각 문화의 고유한 맛이 나타난다고 하여 샐러드 볼 이론으로 불린다.

채점 기준	수준
용광로, 샐러드 볼이라는 용어를 활용하여 동화주의와 다문화주의의 특징을 바르게 서술한 경우	상
동화주의와 다문화주의의 특징만을 서술한 경우	하

적중 1등급 문제 ●77쪽

370 ②　　**371** ④　　**372** ③　　**373** ①

370 문화 이해 태도

1등급 자료 분석　자문화 중심주의, 문화 상대주의

A는 자신의 생활양식을 가장 좋은 것으로 보고, 다른 것을 나쁘거나 열등한 것으로 보는 태도이다. 〔문화 중심주의〕 이 태도가 지나치면 민족적, 인종적 우월주의로 변질되어 갈등을 초래할 수 있다. 한편, B는 각각의 문화는 그 사회의 요구에 의 〔문화 상대주의〕 해서만 판단될 수 있고, 절대적 판단 기준을 가질 수 없다고 보는 태도이다. 이에 따르면 특정한 문화는 그 사회의 필요에 의해 나타난 것이므로 존중받을 가치가 있다고 본다.

A는 자문화 중심주의, B는 문화 상대주의에 해당한다.

바로잡기 ② 다른 문화를 무비판적으로 동경하고 수용하려는 태도는 자문화 중심주의가 아니라 문화 사대주의에 해당한다.

371 문화 이해 태도

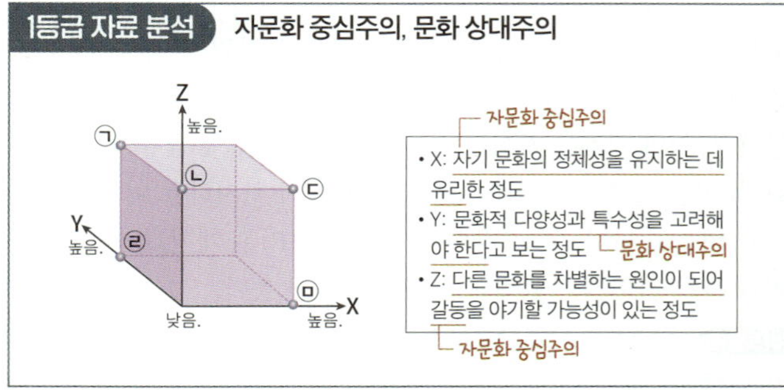

자문화 중심주의에 비해 문화 상대주의의 입장이 갖는 상대적 특징으로는, 자기 문화의 정체성을 유지하는 데 유리한 정도는 낮고, 문화적 다양성과 특수성을 고려해야 한다고 보는 정도는 높으며, 다른 문화를 차별하는 원인이 되어 갈등을 야기할 가능성 정도는 낮다.

372 다문화 사회의 갈등을 해결하는 방안

1등급 자료 분석　개인적 차원과 사회적 차원의 노력

다문화 사회에 나타나는 갈등을 해결하고 문화적 다양성을 존중하는 사회를 만들기 위한 노력이 필요하다. 이러한 노력은 ⊙ 개인적 차원과 ⓒ 사회적 차원으로 나누어 살펴볼 수 있다.

개인적 차원의 노력은 개인들이 할 수 있는 방안을 의미하고, 사회적 차원의 노력은 제도나 법 등을 중심으로 한 방안을 의미한다.

개인적 차원에서는 ㄴ. 각각의 문화를 그 사회의 특수한 상황과 맥락을 고려하여 이해하려는 자세를 함양하려는 노력이 필요하고, 사회적 차원에서는 ㄹ. 타 문화에 대한 편견과 고정 관념을 해소하기 위한 다문화 교육을 강화하려는 노력이 필요하다.

373 다문화 사회의 갈등을 해결하는 방안

1등급 자료 분석　다문화 사회의 이민자 정책

질문	응답	
	예	아니요
이민자는 주류 문화로 편입되어야 하는가?	✔	
주류 문화와 비주류 문화 간의 구분이 없어야 하는가?		✔
(가) - 동화주의에서 긍정할 질문	✔	
(나) - 동화주의에서 부정할 질문		✔

이 표에서 알 수 있는 다문화 사회의 이민자 정책은 동화주의이다.

표는 다문화 사회의 이민자 정책 중 동화주의에 해당한다. ㄱ. 동화주의 정책에 따르면, 이민자는 출신 국가의 문화적 정체성을 포기해야 한다.

바로잡기 ㄴ. '이민자들의 문화가 지닌 각각의 고유성을 인정해야 하는가?'의 질문에 '예'라고 응답할 입장은 다문화주의이다. ㄷ. 동화주의는 '이민자들이 주류 사회의 문화를 받아들여 주류 사회에 완전히 동화되어야 하는가?'의 질문에 '예'라고 응답할 것이다.

선택지 더 보기

ㄹ. 소수 문화를 주류 문화의 용광로에 녹여 내야 하는가?　(○)

ㅁ. 이민자를 일반적으로 주류 사회에 통합시켜야 하는가?　(○)

ㅂ. 다양한 인종과 문화가 함께 어울리는 문화를 조성해야 하는가?　(✕)

06 다양한 문화권의 특징과 삶의 방식

374 ④ **375** ⑤ **376** 점이 지대

377 예시 답안 ⓛ은 유럽 문화권으로 크리스트교를 주로 믿으며, ⓒ은 건조 문화권으로 이슬람교를 주로 믿는다.

378 ② **379** ② **380** ③ **381** ⑤ **382** ㉠ 리오그란데강 ㉡ 앵글로아메리카 ㉢ 라틴 아메리카

383 예시 답안 앵글로아메리카 문화권(ⓛ)은 북서 유럽의 영향으로 영어를 사용하고 주로 개신교를 믿는다. 라틴 아메리카 문화권(ⓒ)은 남부 유럽의 영향으로 에스파냐어, 포르투갈어를 사용하고 가톨릭교를 믿는다.

07 문화 변동의 양상과 전통문화

384 ③ **385** ① **386** ② **387** ① **388** ⑤ **389** ⑤

390 ③ **391** 예시 답안 전통문화는 사회 유지와 통합에 이바지한다. 문화의 고유성을 유지하는 데 이바지한다.

392 예시 답안 전통문화를 창조적으로 계승하고 발전시키기 위해서는 전통문화를 현대적으로 재해석할 필요가 있다.

08 문화 상대주의와 다문화 사회

393 갑: 자문화 중심주의, 을: 문화 사대주의, 병: 문화 상대주의

394 예시 답안 바람직한 문화 이해 태도를 지닌 사람은 문화 상대주의 입장의 병이다. 왜냐하면 문화 상대주의는 각 문화를 그 사회의 특수한 환경과 역사적 상황, 사회적 맥락에서 이해하고자 하므로, 문화적 차이로 인한 갈등을 방지하고 다양한 문화의 공존을 도모하는 데 필요하기 때문이다.

395 ④ **396** ④ **397** ③ **398** ② **399** ③ **400** ①

401 ①

374

(가)는 쌀을 주식으로 하는 문화, (나)는 밀을 주식으로 하는 문화, (다)는 옥수수를 주식으로 하는 문화이다. 세계의 음식 문화권 지도의 A는 밀, B는 옥수수, C는 쌀이다.

375

자료는 문화권 형성에 영향을 주는 자연환경과 인문환경의 사례에 관한 것이다. 열대 기후 지역인 저위도 지역은 음식이 상하는 것을 방지하기 위해 향신료를 많이 사용한다. 산지 지역에서는 주변에서 쉽게 구할 수 있는 돌을 이용하여 집을 짓는다. 이슬람교 문화권에서는 돼지고기를 금기시한다. 아랍어는 주로 건조 문화권에서 사용된다.

바로잡기 ⑤ 농경 문화권에서는 주로 정착 생활을 한다. 이동 생활은 주로 유목 문화권의 생활양식이다.

376

두 문화권의 특성이 함께 나타나는 ㉠은 점이 지대이다. 점이 지대는 인접한 지역의 특성이 함께 섞여서 나타나는 지리적 범위를 뜻한다.

377

ⓛ은 유럽 문화권으로 크리스트교를 믿으며, ⓒ은 건조 문화권으로 이슬람교를 믿는다.

채점 기준	수준
ⓛ과 ⓒ 문화권과 종교를 모두 바르게 서술한 경우	상
ⓛ과 ⓒ 문화권만 바르게 서술한 경우	하

378

(가)는 바티칸 교황청, 에스파냐의 산티아고 순례길을 여행하는 유럽 문화권, (나)는 안데스 산지의 태양제, 브라질의 리우 카니발을 여행하는 라틴 아메리카 문화권, (다)는 유목민의 이동식 천막집을 체험하는 스텝, 사하라 사막의 오아시스 등을 여행하는 건조 문화권이다.

379

지도의 A는 유럽 문화권의 에스파냐, B는 남부 아시아 문화권의 인도, C는 동남아시아 문화권의 타이, D는 라틴 아메리카 문화권의 페루, E는 라틴 아메리카 문화권의 브라질이다. 힌두교 신자가 많은 인도(B)에서는 힌두교의 봄맞이 의식에서 시작된 홀리 축제가 열린다.

바로잡기 ① 송끄란 축제는 동남아시아 문화권에 속하는 타이(C)에서 열린다. ③ 리우 카니발은 라틴 아메리카 문화권에 속하는 브라질(E)에서 열린다. ④ 부뇰의 토마토 축제는 유럽 문화권에 속하는 에스파냐(A)에서 열린다. ⑤ 쿠스코의 태양제는 라틴 아메리카 문화권에 속하는 페루(D)에서 열린다.

380

힌두교 사원, 불교문화, 쌀을 주식으로 하는 문화 등은 동양 문화권에 해당한다. 지도의 A는 건조 문화권, B는 아프리카 문화권, C는 동양 문화권, D는 오세아니아 문화권, E는 라틴 아메리카 문화권이다.

381

세계의 문화권 지도에서 A는 유럽 문화권, B는 건조 문화권, C는 아프리카 문화권, D는 동남 및 남부 아시아 문화권, E는 오세아니아 문화권, F는 라틴 아메리카 문화권이다. ① 유럽 문화권(A)은 오세아니아 문화권(E)과 라틴 아메리카 문화권(F)의 문화 요소(언어, 종교 등)에 영향을 주었다. ② 건조 문화권(B)과 아프리카 문화권(C)의 경계는 사하라 사막이다. ③ 동남 및 남부 아시아 문화권(D)은 건조 문화권(B)보다 총인구에서 차지하는 이슬람교 신자의 비율이 낮다. ④ 오세아니아 문화권(E)은 개신교, 라틴 아메리카 문화권(F)은 가톨릭교 신자의 비율이 높다.

바로잡기 ⑤ 종족 경계와 국경의 불일치에 의한 분쟁이 잦은 문화권은 아프리카 문화권(C)이다. 라틴 아메리카 문화권(F)은 원주민, 백인, 흑인이 함께 살아가면서 문화와 인종이 다양하다.

382

아메리카 문화권은 ㉠ 리오그란데강을 기준으로 북쪽의 ㉡ 앵글로아메리카 문화권, 남쪽의 ㉢ 라틴 아메리카 문화권으로 구분할 수 있다.

383

ⓛ 앵글로아메리카 문화권은 북서 유럽의 영향을, ⓒ 라틴 아메리카 문화권은 남부 유럽의 영향 받았다.

채점 기준	수준
ⓛ, ⓒ 문화권의 특징을 유럽의 언어, 종교 전파 내용을 토대로 모두 바르게 서술한 경우	상
ⓛ, ⓒ 문화권의 특징을 유럽의 언어, 종교 전파 내용 중 한 가지만을 바르게 서술하거나, ⓛ, ⓒ 문화권 중 한 문화권만 유럽의 언어, 종교 전파 내용을 토대로 바르게 서술한 경우	중
ⓛ, ⓒ 문화권 중 한 문화권에 관해 유럽의 언어, 종교 전파 내용 중 한 가지만 바르게 서술한 경우	하

384

발명은 이전에 없었던 새로운 문화 요소를 만들어 내는 것이다. 직접 전파는 서로 다른 구성원 간에 매개나 수단 없이 직접적인 접촉을 통해 문화 요소가 전해지는 것이다. 따라서 (가)는 발명, (나)는 직접 전파이다.

385

(가)는 세포의 발견, (나)는 비행기의 발명, (다)는 케이팝이 매개체를 통해 전파된 간접 전파, (라)는 인적 교류에 의한 직접 전파의 사례이다. 문화 변동의 내재적 요인이면서 이전에 있었던 것을 알아낸 A는 발견이다. 문화 변동의 외재적 요인이면서 매개체를 통해 문화 요소가 전달된 C는 간접 전파이다. 따라서 B는 발명, D는 직접 전파이다.

386

'기존에 존재하였지만 알려지지 않았던 것을 찾아내었는가?'라는 질문에 '예'라고 응답하는 A는 발견이다. '누리 소통망(SNS), 서적을 통해 문화 요소가 전달되어 정착되었는가?'라는 질문에 '예'라고 응답하는 C는 간접 전파이다. '다른 사회의 문화 요소에서 아이디어를 얻어 새로운 문화 요소를 만들어 냈는가?'라는 질문에 '예'라고 응답하는 D는 자극 전파이다. '다른 사회의 문화 체계와의 교류를 통해 문화 변동을 초래하였는가?'라는 질문을 통해 A, E를 구분할 수 없는 상황에서 A가 발견이므로 E는 발명이다. 따라서 B는 직접 전파이다. ② 선교사에 의한 종교 전파는 직접 전파의 사례이다.

바로잡기 ① A는 발견, B는 직접 전파이다. ③ 간접 전파, 자극 전파는 모두 문화 변동의 외재적 요인이다. ④ 자극 전파, 발명은 모두 한 사회의 문화 요소를 다양하게 한다. ⑤ A는 발견, E는 발명이므로 (가)에는 '아니요'가 적절하다.

387

한 사회의 외부에 존재하는 문화 요소로부터 아이디어를 얻어 새로운 문화 요소를 만들어 내는 현상은 자극 전파이다. 따라서 을국에 존재하는 문화 요소로부터 아이디어를 얻어 만들어진 갑국의 잘 깨지지 않는 도자기는 자극 전파의 사례이다.

바로잡기 ② ⓛ은 발명의 사례이다. ③ ⓒ은 직접 전파의 사례이다. 그런데 병

국의 문화 변동이 강제적 문화 접변의 결과인지는 알 수 없다. ④ ⓔ은 문화 융합에 해당한다. ⑤ 을국에서는 불에 구운 흙벽돌을 개발하여 사용하고 있다. 이는 발명의 사례로 문화 변동의 내재적 요인이다.

388

갑국과 교류 이후 A국에서는 A국의 문화 요소와 갑국의 문화 요소가 나란히 존재하고 있으므로 문화 병존이 나타났다. B국에서는 B국의 기존 문화가 사라지고 갑국의 문화 요소가 이를 대체하였으므로 문화 동화가 나타났다. C국에서는 C국의 문화 요소와 갑국의 문화 요소가 결합하여 이전과 다른 새로운 문화 요소가 등장하였으므로 문화 융합이 나타났다.

바로잡기 ㄱ. A국에서는 서로 다른 사회의 문화가 접촉하면서 한 사회의 문화 체계 속에 외래문화 요소와 기존 문화 요소가 각자의 고유성을 유지한 채 나란히 존재하는 문화 병존이 나타났다. ㄴ. B국에서는 기존 문화 요소가 외래문화 요소로 대체되어 문화의 정체성을 상실하는 문화 동화가 나타났다.

389

새로운 문화 요소가 만들어지는 A는 문화 융합이고, B와 C는 각각 문화 동화와 문화 병존 중 하나이다. 전통문화 요소가 정체성을 유지하지 못하는 B는 문화 동화이므로 C는 문화 병존이다. ㄷ. (가)에는 문화 융합과 문화 동화를 비교하여 '아니요'로 응답하는 질문이 들어가야 한다. 외래문화 요소에 대한 주체적인 재해석과 재구성의 결과는 문화 융합이므로 해당 질문은 (가)에 들어갈 수 있다. ㄹ. (나)에는 문화 동화와 문화 병존을 비교하여 '예'로 응답하는 질문이 들어가야 한다. 기존 문화 요소와 외래문화 요소가 모두 정체성을 유지하는 것은 문화 병존이므로 해당 질문은 (나)에 들어갈 수 있다.

바로잡기 ㄱ. 문화 융합과 문화 동화 모두 외래문화 요소의 정체성이 유지된다. ㄴ. 자기 문화 요소에 대한 자부심이 약할 때는 문화 동화가 나타나기 쉽다.

390

ㄴ. 갑국에서 갑국 사업가가 을국의 A를 직접 수입하여 판매한 것, 갑국 기업이 을국에 현지 공장을 세워 B를 생산하고 판매한 것은 모두 직접 전파에 해당한다. ㄷ. 병국에서 자국의 문화 요소에서 아이디어를 얻어 새롭게 만든 D는 내재적 요인인 발명에 의한 문화 변동이다.

바로잡기 ㄱ. 을국에서는 자국의 문화 요소인 A와 갑국의 문화 요소인 B를 함께 즐기고 있으므로 문화 병존이 나타났다. ㄹ. 병국에서는 내재적 요인인 발명에 의한 문화 변동이 나타났고 정국에서는 자극 전파가 나타났다.

391

ⓛ은 전통문화이다. 전통문화는 한 사회에서 세대 간 전승을 통해 과거로부터 현재까지 이어져 내려오면서 그 가치를 인정받고 있는 고유한 문화이다.

채점 기준	수준
전통문화의 의의를 두 가지 모두 바르게 서술한 경우	상
전통문화의 의의를 한 가지만 바르게 서술한 경우	하

392

채점 기준	수준
전통문화를 창조적으로 계승하고 발전시키기 위한 방안을 바르게 서술한 경우	상
전통문화의 창조적 계승이 필요하다고만 서술한 경우	하

393

갑은 자문화 중심주의, 을은 문화 사대주의, 병은 문화 상대주의 입장을 보여 준다.

394

바람직한 문화 이해 태도를 지닌 사람은 문화 상대주의 입장의 병이다. 왜냐하면 문화 상대주의는 각 문화를 그 사회의 특수한 환경과 역사적 상황, 사회적 맥락에서 이해하고자 하므로, 문화적 차이로 인한 갈등을 방지하고 다양한 문화의 공존을 도모하는 데 필요하기 때문이다.

채점 기준	수준
바람직한 문화 이해 태도로 문화 상대주의와 그 까닭을 바르게 서술한 경우	상
바람직한 문화 이해 태도로 문화 상대주의와 그 까닭을 서술하였으나 미진한 경우	중
바람직한 문화 이해 태도로 문화 상대주의만을 서술한 경우	하

395

갑은 자문화 중심주의, 을은 문화 사대주의, 병은 문화 상대주의의 문화 이해 태도를 보이고 있다. ㄱ. 각 문화의 고유한 가치를 인정해야 하는지에 대해서는 갑과 을은 부정, 병은 긍정의 대답을 할 것이다. ㄴ. 자문화보다 타 문화가 우월하다고 보아야 하는지에 대해서는 갑과 병은 부정, 을은 긍정의 대답을 할 것이다. ㄷ. 자문화만이 우수하다고 보고 이를 고수해야 하는지에 대해서는 갑은 긍정, 을과 병은 부정의 대답을 할 것이다.

[바로잡기] ㄹ. 문화 간 우열을 가리는 절대적인 기준이 존재하는가에 대해서는 갑과 을은 긍정, 병은 부정의 대답을 할 것이다.

396

제시문의 19세기 서양인은 서구 문화를 우월한 것으로 보고 비서구 지역의 문화를 야만적이라고 평가하는 자문화 중심주의의 문화 이해 태도를 보여 준다. 이러한 자문화 중심주의의 문제점은 자문화만을 고수하여 타 문화를 차별하고 갈등을 야기할 수 있다는 것이다.

397

제시문의 필자는 문화 상대주의의 문화 이해 태도를 보여 주고 있다. ③ 자문화에 관한 자부심을 상실할 수 있게 되는 태도는 문화 사대주의에 해당한다.

398

(가)는 문화 상대주의적 태도가 보편 윤리를 부정하는 입장이나 극

단적 문화 상대주의로 이어지지 않도록 주의해야 한다는 입장이다. 이러한 입장에서 싱가포르의 태형을 성찰해 보면, 태형은 인권 침해라는 측면에서 개선되어야 할 문화라고 평가할 수 있을 것이다.

399

다문화 사회로의 변화는 긍정적인 영향도 있지만 사회 구성원의 인식이 이러한 변화를 따라가지 못해 갈등이 발생하기도 한다. 다문화 사회에서는 문화적 차이에 따른 편견과 차별로 인해 사회적 갈등이 발생하고, 사회 통합을 저해하는 등의 문제가 발생할 수 있다.

400

갑은 다문화주의를 지지하고, 을은 동화주의를 지지한다. ㄱ. 다문화주의를 지지하는 갑은 을에 비해 문화 병존을 중시한다. ㄴ. 동화주의를 지지하는 을은 갑에 비해 문화적 동질성을 강조한다.

[바로잡기] ㄷ. 문화적 다양성 확보에 유리한 입장은 다문화주의를 지지하는 갑이다. ㄹ. 동화주의를 지지하는 을이 자문화 중심주의적 태도를 보인다고 할 수 있다.

401

다문화주의를 지지하는 갑에 비해 동화주의를 지지하는 을의 입장이 갖는 상대적 특징으로는, 문화 상대주의적 태도를 지지하는 정도는 낮고, 이민자가 주류 문화로 완전히 편입되어야 한다고 보는 정도는 높으며, 이민자가 출신 국가의 문화적 정체성을 포기해야 한다고 보는 정도도 높다.

 **산업화와 도시화**

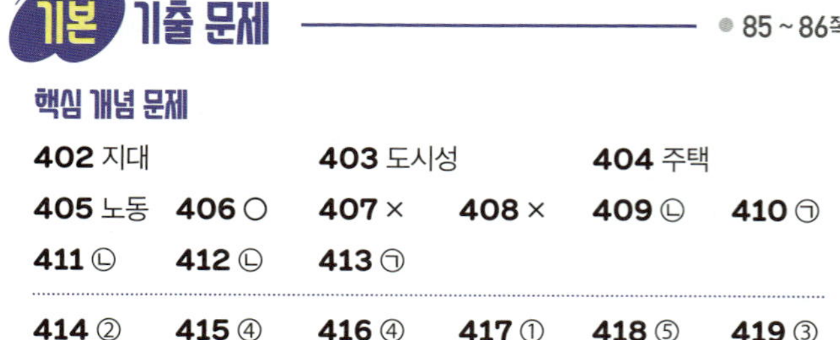 **기출 문제** ● 85 ~ 86쪽

핵심 개념 문제

402 지대	**403** 도시성	**404** 주택
405 노동	**406** ○	**407** ×	**408** ×	**409** ㉡	**410** ㉠
411 ㉡	**412** ㉡	**413** ㉠			

414 ②	**415** ④	**416** ④	**417** ①	**418** ⑤	**419** ③
420 ③					

414

㉠은 광공업과 서비스업 중심의 산업 구조로 변화하는 산업화이다. 산업화로 산업 구조는 1차 산업 중심에서 2차 및 3차 산업 중심으로 고도화된다.

바로잡기 ① 농경지 면적은 감소한다. ③ 도시 인구 비율이 증가하는 도시화가 진행된다. ④ 1차 산업 종사자 비율은 감소하고, 2차 및 3차 산업 종사자 비율을 증가한다. ⑤ 도시는 촌락보다 일자리가 전문화 및 다양화된다.

415

우리나라는 산업화와 도시화가 이루어지면서 1960년보다 2022년에 농림어업 종사자 비율이 낮고, 직업의 다양성이 크며, 2차 산업 생산액이 많다.

416

㉠은 1970년대 이후 새로운 택지 개발과 업무 지구로 개발된 서울의 부도심, ㉡은 1960년대부터 상업 및 업무 지구가 형성된 서울의 도심이다. 대규모 택지 개발이 이루어진 ㉠은 상업·업무 지구인 ㉡보다 아파트 거주 인구가 많다.

바로잡기 ㄱ. ㉠은 서울의 대표적인 부도심이다. ㄷ. ㉠은 ㉡보다 도시 개발의 역사가 늦다.

417

이 지역은 1980~2022년에 간척 사업과 함께 산업화와 도시화가 진행되어 인구가 밀집하고 도시적 토지 이용이 증가하였다. 이로 인해 녹지 면적은 감소하였다.

바로잡기 ② 간척 사업으로 갯벌의 면적이 감소했다. ③ 농경지 면적은 감소했다. ④ 도로와 시가지가 증가하면서 지표 포장 면적이 증가했다. ⑤ 갯벌이 감소하면서 동식물의 서식지가 감소했다.

418

제시문에서 1인 가구가 증가하고, 주민 간 이질성이 커졌으며, 개인주의가 심화되었으므로, ㉠은 개인주의적 가치관의 확산이다.

바로잡기 ① 직업의 분화는 기계화·분업화로 인해 직업이 세분화·전문화된다. ② 도시성의 확산은 효율성과 합리성을 추구하고 익명성을 띠는 도시적 생활양식 보편화되는 것이다. ③ 생활 수준 향상은 상품과 서비스의 공급량 증가로 주민의 소득이 증대되며, 대중교통 수단의 발달과 상업·여가 시설 확

충으로 생활이 편리해지는 것이다. ④ 2차적 인간관계는 특정한 목적 의식을 가지고 모인 수단적인 인간관계이다.

419

제시문은 산업화와 도시화로 인한 문제점을 설명한 것이다. 교통사고, 소음 발생, 주차난 등의 문제는 자동차 증가로 교통량이 증가하여 발생한다.

바로잡기 ① 주택 부족과 집값 상승 문제는 촌락보다 도시에서 주로 나타나는 문제이다. ② 교통 체증이 심화되면 상품의 유통 비용이 증가한다. ④ 하천과 지하수가 오염되면 도시 내 생물종 다양성이 감소한다. ⑤ 대기 오염으로 인해 호흡기 질환이 증가한다.

420

지역 간 발전 격차 해소를 위해 각종 기능 분산 정책이 필요하므로, ㉠은 촌락의 쇠퇴이다. 실업자를 위한 직업 교육과 취업 정보 제공 확대, 소외 계층 사회 복지 제도 확대, 노사 간 협력 유도 등의 정책이 필요하므로, ㉡은 노동 문제이다.

바로잡기 타인에 대한 무관심 문제를 해결하기 위해서는 공동체 문화 조성, 연대 의식 강화 등의 정책이 필요하다.

실력 기출 문제 ● 87 ~ 90쪽

421 ⑤	**422** ③	**423** ②	**424** ④	**425** ①	**426** ④
427 ②	**428** ⑤	**429** ②	**430** ③	**431** ⑤	**432** ③
433 ④	**434** ②	**435** ③			

1등급을 향한 서답형 문제

436 열섬 현상을 복원한다.   **437** 예시 답안 녹지 면적을 넓히고, 생태 하천을 복원한다.

438 (가) 임야 (나) 논밭 (다) 대지

439 예시 답안 농경지 면적이 감소하고, 도시적 토지 이용과 지표의 포장 면적은 증가하였다.

421

(가)는 농림어업 종사자 비율이 높고 서비스업 종사자 비율이 낮으며, 도시 인구 비율이 낮은 1980년, (나)는 농림어업 종사자 비율이 낮고, 서비스업 종사자 비율이 높으며, 도시 인구 비율이 높은 2022년이다. 1980년에 비해 2022년은 3차 산업의 비율이 높고, 직업의 분화 정도가 높다.

바로잡기 ㄱ. 산업화와 도시화로 농가 수는 적다. ㄴ. 도시성의 확산으로 공동체 의식이 약하다.

422

(가)는 농경지가 많고 시가지가 적으므로 농업적 토지 이용의 비율이 높고, (나)는 농경지가 적고 시가지가 많으므로 도시적 토지 이용의 비율이 높은 시기이다. (나) 시기에는 인구 증가와 토지 이용의 집약도 증가로 인해 평균 지가가 높다.

바로잡기 ① 녹지 면적이 좁다. ② 인구 밀도가 높다. ④ 농경지 면적이 좁다. ⑤ 도로의 총 길이가 길다.

423

서울은 1906~1973년 행정 구역이 지속적으로 확장되었으며, 거주 공간이 확대되었다. 서울의 도시 내부 구조에서 (가) 종로구와 중구는 상업 및 업무 공간인 도심, (나)는 상업 및 업무 공간과 주거 공간인 부도심이 있는 지역이다. ② (가)와 (나)는 모두 토지 이용 집약도가 증가하였다.

바로잡기 ① (가) 도심은 상업 및 업무 기능이 강화되면서 주거 기능은 약화되었다. ③ 상업 및 업무 기능 중심인 (가)는 대규모 택지 개발이 이루어진 (나)보다 아파트 거주 인구가 적다. ④ (나)는 (가)보다 시가지의 형성 시기가 늦다. ⑤ 1906~1973년 서울의 거주 공간은 주변 지역으로 확대되었다.

424

도시화로 도시적 토지 이용이 증가하면 지표의 포장 면적이 증가한다. 지표 포장 면적의 증가로 빗물이 지하로 유출되지 않고 지표 유출되어 하천 수위가 갑자기 높아진다. 따라서 그래프의 (가)는 도시화 이후, (나)는 도시화 이전의 강우 시작 후 경과 시간에 따른 하천 수위 변화이다. 도시화 이전은 도시화 이후보다 지하 유출량이 많고 최고 수위 도달 시간이 느리다.

바로잡기 ㄱ, ㄷ. 하천의 유량 변동이 작으며, 저지대의 침수 위험성은 낮다.

425

1990~2020년 세대 구성에서 1인 가구는 증가하고 다세대 가구는 감소하였으므로, 핵가족과 1인 가구로 가족의 형태가 변화했고, 효율성과 합리성을 추구하고 익명성을 띠는 도시적 생활양식이 보편화되는 도시성이 확산되었다.

바로잡기 ② 1인 가구 비율이 증가하였다. ③ 평균 가구원 수가 감소하였다. ④ 공동체적 가치관보다 개인주의적 가치관이 확산되었다. ⑤ 가족 형태가 핵가족 중심으로 변화하였다.

426

(가)는 경부 고속 국도가 개통되고 울산에 중화학 공업 단지가 조성되었으며, 대도시의 시가지 확장을 제한하는 개발 제한 구역이 지정된 1970년대이다. (나)는 인천 국제공항과 경부 고속 철도가 완공되었으며, 서울의 과밀화와 주택 부족 문제 해결을 위한 수도권 제2기 신도시가 개발된 2000년대이다. (가) 1970년대에 비해 (나) 2000년대는 무역량, 상품의 유통량, 1인당 국내 총생산이 많고, 지역 간 접근성이 높다.

바로잡기 ④ 1차 산업 종사자는 1970년대가 많으며, 2000년대는 3차 산업 종사자가 많다.

427

제시문은 집중 호우로 인한 서울 강남 일대의 침수 문제에 관한 것이다. 서울 강남은 도시화로 도시적 토지 이용이 증가하면서 도로, 건물 등의 지표 포장 면적이 증가하여 빗물이 지하로 흡수되지 않고 저지대에 고여 발생하였다.

바로잡기 ① 공원과 녹지 비율이 낮고, 건물과 도로로 포장된 면적의 비율이 높다. ③ 지표 포장 면적이 증가하면 지표 투수성이 낮아진다. ④ 빗물을 보관하는 저류 시설이 많으면 침수 피해를 줄일 수 있다. ⑤ 빗물을 흡수하는 땅은 녹지이다.

428

(가)는 시니어 디지털 금융 교육 강사, 탄소 배출권 중개인, 메타버스 배리어 프리 설계사 등 생활양식 변화와 새로운 직업의 등장이다.

바로잡기 ① 상품과 서비스의 공급량 증가로 주민의 소득이 증대되며, 대중교통 수단 발달과 상업·여가 시설의 확충으로 생활이 편리해지는 것이다. ② 기계화·분업화로 서비스업이 다양해지고 직업이 세분화·전문화되면 생산성은 향상된다. ③ 인간 소외 현상은 인간성이 상실되어 인간다운 삶을 잃어버리는 현상이다. ④ 타인에 대한 무관심과 이기주의이다.

429

괭이부리마을은 간척 사업으로 갯벌이 감소하고, 공업 지역으로 변화되었으며, 산업화와 함께 급속한 도시화로 주택 부족 문제와 같은 도시 문제가 발생하였다.

바로잡기 ㄴ. 도시화로 인해 어업 종사자 비율이 감소하였다. ㄹ. 공단 조성으로 일자리가 늘어나 외부에서 많은 인구가 유입하였다.

430

(가)는 노동의 주체인 인간이 노동으로 얻는 성취감이 감소하는 노동 문제, (나)는 도시 지역의 기온이 주변 지역에 비해 높아지는 환경 문제이다.

바로잡기 타인에 대한 무관심은 타인과 소통 및 교류 감소로 공동체 의식이 약화되어 서로 무관심해지는 경향이다. 교통 문제는 교통 체증, 교통사고·소음·주차난 문제 발생 등이 있다. 주택 문제는 주택 부족, 집값 상승, 소득 수준에 따른 주거지 분리 등이 있다.

431

자료는 전기 요금 차등 부과 법안 통과에 관한 것이다. 시도별 전력 생산량과 전력 소비량은 차이가 있는데, 발전소 밀집 지역은 규제가 많고 전력 소비량이 많은 지역은 부담이 적으므로, 전력 생산지와 전력 소비지의 불일치로 지역 간 환경 불평등 문제가 나타난다. 이 정책이 추진되면 전력 생산량에 비해 전력 소비량이 많은 지역은 상대적으로 전기 요금 부담이 증가할 것으로 예상된다.

바로잡기 ① 서울은 전력 생산량에 비해 전력 소비량이 많다. ② 대구는 부산보다 전력 생산량이 적으므로, 발전소 시설 입지로 인한 갈등이 적다. ③ 발전으로 인한 대기 오염 물질 배출량이 가장 많은 지역은 충남이다. ④ 이 법안이 시행될 경우 광주는 전력 생산량보다 전력 소비량이 많으므로, 상대적으로 전기 요금 단가가 상승할 수 있다.

432

제시된 자료는 도시화로 수질 오염 문제가 발생한 굴동천을 생태 하천으로 복원하는 내용이므로, 환경 문제를 생태환경 복원으로 해결한 사례이다.

바로잡기 교통 문제는 대중교통 정비, 기반 시설 확충을 통해 해결할 수 있다. 노후 주택 문제는 낙후된 정주 환경 개선으로 해결할 수 있다.

433

ㄴ 도시 재개발은 주거 환경을 개선하기 위한 방안으로 추진된다. ㄹ 지역 주민들 간의 소통 장려는 공동체의 결속력을 강화하기 위한 방안이다.

바로잡기 ㄱ. 노후 경유차 감축 조례 제정은 지방 자치 단체가 실행한다. ㄷ. 대중교통 이용은 교통 혼잡 문제 및 대기 오염 물질 배출 문제를 개선하기 위한 방안이다.

434

(가)는 낡은 주거지를 철거하여 아파트로 개발하는 도시 재개발, (나)는 낡은 건물을 수리하여 정주 환경을 개선하는 도시 재개발이다. ㄴ. (나)는 (가)보다 원거주민의 재정착률이 높다.

바로잡기 ㄱ. (나)는 (가)보다 토지 이용의 집약도가 낮다. ㄷ. (나)는 (가)보다 개발 과정에서 투입된 자본의 규모가 작다.

435

① 주택 문제인 주거 불평등 해결을 위해 선호하는 기반 시설을 분산하여 공간 정의를 실현한다. ② 환경 문제인 열섬 현상은 지표 포장 면적 증가, 자동차·주택·공장·상업 및 업무 시설에서 발생한 인공열 등이 주요 원인이다. ④ 타인에 대한 무관심과 이기주의 문제 해결을 위해 공동체 문화를 조성하고 연대 의식을 강화한다. ⑤ 촌락의 경제활동 위축은 인구 유출로 인한 생산 가능 인구 부족이 주요 원인이다.

바로잡기 ③ 실업에 관한 설명이다. 노사 갈등은 노동자와 사용자 간의 이해관계 충돌로 발생한다.

1등급 정리 노트	산업화와 도시화로 인한 문제점
주택 및 교통 문제	주택 부족, 집값 상승, 소득 수준에 따라 주거지 분리, 교통 체증, 교통사고·주차난 문제 발생
환경 문제	하천과 지하수 오염, 대기질 악화, 도시 내 생물종 다양성 감소, 열섬 현상
노동 문제	• 실업: 생계유지와 자아실현이 어려워지고, 인적 자원 낭비, 빈부 격차 심화, 범죄 증가 문제 발생 • 노사 갈등: 노동자와 사용자 간의 이해관계 충돌 • 인간 소외 현상: 인간성과 인간다운 삶 상실
타인에 대한 무관심과 이기주의	공동체 의식 약화, 서로 무관심해지는 경향, 사회나 타인의 이익보다 자신의 이익만을 추구
촌락의 쇠퇴	• 생활 여건 악화와 지역 격차 • 지역 공동체 쇠퇴

436

도시 지역의 기온이 주변 지역에 비해 높아지는 현상은 열섬 현상이다. 열섬 현상은 도시 내부의 지표 포장과 인공열이 주요 발생 원인이다.

437

도시 열섬 현상을 완화하기 위해서는 지표 포장 면적을 줄일 수 있는 대책이 필요하다.

채점 기준	수준
열섬 현상을 해결하기 위한 대책 두 가지를 모두 바르게 서술한 경우	상
열섬 현상을 해결하기 위한 대책 중 한 가지만 바르게 서술한 경우	하

438

(가)는 두 시기에 면적이 가장 넓고, 1977~2022년 면적이 감소한 임야, (나)는 두 시기에 면적이 두 번째로 넓고, 1977~2022년 면적이 감소한 논밭, (다)는 산업화와 도시화로 1977~2022년 면적이 증가한 대지이다.

439

1977년에 비해 2022년은 산업화·도시화가 진행되어 도시적 토지 이용이 나타난다.

채점 기준	수준
1977년과 비교한 2022년의 변화 특징 세 가지를 모두 바르게 서술한 경우	상
1977년과 비교한 2022년의 변화 특징 중 두 가지만 바르게 서술한 경우	중
1977년과 비교한 2022년의 변화 특징 중 한 가지만 바르게 서술한 경우	하

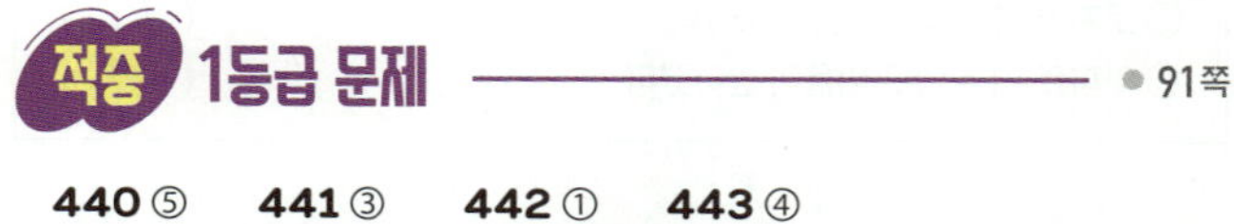

440 산업화와 도시화

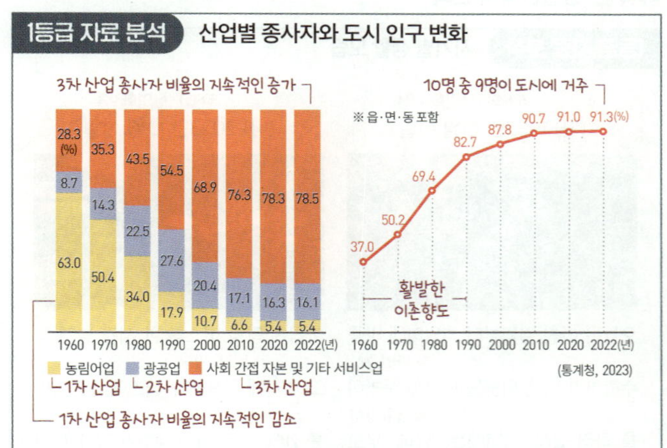

1960~2022년 농림어업 종사자 비율은 감소하고 서비스업 종사자 비율은 증가하였으며, 도시 인구 비율(도시화율)은 높아졌다. 1960년에 비해 2022년은 서비스업의 다양화와 전문화로 서비스업의 분화 정도가 높고, 도시 인구 비율 증가와 아파트 보급의 확대로 아파트 거주 인구 비율이 높다.

바로잡기 ㄱ. 도시 인구 비율이 높다. ㄴ. 이촌향도 현상은 촌락을 떠나 도시로 이주하는 현상으로, 도시화율의 증가율이 높은 1960~1990년에 활발하게 나타났으며, 도시화율이 높은 2000년 이후는 촌락-도시 간 인구 이동보다 도시 간 인구 이동이 활발하다.

1등급 자료 분석 지역의 거주 공간 변화

1977년은 농경지와 임야의 면적이 넓고, 2022년은 도로, 주택(아파트), 학교, 상업 및 업무 시설의 면적이 넓다. 1977~2022년에 대규모 택지 개발로 아파트 단지가 들어서면서 건물의 평균 층수가 높아지고 단위 면적당 가구 수가 증가하였으며, 도로 면적 증가와 자동차 등록 대수 증가로 도로 통행량이 증가하였다. 또한 인구 증가와 유동 인구 증가로 상업지의 지대가 높아지면서 평균 지가가 상승하였다.

바로잡기 ③ 농경지 감소로 농업적 토지 이용은 감소하였다.

선택지 더 보기

⑥ 1차 산업 종사자 비율이 증가하였다.　　　　(×)
⑦ 토지 이용의 집약도가 높아졌다.　　　　(○)
⑧ 아파트 거주 인구 비율이 높아졌다.　　　　(○)

442 생활양식의 변화

1등급 자료 분석 시기별 생활 모습

오늘은 아침 일찍부터 추월이네 벼를 수확하기 위해 이웃들과 함께 품앗이를 하러 갔다. 저녁에는 7남매, 부모님, 할머니가 모두 둘러앉아 저녁을 먹었다. 저녁을 조금 먹고 밤에 마을 사람들이 모이는 잔치에 갔다.
1차 산업 중심 / 공동체적 생활양식 / 대가족 / 공동체적 생활양식

아침에 광역 버스를 한 시간 넘게 타고 회사에 도착했다. 버스에서 드라마를 2배속으로 보는 재미가 있다. 퇴근 후 애플리케이션을 통해 가입한 영화 동호회에 참석하러 복합 쇼핑몰에 가서 저녁을 먹었다.
대중교통 발달 / 2·3차 산업 종사 / 통신 및 과학기술의 발달 / 2차적 인간관계 / 도시적 생활양식

(가)는 도시화 이전, (나)는 도시화 이후의 시기이다. 도시화 이후 시기는 이전 시기보다 1인 가구 비율은 높고, 2차적 인간관계를 맺는 비율이 높다.

바로잡기 ㄷ. 상업 및 여가 시설의 증가로 이용의 편의성이 높다. ㄹ. 지역 내 직업 구성에서 주민 간 동질성이 낮다.

1등급 자료 분석 지역 균형 개발

혁신 도시는 (㉠) 문제의 해결을 목적으로, 성장 거점 지역에 조성하는 미래형 도시이다. 이전된 공공 기관과 기업, 대학, 연구소 등이 긴밀하게 협력할 수 있는 최적의 혁신 여건 속에서 지역의 새로운 성장 동력을 창출할 것으로 예상된다. 2023년을 기준으로 각자의 특화 분야를 가진 총 10개의 혁신 도시가 조성되었으며, 2개의 혁신 도시가 추가로 조성될 예정이다.
선호 시설 이전에 따른 인구 유입 기대
부산, 대구, 나주, 울산, 진천·음성, 전주·완주, 김천, 진주, 제주에 조성

혁신 도시는 공공 기관의 지방 이전을 계기로 지역의 성장 거점지역에 조성되는 미래형 도시로 지역 격차와 지역 공동체 쇠퇴 문제 해결을 목적으로 한다.

바로잡기 ① 주택 정비, 택지 개발, 재개발 등을 추진한다. ② 공동체 문화를 조성하고 연대 의식을 갖도록 한다. ③ 세대 간 소통과 공감, 교류를 장려한다. ⑤ 노사 간 소통과 협력을 유도한다.

10 교통·통신 및 과학기술의 발달

기본 기출 문제 ──── ● 93 ~ 94쪽

핵심 개념 문제

444 제4차 산업 혁명	**445** 대도시권	**446** 전자 민주주의
447 ×	**448** ○	**449** ○	**450** ㉢	**451** ㉠	**452** ㉠
453 ㉢

454 ⑤	**455** ③	**456** ①	**457** ②	**458** ③	**459** ③
460 ③

454

㉠은 사물 인터넷, 공유 경제와 클라우드 소싱, 로봇, 자율 주행, 인공지능, 3D 프린팅 등을 주요 기술로 하는 제4차 산업 혁명이다. 제4차 산업 혁명은 지능 정보 기술을 다양한 산업 분야에서 융합한다.

바로잡기 ① 컴퓨터와 인터넷 기반의 지식 정보 혁명이다. ②, ④ 제3차 산업 혁명에 관한 설명이다. ③ 제4차 산업 혁명은 다양한 산업 분야와 관련이 된다.

455

광역 교통망이 발달하면 지역 간 접근성이 높아지므로, 일상생활, 경제활동, 여가 공간 등의 범위가 확대된다. ③ 출퇴근 가능 지역

의 범위도 확대된다.

바로잡기 ① 여가 활동의 공간적 제약이 작아진다. ② 기업 활동의 공간적 범위가 확대된다. ④ 대도시의 영향력이 확대된다. ⑤ 상품과 노동력의 지역 간 이동 시간이 단축된다.

456

㉠은 교통로 건설로 녹지 공간 감소와 동식물 서식처 파괴 문제가 나타나므로 생태환경의 변화 사례에 해당한다.

바로잡기 ② 서비스업 기능이 강화된다. ③ 국내외 여행이 증가하고, 대중 매체를 통해 세계 여러 지역과 상호 작용이 활발해지며, 다양한 문화를 경험할 수 있다. ④ 상품과 노동력이 국경을 넘나들며 이동하며, 전자 상거래, 공간적 분업 등이 활발해진다. ⑤ 통근과 쇼핑 등 일상생활 범위가 확대된다.

457

그래프에서 일상생활 필수 매체로 2012~2021년 스마트폰 비율이 지속적으로 상승하였다. 2012년 텔레비전은 비율이 가장 높았으나, 비율이 지속적으로 감소하여 2015년 이후 스마트폰보다 비율이 낮다. 스마트폰의 대중화로 국내외 전자 상거래와 금융 거래가 증가하며, 상품 구입과 해외 투자가 편리해졌다.

바로잡기 ① 통신 및 과학기술의 발달로 원격 근무의 빈도는 높아졌다. ③ 전자 민주주의의 참여 기회가 확대되었다. ④ 불특정 다수와의 인간관계에 제약이 작아졌다. ⑤ 업무 환경에서 대면과 장소의 중요성이 낮아졌다.

458

제시문에서 1817년 콜레라보다 2019년 코로나바이러스감염증-19가 단기간에 확산된 것은 교통 발달에 따른 전염병 확산의 차이를 파악할 수 있으므로, ㉠은 전염병 확산이다.

바로잡기 ① 접근성이 높은 지역과 낮은 지역 간 인구와 기능 밀집의 차이가 발생하며, 이로 인해 경제활동 활성화의 차이가 나타난다. ② 경제적, 사회적, 지역적, 신체적 여건 차이로 인해 정보 접근성과 이용의 격차가 발생한다. ④ 교통수단을 통한 사람과 물자의 이동이 활발해지면서 해외 유입 동식물 증가로 생태환경 교란이 발생하며, 교통수단에 화석 연료를 사용하면서 환경 오염 물질이 배출된다. ⑤ 미래 사회에서 요구하는 직무 역량의 차이로 인해 실업이 발생하고 빈부 격차가 확대된다.

459

그래프를 통해 디지털 소외 계층의 디지털 정보화 역량 수준을 파악할 수 있다. 정보 격차에 따라 경제적 및 사회적 격차는 더욱 확대되며, 정보 활용 역량에 따른 정보 기기 이용의 어려움이 커진다.

바로잡기 ㄱ. 정보 기술 발달로 새로운 노동 시장이 형성되고, 노동 시장이 더욱 활성화된다. ㄹ. 소외 계층별 디지털 역량 수준을 나타낸 것이다.

460

제시문은 과학기술의 발달로 인한 노동 시장 양극화 문제에 관한 것이다. 노동 시장 양극화 문제를 해결하기 위해서는 재취업을 위한 직업 훈련을 지원하고, 사회 보장 시스템 개편, 교육을 통한 창의적 인재 육성 등의 정책이 필요하다.

바로잡기 ①은 지역 격차 확대 문제, ②는 사생활 침해 문제, ④는 사이버 범죄 문제, ⑤는 정보 격차 문제를 해결하기 위한 방안이다.

● 95 ~ 98쪽

461 ①	462 ④	463 ⑤	464 ①	465 ③	466 ④
467 ④	468 ③	469 ③	470 ③	471 ④	472 ③
473 ③	474 ③	475 ⑤	476 ③		

1등급을 향한 서답형 문제

477 A - 1980년, B - 2020년　　**478** **예시 답안** 1980년에 비해 2020년에는 광역 교통망의 확충으로 통근 및 통학권의 범위가 확대되었다.

479 노동 시장의 양극화

480 **예시 답안** 고용 안정과 직업 능력 개발을 위한 사회 보험 제도를 확대하고, 변화하는 산업 환경에 맞는 양질의 일자리를 만든다.

461

제시문은 1948년 런던 올림픽과 2012년 런던 올림픽에 출전하기 위해 목적지로 가는 데 걸린 시간을 비교한 것이다. 1948년에 비해 2012년에 목적지까지 가는 데 걸린 시간이 단축된 것은 교통 발달로 인한 지역 간 접근성 향상 때문이다.

바로잡기 ② 교통 발달로 인한 문제점에 해당한다. ③ 지역 간 접근성 향상으로 공간적 범위가 확대되었다. ④ 국경 간 노동력의 이동이 비교적 자유로워졌다. ⑤ 통신 및 과학기술의 발달로 가능하게 되었다.

462

그림은 지능 정보 기술이 다양한 산업 분야에 융합되는 제4차 산업 혁명을 나타낸 것이다. 제4차 산업 혁명으로 공유 경제가 활성화되고 유연한 근무 환경이 조성되며, 정치 참여 기회가 확대되고 에너지 활용의 효율성이 증가한다.

바로잡기 ④ 대면과 장소의 중요성이 감소한다.

463

고속 철도 강릉선의 개통으로 서울에서 강릉까지 소요 시간이 단축되어 접근성이 향상된다. 강릉의 고속 철도 정차역에는 새로운 상권이 형성된다.

바로잡기 ① 서울의 대학 병원 기능은 빨대 효과로 더욱 강화될 수 있다. ② 물류의 평균 이동 시간은 감소한다. ③ 여가 공간의 범위가 확대된다. ④ 서울에서 강릉을 찾는 철도 이용객은 증가한다.

464

1996~2019년 수도권의 통근 네트워크에서 이동자 수가 증가하였다. 수도권의 도로 통행량은 증가하였고, 서울 도시 기능의 영향권은 주변 지역으로 확대되었다.

바로잡기 ㄷ. 수도권 내 통근의 공간적 제약은 작아졌다. ㄹ. 수원에서 다른 도시로의 통근 인구는 증가하였다.

465

지역 간 접근성 향상으로 유동 인구가 많아지면 주민들이 피해를 입기도 하는데, 관광객의 쓰레기 무단 투기 증가 사례를 들 수 있다.

바로잡기 ① 새로운 교통로의 개통으로 지역 간 접근성은 높아졌다. ② 유동 인구가 많아지면서 지역 경제가 활성화된다. ④ 영목항의 관광객 수는 증가했다. ⑤ 통신 및 과학기술의 발달로 전자 상거래가 활발해졌다.

466

제시된 자료는 교통과 과학기술의 발달로 인한 생활공간과 생활 양식의 변화 모습을 나타낸 것이다. 교통 및 과학기술 발달로 일상생활, 경제활동, 여가 공간의 범위가 확대되며, 생태환경이 변화한다. 또한 근무 환경이 변화하고 생활의 편리성이 증대되며, 다양한 인간관계가 형성되고 정치 참여의 기회도 확대된다.

바로잡기 ④ 전자 상거래의 활성화로 인해 소비 활동의 시공간적 제약이 작아진다.

1등급 정리 노트	교통·통신 및 과학기술의 발달에 따른 생활양식의 변화
근무 환경의 변화	• 인터넷을 이용하여 원격 근무 가능 • 대면 중요성 감소 → 출퇴근 거리·시간 감소 • 거점 오피스 운영, 선택적 시간 근무
생활의 편리성 증대	• 로봇과 인공지능, 사물 인터넷의 대중화 • 빅데이터: 일상생활, 기업 활동에 도움
다양한 인간관계	• 다양한 매체를 통해 가상 공간에서의 교류 확대 • 불특정 다수와 정보 교환, 가치관 공유
정치 참여의 기회 확대	동영상 공유 플랫폼, 인터넷 개인 방송, 누리 소통망 등을 통해 여론 조성 및 연대 형성 → 개인의 정치적 의견 표출 가능

467

정보 기술의 발달로 새로운 근무 형태인 워케이션이 주목받고 있는 내용이므로, (가)는 근무 환경 변화와 영향이다.

바로잡기 ① 인공지능이 인간의 일을 대신하고, 생활의 안전성과 편의성이 높아진다. ② 정보 기술을 많은 사람들이 보편적으로 사용하게 되는 것이다. ③ 다양한 매체를 통해 가상 공간에서의 교류가 확대되고, 불특정 다수와 정보 교환, 가치관 공유 등을 한다. ⑤ 여론 조성, 홍보 활동, 연대 형성 등 개인의 정치적 의견 표출이 가능해졌다.

468

제시문은 야생 동물의 움직임을 탐지하여 도로의 운전자에게 알려주는 기술이므로, (가)는 생태 서식지 단절이다.

바로잡기 ① 시가지가 주변 지역으로 확산되는 것이다. ② 접근성이 높은 지역과 낮은 지역 간 인구와 기능 밀집 차이로 인해 경제활동 활성화 차이가 발생한다. ④ 선박과 항공기를 통한 해외 동식물의 유입으로 생태환경이 교란된다. ⑤ 교통수단에 화석 연료를 사용하면서 환경 오염 물질이 배출된다.

469

교통·통신 및 과학기술의 발달로 전자 상거래가 증가하고 있으며, 인터넷 쇼핑 시장 규모도 빠르게 성장하고 있다. 이로 인해 상품 배송을 위한 택배 산업이 동반 성장하고, 골목 상점도 배달 서비스를 도입하였다.

바로잡기 ㄴ. 상품 구매의 시공간적 제약은 작아진다.

470

광역 전철이 개통되면서 지역 간 접근성이 향상되었다. 광역 전철 이용 주민들의 통근권은 확대되고, 광역 전철역 주변의 상권은 확대될 것이다.

바로잡기 ㄱ. 대도시 기능의 영향력은 강화되고, 범위가 확대될 것이다. ㄹ. 지역 간 이동 시 소요되는 평균 시간이 줄어들 것이다.

471

(가)는 쌍방향 원격 수업, (나)는 누리 소통망(SNS)을 통한 여론 형성을 나타낸 것으로, 통신 발달과 과학기술 발달로 인해 활성화된 쌍방향 의사소통 과정이다. (가)는 학생의 학습권을 보장하기 위해 과학기술을 활용한 사례이다.

바로잡기 ㄱ. 원격 수업은 비대면 인간관계이다. ㄷ. 정치 참여 방법의 다양성이 증가하는 사례이다.

472

외식업체에서 키오스크를 설치하면서 정보 격차가 발생한다.

바로잡기 ① 디지털 기기에 관한 의존도가 높아지면서 일상생활에 지장을 받고 대면적 인간관계가 약화되는 문제이다. ② 가상 공간의 익명성을 이용한 사이버 폭력이나 해킹, 사이버 금융 범죄, 사이버 저작권 침해 등의 사이버 범죄가 증가하고 있다. ④ 접근성이 높은 지역과 낮은 지역 간 인구와 기능 밀집 차이로 경제활동 활성화 차이가 발생한다. ⑤ 미래 사회에서 요구하는 직무 역량 차이로 인해 실업이 발생하고, 빈부 격차가 확대된다.

473

제시문은 이탈리아 베네치아의 오버투어리즘 문제에 관한 것이다. 오버투어리즘은 특정 관광지나 도시에 수용 한계를 초과한 지나치게 많은 여행객이 몰려들어 발생하는 문제를 의미한다. 이를 해결하기 위해 베네치아시는 관광객 수를 제한하고 입장료를 부과하는 정책을 추진할 예정이다.

바로잡기 ① 지역 격차 문제의 해결 방안이다. ② 교통 혼잡 문제와 지구 온난화 문제를 해결하기 위한 실천 방안이다. ④는 정보 격차 문제, ⑤는 노동 시장 양극화 문제의 해결 방안이다.

474

(가)는 외래종의 유입이므로, 생태환경 파괴이다. 선박과 항공기를 통한 사람과 물자의 이동이 활발해지면서 해외 유입 동식물이 증가하여 생태환경이 교란된다. (나)는 전염병 전파이므로, 전염병 확산이다. 교통 발달로 세계 각지로 사람들의 신속한 이동이 가능해지면서 전염병이 빠르게 확산된다.

바로잡기 지역 격차 확대는 접근성이 높은 지역과 낮은 지역 간 인구와 기능 밀집 차이로 경제활동 활성화 차이가 발생하는 것이다.

475

자료는 디지털 환경에서 만들어진 정보를 활용하여 심야 버스 전용 노선을 구축한 사례, 디지털화된 공간 정보 및 행정 정보를 활용하여 3차원 통합 지도 서비스를 개발한 사례이므로, (가)는 공간 정보 빅데이터의 활용이다.

바로잡기 ① 동영상 공유 플랫폼, 인터넷 개인 방송, 누리 소통망 등을 통해 여론 조성, 홍보 활동, 연대 형성 등 개인의 정치적 의견 표출 가능해지면서 전자 민주주의가 실현되고 있다. ② 정보 윤리는 정보 사회 구성원으로서 지켜야 할 올바른 가치관과 행동 양식으로, 디지털 중독 문제, 사생활 침해 문제,

사이버 범죄 문제 등을 해결하기 위해 필요하다. ③ 디지털 소외 계층의 서비스 접근성 향상을 위한 기술을 개발하고 제품을 제공하며, 정보 격차 해소 교육을 한다. ④ 인터넷, 스마트폰의 대중화로 전자 상거래와 금융 거래가 확대되었다.

476

정보 취약 계층은 일반 국민보다 정보화 접근, 역량, 활용 수준이 모두 낮으며, 장애인, 저소득층, 고령층, 농어민 등 취약 계층별로도 차이가 있다. 정보 취약 계층 중 정보 접근, 정보 역량, 정보 활용의 수준은 저소득층이 가장 높다.

바로잡기 ① 정보 활용 교육이 가장 필요한 계층은 고령층이다. ② 접근 수준은 저소득층이 가장 높다. ④ 정보 활용 수준은 정보 접근 수준보다 취약 계층 간 차이가 크다. ⑤ 정보 취약 계층은 정보 접근 수준이 정보 이용 역량보다 대체로 높다.

477

B는 광역 전철 운행 구간이 비수도권까지 확대된 2020년, A는 1980년이다.

478

1980년에 비해 2020년에는 광역 교통망이 수도권과 충청권까지 확충되었다.

채점 기준	수준
통근 및 통학권의 범위 변화와 원인을 모두 바르게 서술한 경우	상
통근 및 통학권의 범위 변화와 원인 중 한 가지만 바르게 서술한 경우	하

479

황금 티켓 신드롬으로 인해 교육 제도가 왜곡되고, 노동 시장이 정규직과 비정규직으로 나누어지는 문제가 발생하였으므로, (가)는 노동 시장의 양극화이다.

480

노동 시장의 양극화 문제를 해결하기 위해 고용 안정과 직업 능력 개발을 위한 사회 보험 제도의 확대 등과 같이 방안이 필요하다.

채점 기준	수준
노동 시장의 양극화 문제를 해결하기 위한 방안 두 가지를 모두 바르게 서술한 경우	상
노동 시장의 양극화 문제를 해결하기 위한 방안 중 한 가지만 바르게 서술한 경우	하

● 99쪽

481 ③　**482** ②　**483** ①　**484** ②

481 교통 발달과 일상생활 범위의 확대

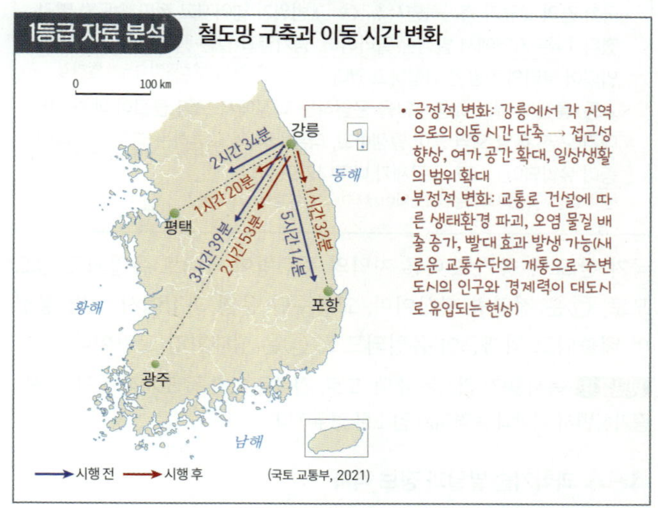

제4차 국가 철도망 구축 계획이 완료되면 철도의 총길이가 늘어나고, 강릉과 평택, 광주, 포항 간의 접근성이 향상되며, 지역 주민들의 일상적인 생활 범위가 확대될 것이다. 또한 철도 건설로 인해 삼림 훼손 면적이 늘어날 것이다.

바로잡기 ③ 지역 간 이동 시 시공간적 제약이 작아질 것이다.

선택지 더 보기

⑥ 신규 철도역에 새로운 상권이 형성될 것이다.　　(○)
⑦ 철도역과의 접근성이 높은 지역과 낮은 지역 간 격차가 커질 것이다.
　　　　　　　　　　　　　　　　　　　　　　(○)

482 교통·통신 및 과학기술의 발달에 따른 생활양식의 변화

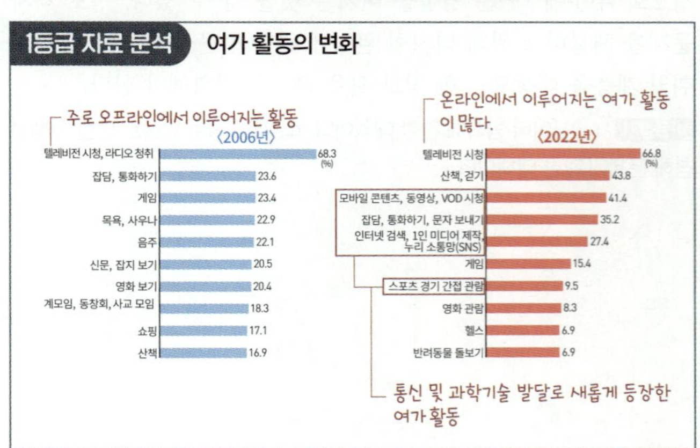

2022년의 여가 활동을 보면 모바일 콘텐츠·동영상·VOD 시청, 인터넷 검색, 1인 미디어 제작, 누리 소통망, 게임 등이 증가하였다. 이를 통해 통신 기술 발달과 여가 생활의 변화를 파악할 수 있다.

바로잡기 ① 교통 발달로 여가 공간이 확대된다. ③ 다양한 매체를 통해 가상 공간에서의 교류가 확대되면서 다양한 인간관계 형성된다. ④ 공유 플랫폼 발달로 정보 공유, 개인 방송, 여론 조성, 홍보 등이 가능해졌다. ⑤ 인터넷을 이용하여 원격 및 재택근무 가능해지고, 대면과 장소의 중요성이 낮아지면서 출퇴근 이동 거리와 시간이 감소하여 근무 환경이 변화하였다.

483 교통·통신 및 과학기술의 발달에 따른 문제점

• 국가 간의 교류가 증가하면서 (㉠) 범위가 넓어지고 전파 속도가 빨라졌다. 다른 지역에서 발생한 말라리아, 뎅기열과 같은 풍토병이 국내로 유입되어 우리의 건강을 위협하고 있다. *교통수단의 발달로 유입 속도가 빨라짐.*
• 교통·통신 시설과 교통수단을 운영하는 과정에서 오염 물질이 배출되어 대기 오염, 해양 오염 등이 발생하고, 다른 나라와 교류하는 과정에서 외래종이 유입되어 (㉡) 문제가 나타나기도 한다. *선박 평형수를 통해 외래종이 유입되어 생태계 교란이 발생하기도 함.*

국가 간 교류 증가로 다른 지역의 풍토병이 국내로 유입되고 있으므로, ㉠은 전염병 확산이며, 교통수단 운영 과정에서 오염 물질이 배출되고 외래종이 유입되므로, ㉡은 생태환경 교란이다.

바로잡기 녹지 공간 감소는 주택, 도로, 건물용 토지 등 도시적 토지 이용이 증가하면서 임야와 농경지가 감소한 경우이다.

484 과학기술 발달과 정보 격차

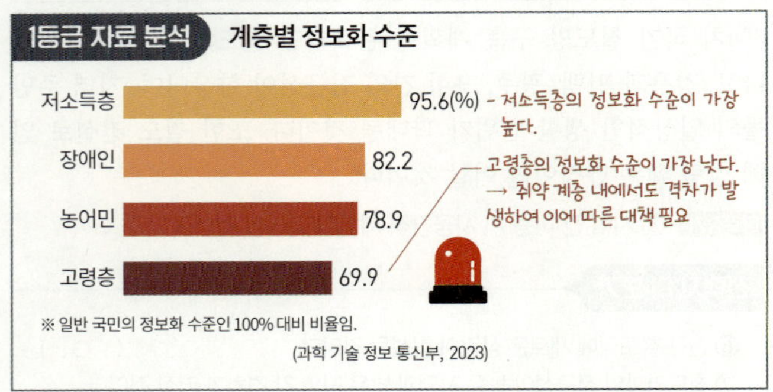

그래프는 정보 격차 문제를 나타낸 것으로 일반 국민과 비교한 사회적 취약 계층별 정보화 수준의 차이를 보여준다. 정보화 수준은 저소득층이 가장 높고 고령층이 가장 낮아 소득 수준보다 연령이 정보화 수준에 더 큰 영향을 미치는 것을 알 수 있다. 정보 격차 문제를 해결하기 위해 디지털 환경에 관한 접근성을 높이고, 정보 취약 계층을 대상으로 한 정보 활용 교육을 강화해야 한다.

바로잡기 ㄴ. 사이버 범죄에 관한 대책이다. ㄷ. 개인 정보 유출로 인한 사생활 침해 문제에 관한 대책이다.

---

09 산업화와 도시화

485 ② **486** ③ **487** ② **488** A - 남자, B - 여자
489 예시 답안 개인주의 가치관의 확산으로 결혼관과 자녀관이 변하면서 1인 가구가 증가하고 있으며, 이로 인해 저출산 및 고령화 현상이 심화되고 있다. **490** ③ **491** ① **492** ⑤ **493** 개인주의적 가치관 확산 **494** 예시 답안 상호 배려하고 협력하는 공동체 문화를 조성하고, 지역에 관심을 가지고 함께 문제를 해결하려는 연대 의식을 강화한다.
495 ③ **496** 혁신 도시 **497** 예시 답안 혁신 도시는 지역 균형 발전을 목적으로 하며, 지역의 일자리 창출, 수도권 과밀화 해소, 지역 특화 산업 육성 등의 효과가 있다.

10 교통·통신 및 과학기술의 발달

498 ⑤ **499** ⑤ **500** ⑤ **501** 전자 민주주의
502 예시 답안 선거 관리 업무의 효율성이 높아지고, 투표 참여율이 높아지는 데 영향을 준다. **503** ① **504** ② **505** ①
506 노동 시장 양극화 **507** 예시 답안 과학기술 관련 교육 프로그램을 강화하고, 이와 연관된 취업 정보를 제공한다. 플랫폼 노동자와 같은 새로운 유형의 노동자와 저임금 근로자의 권익 보호를 위한 제도적 장치를 마련한다. **508** ② **509** 정보 격차
510 예시 답안 정보화 수준은 접근 부문이 높고 역량 부문이 낮은데, 이는 디지털 기기 및 서비스 보급 정책으로 접근 수준이 많이 개선되었기 때문이다. 역량 수준을 높이기 위해 정보 취약 계층에게 정보화 교육을 제공하고, 누구나 쉽게 쓸 수 있는 디지털 환경을 만들어야 한다.

485

1970년보다 2020년은 도시 인구가 많고 도시 인구 비율이 높으며, 농림어업 비율이 낮고 서비스업 비율이 높으므로, 직업이 다양하고 토지 이용의 집약도가 높다.

바로잡기 ㄴ, ㄹ. 1970년의 상대적 특성이다.

486

(가)는 산업화 및 도시화 이전, (나)는 산업화 및 도시화 이후이다. (나) 시기는 (가) 시기보다 1인 가구 비율이 높고, 공동체 의식이 낮으며, 직업의 분화 정도가 높다.

487

제시된 도시의 용도별 토지 이용은 2001~2021년에 농경지(논, 밭)와 삼림의 비율이 감소하고, 건축 용지와 공장 용지의 비율이 증가하였다. 따라서 아파트 거주 비율이 높아졌을 것이다.

바로잡기 ① 경지 면적은 감소하였다. ③ 지역 내 인구 밀도가 높아졌다. ④ 자동차 등록 대수가 증가하였다. ⑤ 상업 지역의 평균 지가가 높아졌다.

488

A는 B보다 결혼을 반드시 해야 한다고 보는 비율이 높고, 결혼 후

자녀를 가질 필요가 없다고 보는 비율이 낮으므로, A는 남자, B는 여자이다.

489

개인주의 가치관의 확산으로 결혼관과 자녀관이 변하면서 1인 가구가 증가하고 있다.

채점 기준	수준
결혼관과 자녀관을 통한 생활양식의 변화 특징과 그 영향을 모두 바르게 서술한 경우	상
결혼관과 자녀관을 통한 생활양식의 변화 특징과 그 영향 중 한 가지만 바르게 서술한 경우	하

490

서울의 도시 내부 구조에서 A는 중구와 종로구로 도심, B는 도봉구와 노원구로 주거 지역(주변 지역)이 있는 곳이다. ③ 도심은 주거 지역보다 접근성과 지대가 높다.

바로잡기 ① 주거 지역에 관한 설명이다. 도심에는 상업 및 업무 기능이 입지하여 거주 인구가 적다. ② 도심에 관한 설명이다. 주거 지역에는 대규모 택지 개발로 거주 인구가 많다. ④ 시가지 형성 시기는 도심이 주변 지역보다 이르다. ⑤ A는 도심, B는 주거 지역이 있는 곳이다.

491

(가) 시기는 세종특별자치시 개발, 도시 재생 사업 추진, 수도권 3기 신도시 개발, 스마트 시티 시범 도시 지정 등이 추진된 2010년대, (나) 시기는 대덕 연구 단지 개발, 경제 협력 개발 기구(OECD) 가입, 산아 제한 정책 폐지 등을 추진한 1990년대이다. 1990년대는 2010년대보다 농가 수가 많고, 유소년층 인구 비율이 높다.

바로잡기 ㄷ. 아파트 거주 인구 비율은 2010년대가 1990년대보다 높다. ㄹ. 정보 통신 서비스업 사업체 수는 2010년대가 1990년대보다 높다.

492

자료는 도시 재개발로 마을 사람들이 모여 살던 생활공간이 사라지는 모습을 설명한 것이므로, (가)는 소득 격차에 따른 주거 불평등 문제이다.

바로잡기 ① 생활 여건 악화와 지역 격차로 촌락에 빈집이 늘어나고 의료와 교육 등 생활 기반 시설 부족해서 나타난다. ② 실업이 발생하면 생계유지가 어려워지고, 빈부 격차가 심화된다. ③ 타인과 소통 및 교류 감소로 사회나 타인의 이익보다 자신의 이익만을 추구하는 현상이 나타난다.

493

제시문에는 산업화 및 도시화의 문제점 중 개인주의적 가치관 확산이 나타난다. 타인과 소통 및 교류 감소로 공동체 의식이 약화되고, 서로 무관심해지는 경향이 나타나며, 사회나 타인의 이익보다 자신의 이익만을 추구한다.

494

개인주의적 가치관 확산에 따른 문제를 해결하기 위해서는 상호 배려하고 협력하는 공동체 문화를 조성하는 등의 노력이 필요하다.

채점 기준	수준
개인주의적 가치관 확산 문제를 해결하기 위한 방안 두 가지를 모두 바르게 서술한 경우	상
개인주의적 가치관 확산 문제를 해결하기 위한 방안을 한 가지만 바르게 서술한 경우	하

495

서울에 기록적인 폭우로 시가지 침수 현상이 나타난 것은 폭우 시 빗물이 땅속에 흡수되지 않고 빠르게 하천으로 흘러 들어가 하천이 불어났기 때문이므로, (가)는 불투수 면적 증가이며, (나)는 녹지 면적 확대이다.

바로잡기 서울은 공업 지역이 축소되었으며, 자동차 통행량 증가는 침수의 직접적인 원인으로 보기 어렵다. 도심 하천을 복개하면 불투수 면적은 증가한다.

496

지도에 표시된 지역은 혁신 도시를 나타낸 것이다. 혁신 도시는 공공 기관의 지방 이전을 계기로 지역의 성장 거점 지역에 조성되는 미래형 도시이다.

497

혁신 도시는 지역 균형 발전을 목적으로 한다.

채점 기준	수준
㉠ 도시의 추진 목적, 효과 두 가지를 모두 바르게 서술한 경우	상
㉠ 도시의 추진 목적, 효과 한 가지를 바르게 서술하였거나, 효과 두 가지를 바르게 서술한 경우	중
㉠ 도시의 추진 목적만 서술하였거나, 효과 한 가지만 서술한 경우	하

498

1980년에 비해 2020년에 광역 전철 운행 구간이 비수도권까지 연장되었으며, 서울로의 통근·통학자 비율은 증가하였고, 통근·통학자의 분포 범위도 확대되었다.

바로잡기 ① 빨대 효과로 서울의 종합 병원 기능이 강화되었을 것이다. ② 수도권 내 통근 및 통학 비율이 증가하였다. ③ 서울에서 멀수록 통근 및 통학자 비율이 대체로 낮다. ④ 수도권 내 여가 생활의 공간적 제약이 작아졌다.

499

과학기술의 발달로 생활공간의 변화가 나타났으며, 정보 기술이 다양한 분야에 영향을 주고 있다. ⑤ 지리 정보 시스템(GIS)은 공간 정보를 수치화하여 컴퓨터에 입력, 분석, 처리하는 시스템이다.

바로잡기 ①은 ㉣ 빅데이터, ②는 ㉢ 확장 가상 세계, ③은 ㉡ 증강 현실 기술, ④는 ㉠ 사물 인터넷에 관한 설명이다.

500

교통·통신 및 과학기술의 발달로 전자 상거래가 활성화되었다. 이로 인해 온라인 쇼핑 거래액이 증가하였고, 택배 산업이 동반 성장하였다. 또한 무점포 업체의 사업체 수가 증가하였고, 상품 구매의 시공간적 제약이 작아졌다.

바로잡기 ⑤ 온라인 쇼핑 거래액에서 PC 기반 인터넷 쇼핑이 차지하는 비율은 2017년이 2021년보다 높다.

501

인터넷 서비스의 발달로 동영상 공유 플랫폼, 인터넷 개인 방송, 누리 소통망 등을 통해 여론 조성과 연대 형성 등 개인의 정치적 의견 표출 가능해지면서 전자 민주주의가 실현되었다.

502

중앙 선거 관리 위원회의 온라인 투표 시스템을 통해 투표와 개표를 할 수 있게 되었다.

채점 기준	수준
ⓒ의 긍정적인 영향 두 가지를 모두 바르게 서술한 경우	상
ⓒ의 긍정적인 영향 중 한 가지만 정확하게 바르한 경우	하

503

과학기술이 발달하면서 생활공간과 생활양식의 큰 변화가 나타났다. 일상생활과 경제활동 범위가 확대되고, 근무 환경 변화, 생활의 편리성 증대, 다양한 인간관계의 형성, 정치 참여의 기회 확대 등이 나타났으며, 지역 격차, 정보 격차, 노동 시장 양극화 등의 문제점도 나타났다.

바로잡기 ② 재택근무가 확대되었다. ③ 사생활 침해 문제가 심화되었다. ④ 전자 상거래가 활성화되었다. ⑤ 사이버 범죄의 발생 가능성이 높아졌다.

504

고속 철도 강릉선의 개통으로 접근성이 높은 지역과 낮은 지역 간 인구와 기능 밀집 차이로 인한 지역 격차가 발생하였다.

바로잡기 ①은 오버투어리즘으로 인한 생태환경 파괴, ③은 노동 시장 양극화, ④는 교통 문제, ⑤는 생태환경 파괴 문제이다.

505

자료는 대안 여행인 공정 여행 실천으로 생태환경 보존에 도움을 주는 생태시민의 실천 방안이다.

506

노동 시장 양극화는 미래 사회에서 요구하는 직무 역량 차이로 인해 발생한다.

507

과학기술 관련 교육 프로그램을 강화하는 등이 노력이 필요하다.

채점 기준	수준
(가) 문제의 해결 방안 두 가지를 모두 바르게 서술한 경우	상
(가) 문제의 해결 방안 중 한 가지만 바르게 서술한 경우	하

508

그래프를 통해 사이버 범죄 발생이 증가하였고, 사이버 범죄 유형별 발생 비율은 사이버 사기>사이버 명예 훼손·모욕>사이버 금융 범죄 순으로 높다는 것을 알 수 있다. 이에 따라 범죄 피해 예방을 위해 보안 프로그램 및 관련 제도 강화가 필요하다.

바로잡기 ㄴ. 사이버 범죄의 유형별 발생 비율을 나타낸 것이다. ㄹ. 사이버 범죄는 가상 공간의 익명성으로 인해 발생한다. 디지털 기기의 지나친 의존은 디지털 중독 문제이다.

509

정보 격차는 경제적, 사회적, 지역적, 신체적 여건 차이로 인해 발생하는 정보 접근성과 이용의 격차이다.

510

정보화 수준은 접근 부문이 높고 역량 부문이 낮은데, 이는 디지털 기기 및 서비스 보급 정책으로 접근 수준이 많이 개선되었기 때문이다.

채점 기준	수준
정보화 수준의 접근 부문과 역량 부문의 수준 차이와 까닭, 해결 방안 두 가지를 모두 바르게 서술한 경우	상
정보화 수준의 접근 부문과 역량 부문의 수준 차이와 까닭만 서술하거나, 해결 방안 두 가지만 서술하거나, 정보화 수준의 접근 부문과 역량 부문의 수준 차이와 해결 방안 한 가지만 서술한 경우	중
정보화 수준의 접근 부문과 역량 부문의 수준 차이와 까닭, 해결 방안 두 가지 중 한 가지만 서술한 경우	하

www.mirae-n.com

학습하다가 이해되지 않는 부분이나 정오표 등의 궁금한 사항이 있나요?
미래엔 홈페이지에서 해결해 드립니다.

교재 내용 문의
나의 교재 문의 | 자주하는 질문 | 기타 문의

교재 정답 및 정오표
정답과 해설 | 정오표

교재 학습 자료
MP3

Contact Mirae-N
www.mirae-n.com
(우)06532 서울시 서초구 신반포로 321
1800-8890

실력 상승 문제집

파사쥬

대표 유형과 실전 문제로 내신과 수능을
동시에 대비하는 실력 상승 실전서

국어	국어, 문학, 독서
영어	기본영어, 유형구문, 유형독해, 20회 듣기모의고사, 25회 듣기 기본 모의고사
수학	수학Ⅰ, 수학Ⅱ, 확률과 통계, 미적분

수능 완성 문제집

수능 주도권

핵심 전략으로 수능의 기선을 제압하는
수능 완성 실전서

국어영역	문학, 독서, 언어와 매체, 화법과 작문
영어영역	독해편, 듣기편
수학영역	수학Ⅰ, 수학Ⅱ, 확률과 통계, 미적분

수능 기출 문제집

N기출

수능N 기출이 답이다!

국어영역	공통과목_문학, 공통과목_독서, 선택과목_화법과 작문, 선택과목_언어와 매체
영어영역	고난도 독해 LEVEL 1, 고난도 독해 LEVEL 2, 고난도 독해 LEVEL 3
수학영역	공통과목_수학Ⅰ+수학Ⅱ 3점 집중, 공통과목_수학Ⅰ+수학Ⅱ 4점 집중, 선택과목_확률과 통계 3점/4점 집중, 선택과목_미적분 3점/4점 집중, 선택과목_기하 3점/4점 집중

N기출 모의고사

수능의 답을 찾는 우수 문항 기출 모의고사

수학영역	공통과목_수학Ⅰ+수학Ⅱ, 선택과목_확률과 통계, 선택과목_미적분

미래엔 교과서 연계 도서

미래엔 교과서 자습서

교과서 예습 복습과 학교 시험 대비까지
한 권으로 완성하는 자율학습서

[2022 개정]

국어	공통국어1, 공통국어2*
영어	공통영어1, 공통영어2
수학	공통수학1, 공통수학2, 기본수학1, 기본수학2
사회	통합사회1, 통합사회2*, 한국사1, 한국사2*
과학	통합과학1, 통합과학2
제2외국어	중국어, 일본어
한문	한문

*2025년 상반기 출간 예정

[2015 개정]

국어	문학, 독서, 언어와 매체, 화법과 작문, 실용 국어
수학	수학Ⅰ, 수학Ⅱ, 확률과 통계, 미적분, 기하
한문	한문Ⅰ

미래엔 교과서 평가 문제집

학교 시험에서 자신 있게
1등급의 문을 여는 실전 유형서

[2022 개정]

국어	공통국어1, 공통국어2*
사회	통합사회1, 통합사회2*, 한국사1, 한국사2*
과학	통합과학1, 통합과학2

*2025년 상반기 출간 예정

[2015 개정]

국어	문학, 독서, 언어와 매체

Mirae N 에듀

가 슴 엔 · 듯 · 눈 엔 · 듯 · 또 · 피 줄 엔 ·
듯 · 마음이 · 도른도른 · 숨어 · 있는 · 곳 ·
내 · 마음의 · 어딘 · 듯 · 한편에 · 끝없는 ·
강 물 이 · 흐 르 네

손쉬운

문학은 감상입니다. 감상을 통한 손쉬운 공부 비법을 배웁니다.

고등학교 문학 입문서

손쉬운

손쉬운 학습　각종 국어 교과서 대표 작품으로 익힙니다.
손쉬운 이해　문학 개념부터 작품 핵심까지 술술 읽으며 터득합니다.
손쉬운 대비　자주 출제되는 문제 유형으로 내신과 수능을 준비합니다.